BÍBLICA LOYOLA

Sob a orientação da Faculdade Jesuíta de Filosofia e Teologia
Belo Horizonte – MG

O Pentateuco sapiencial

Provérbios, Jó, Coélet,
Sirácida, Sabedoria

Características literárias
e temas teológicos

Luca Mazzinghi

Tradução
Orlando Soares Moreira

Edições Loyola

Título original:
Il Pentateuco sapienziale – Proverbi, Giobbe, Qohelet, Siracide, Sapienza. Caratteristiche letterarie e temi teologici
© 2012 Centro Editoriale Dehoniano
Via Scipione Dal Ferro, 4 – 40138 Bologna
www.dehoniane.it
ISBN 978-88-10-20664-5

Dados Internacionais de Catalogação na Publicação (CIP)
(Câmara Brasileira do Livro, SP, Brasil)

Mazzinghi, Luca
 O Pentateuco sapiencial : Provérbios, Jó, Coélet, Sirácida, Sabedoria: características literárias e temas teológicos / Luca Mazzinghi ; tradução Orlando Soares Moreira. -- São Paulo : Edições Loyola, 2023. -- (Coleção bíblica Loyola ; 82)

 Título original: Il Pentateuco sapienziale: Proverbi, Giobbe, Qohelet, Siracide, Sapienza: caratteristiche letterarie e temi teologici
 ISBN 978-65-5504-291-7

 1. Antigo Testamento - Pentateuco 2. Bíblia - Comentários 3. Bíblia - Estudo 4. Sabedoria - Aspectos religiosos - Cristianismo 5. Teologia I. Título. II. Série.

23-167797   CDD-221.6

Índices para catálogo sistemático:
1. Antigo Testamento : Bíblia : Interpretação e crítica   221.6
Eliane de Freitas Leite - Bibliotecária - CRB 8/8415

Preparação: Marta Almeida de Sá
Capa: Maria Clara Rezende Oliveira
Diagramação: Sowai Tam
Revisão técnica: Gabriel Frade

Edições Loyola Jesuítas
Rua 1822 nº 341 — Ipiranga
04216-000 São Paulo, SP
T 55 11 3385 8500/8501, 2063 4275
editorial@loyola.com.br
vendas@loyola.com.br
www.loyola.com.br

Todos os direitos reservados. Nenhuma parte desta obra pode ser reproduzida ou transmitida por qualquer forma e/ou quaisquer meios (eletrônico ou mecânico, incluindo fotocópia e gravação) ou arquivada em qualquer sistema ou banco de dados sem permissão escrita da Editora.

ISBN 978-65-5504-291-7

© EDIÇÕES LOYOLA, São Paulo, Brasil, 2023

Sumário

Prefácio 11
Lista das principais abreviaturas utilizadas 15
Introdução geral à literatura sapiencial 19
    Premissa 19
    1. No início do caminho 20
        1.1. Um território a ser ainda explorado 20
        1.2. Existe uma literatura sapiencial? 22
        1.3. A descoberta dos textos sapienciais 23
        1.4. O que não é a sabedoria bíblica 24
    2. As origens da sabedoria bíblica (I): a sabedoria fora de Israel ... 25
        2.1. A sabedoria egípcia 25
            As instruções sapienciais 25
            As disputas 28
        2.2. A sabedoria mesopotâmica 33
        2.3. A sabedoria grega 40
        2.4. Israel e a sabedoria "estrangeira": um encontro fecundo ... 41
        Para prosseguir no estudo 42
    3. As origens da sabedoria israelita (II): o ambiente
       histórico-cultural da sabedoria bíblica 43
        3.1. Família, corte, escola: a dimensão educativa
            da sabedoria bíblica 43
        3.2. A sabedoria bíblica enraizada na história de Israel 46
        Para prosseguir no estudo 48
    4. As formas literárias da literatura sapiencial 49

      Para prosseguir no estudo 51
  5. O que é a sabedoria? 51
      5.1. O léxico da sabedoria 51
      5.2. Para uma descrição da sabedoria bíblica 52
      Para prosseguir no estudo 54
  6. Caracteres e teologia da sabedoria israelita 54
      6.1. A epistemologia dos sábios: secularidade da sabedoria
           e visão da realidade 54
      6.2. A crise do otimismo dos sábios: a experiência
           põe em dúvida a fé 58
      6.3. O problema do mal 60
      Para prosseguir no estudo 62
      6.4. A sabedoria personificada 62
      Para prosseguir no estudo 65
      6.5. A teologia da criação 66
      Para prosseguir no estudo 69
      6.6. Ética dos sábios e seu projeto educativo 70
      Para prosseguir no estudo 71
      6.7. Sabedoria, escatologia e apocalíptica 72
Para prosseguir no estudo 74

O livro dos Provérbios 77
  1. Conteúdo e estrutura do livro 77
  2. Texto e posição no cânone 81
  3. A datação do livro dos Provérbios 81
      3.1. Uma coletânea de coletâneas 81
      3.2. O ambiente vital do livro dos Provérbios 83
  4. O estilo dos Provérbios 84
      Para prosseguir no estudo 86
  5. Temas teológicos dos Provérbios 86
      5.1. A sabedoria, o sábio e o estulto 87
      5.2. Visão da realidade e fundamentos da ética dos sábios 89
      5.3. A figura de Deus 93
      5.4. O problema da chamada "retribuição" 95
      5.5. A ética dos Provérbios 97
           Os fundamentos de uma vida feliz 97
      5.6. Atitudes humanas 100
      5.7. O homem na sociedade 103
      Para prosseguir no estudo 105
  6. A figura da sabedoria personificada em Provérbios 1–9 106
      6.1. A mulher estrangeira 106
      6.2. A dona sabedoria 107
           Provérbios 8: o segundo discurso de dona Sabedoria 108

      Provérbios 9,1-6: o terceiro discurso de dona sabedoria 113
      O alcance da sabedoria personificada em Provérbios 1–9 114
      Deus e o homem se encontram 119
   Para prosseguir no estudo 120
7. O livro dos Provérbios: problemas abertos 121
8. O Novo Testamento, a tradição cristã antiga e a liturgia 123
Para prosseguir no estudo 125

O livro de Jó 127
   1. Problemas literários 129
      1.1. A questão de fundo: um livro unitário? 129
      1.2. Época de composição e unidade do livro 130
      1.3. Estrutura geral do livro 131
      1.4. Gênero literário e texto 133
   2. Jó e a literatura extrabíblica 135
      2.1. Jó e o Egito 135
      2.2. Jó e a Mesopotâmia 135
      2.3. Conclusões 136
   3. Referências sobre a história da interpretação 137
      3.1. Jó na tradição bíblica 137
      3.2. Jó e os Padres 138
      3.3. Jó em algumas interpretações modernas e contemporâneas:
           Kierkegaard e Bloch 140
   4. Pistas para uma leitura exegética e teológica do livro de Jó 142
      4.1. Jó 1–2: o prólogo 143
      4.2. O monólogo inicial: Jó 3 146
      4.3. Jó 4–27: os três ciclos de discursos 147
   Temas 147
   Primeiro ciclo de discursos 147
   Segundo ciclo de discursos 147
   Terceiro ciclo de discursos 147
      4.4. Os argumentos dos três amigos: a força da tradição 148
      4.5. As respostas de Jó 149
      4.6. Os lamentos de Jó sobre Deus (os lamentos "Ele") 150
      4.7. Jó interpela Deus (os lamentos "Tu") 151
      4.8. As doxologias 152
      4.9. A esperança de Jó 153
      4.10. A sabedoria misteriosa (Jó 28) 157
      4.11. O monólogo final de Jó (Jó 29–31) 158
      4.12. Os discursos de Eliú (Jó 32–37) 159
      4.13. A teofania (Jó 38,1–42,6) 163
      4.14. O primeiro discurso de Deus (Jó 38,1–40,2) 165
      4.15. A primeira resposta de Jó (40,3-5) 169

  4.16. O segundo discurso de Deus (40,6–41,26) 169
  4.17. A segunda resposta de Jó (42,1-6) 171
  Para prosseguir no estudo 174
  4.18. O epílogo (42,7-17) 174
 5. Quadro teológico do livro: uma possível chave de leitura 177
  5.1. O rosto de Deus 177
  5.2. O rosto da dor 179
  5.3. Uma crise resolvida 181
 6. Jó e o Novo Testamento: pistas para uma leitura cristã 182
Para prosseguir no estudo 184

O livro do Coélet 187
 1. O enigma do livro e do autor 187
  1.1. Um livro misterioso 187
  1.2. O epílogo (Ecl 12,9-14) 189
  1.3. Quem é o Coélet? 191
  1.4. Coélet como livro sagrado: a voz da tradição e da liturgia 191
 2. Problemas literários 193
  2.1. Unidade do livro 193
  2.2. O uso de citações implícitas 193
  2.3. Estrutura e gênero literário 195
  2.4. O estilo do Coélet 196
  2.5. O texto e a língua do Coélet 200
 3. O ambiente histórico do Coélet 200
  3.1. Época e datação 200
  3.2. As fontes do Coélet 201
  3.3. O Coélet e a tradição bíblica 205
  3.4. O Coélet e a crítica à tradição apocalíptica 207
 4. Uma interpretação difícil: breve história da hermenêutica do Coélet 208
  4.1. A exegese dos Padres 209
  4.2. Coélet cético, pessimista e ateu 210
  4.3. Coélet, ou a alegria (e o cansaço) de viver 211
 5. Temas e teologia do Coélet 212
  5.1. A epistemologia do Coélet 212
  5.2. *Hebel habalîm*: tudo é um sopro 215
  5.3. A alegria como dom de Deus 219
  5.4. O Deus do Coélet 225
 6. Coélet no contexto da revelação 231
  6.1. Continuidade e ruptura com a tradição bíblica 231
  6.2. Para uma leitura cristã do Coélet 231
  6.3. Atualidade do Coélet 232
Para prosseguir no estudo 234

O livro do Sirácida (ou Ben Sira) 237
1. Autor e datação 238
   1.1. O autor 238
   1.2. A data de composição e a época de Ben Sira 241
   1.3. Ben Sira entre judaísmo e helenismo 243
   Para prosseguir no estudo 247
2. O problema textual 247
   2.1. O intrincado problema textual 247
   2.2. Qual versão do Sirácida? O problema da canonicidade 249
3. Características literárias do Sirácida 252
   3.1. Formas literárias e usos estilísticos 252
   3.2. Estrutura literária 253
4. O ensinamento de Ben Sira 255
   4.1. A sabedoria 255
   4.2. O temor do Senhor 257
   4.3. Sabedoria e Lei 259
        Sirácida 24,1-22: o autoelogio da sabedoria 260
        A reconciliação entre sabedoria e lei 264
   4.4. O culto e a oração 265
   4.5. A teodiceia 267
   Para prosseguir no estudo 271
   4.6. A antropologia de Ben Sira 271
   4.7. O elogio dos Padres: Ben Sira e a história (Sr 44–50) 275
   Para prosseguir no estudo 276
   4.8. A escatologia e o messianismo de Ben Sira 276
   4.9. A ética de Ben Sira 278
        O homem diante de si mesmo 278
        O homem e a sua família 280
        Ben Sira e a mulher 281
        O homem na sociedade 282
   Para prosseguir no estudo 284

O livro da sabedoria ou a sabedoria de Salomão 287
1. Texto e versões 288
2. Problemas literários 289
   2.1. Estrutura literária 289
   2.2. O problema da unidade de composição 296
   2.3. O estilo 298
   2.4. O gênero literário 299
3. O livro da Sabedoria no seu contexto histórico 301
   3.1. Datação 301
   3.2. O livro da Sabedoria em diálogo com o mundo helenístico 303
   3.3. O livro da Sabedoria e a tradição bíblica 306

	Para prosseguir no estudo	307
4.	O livro da Sabedoria na tradição: a canonicidade	308
4.1.	As relações com o Novo Testamento	308
4.2.	O problema da canonicidade: o uso do livro na tradição cristã	309
5.	A mensagem do livro da Sabedoria	310
5.1.	Os destinatários do livro: os governantes? (Sb 1 e 6)	311
5.2.	Criação e imortalidade (Sb 1,13-15 e 2,23-24)	312
	Para prosseguir no estudo	315
5.3.	A figura dos ímpios (Sb 1,16–2,24 e Sb 5)	315
5.4.	A vida eterna do justo e a triste sorte do ímpio (Sb 3–4)	316
5.5.	A figura da sabedoria: a segunda parte do livro (Sb 7–9)	318
5.6.	A oração para obter a sabedoria (Sb 9)	321
	Estrutura literária	322
	Primeira estrofe (9,1-6)	322
	Segunda estrofe (9,7-12)	323
	Terceira estrofe (9,13-18)	325
	A sabedoria de Sabedoria 9, presença de Deus entre os homens	327
	Para prosseguir no estudo	328
5.7.	Sabedoria 11,15–12,27: primeira digressão; a filantropia de Deus	328
5.8.	Sabedoria 13–15: segunda digressão; a idolatria	330
5.9.	Sabedoria 13,1-9: a religião dos filósofos	331
5.10.	As sete antíteses (Sb 11,1-15 e 16–19): a anamnese do êxodo	337
	Para prosseguir no estudo	342

A sabedoria bíblica: desenvolvimentos e perspectivas		345
1.	O valor da experiência	348
2.	A epistemologia dos sábios: sabedoria personificada, criação e acessibilidade de Deus	350
3.	O mistério do mal, a criação e a sabedoria da cruz	351
4.	A sabedoria e Jesus Cristo	353
5.	Um projeto educativo: a ética sapiencial	356
6.	A reavaliação do humano: em diálogo com outras culturas	359

Prefácio

A literatura sapiencial presente nas sagradas Escrituras não é mais a gata borralheira dos estudos bíblicos; os cinco livros dos Provérbios, o livro de Jó, o Coélet, o Sirácida e Sabedoria deixaram de ser ilustres desconhecidos e nem podem mais ser considerados hóspedes imprevistos e deslocados dentro do corpo dos escritos que muitos de nós consideramos inspirados.

Neste livro, tentei oferecer o que desde 1989 eu ensino em Florença, na Faculdade Teológica da Itália central, ou seja, um curso completo sobre os livros sapienciais (aos quais acrescento o livro dos Salmos e o Cântico dos Cânticos, que não têm, todavia, necessidade de outras introduções e que não são aqui apresentados). O leitor encontrará nesta obra os meus fascículos organizados em forma de manual. Pensei, pois, antes de tudo, num público de estudantes do primeiro ciclo teológico que enfrentam, pela primeira vez, o estudo desses livros. Além disso, pensei também nos estudantes dos institutos de ciências religiosas e, em geral, nos que buscam empreender um primeiro trabalho de aprofundamento sobre esses textos bíblicos tão apaixonantes. Tenho em mente, via de regra, leitores cristãos e, em sua maioria, católicos — sem, por isso excluir absolutamente qualquer outro leitor. É por essa razão que inseri diversas referências às releituras neotestamentárias, patrísticas e litúrgicas da sabedoria de Israel. O cunho é, portanto, o de um texto nascido para o estudo universitário, que, todavia, procurei tornar, o quanto pude, o menos aborrecido possível.

Julguei oportuno evitar dois extremos: por um lado, o risco de oferecer um texto muito volumoso e excessivamente difícil, que, como bem sei por experiência direta, os estudantes dificilmente aceitariam ler senão *obtorto collo*. Assim, optei por evitar o hebraico, em geral (infelizmente) pouco estudado no primeiro ciclo teológico, limitando-me a transliterar os vocábulos mais importantes, quando necessário. Procurei também não ir muito longe com o grego (e o latim, em algumas ocasiões), que, aliás, pelo menos no primeiro ciclo, os estudantes deveriam conhecer; fiz apenas uma exceção para o livro da Sabedoria. Ao mesmo tempo, a bibliografia oferecida privilegia textos em italiano; quando se tratava de obras realmente importantes, fiz referência também a textos em outras línguas (principalmente em inglês e em francês). Evitei, assim, áridas listas bibliográficas (que se encontram alhures, para os estudantes do segundo e do terceiro ciclo), preferindo uma bibliografia mais sintética e selecionada. Por outro lado, eu quis evitar também o risco de oferecer um manual muito simples, de nível mais baixo, que deixasse de abordar problemáticas complexas e aspectos exegéticos que exigem um estudo mais aprofundado.

Para cada um dos cinco livros bíblicos apresentados, segui uma abordagem comum: ocupei-me com os problemas literários, de contexto histórico e de eventuais relações com outras literaturas, e, enfim, com o aspecto teológico. Em relação a esse último ponto, para os Provérbios e para Ben Sira, escolhi um critério temático, e o mesmo fiz, com alguns ajustes, em relação ao Coélet, em consequência dos problemas causados por sua difícil hermenêutica. Para Jó e para Sabedoria propus, porém, uma apresentação que segue mais de perto o livro no seu desdobramento, capítulo por capítulo. Jamais entrei nos detalhes da exegese de textos isolados, senão em raríssimas ocasiões (Pr 8 e 9,1-6; Sr 24; Sb 9; 13,1-9), porque isso implicaria um livro de dimensões bem mais amplas; mas também porque existem professores que podem escolher os textos que lhes parecem mais significativos, e existem igualmente os comentários que os próprios professores podem apresentar aos estudantes para que estes aprofundem pessoalmente os textos escolhidos. De fato, não teria nenhum sentido uma introdução que não levasse os leitores a um contato direto com os textos bíblicos.

No que diz respeito às traduções dos textos bíblicos utilizados neste livro, servi-me com muita frequência de traduções pessoais; nos outros casos, segui, em geral, o texto da Bíblia CEI 2008, sem o dever, todavia, de indicar cada vez uma ou outra escolha feita por mim, para não tornar demasiadamente pesado o texto; o leitor perceberá isso sozinho.

Prefácio

Enfim, o leitor atento verá também que muito do que aqui se escreve é extraído de textos já publicados por mim em outros lugares. Tratando-se de um manual, isso é algo esperado e até inevitável. Assim, por exemplo, a introdução ao livro do Coélet é uma síntese da que já fiz em meu livro *Ho cercato e ho esplorato*; a introdução a Jó, ao contrário, é uma ampliação das anotações preparadas para a catequese bíblica feita em 2008 na minha diocese de Florença. Contudo, caso a caso, indiquei sempre os textos já publicados a que faço referência. Ao mesmo tempo, inspirei-me em alguns autores cujos estudos, a meu ver, são fundamentais: G. von Rad, em primeiro lugar, mas também L. Alonso Schökel, J.J. Collins, J.L. Crenshaw, M. Gilbert (meu primeiro mestre neste campo), R.E. Murphy, L.G. Perdue, J. Vílchez Líndez, para citar os mais significativos.

Faço votos de que estas páginas possam ser, de algum modo, úteis a seus destinatários. Agradeço às Edizioni Dehoniane, de Bolonha, que as aceitaram; agradeço também, de modo especial, a Ludwig Monti, da Comunidade de Bose, pela ajuda concreta que me prestou na revisão do texto. Dedico este livro aos muitos alunos e alunas que tive nos cursos durante estes anos, desejando a cada um e a cada uma que seu estudo atento da palavra de Deus (cf. DV 8; EV 1/882 ss.) — feito no espírito do concílio Vaticano II, por ocasião do quinquagésimo ano de seu início — possa fazer crescer a fé e renovar a vida de uma Igreja que, neste momento histórico, parece ter urgente necessidade dessa fé. Entretanto, ao mesmo tempo, também dedico esta obra a meus amadíssimos paroquianos de San Romolo, em Bivigliano, pequeníssima mas esplêndida porção do povo de Deus, que é a Igreja. Para esse povo, a experiência viva das Escrituras torna-se, a cada dia, fonte de uma relação sempre profunda com o seu Senhor, manancial de vida nova.

Bivigliano (FI), 3 de julho de 2012
Festa de Santo Tomás

Lista das principais abreviaturas utilizadas

AnBib	Analecta biblica
ANET	PRITCHARD, J.B. *Ancient Near Eastern Texts Relating to the Old Testament*. Princeton (NJ): Princeton Univ. Press, 1969
BBB	Bonner biblische Beiträge
BCei	Texto da Bíblia CEI, ed. 2008
BEThL	Bibliotheca Ephemeridum Theologicarum Lovaniensium
Bib	*Biblica*
BJ	*Bible de Jérusalem* (ed. francesa, Paris, 1998); com o verbete "cf. nota BJ" remete-se às notas contidas na edição italiana (*La Bibbia di Gerusalemme*, Bologna: EDB, 2009).
BKAT	Biblische Kommentar, Altes Testament
CBQ	*Catholic Biblical Quarterly*
CCL	Corpus christianorum. Séries latinas.
DS	DENZINGER, H.; SCHÖNMETZER, A. *Enchiridion Symbolorum*
DTAT	JENNI, E.; WESTERMANN, C. *Dizionario teologico dell'Antico Testamento*, ed. it., Turim: Marietti, 1978, I-II.
EstBib	*Estudos Bíblicos*
ETL	*Ephemerides Theologicae Lovanienses*
EV	*Enchiridion Vaticanum*
GLAT	BOTTERWECK, G.J.; RINGRENN, H.L. (ed.), *Grande Lessico dell'Antico Testamento*, ed. it., Brescia: Paideia, 1988.

JANES	*Journal of the Ancient Near Eastern Society*
JBL	*Journal of Biblical Literature*
JSJS	*Journal for the Study of Judaism. Supplement*
JSOT	*Journal for the Study of the Old Testament*
LD	Lectio divina
LoB	Leggere la Bibbia oggi
NRT	*Nouvelle Révue Théologique*
OBO	Orbis biblicus et orientalis
OrLovAn	Orientalia Lovaniensia Analecta
OTL	Old Testament Library
PdV	*Parole di Vita*
PG	MIGNE, J.-P. (ed.), *Patrologia graeca*, 162 vol., Paris, 1857-1886
PL	MIGNE J.-P. (ed.), *Patrologia latina*, 217 vol., Paris, 1844-1864
PSV	*Parola Spirito e Vita*
RB	*Révue Biblique*
RevBib	Revista Biblica
RivBibIt	Rivista Biblica Italiana
RStB	Ricerche Storico Bibliche
RTL	*Révue Theologique de Louvain*
SBT	Studies in Biblical Theology
SC	Sources Chrétiennes
SVF	von ARNIM, H. (ed.), *Stoicorum Veterum Fragmenta*, Leipzig, 1905 (citados na edição organizada por RADICE, R. *Stoici antichi. Tutti i frammenti raccolti da H. von Arnim*. Milão: Rusconi, 1999)
VivHo	*Vivens Homo*
VT	*Vetus Testamentum*
WBC	Word Biblical Commentary
WMANT	Wissenschafliche Monographien zum Alten und Neuen Testament
ZAW	*Zeischrift für die alttestamentliche Wissenschaft*
ZTK	*Zeitschrift für Theologie und Kirche*

O hebraico foi transliterado seguindo o modo sugerido pelas "Instructions for Contributors", in *Biblica* 70(1989), 579-580, simplificando, porém, notavelmente as vogais, distinguindo somente as vocais longas: â (como em הָבָ), ê, î, ô, û; o *šewa'* simples é posto em sobrescrito (b^e); a letra פ é transliterada por "f", ao passo que פּ, por "p".

Cf. algumas notas de método mais gerais feitas por S. BAZYLINSKI. *Guida alla ricerca biblica. Note introduttive*. Roma: Pontificio istituto biblico, 2004 (também para as outras abreviaturas utilizadas neste livro e não mencionadas acima); cf. também, para o léxico e a metodologia utilizada, J.-N. ALETTI; M. GILBERT; J.-L. SKA; S. DE VULPILLIÈRES. *Lessico ragionato dell'esegesi biblica. Le parole, gli approcci, gli autori*, trad. it., Brescia: Queriniana, 2006, e ainda M. BAUKS; C. NIHAN, *Manuale di esegesi dell'Antico Testamento*. Bolonha: EDB, 2010.

Introdução geral à literatura sapiencial

Viste alguém que se julga sábio?
Espere-se mais de um tolo do que dele!
(Pr 26,12)

Premissa

Esta introdução geral à literatura sapiencial, embora possa parecer um tanto longa, é, todavia, necessária; antes de tudo, porque a literatura sapiencial bíblica é, em geral, pouco conhecida, e é, portanto, útil ter um primeiro panorama de ordem geral que permita a quem entra em contato com ela pela primeira vez compreender melhor cada livro que irá abordar. Também, porque nos torna possível fixar a nossa atenção em alguns aspectos que serão depois muito importantes para se compreender a fundo os diferentes livros sapienciais; de modo particular, no que se refere à relação que eles têm com a sabedoria dos povos vizinhos, à dimensão literária dos textos sapienciais, à inserção deles dentro da história de Israel e, enfim, à dimensão teológica, com especial atenção à profunda relação que os livros sapienciais mostram ter com o restante das Escrituras. Vamos, então, adentrar logo esse território que, para muitos, está realmente inexplorado. Percorrê-lo nos reservará muitas alegres surpresas e nos estimulará a prosseguir com mais profundidade ainda.

1. No início do caminho

1.1. Um território a ser ainda explorado

Os livros sapienciais formam, sem dúvida, um quinteto realmente pouco conhecido, pois o livro dos Provérbios e o de Sirácida não são, em geral, muito lidos; conhece-se um pouco mais o livro da Sabedoria, relativamente frequente também na liturgia católica, mas a última parte do livro (Sb 10–19) é ainda para muitos totalmente ignorada. Jó e Coélet[1] são, sem dúvida, textos bem mais conhecidos, mas representam, com frequência, os grandes incompreendidos das Escrituras. Com efeito, se hoje se começa a entender que o Jó do livro homônimo não é, decerto, famoso por sua paciência, que passou para o provérbio ("é preciso ter a paciência de Jó"), do Coélet se continua a julgar, como síntese de toda a sua mensagem, o célebre refrão "vaidade das vaidades", que, na realidade, como tal, o Coélet jamais escreveu; ou mesmo o texto conclusivo no qual o Coélet adverte o estudante de todos os tempos: "escrevem-se muitos livros e não se acaba mais; mas o estudo em demasia cansa o corpo" (Ecl 12,12).

Com os livros sapienciais, entramos realmente num território novo, também para quem já conhece bastante bem as Escrituras. De fato, não encontramos nessas obras textos de caráter legal, como estamos acostumados a ler no Pentateuco: o sábio não prescreve, não tem ordens a dar, mas sugere e aconselha. Não encontramos neles textos de caráter narrativo (com exceção do prólogo e do epílogo do livro de Jó), como sabemos bem existir no Pentateuco e em muitos relatos da chamada "história deuteronomista" e em muitos outros relatos presentes nas Escrituras. Nos textos sapienciais encontram-se aqui e ali algumas orações (basta pensar na oração para obter a sabedoria, em Sabedoria 9, bem conhecida na liturgia católica), mas estamos num clima bem diferente do clima dos Salmos; as orações são, todavia, raras na boca dos sábios. Além disso, estamos num terreno muito diferente do campo dos profetas; os sábios, com efeito, não falam em nome do Senhor, como fazem os profetas; antes, falam em nome da própria experiência pessoal (cf. em especial o autor do Coélet e do livro do Sirácida) e não têm uma palavra direta de Deus a propor a seus ouvintes.

---

1. Coélet ou Eclesiastes. Embora o nome "Eclesiastes" seja mais conhecido pelo público brasileiro, nesta versão para a língua portuguesa mantivemos no corpo do texto o nome "Coélet", conforme o original italiano. Entretanto, nas citações bíblicas desse livro do Antigo Testamento optamos sempre pela abreviação "Ecl" (= Eclesiastes). (N. do E.)

Um terreno novo, portanto, mas realmente apaixonante, como veremos. Contudo, é um terreno não totalmente desconhecido a quem enfrenta sua leitura à luz do que já conhece do Antigo Testamento[2]. Textos de matriz sapiencial, com efeito, encontram-se por toda parte no Antigo Testamento; além da literatura sapiencial propriamente dita (cf. abaixo), podemos, por isso, falar de uma verdadeira tradição sapiencial.

Mencionamos alguns salmos de caráter sapiencial (cf. os Salmos 37 e 73, mas também o 90 e o próprio Salmo 1, que abre o saltério), ou seja, salmos que se ocupam de jogar luz sobre os aspectos que dizem respeito à educação do homem, ou de reflexões relativas ao sentido da vida. Nos livros proféticos, Isaías e Jeremias criticam a sabedoria da corte, ao mesmo tempo que o livro dos Provérbios critica quem confia somente na própria sabedoria (cf. Is 10,13; 19,11-15; 29,14; Jr 9,22-23); o rei esperado por Isaías para os tempos messiânicos (Is 11,1-5) será, todavia, um rei sábio. Os textos de 2 Samuel 14,1-20 e 20,14-22 são duas belas passagens relativas à sabedoria das mulheres (cf. também 1Sm 25); o jovem rei Salomão ora para obter a sabedoria que o faça capaz de governar o seu povo (cf. 1Rs 3), uma sabedoria superior a qualquer outra, a qual, todavia, frustra – no caso de Salomão –, pelo menos em parte, o seu objetivo (cf. 1Rs 11,1-8).

Dentro da teologia deuteronomista, a ideia de sabedoria parece estreitamente ligada à observância da Torá (cf. Dt 4,5-6), uma abordagem que encontraremos no livro de Ben Sira. No Pentateuco, textos de fundo sapiencial são, certamente, os célebres relatos das origens de Gênesis 2-3 e Gênesis 37-50 (a história de José); na história, cujo ambiente é o jardim do Éden, critica-se, implicitamente, um tipo de sabedoria real que busca ser autônoma e não sabe acolher o ensinamento dos sábios, encarnados, porém, na figura de José, que tem sucesso na corte do faraó.

Os livros de Rute, Jonas e Ester apresentam aspectos sapienciais, a princípio, por causa de seu caráter didático; acrescentem-se, na Bíblia grega, os livros de Ester (grego), de Judite e de Tobias, em especial. Na Bíblia grega, lembramos ainda o poema sobre a sabedoria contido em Baruc

---

2. Para simplificar, usamos, de agora em diante, o termo "Antigo Testamento" no sentido ao qual ele se refere em relação ao cânone católico das Escrituras; quando falamos de "Bíblia hebraica" nos referimos apenas ao texto massorético das Escrituras; com "Bíblia grega", por sua vez, nos referimos à versão grega do LXX, com todos os escritos nela contidos (portanto, também os textos que não foram aceitos no cânone católico do Antigo Testamento).

3,9-4,4, no qual a sabedoria está ligada à Lei; lembramos também o relato de fundo sapiencial relativo à história de Susana (Daniel 13).

Todos os textos aqui lembrados falam diretamente de sabedoria ou abordam temas típicos da literatura sapiencial, ou têm ainda um fundo claramente didático. Mas todos diferem dos textos sapienciais propriamente ditos por causa do gênero literário utilizado (cf. abaixo) e, por essa razão, não são considerados parte do corpo sapiencial[3].

1.2. Existe uma literatura sapiencial?

A esta altura, demos como já bastante sabido que existe, na Bíblia, uma literatura que nós chamamos de "sapiencial"; na realidade, nem a Bíblia hebraica nem a grega conhecem, *de per si*, um verdadeiro *corpus* sapiencial de contornos bem definidos como o são, por exemplo, a Torá e o Pentateuco ou os livros dos profetas. Existem, todavia, alguns indícios a respeito: o livro dos Provérbios, que, como veremos, é, pelo menos em parte, o texto sapiencial mais antigo, apresenta-se como uma coletânea de ditos dos sábios escritos em épocas diferentes e reunidos depois, talvez por volta do século V a.C. O livro de Jó, de época mais incerta, e o do Coélet (metade do século III a.C.), aparentemente tão distantes dos Provérbios pelo conteúdo, mostram, todavia, ser o fruto de um mesmo grupo de "sábios" que usavam as mesmas formas literárias e que se faziam as mesmas perguntas problemáticas dos autores dos Provérbios, partilhando com caráter tipicamente experiencial sua abordagem à realidade.

E, se estendemos nossa pesquisa à Bíblia grega, notamos que o livro do Sirácida (início do século II a.C.) e, depois, o da Sabedoria (fim do século I a.C.) mostram ter nascido dentro do mesmo filão que já levara a escrever os Provérbios, Jó e o Coélet. Embora o Sirácida e a Sabedoria não tenham sido aceitos no cânone hebraico das Escrituras (tampouco no âmbito das Igrejas da Reforma), eles atestam, em todo caso, a existência de um quinteto de textos ligados entre si pela ideia de uma sabedoria que é arte do viver, pelo recurso ao gênero literário do "provérbio" (v. adiante; o caso da Sabedoria, escrito diretamente em grego, é particular), pelo fato de terem sido compostos por um grupo de autores

---

3. Cf. para esse tipo de critério o artigo fundamental de CRENSHAW, J.L., Method in Determining Wisdom Influence Upon 'Historical' Literature, *JBL* 88 (1969) 129-142 (CRENSHAW, J.L. (ed.), *Studies in Ancient Israelite Wisdom*, Nova York, Ktav, 1976, 481-494). Um célebre e pioneiro estudo que destaca o sábio caráter de Gênesis 2-3 é o de ALONSO SCHÖKEL, L., Motivos sapienciales y de alianza en Gn 2-3, *Bib* 43 (1962) 295-314.

— os sábios, precisamente — que, como veremos, têm sua precisa referência histórica e cultural. Se, portanto, é verdade que falar de "literatura sapiencial" é, certamente, o fruto de uma visão moderna desses textos, é igualmente verdade que eles constituem um grupo de livros que, dentro das Escrituras hebraicas e gregas, mostram ter uma comum identidade e uma homogeneidade que nos permite tratá-los juntos, justificando, portanto, esta introdução.

1.3. A descoberta dos textos sapienciais

Um território novo, repetimos; também o estudo exegético relativo aos textos sapienciais é uma realidade bem recente. Os Padres da Igreja comentavam muito pouco esses textos, pelo menos em proporção ao restante do Antigo Testamento; até o fim do século XIX, os livros sapienciais nunca suscitaram grandes entusiasmos nos exegetas. Eram, além disso, lidos em chave moral, ignorando em grande parte sua densidade teológica.

A descoberta, precisamente durante o século XIX, das literaturas sapienciais extrabíblicas (Egito e Mesopotâmia, de modo particular) demonstrou que a sabedoria bíblica afundava suas raízes numa sabedoria humana muito mais antiga, com aspectos educativos, sociais, políticos e religiosos muito importantes que tinham sido por muito tempo negligenciados. Esse renovado interesse pela literatura sapiencial traduziu-se, já no limiar dos anos 1970, no célebre trabalho de G. von Rad, *Die Weisheit in Israel* (*A sabedoria em Israel*), 1970, um clássico que abriu as portas para a descoberta de uma dimensão, ao mesmo tempo profundamente humana e teológica, da sabedoria bíblica, não mais limitada aos estudos bíblicos; a partir desse momento começa-se, por exemplo, a se compreender que a ideia de criação oferecida pelos sábios não tem menos valor do que a teologia do Êxodo, que, por longo tempo, foi considerada o coração do Antigo Testamento.

Nos últimos quarenta anos, em paralelo com as novas descobertas (pensemos apenas nos manuscritos de Qumran, conhecidos a partir de 1948), os estudos sobre a sabedoria bíblica se multiplicaram e, ao mesmo tempo, como veremos livro por livro, foi sendo cada vez mais penetrante a compreensão da grande densidade teológica de uma sabedoria cujo profundo enraizamento na história de Israel foi sendo, contemporaneamente, cada vez mais esclarecido[4].

---

4. Cf. um breve *status quaestionis* em MAZZINGHI, L., La letteratura sapienziale: orientamenti attuali della ricerca, in: FANIN, L. (ed.), *Nova et Vetera. FS T. Lorenzin*, Pádua, Messagero, 2011, 283-308. Para um panorama geral dos estudos surgidos na Itália, até 1998, em torno da literatura

1.4. O que não é a sabedoria bíblica

Antes de entrar no cerne de nosso estudo, é útil, sem dúvida, libertar o terreno de pelo menos um pressuposto errôneo sobre a ideia de "sabedoria". Para os sábios de Israel, a sabedoria não é, *de per si*, um sinônimo de conhecimento, de saber intelectual; o sábio bíblico, com efeito, é *também* aquele que *sabe* (veja-se a apresentação do rei Salomão em 1Rs 5,13), mas não é esse saber que, em primeiro lugar, o caracteriza como sábio. A sabedoria bíblica não coincide, assim, pelo menos num primeiro momento, com o tipo de conhecimento teórico que caracteriza o filósofo grego, mas se encontra, antes, no lado da experiência. Como veremos mais adiante, a sabedoria bíblica está certamente conexa com a ética, mas não se identifica primariamente com ela; em outras palavras, o sábio é também aquele que se comporta bem, mas é algo a mais e, ao mesmo tempo, diferente.

> No mundo grego arcaico, "sábio" é quem demonstra uma perícia fora do comum numa determinada arte; a sabedoria, por isso, não se obtém por natureza, mas se aprende. É a partir de Pitágoras, segundo uma anedota referida por múltiplas fontes, que o termo σοφία se liga a φιλοσοφία, o amor pela sabedoria, que se torna a mais elevada das virtudes humanas. Com a crítica socrática e, muito mais, com o aprofundamento platônico, a sabedoria adquire uma dimensão cada vez mais claramente intelectualista. A sabedoria é, para Platão, a mais alta das virtudes cardeais e pode ser definida como "ciência teorética da causa dos seres" (Pseudo-Platão, *Def.* 414b; cf. também *Fedro* 247de: "ciência do que verdadeiramente é"). A dimensão teorética da σοφία desenvolve-se ainda mais com Aristóteles, para recuperar depois, com o ideal ético próprio do estoicismo, uma parte da sua primitiva dimensão prática: a sabedoria é, portanto, "conhecimento das coisas divinas e humanas" (é essa uma definição clássica; cf. Cícero, *De officiis* II, 2,5; Sêneca, *Epist. ad Luc.* 89,5, que lembra uma possível definição da sabedoria como um conhecer *"divina et humana et horum causas"*; Fílon, *De congresso eruditionis gratia* 79: "A filosofia é procura da sabedoria, e a sabedoria é ciência das coisas divinas e humanas e das causas delas"), mas é também, na perspectiva do estoicismo, uma vida levada segundo a virtude (cf., por exemplo, SVF, III, 148, frg. 557 = radice, 1264).

---

sapiencial, cf. MILANI, M., La produzione sapienziale in Italia negli ultimi 25 anni, *Studia Patavina* 45 (1998) 85-97; cf. também GILBERT, M., L'étude des livres sapientiaux à l'Institut Biblique, in: ALETTI, J.-N.; SKA, J.-L., *Biblical Exegesis in Progress* (AnBib 176), Roma, PIB, 2009, 151-172.

2. As origens da sabedoria bíblica (I): a sabedoria fora de Israel

A sabedoria de Israel aprofunda suas primeiras raízes na sabedoria que já era própria dos povos do Próximo Oriente antigo, do Egito e da Mesopotâmia. Nesses contextos, falar de sabedoria significa falar de algo que nasce da experiência e que está ligado, antes de tudo, à arte do saber conduzir bem a própria vida. A sabedoria do Próximo Oriente antigo nasce, com efeito, de uma capacidade de escutar, observar, discernir a realidade, em vista de um comportamento social justo e frutuoso; a sabedoria está ligada, pois, a um preciso caminho educativo. Outro elemento que caracteriza a sabedoria do Próximo Oriente antigo é a insistência na tradição que os sábios receberam e que permite transmitir aos próprios discípulos a sabedoria adquirida e enriquecer, assim, a própria experiência de vida.

Procuramos nestas páginas esboçar, muito sinteticamente, as características mais significativas da sabedoria egípcia e da sabedoria mesopotâmica; elas nos permitirão compreender melhor a sabedoria bíblica.

2.1. A sabedoria egípcia

As instruções sapienciais

Entre os textos mais antigos lembramos as *Instruções de Ptahhotep*, que remontam à VI dinastia, durante o Reino Antigo (por volta de 2494-2324 a.C.)[5]. Um funcionário idoso instrui o filho a respeito das virtudes a serem cultivadas, a primeira das quais é a fidelidade ao rei; essa virtude servirá também para garantir uma adequada recompensa no além. O jovem deve aprender a ter autocontrole, a saber se comportar bem em público, a ter paciência, a obediência e, ao mesmo tempo, a generosidade e a honestidade. Brota nessa obra a ideia tipicamente egípcia de *ma'at*, um termo com o qual se remete à verdade, à justiça, à retidão. Por *ma'at* se entende também uma divindade feminina que encarna a ordem do mundo, uma deusa que garante a estabilidade do Egito, mestra da sabedoria; trata-se de uma figura que muito provavelmente influenciou alguns aspectos da sabedoria personificada apresentada em Provérbios 8 e 9,1-6.

Uma atitude nova parece nascer durante o Reino Médio (por volta de 2260-1720 a.C.), quando a ascensão das classes médias e a queda da

---

[5]. Cf. BRESCIANI, E., *Letteratura e poesia dell'Antico Egitto*, Turim, Einaudi, ³1999, 40-55; PRITCHARD, ANET, 412-414.

monarquia anterior põem em crise as certezas tradicionais. Nas *Instruções para Merikare*[6] (por volta do século XXII a.C.) a moral se aprofunda; começam a ser propostos aos jovens princípios como a amizade, a bondade, a justiça, a benevolência em relação às outras classes sociais, sem jamais esquecer o culto divino que passa decididamente a fazer parte da ética sapiencial; o texto de *Merikare*, com efeito, contém também um hino ao Criador.

O Reino Novo (por volta de 1580-332 a.C.) oferece paralelos muito mais próximos da sabedoria bíblica: lembremos os *Ensinamentos de Ani* (por volta do século XVI-XIII a.C.?), trinta máximas enquadradas por um prólogo e por um epílogo; um pai discute com o próprio filho, convidando-o a ser fiel ao deus Sol. Ainda mais interessantes para o estudioso da Bíblia são os *Ensinamentos de Amenemope* (por volta do século XIII a.C.), além de trinta máximas que certamente servem de base para a coleção contida em Provérbios 22,17-23,14[7].

> O ponto central de *Amenemope* é o aprofundamento da relação entre moralidade e religião; somente o homem fiel a Deus pode ser também justo e, vice-versa, o justo e o sábio são tais somente na medida da piedade religiosa deles; "o homem — diz, com efeito, *Amenemope* — é barro e palha e o deus é o seu pedreiro"; e ainda: "O homem ignora como será o amanhã; Deus está na sua perfeição, ao passo que o homem está na sua deficiência: uma coisa são as palavras que os homens dizem e outra coisa são as ações de Deus" (estância XVIII). Os valores humanos mais importantes propostos por *Amenemope* são o controle de si, a capacidade de não se encolerizar e de frear a própria língua, falar no momento oportuno, saber ajudar o próximo, tudo ao contrário do homem impetuoso e colérico, que é causa de sua própria ruína. É importante observar como essas virtudes humanas são as mesmas exigidas dos sábios autores do livro dos Provérbios.
>
> A segunda coletânea do livro dos Provérbios (Pr 22,17–24,22), em particular, parece ser uma reelaboração israelita das *Instruções de Amenemope*; os sábios de Israel reconheceram o fundamento dos valores propostos pelos escribas egípcios e não hesitaram em repropô-los a seus ouvintes israelitas: dois exemplos podem ser aqui suficientes.
>
> "É melhor uma medida que Deus te dá do que cinquenta mil com a injustiça [...]. É melhor a pobreza na mão de Deus do que riquezas

---

6. Cf. BRESCIANI, E., *Letteratura e poesia*, 90-101; PRITCHARD, ANET, 414-418.
7. Cf. BRESCIANI, E., *Letteratura e poesia*, 579-596; PRITCHARD, ANET, 421-425.

acumuladas. É melhor o pão com coração sereno do que riquezas com cruzes"; e ainda: "Mais vale um pedaço de pão seco, com paz, que a casa cheia de festins, com brigas". Deixamos aqui que o leitor adivinhe: qual é o texto egípcio e qual é o bíblico? O primeiro texto é tirado da VI estância de *Amenemope*, o segundo, de Provérbios 17,1; é um dos casos em que o texto egípcio mostra um aprofundamento até maior em relação ao texto bíblico; a justiça e os bens dados por Deus são valores bem superiores aos valores da riqueza injusta.

Eis um segundo exemplo: "Toma cuidado de não roubar um pobre, de mandar embora um fraco"; a atenção ao pobre é uma constante da sabedoria egípcia, como se vê nesse dito tirado da estância I de *Amenemope*. A mesma preocupação aparece no livro dos Provérbios, com uma significativa diferença, tipicamente israelita: "Não despojes o indefeso, porque é pobre, nem oprimas, no tribunal, o homem de condição humilde, *pois o Senhor defenderá a causa deles e despojará a vida dos que os despojaram*" (Pr 22,22-23).

No último exemplo acima referido, percebe-se muito bem o motivo pelo qual um confronto entre o livro dos Provérbios e a sabedoria egípcia se revela importante: também o livro dos Provérbios, como as *Instruções* egípcias, é um texto que tem como objetivo a formação dos futuros funcionários públicos, dos jovens israelitas que devem ser educados nos mesmos valores humanos sobre os quais a sabedoria egípcia já havia refletido. Mas há algo ainda mais importante: é justamente a fé no Senhor, Deus de Israel, único deus criador do mundo, que leva os sábios israelitas a fazer própria a sabedoria dos outros povos. Existem, com efeito, valores humanos presentes também em povos cuja fé parece estar muito distante da fé de Israel, que podem, todavia, ser aceitos com base no comum terreno da criação; esses valores podem ser, pois, repropostos aos israelitas sem faltar à própria fé. Um exemplo nos vem do último texto acima referido, o qual se limita a acrescentar ao tema da defesa do pobre, já presente nas *Instruções de Amenemope*, a afirmação da própria fé em YHWH, o Deus de Israel, que é o defensor por excelência dos pobres.

O livro dos Provérbios, como, de resto, toda a sabedoria de Israel, é um ótimo exemplo de como o homem da Bíblia é realmente capaz de entrar em diálogo com os homens de seu próprio tempo, aceitando seus valores, sem por isso renunciar jamais à própria fé. A sabedoria de Israel não permite, todavia, que os crentes levantem barreiras impenetráveis em relação aos outros povos nem se fechem, assim, diante do mundo no qual se vive.

As disputas

Existe um segundo gênero literário típico da sabedoria egípcia, o da disputa, em que personagens reais ou fictícios debatem questões da vida humana, muitas vezes, a respeito do tema da justiça e da injustiça, do mal e da retribuição divina. Entre os textos mais antigos, lembramos *Os protestos de um camponês loquaz* e o *Diálogo de um desesperado com seu bā*; embora não seja propriamente uma disputa, deve ser lembrado o chamado *Canto dos harpistas*. Em seu todo, as disputas revelam uma visão, afinal, pessimista da existência; ao mesmo tempo, os sábios mostram uma constante preocupação com o destino último do homem.

No primeiro dos textos lembrados (por volta do século XX a.C.), fala-se de um camponês do Wadi Natrûn que é enganado e roubado por um funcionário do governo e que apela ao faraó por meio de três séries de três discursos, os quais culminam no apelo ao deus Anubi, o qual intervém, fazendo justiça ao camponês[8]. A estrutura temática é a mesma do livro de Jó: uma felicidade inicial transformada em infelicidade, a qual, porém, é causada, contrariamente a Jó, pela injustiça social; segue-se o lamento e o apelo a Deus, que restaura a primitiva felicidade. O texto egípcio, todavia, não aprofunda o mistério do mal e fica preso a uma visão de caráter retributivo.

> O chamado *Diálogo de um desesperado com o seu bā* é um texto encontrado num papiro, hoje conservado no museu de Berlim, escrito nos inícios do Reino Médio (por volta de 2000 a.C.)[9]. O texto, infelizmente não todo inteiro, contém o diálogo imaginário entre um homem desesperado que quer morrer e o seu *bā*, a parte do homem que somente de modo impróprio pode ser traduzida por "alma", a parte que garante a individualidade de cada pessoa e sobrevive depois da morte. O pano de fundo do texto é o de uma situação política e social certamente difícil, que torna os sofrimentos humanos ainda mais agudos.
>
> A composição, belíssima no plano poético, abre-se com o lamento do sofredor feito à sua alma, um lamento genérico sobre o mal da vida, do qual, todavia, não está ausente uma atitude religiosa; depois de ter invocado quatro deuses (*Toth, Khonsu, Ra* e *Isdes*), o sofredor acrescenta: "É agradável que os deuses afastem do meu corpo os segredos!". Seria, pois,

---

8. Cf. Bresciani, *Letteratura e poesia*, 146-151; *ANET*, 407-410.
9. Cf. Bresciani, *Letteratura e poesia*, 198-205; *ANET*, 405-407.

muito bom receber da parte da divindade respostas que desvendassem ao homem o porquê do seu sofrimento. Todavia, essas respostas não parecem chegar; por esse motivo, a morte parece preferível a um viver desprovido de significado.

No centro da composição, encontramos a primeira resposta da alma, que tenta dissuadir o homem da sua decisão de querer morrer. O homem não pode conhecer o que poderá lhe acontecer no futuro; por isso, é melhor continuar com vida, procurando gozar do momento presente.

> A minha alma abriu para mim a sua boca
> e respondeu ao que eu havia dito:
> "Se pensas na sepultura, é uma amargura do coração,
> é um ficar a chorar, tornando miserável o homem [...].
> Ouve-me; para os homens, é belo ouvir;
> segue o dia feliz, esquece a aflição!".

Mas a resposta do sofredor à própria alma é premente: com imagens extraídas da vida cotidiana, o homem que sofre mostra que a morte é realmente a única solução possível para escapar ao mal de viver. A vida, com efeito, é uma dor sem fim, uma existência que "fede", que dá náusea a quem é obrigado a vivê-la.

> Eis que o meu corpo fede,
> mais que o fedor dos abutres,
> num dia de verão, quando o céu está ardente [...].
> O meu nome fede,
> mais que o fedor dos pescadores,
> mais que as enseadas pantanosas onde pescaram.

Diante da dor, não existem consoladores, nem os deuses, como se viu acima, nem muito menos os amigos, ninguém a quem se possa recorrer. O texto se torna ainda mais poético.

> A quem me dirigirei hoje?
> Os irmãos são maus,
> os amigos de hoje não merecem amor.
> A quem me dirigirei hoje?
> Os corações são rapaces,
> todos apanham os bens do companheiro.
> (A quem me dirigirei hoje?)
> A gentileza se foi,
> a violência se abate sobre todos.
> A quem me dirigirei hoje?
> Todos se satisfazem com o mal,

> o bem é lançado por terra, onde quer que seja. [...]
> A quem me dirigirei hoje?
> O criminoso é um amigo íntimo,
> o irmão com quem lidávamos tornou-se um inimigo. [...]
> A quem me dirigirei hoje?
> O mal golpeia a terra;
> sem mais fim.

Essas estrofes, que mereceriam ser lidas por inteiro, são de uma modernidade desconcertante; aos aborrecimentos da vida acrescenta-se o lamento por um mundo injusto, onde dominam a violência, o roubo, e do qual até os amigos parecem ter desaparecido. "Nos dias de hoje": quatro mil anos se foram, a situação não parece muito diferente da que ainda agora poderia ser descrita! Por esse motivo, mais uma vez, a única esperança é a morte, invocada na parte final do texto.

> A morte está, hoje, diante de mim,
> como quando o doente se restabelece,
> como o sair de uma prisão [...].
> A morte está, hoje, diante de mim,
> como quando um homem deseja ver a sua casa
> depois de muitos anos passados na prisão.

A morte é, assim, descrita como uma libertação, como a verdadeira salvação do homem! O "diálogo do desesperado" parece, todavia, ter um fim positivo: a alma, com efeito, convida o sofredor a não se matar; somente quem aceitou não morrer antes da hora poderá repousar junto a sua alma, quando chegar no mundo dos mortos ("o Ocidente").

> Quando chegares ao Ocidente,
> depois que o teu corpo tiver se unido à terra,
> pousarei, quando estarás cansado
> e, então, habitaremos juntos.

Percebemos aqui a profunda diferença existente entre esse escrito e os textos de Jó e do Coélet: também nesses livros bíblicos o lamento sobre os males da vida é constante; de igual modo, no livro de Jó está continuamente presente a acusação dirigida a Deus pelo sofredor, além da menção da morte como possível última libertação do homem (pensemos no monólogo inicial, em Jó, especialmente Jó 3,11). Todavia, nem Jó nem o Coélet querem realmente morrer, nem têm a ilusão de que a morte seja uma solução, nem têm nunca a perspectiva do suicídio; até mesmo em textos como Coélet 4,2-3, onde parece que a morte seja melhor do que a vida. A vida é, todavia, preferível à morte, mesmo que a vida possa parecer desprovida de sentido (cf. Ecl 9,4).

Nos livros de Jó e do Coélet, o problema da dor e da morte não é resolvido, com abandono da fé em Deus ou o refúgio num ilusório além, que, especialmente para o Coélet, não existe (cf. Ecl 3,18-21). Foge-se ao problema da morte e, mais em geral, do mal de viver, apenas pela descoberta de uma nova relação com o Deus de Israel, Deus misterioso, mas sempre presente, a relação pessoal de que fala o final do livro de Jó (Jó 42,5) e que o Coélet descreverá com a expressão "temer a Deus".

O chamado *Canto dos harpistas* é um breve texto poético que chegou até nós por meio de um papiro do período ramesside (por volta de 1300 a.C.), hoje conservado no British Museum, de Londres[10]. Nos túmulos egípcios não é rara a representação de um harpista que entoa e canta, convidando os homens a gozar da vida, diante da perspectiva de uma morte triste e inevitável; o *Canto dos harpistas* "que se encontra no túmulo de Antef e que está diante do harpista", como diz a breve introdução, retoma, assim, temas e motivos próprios não somente do Egito como também de muitas outras culturas. Vejamos seu início:

> Perecem as gerações e passam,
> outras estão em seu lugar, desde o tempo dos antepassados;
> os reis que outrora existiram
> repousam em suas pirâmides,
> estão sepultados em suas tumbas,
> os nobres e os glorificados, igualmente.
> Aqueles que construíram edifícios
> cujas sedes não existem mais,
> o que é feito deles?
> Eu ouvi as palavras de Imhotep e de Hergedef,
> que muitíssimos são citados em seus ditos:
> em que se transformaram as sedes deles?
> Suas paredes caíram,
> suas sedes não existem mais,
> como se jamais tivessem existido.
> Ninguém volta de lá,
> que nos fale da condição deles,
> que nos refira às necessidades deles,

---

10. Cf. BRESCIANI, *Letteratura e poesia*, 206-207; *ANET*, 467.

> que tranquilize nosso coração,
> até que cheguemos àquele lugar,
> para onde eles foram.

A morte marca o fim inevitável da vida humana; ninguém retorna do mundo dos mortos para contar aos vivos o que há lá; além disso, depois da morte, esvai-se rápido até a lembrança dos defuntos. O texto se inspira em dois célebres arquitetos de um distante passado, Imhotep, o mítico construtor da pirâmide em plataformas, de Saqqara, e Hergedef, ambos considerados sábios, cujos ditos se conservam ainda; todavia, também as obras deles desapareceram; ninguém mais se lembra delas.

O que pode fazer o homem diante de tal perspectiva? A solução proposta por esse texto egípcio é simples, mas também muito amarga, afinal: trata-se de gozar a vida, porque a morte marcará o fim de toda felicidade. Trata-se de viver como se estivéssemos sempre em festa, porque depois temos de morrer.

> Alegra o teu coração,
> para ti é salutar o esquecimento.
> Segue o teu coração
> enquanto vives!
> Espalha mirra sobre tua cabeça,
> veste-te de linho fino,
> perfumado com verdadeiras maravilhas
> que fazem parte da oferenda divina.
> Aumenta a tua felicidade,
> que o teu coração não esmoreça.
> Segue o teu coração e a tua felicidade,
> cumpre o teu destino sobre a terra.
> Não se aflija o teu coração,
> enquanto não chega para ti o dia da tua lamentação.
> Mas não ouve a lamentação
> aquele que tem o coração cansado;
> o choro dele não salva ninguém do túmulo.

O texto egípcio não nos faz pensar, na verdade, numa vida vivida sob a óptica de um gozo imoral, sem freios; trata-se, antes, de viver uma felicidade moderada, uma vida tranquila e sem excessos, de aproveitar com simplicidade as alegrias do dia a dia, porque, afinal, da morte não se retorna. Vejamos, assim, a esplêndida conclusão do canto:

> Pense nisto:
> passa um dia feliz

> e não te canses.
> Vê, não há quem leve consigo os próprios bens,
> vê, não retorna quem já se foi.
>
> No livro do Coélet encontram-se interessantes pontos de contato com esse texto egípcio, que, sem dúvida, reflete uma tradição da qual o Coélet poderia também ter tido conhecimento; contudo, como veremos, o Coélet oferece uma solução diferente para o mal de viver.

2.2. A sabedoria mesopotâmica

Uma característica peculiar da sabedoria mesopotâmica (especialmente na cultura sumero-acádica) é o fato de que, junto à sabedoria entendida como educação para a vida e, de modo especial, para a vida política, encontramos também uma sabedoria conexa com a adivinhação e com a magia, uma diferente forma de sabedoria ligada a um tipo de conhecimento exotérico, relativo às realidades divinas. Assim, além de ter na Mesopotâmia um forte valor educativo, a sabedoria torna-se também a procura de um conhecimento da ordem do mundo e da sociedade, a procura de uma harmonia que abrace tanto o humano como o divino.

Junto às instruções sapienciais, presentes também na Mesopotâmia, embora em menor número em relação ao Egito, encontramos, com mais frequência, disputas e diálogos, às vezes, também lamentações. A forma literária mais usada é a do provérbio, que nasce de uma simples observação da natureza e da sociedade e convida o estudante a refletir sobre a realidade que está diante dele.

> Um importante poema é a chamada *Teodiceia babilônica*: publicado pela primeira vez somente em 1924, está escrito em língua acádica e remonta a um período difícil de estabelecer, oscilante entre 1400 a 1800 a.C. O poema consta de 297 linhas em 27 estrofes de 11 versos cada uma[11]. É apresentado como um diálogo alternado entre um homem que sofre e o amigo com o qual ele se lamenta sobre a própria situação negativa. O sofredor é o filho mais moço de uma família que não lhe deixou nenhuma herança, encontrando-se, por isso, na miséria e na doença. Ao amigo que

---

11. O texto completo, em tradução italiana, pode ser encontrado em Castellino, G.R., *Testi sumerici e accadici*, Turim, UTET, 1977, 493-500; cf. *ANET*, 601-604.

responde, lembrando-lhe a aceitação da vontade dos deuses, o sofredor objeta, afirmando que os fatos da vida e do mundo parecem deixar clara a absoluta indiferença dos deuses em relação aos homens. Estamos, assim, diante do mesmo problema do livro de Jó; o homem sofre, não compreende o porquê e, diante do sofrimento considerado injusto, a ação de Deus parece realmente incompreensível. Na sétima estrofe, o sofredor desnuda justamente esse problema.

> Gostaria de pôr diante de ti somente uma palavrinha:
> quem não se interessa por seu deus anda pelo caminho da sorte;
> quem, porém, (invoca) a deusa cai e empobrece.
> Na minha juventude, procurei as obras dos deuses;
> prostrado e em oração dirigi-me à minha deusa.
> Carreguei o jugo de uma corveia, sem proveito.
> (Pois) o deus determinou, em vez de riqueza, pobreza.
> Um aleijado está acima de mim, um pobre de cabeça, diante de mim;
> preferiram um velhaco a mim, enquanto eu fui rebaixado.

A experiência da vida demonstra que a fidelidade aos deuses não compensa (cf. Jó 21,14-15). O amigo, como os amigos de Jó, em Jó 15,4, acusa o sofredor de insultar as obras dos deuses (oitava estrofe); não é possível, para o homem, buscar sondar o imperscrutável abismo dos decretos divinos. Ao sofredor que insiste, propondo um ideal de vida isento de vínculos morais e voltado ao sucesso pessoal (estrofe vigésima primeira), o amigo responde reclamando a necessidade de seguir a lei dos deuses (estrofe vigésima segunda); essa é, de fato, a única garantia de sucesso para os homens. Mais uma vez (estrofe vigésima), o sofredor faz apelo à experiência diante da qual as teorias do amigo parecem cair; a referência à experiência que revela a realidade de um mundo mau e corrupto é, de resto, o melhor argumento de Jó, nos capítulos 21 e 24 do livro bíblico.

As duas últimas estrofes nos reservam uma grande surpresa; o amigo teólogo perde, de repente, grande parte de sua segurança e parece dar razão ao sofredor: é verdade, os deuses "deram aos homens palavras perversas, deram-lhes, de modo permanente, mentira e falsidade". Os deuses estão distantes, a ponto de parecerem inimigos do homem, e, definitivamente, são os primeiros responsáveis por sua triste situação existencial; os deuses não são perfeitos e podem se enganar! A estrofe final vê uma ulterior e surpreendente subversão da situação: o sofredor, depois de tantos protestos, confia na vontade dos deuses, cujo comportamento não compreende; não há mais nada a fazer.

A *Teodiceia babilônica* apresenta inequívocos contatos, literários e temáticos, com o livro de Jó, mas sua perspectiva é muito diferente; Jó, como todo outro sábio de Israel (cf. o Coélet), não considera possível atribuir a Deus o mal e o sofrimento dos homens; o Deus descrito em Jó 9 é, na realidade, um monstro que não pode de fato existir. Não é possível, com efeito, nem para Jó nem para Coélet, prender Deus dentro da ideia da retribuição (o bom é premiado e o mau é punido). Tampouco é suficiente, como quereriam os amigos, confiar cegamente num Deus cujas obras não se consegue compreender. Jó quer, sim, *entender* e, na sua obstinada procura, chega a encontrar um deus livre, soberano, providente, bem diferente dos deuses distantes e quase inimigos do homem em destaque na *Teodiceia babilônica*; o livro de Jó se encerra com o encontro do protagonista com o próprio Deus: "Eu te conhecia só por ouvir dizer, mas agora os meus olhos te veem" (Jó 42,5).

De grande interesse é também o poema chamado *Louvarei o senhor da sabedoria*, muitas vezes citado por seu título em língua acádica, *Ludlul bel nemeqi*. O poema chegou-nos em 26 diferentes fragmentos para um total de cerca de quinhentas linhas[12]. Trata-se também de um texto de proveniência babilônica, considerado, havia muito, um dos poemas mais iluminadores para uma compreensão do livro de Jó. O poema se apresenta como um longo monólogo no qual um sofredor, um rico proprietário de terras, se dirige ao deus babilônico Marduk (que é, precisamente, "o senhor da sabedoria") para que este o liberte dos seus sofrimentos. Marduk mostra-se, desde o início, como um deus de duas faces, como é, aliás, o Senhor Deus de Israel, um deus capaz de cólera, mas também de clemência (cf. Ex 34,5-7):

> A sua ira não tem rival, seu furor é um furacão;
> o seu ânimo pode, porém, arrepender-se,
> o coração, tornar-se benigno (I, 7-8).

É a cólera de Marduk e dos outros deuses, portanto, que o sofredor experimentou:

> O meu deus me abandonou e desapareceu;
> a minha deusa se desinteressou de mim, e está num lugar à parte. [...]
> Invoquei o deus, não deu sinal de ter percebido;
> orei à minha deusa, não levantou a cabeça (I, 43-44; II, 4-5).

---

12. Cf. CASTELLINO, *Testi sumerici e accadici*, 478-492; cf. *ANET*, 596-600.

O sofrimento é causado pelos deuses; a descrição da miséria e da doença que atingiu o protagonista desse poema lembra bem o sofrimento de Jó (cf., por exemplo, Jó 2); o sofrimento é aumentado, depois, pelo fato de que quem sofre não pode saber o porquê, pois o sofrimento fica oculto na imperscrutável vontade dos deuses do céu:

> Quem, afinal, pode conhecer o pensamento dos deuses no céu?
> O conselho do Oceano abissal, quem pode penetrá-lo?
> Afinal, onde aprenderam os mortais
> o comportamento dos deuses? (II, 36-38).

Apesar de tudo, diante da impressão de ter sido abandonado pelos deuses e lançado no sofrimento, a solução que o sofredor experimenta é, afinal, totalmente positiva: ele está certo de que o seu deus, Marduk, terá piedade dele e o salvará e, depois de ter experimentado sua cólera, conhecerá seu aspecto benevolente:

> Não me veio em auxílio o meu deus, não me tomou pela mão;
> não teve piedade a minha deusa, não veio ficar a meu lado [...].
> Mas eu sei o dia de toda a minha família,
> quando, em meio aos conhecidos, o deus de justiça deles terá piedade
> (II, 112-113;119-120).

"Marduk é capaz de restituir a vida a alguém que está no túmulo" (IV, 35). O poema encerra, assim, com a alegria da salvação reencontrada e com a descoberta da ajuda poderosa de Marduk. Confrontado com o livro de Jó, o poema babilônio revela pontos de contato, quer no plano literário, quer no do conteúdo, mas também profundas diferenças; o poema babilônico, com efeito, jamais põe em questão a relação tradicional entre sofrimento e pecado (ou seja, a retribuição), nem põe em dúvida que a única solução para o problema do sofrimento possa vir da obra dos deuses, que os homens não podem, de modo algum, criticar, mas apenas aceitar, confiando na benevolência deles.

A sabedoria de Israel deteve-se, muitas vezes, na ideia de retribuição, em especial no livro dos Provérbios e no do Sirácida, e conhece muito bem a temática do "temer a Deus" entendido como ato de confiança no onipotente. Contudo, por intermédio de Jó e do Coélet, os sábios de Israel compreenderam bem que tudo isso não pode se transformar num fácil otimismo: faz o bem e tudo te irá bem; confia em Deus e ele te curará. Jó, em particular, traz à baila precisamente tal agir de Deus, que na experiência da vida não é experimentado. Uma solução simplesmente fideísta, como a oferecida pelo poema *Louvarei o senhor da sabedoria*, não pode ser aceita por Jó, que, de outra parte, não chega a perder a confiança nos deuses, como o amigo da *Teodiceia babilônica*. A fé que Jó jamais perdeu não exclui pôr em discussão o agir de Deus e abrir-se, assim, a uma nova e mais alta relação com ele; o Deus de Israel, ao contrário de Marduk, aceita discutir com o homem e até deixar-se pôr em discussão por ele.

Um terceiro texto babilônico que remonta aos inícios do I milênio a.C. é conhecido pelo singular título de *Diálogo pessimista de um patrão com o seu servo*[13]. Trata-se exatamente do diálogo entre um patrão e o seu servo, ao qual o patrão dá ordens, umas ao contrário das outras; o servo obedece e dá razão ao patrão, seja qual for a ordem que lhe é dada. O patrão aparece como um homem ainda jovem, solteiro, rico e politicamente comprometido, cheio de ideais, de vontade de viver, de projetos. O servo aparece como um homem mais maduro, rico de experiência, mas não isento de cinismo.

Ainda hoje é incerta a real finalidade desse texto: para alguns se trata apenas de uma espécie de ópera bufa, de uma ficção teatral destinada apenas a fazer rir. Na realidade, o texto se põe num pano de fundo social e político agitado, e o autor, com uma pitada de ceticismo e até de cinismo, pretende, antes, ironizar a difícil arte de viver. Objeto do diálogo é, assim, o absurdo das escolhas humanas; uma vale pela outra, e a sabedoria consiste, no máximo, em saber compreender que a vida é feita de possibilidades contrárias; toda escolha, no fundo, é lícita justamente porque a escolha não tem significado.

Como exemplos, é possível ler a sexta e a sétima estrofe; a sexta estrofe apresenta o patrão, que, antes, quer passar por rebelde e, depois, muda de ideia, e o escravo lhe dá sempre razão. Na sétima estrofe, o patrão toma a decisão de amar uma mulher para, depois, mudar de opinião e, também nesse caso, o escravo lhe dá razão; essa estrofe tem cunho fortemente irônico:

– Escravo, faz-me um favor!
– Aqui estou eu, Senhor!
– Decidi ser rebelde!
– Isso mesmo, senhor, faça isso!
Se não te fazes de rebelde, como te cobrirás?
Quem te dará de comer e encher o estômago?
– Não, escravo, (não quero mais) ser rebelde!

---

13. Cf. CASTELLINO, *Testi sumerici e accadici*, 501-508; *ANET*, 600-601.

— O homem que é rebelde, matam-no ou esfolam-no!
Ou lhe arrancam os olhos, ou o detêm ou o põem na prisão!
— Escravo, faz-me um favor!
— Aqui estou eu, senhor!
— Quero amar uma mulher.
— Isso mesmo, senhor, faça isso!
O homem que ama uma mulher esquece aflição e temor.
— Não, escravo, (não quero mais) amar uma mulher!
— Não a ames, senhor, não a ames!
A mulher é um poço, um poço, um buraco, um fosso.
A mulher é uma faca de ferro afiada que corta o pescoço do homem!

Na oitava estrofe, o patrão aborda o assunto religioso; oferecer sacrifícios ao próprio deus ou não lhe oferecer parece a mesma coisa; afinal, não muda nada e há argumentos igualmente válidos quer para orar, quer para não orar aos deuses.

— Escravo, faz-me um favor!
— Aqui estou eu, senhor!
— Traz, rápido, água e derrama-a em minhas mãos!
Quero fazer um sacrifício a meu deus!
— Isso mesmo, senhor, faça isso!
O homem que faz sacrifício a seu deus, o seu coração se sente bem!
Consegue para si crédito sobre crédito!
— Não, escravo, não (quero mais) fazer sacrifício a meu deus!
— Isso mesmo, senhor, não faça isso!
Faz que aprenda a correr atrás de ti como um cãozinho [...].

Até se comportar bem e agir com generosidade e justiça é inútil; a morte, com efeito, nivela bons e maus; a décima estrofe esclarece como as escolhas do homem são realmente inúteis, mesmo quando se fazem escolhas aparentemente boas, como a decisão de ser generoso em relação à própria aldeia.

— Escravo, faz-me um favor!
— Aqui estou eu, senhor!
— Quero fazer um ato de generosidade para com minha aldeia!
— Isso mesmo, senhor, faça isso!
O homem que se mostra generoso com a sua aldeia deposita
o seu ato benéfico no "círculo"[14] de Marduk.

---

14. É difícil dizer o que significa "círculo" de Marduk; o sentido é o de que o mestre realizará uma obra agradável ao deus da Babilônia, Marduk.

– Não, escravo, não farei um ato de generosidade pela minha aldeia!
– Isso mesmo, senhor, não faça isso!
Vá para cima do monte de ruínas e caminhe sobre elas;
olhe para os crânios dos que estão no alto e dos que estão embaixo:
quem é o autor de obras más, quem é o autor de obras boas?

A última estrofe é particularmente interessante; diante de tal visão da vida, parece mesmo que a única escolha possível seja o suicídio; enforcarem-se ambos, servo e patrão, e, assim, acabar com tudo. Mas, a essa altura, o escravo parece querer bancar o filósofo: ninguém é tão sábio a ponto de conhecer as coisas do céu ou as do Ades, as realidades dos infernos. O patrão põe fim ao assunto; a vida não tem sentido, e, para demonstrá-lo, pretende matar o escravo, de modo que ele tente pessoalmente, se for capaz, descobrir o que há no além. Mas, mesmo assim, conclui amargamente o escravo, o patrão não terá nenhuma solução; também ele, com efeito, deverá morrer.

– Escravo, faz-me um favor!
– Aqui estou eu, senhor!
– No fundo, o que é bom? Cortar o meu pescoço e o teu
e ser lançado no rio, (eis o que) é bom.
– Quem é (suficientemente) comprido para subir ao céu?
Quem é (suficientemente) largo a ponto de abarcar
(com um abraço) o Ades?
– Não, escravo, matarei primeiro a ti e te mandarei (para o Ades).
– E (assim) poderá o meu senhor sobreviver por três dias?

Nesse poema, porém, a vida parece um conjunto de escolhas desprovidas de significado. A única certeza parece ser a morte; nem mesmo as boas ações ou a religiosidade, ou mesmo o amor servem para algo. Podemos perceber aqui a importância de confrontar o nosso texto com os livros de Jó e do Coélet. No livro de Jó, o protagonista, Jó, jamais pensa em suicídio, mesmo no momento mais profundo do desespero (cf. Jó 3), nem renuncia à moralidade (cf. o longo monólogo de Jó 31). Antes, Jó sabe que precisamente o seu comportamento correto é que o põe em conflito com um Deus que ele não compreende. Também para Jó (cf. Jó 28) a sabedoria é inacessível, mas isso não o leva jamais a concluir algo sobre a relatividade de cada escolha humana. O drama de Jó nasce exatamente da percepção de um conflito entre a liberdade do homem e a de Deus, conflito que está totalmente ausente do nosso texto babilônio.

A pergunta contida na última estrofe do nosso poema, "o que é bom para o homem?", é a mesma que anima todo o livro do Coélet; cf., por exemplo, Coélet 6,10-12. Também para o Coélet, as ações humanas parecem estar desprovidas de um real significado; em Coélet 9,1-2, por exemplo, afirma-se que bons e maus terão a mesma sorte, e várias vezes nesse livro lembra-se ao homem que é inútil se angustiar tanto e que a morte nivela todas as ilusões humanas. Todavia, o Coélet não chega nunca a concluir de modo cínico que toda ação humana seja inútil e contraditória (cf. Ecl 11,1-6); antes, contrariamente ao servo e ao patrão, protagonistas do poema babilônio, para o Coélet há uma solução para o mal de viver: o temor de Deus, que permite que o homem encontre, embora em pequena parte, as alegrias da vida cotidiana (cf. Ecl 3,10-15).

Enfim, a literatura sapiencial bíblica enfrenta os mesmos problemas do homem destacados pela sabedoria mesopotâmica, mas oferece para tais problemas uma solução diferente, que nasce, sobretudo, do confronto entre a experiência humana e a fé no Deus de Israel, bom e providente, livre e misterioso, mas, ao mesmo tempo, presente no mundo.

2.3. A sabedoria grega

A partir da morte de Alexandre Magno, o mundo judaico entra aos poucos em contato com a cultura helenística: uma descoberta que se transformaria, de um lado, em aberto desencontro e, de outro, num encontro fecundo (cf. a respeito as introduções aos livros do Coélet e do Sirácida). A difusão no Próximo Oriente helenizado das academias — as escolas que constituíam a verdadeira porta de ingresso no mundo helenístico oferecida aos jovens — é o sinal da difusão de uma sabedoria grega estreitamente ligada à formação filosófica e da arte da retórica. De modo particular, difunde-se no Oriente a cultura filosófica bem atestada pelas escolas pós-aristotélicas: o estoicismo, em primeiro lugar, mas também o epicurismo e o ceticismo.

Uma característica comum a essas escolas é a procura de um sentido da vida, de uma via prática que mostre ao homem como é possível viver num mundo que se torna repentinamente amplo: com o império macedônio, o homem da época vê-se arremessado, então, para fora dos limites da *polis*, da cidade grega clássica; da metafísica platônica e aristotélica o interesse da filosofia grega desloca-se para a ética.

Um confronto com essa nova sabedoria começa já com o Coélet, em meados do século III a.C., e se aprofunda com o Sirácida, nos inícios do século II a.C. Seria, todavia, o judaísmo de Alexandria do Egito, e não o da terra de

Israel, o lugar principal onde a sabedoria bíblica deveria se confrontar mais a fundo com a grega: o livro da Sabedoria, no fim do século I a.C., assinala o ponto mais alto desse confronto.

2.4. Israel e a sabedoria "estrangeira": um encontro fecundo

As introduções aos diversos livros sapienciais voltariam ainda com outros pormenores sobre os pontos de contato entre a sabedoria bíblica e a dos povos vizinhos. Como conclusão desta primeira apresentação, observamos que, desde as partes mais antigas do livro dos Provérbios, Israel percebeu e desenvolveu muitas e importantes temáticas próprias da sabedoria do Próximo Oriente antigo: antes de tudo, *a dimensão experiencial* própria de uma sabedoria entendida como "arte de viver" e, como consequência desse enfoque, *a perspectiva pedagógica e ético-social* pela qual a própria sabedoria é proposta ao homem; a sabedoria propõe-se como caminho educativo no qual a perspectiva "política" não é certamente marginal. Esse enfoque leva, depois, o sábio do Próximo Oriente antigo a refletir sobre os fundamentos da própria vida, à luz *do problema do mal e da visão religiosa da vida*, como se viu tanto para a sabedoria egípcia como para a babilônia, essa última muito interessada nos problemas da teodiceia.

Seja qual for a avaliação do alcance da relação entre Israel e a sabedoria dos povos vizinhos, não se pode negar o esforço, feito por Israel, de acolher os valores humanos expressos pela sabedoria desses povos e de saber relê-los dentro da própria experiência de fé. Trata-se, portanto, de uma relação crítica e dialógica, ao mesmo tempo; julgamos que se possa chegar a falar da sabedoria bíblica como de uma verdadeira tentativa de inculturação, por parte de Israel, da sabedoria dos povos vizinhos.

Os contatos entre a sabedoria de Israel e a dos outros povos deveriam ser enfatizados também fora do *corpus* sapiencial propriamente dito. No início e no fim do livro de Tobias (cf. Tb 1,21-22; 2,10; 11,19; 14,10) surge um personagem chamado Ahicar; ora, a história de Ahicar nos é bem conhecida pela literatura do Médio Oriente Antigo e já é atestada no Egito, pelo menos a partir do século V a.C.; mas talvez a obra já estivesse difundida na Mesopotâmia um século antes e fosse, decerto, muito popular.

A história fala de Ahicar, escriba da corte assíria, o qual escolhe o sobrinho Nadab como seu sucessor e o instrui sobre os caminhos da sabedoria. Nadab, tendo se instalado na corte, trama contra seu tio e convence o rei assírio a matá-lo. No entanto o oficial encarregado da sentença de morte, amigo de Ahicar, poupa-o e ajuda-o a fugir, matando um escravo no lugar dele. A história se encerra com o retorno de Ahicar à corte e com a punição de Nadab[15].

O autor do livro de Tobias parece conhecer bem essa história e não tem particulares problemas ao utilizá-la; a tese de fundo de Ahicar, ou seja, que o justo, embora perseguido, é salvo por causa da sua retidão, é aceita *qua talis* pelo livro bíblico.

Para prosseguir no estudo

Algumas apresentações gerais sobre a relação entre a sabedoria de Israel e a dos povos vizinhos encontram-se em ALONSO SCHÖKEL, L.; VÍLCHEZ LÍNDEZ, J. *I Proverbi*. Roma: Borla, 1988 [or. esp. 1984], 44-51; MORLA ASENSIO, V. *Libri sapienziali e altri scritti*. Brescia: Paideia, 1997 [or. esp. 1994], 75-82; MURPHY, R.E. *L'albero della vita. Un'esplorazione della letteratura sapienziale biblica*. Brescia: Queriniana, 1993 [or. ingl. 1990], 193-225; no que diz respeito ao livro dos Provérbios cf. NICCACCI, A. *La casa della sapienza. Voci e volti della sapienza biblica*. Cinisello Balsamo: San Paolo, 1990, 31-41. Muito mais aprofundada é a introdução de PERDUE, L.G. *The Sword and the Stylus. An Introduction to Wisdom in the Age of Empires*. Grand Rapids-Cambridge: Eerdmans, 2008, 13-66.

No terreno da divulgação, cf. as seis notas organizadas por MAZZINGHI, L. *PdV*, 48, 1-6 (2003) (a seção sobre a sabedoria bíblica e a sabedoria do Oriente Antigo), algumas das quais são parcialmente retomadas aqui; cf. ID. La sapienza dell'oriente antico. Il dialogo di un disperato con se stesso. *PdV*, 2 (2003) 49-50; ID. La sapienza dell'oriente antico. Il canto degli arpisti. *PdV*, 3 (2003) 50-51; ID. La sapienza dell'oriente antico. Due poemi babilonesi. *PdV*, 4 (2003) 53-55; ID. La sapienza dell'oriente antico. Dialogo pessimistico di un padrone con il suo servo. *PdV*, 5 (2003) 51-53.

No que diz respeito aos textos da sabedoria egípcia em tradução italiana, eles estão disponíveis em ROCCATI, A. *Sapienza egizia. La letteratura educativa in Egitto durante il II millennio a.C.* Brescia: Paideia, 1994; uma coletânea mais completa, sempre em tradução italiana, está disponível no útil livro de BRESCIANI, E. *Letteratura e poesia dell'antico Egitto*. Turim: Einaudi, ³1999; para a sabedoria mesopotâmica cf. CASTELLINO, G.R.

---

15. Cf. CONTINI, R.; GROTTANELLI, C. (ed.), *Il saggio Ahiqar* (Studi biblici 148), Brescia, Paideia, 2005.

(ed.). *Testi sumerici e accadici*. Turim: UTET, 1977 e também o livro de RINGGREN, H. *Le religioni dell'oriente antico*. Brescia: Paideia, 1991. Cf. também BUCCELLATI, G. Tre saggi sulla sapienza mesopotamica. *Oriens Antiquus*, 11 (1972) 1-36, 81-100, 161-178. Ponto de referência sobre o plano científico é a coleção organizada por PRITCHARD, J.B. *Ancient Near Eastern Texts Relating to the Old Testament*. Princeton: Princeton University Press, 1969.

3. As origens da sabedoria israelita (II): o ambiente histórico-cultural da sabedoria bíblica

3.1. Família, corte, escola: a dimensão educativa da sabedoria bíblica

Em que *ambiente vital* nasce a tradição sapiencial de Israel? O prólogo do livro dos Provérbios (Pr 1,1-7) orienta-nos para uma sabedoria caracterizada por uma dimensão primariamente educativa, como no resto do Próximo Oriente antigo; cf. Pr 1,8; 6,20;31,1) e se dirige para o discípulo chamando-o de "meu filho" (cf. Pr 2,1; 4,1; 5,1 etc.). A metáfora parental lembra-nos, ao mesmo tempo, dois ambientes diferentes e complementares nos quais parece nascer e se desenvolver a sabedoria de Israel: o da família e, ao mesmo tempo, o da escola.

Na sabedoria mais antiga (cf. Pr 10–30), já existente antes do exílio babilônio, muitos dos valores expressos — a importância dos laços familiares, os temas ligados ao trabalho e à vida doméstica — encontram sua origem no âmbito da educação familiar, a qual, por sua vez, é parte de uma tradição mais ampla, a tribal, transmitida de geração em geração (cf., por exemplo, Pr 4,3).

E o livro dos Provérbios, todavia, já nasce na sua forma escrita como expressão não tanto de uma sabedoria familiar quanto de uma sabedoria "de escriba" ensinada por uma classe de profissionais, precisamente os escribas. No período monárquico, os escribas eram funcionários a serviço da corte e das suas instituições governamentais; depois da queda da monarquia causada pelo exílio babilônio, os escribas se orientaram mais para o serviço do templo de Jerusalém, e, ao mesmo tempo, para a interpretação e o estudo da Torá, a Lei mosaica. Os escribas constituem, por isso, uma elite dentro de Israel, uma classe de pessoas cultas e abastadas dedicadas a um trabalho intelectual a serviço da administração pública, seja esta a monarquia ou o templo. É essa a razão pela qual nos textos sapienciais valores como a riqueza honesta, a arte do bom governo, a capacidade de aconselhar e de conhecer a realidade emergem continuamente (cf. a introdução ao livro dos Provérbios). Portanto, a sabedoria bíblica é também, com frequência, sobretudo, arte do bom governo: cf., por exemplo, Provérbios 8,15-16; Sirácida 10,1-5; Sabedoria 9,7-8.12, mas também, no *corpus* profético, Isaías 11,2-5, textos que revelam um valor político evidente da sabedoria de Israel.

É, pois, na *corte do rei* que encontra sua primeira raiz a tradição sapiencial *escrita* de Israel, embora muitos temas sapienciais tenham, como já se disse, uma origem familiar; os textos sapienciais nascem, no período pré-exílico, como obras destinadas à formação dos futuros funcionários do reino, aos quais são ensinados os valores fundamentais do silêncio e da palavra, da disciplina, da honestidade, da benevolência em relação aos inferiores, da laboriosidade, da retidão; cf. a ideologia promovida por Provérbios 25,1-29,27, uma coletânea a ser atribuída com muita probabilidade à época do rei Ezequias. No livro dos Provérbios é frequente a ligação entre "sabedoria" e "conselho" (*'esâ*); cf. Provérbios 1,25-30; 8,14; 12,15; 19,20: o "aconselhar" é virtude própria do governante (cf. 2Rs 18,20; Pr 20,18), o qual se cerca de uma classe de verdadeiros conselheiros profissionais (cf. Pr 11,14; 15,22; 24,6); a história de Davi nos narra, por exemplo, a história de Hushaí e Aquitofel, os dois conselheiros de Davi e de Absalão (cf. 2Sm 17,1-16).

É verdade que existe uma corrente profética muito crítica em relação à sabedoria da corte (cf. Is 29,13-14; 30,1-5; 31,1-3; Jr 9,22-23); o bem conhecido texto de Gênesis 2,4b-3,25 pode ser relido, em chave sapiencial, como uma polêmica dirigida contra uma pretensa forma superior de sabedoria humana (real), que, todavia, é inacessível ao homem, na sua pretensão de se pôr acima do próprio Deus, como pretendia fazer "Adão". Todavia, também a sabedoria pós-exílica, nascida num contexto no qual a monarquia não existe mais, não perderá nunca essa dimensão política (cf. os textos de Provérbios, Sirácida e da Sabedoria anteriormente lembrados).

Quanto à existência de uma escola de corte em Jerusalém destinada à formação dos escribas e de escolas básicas difundidas mais capilarmente no Israel pré-exílico, o debate está ainda aberto; mas as alusões contidas em 1 Reis 12,8-10; 2 Reis 10,1 (cf. também Pr 15,31; 17,16) parecem apontar para a existência de tais escolas; também o material epigráfico hoje disponível parece fazer pensar que tais escolas existissem realmente. Nesse caso, o "sábio" é também "mestre" (cf. Pr 5,13) e, portanto, parece pertencer a uma classe profissional bem definida.

Muito mais clara, porém, é a existência de escolas "de escribas" durante o período persa e, sobretudo, no período helênico. Muitos estudiosos têm hoje a tendência de considerar o livro dos Provérbios e o de Ben Sira — mas, provavelmente, também o Coélet (cf. Ecl 12,9) e, mais tarde, o livro da Sabedoria — como verdadeiros textos de caráter escolar, ou seja, escritos como manuais de educação destinados aos futuros responsáveis pela vida pública de Israel, ou pela comunidade judaica alexandrina, no caso do livro da Sabedoria. Ben Sira, nos inícios do século II a.C., fala de si mesmo como de um mestre de sabedoria e parece atestar a existência de uma verdadeira escola na qual ele ensinava, em Jerusalém (cf. Sr 51,23). A escola não está necessariamente ligada a um lugar estabelecido; os textos de Provérbios 1,20-21; 8,1-3, nos quais fala a sabedoria personificada, fazem, indiretamente, pensar num ensinamento público, dado, no caso da sabedoria personificada, às portas da cidade.

No período helenístico, porém, ocorre uma passagem significativa: os sábios que nos deixaram o livro dos Provérbios sentem-se portadores de uma tradição recebida que eles expõem fielmente e ensinam, aprofundando-a à luz da própria experiência; contudo, como no caso de Jó ou do Coélet, são também capazes de pô-la em discussão. Ben Sira, no início do século II a.C., sente-se mais investido da missão de "meditar a lei do Altíssimo" (cf. Sr 39,1); o sábio torna-se com ele o guardião e o expositor de uma palavra então já pronunciada: de uma sabedoria entendida como arte de viver, nascida à luz da experiência posta em confronto com a fé, passa-se a um novo tipo de sabedoria entendida mais como a reinterpretação da sabedoria já existente; além do Sirácida, é um ótimo exemplo disso o livro da Sabedoria[16].

A família, a corte, a escola: o ambiente vital da sabedoria bíblica é, portanto, substancialmente o educativo. A esse respeito, é, sem dúvida, digno de nota o fato de que o sábio quase nunca recorre à forma do preceito quanto ao conselho e à exortação. Além disso, o estilo usado pelo mestre é, em geral, autobiográfico: o sábio fala não tanto do alto do seu saber quanto à luz da própria experiência (assim, por exemplo, o Coélet, em 1,13-18; Ben Sira, em Sirácida 34,1-11). Nasce, entretanto, uma pergunta: como conciliar tal aparente profanação da sabedoria com a perspectiva de fé na qual, ao mesmo tempo, se movem os sábios de Israel? Os textos programáticos de Provérbios 1,7 e 9,10 (cf. Sr 1,1-12; Sb 7,25-26) lembram-nos que o "temor do Senhor" e o próprio Deus estão na origem da sabedoria. Como veremos, a resposta deverá ser encontrada, de um lado, na própria ideia de criação que está na base do pensamento dos sábios e, de outro, na figura da sabedoria personificada.

---

16. Cf. FISHBANE, M., From Scribalism to Rabbinism, in: GAMMIE, J.G.; PERDUE, L.G. (ed.), *The Sage in Israel and in Ancient Near East*, Winona Lake, Eisenbrauns, 1990, 439-456.

3.2. A sabedoria bíblica enraizada na história de Israel

Um ponto ainda não plenamente explorado é o relativo ao estudo do contexto histórico da sabedoria; tem-se a impressão, com efeito, de que as máximas dos sábios sejam tratadas pelos exegetas como se fossem textos atemporais, válidos para todos os homens e para todos os tempos, prescindindo-se do enraizamento deles na história de Israel. A literatura sapiencial seria, portanto, uma literatura substancialmente estranha aos problemas de caráter diacrônico que tocam, às vezes dramaticamente, os estudiosos do Pentateuco e da chamada "história deuteronomista", para os quais a colaboração histórica dos textos corre o risco, muitas vezes, de se tornar um quebra-cabeça, na melhor das hipóteses. A pregação cristã antiga entendeu-a, de resto, como uma sabedoria de caráter essencialmente ético.

Hoje, a atenção ao contexto histórico da sabedoria bíblica cresceu, sem nenhuma dúvida; lembro o trabalho de L.G. Perdue, *The Sword and the Stylus*, junto com o de J.J. Collins sobre a sabedoria no período helenístico (*Jewish Wisdom in Hellenistic Age*; cf. o quadro mais adiante). Esse tipo de abordagem de caráter mais marcadamente histórico vem preencher, sem dúvida, uma carência no campo dos estudos sobre a sabedoria bíblica, com frequência pouco preocupados, no passado, por datar os textos além de genéricos e imprecisos verbetes, como "época pós-exílica". Todavia, também essa abordagem não deixa de suscitar outros problemas.

Um exemplo concreto, em relação ao ambiente vital da sabedoria bíblica do qual acabamos de falar no item anterior: a sabedoria de Israel nasceu, em geral, como sabedoria de corte, como obra, portanto, de intelectuais a serviço do poder, especialmente durante a última parte do reino da Judeia (Ezequias-Josias)? E, nesse caso, a teologia dos sábios deve ser considerada como uma resposta oferecida pela classe dirigente às exigências da vida pública na sequência dos vários reinos e impérios em Israel? Ou a sabedoria de Israel tem um enraizamento mais imediato nas tradições populares de Israel e nasce, portanto, no âmbito da educação familiar, e está, pois, destinada a um público mais amplo[17]? Resta o fato de que os sábios autores dos textos sapienciais constituíam, sem dúvida, um grupo posto a serviço da administração pública e do templo e, portanto, ocupavam uma posição social bem elevada, de

---

17. Uma boa apresentação desse problema encontra-se no livro organizado por GAMMIE; PERDUE (ed.), *The Sage in Israel*.

modo que muito dificilmente se pode falar, em sentido estrito, de uma sabedoria bíblica "popular"[18].

Textos como o livro dos Provérbios ou o Coélet, para não falar do Sirácida e da Sabedoria, parecem dirigidos, com certa clareza, a jovens membros de classes sociais relativamente abastadas; compreende-se, assim, por que, afinal, para o sábio/mestre é prioritária a necessidade de um diálogo com a sabedoria de outros povos, um diálogo crítico que torne o jovem capaz de se abrir a horizontes mais amplos do que os, de fato, geográfica e culturalmente mais restritos, que caracterizavam o povo de Israel. Compreende-se também o forte acento na dimensão pública e política da sabedoria bíblica, destinada precisamente à educação das futuras classes dirigentes.

> A análise do contexto histórico revelou-se vital, para dar outro exemplo concreto, no que se refere ao livro do Coélet. Parece agora claro, como veremos, que o Coélet deva ser situado, tendo como fundo o século III, no quadro de uma Judeia sob o domínio ptolemaico, num momento no qual o judaísmo começa a descobrir a cultura helenística que foi penetrando no Oriente Próximo depois das conquistas de Alexandre Magno.
>
> O modo como o Coélet fala de Deus, um Deus absolutamente soberano e transcendente, cuja ação é imutável e indiscutível, reflete de perto a visão do monarca ptolemaico ("quem poderá endireitar o que ele deixou torto?", como se lê em Ecl 7,13). Mas, precisamente nesse caso, volta a importância da ironia típica do nosso sábio: o Coélet é, com efeito, extremamente crítico em relação à autoridade constituída; cf. o texto de Coélet 5,8 que poderíamos muito bem definir como a primeira definição bíblica de tangentópolis [cidade do suborno], "se vês o direito e a justiça pisoteados no país, não te espantes. Com efeito, acima de uma autoridade há outra e acima de todas está o rei". Assim, também a imagem tradicional de um deus considerado soberano absoluto, como o dos ptolomeus, está, na realidade, submetida à crítica por parte do Coélet[19]. O estudo do cenário histórico do livro é, por isso, uma ajuda indispensável para se compreender a mensagem, com frequência, muito crítica em relação à realidade de sua época. Há muito tempo, o estudo do contexto histórico, para oferecer um último exemplo, foi de extrema importância para a compreensão do livro

---

18. Cf. WHYBRAY, R.N., The Social World of the Wisdom Writers, in: CLEMMENTS, R.E. (ed.), *The World of Ancient Israel*, Cambridge, Cambridge University Press, 1989, 227-250.

19. Cf. MAZZINGHI, L., The Divine Violence in the Book of Qohelet, *Bib* 90 (2009) 545-558.

da Sabedoria, escrito em Alexandria do Egito, na última fase do reino de Otaviano Augusto, num contexto cultural já amplamente helenizado. Um texto como Sabedoria 19,13-17, apenas para citar um único caso não muito estudado, torna-se o espelho das lutas dos judeus alexandrinos pelos direitos civis, nos últimos anos do império de Otaviano; a história bíblica de Lot e dos habitantes de Sodoma, narrada no Gênesis 19, torna-se a ocasião para reivindicar os direitos civis dos judeus alexandrinos[20].

Para prosseguir no estudo

Como introduções gerais à questão, podem-se consultar VON RAD, G. *La sapienza in Israele*. Turim: Marietti, 1975 [or. al. 1970], todo o capítulo II; MORLA ASENSIO, V. *Libri sapienziali e altri scritti*. Brescia, Paideia, 1997, 45-54. Cf. também o livro de GRABBE, L. *Sacerdoti, profeti, indovini, sapienti nell'antico Israele*. trad. it. Cinisello Balsamo: San Paolo, 1998.

Sobre a família como lugar de origem da tradição sapiencial cf. PERDUE, L.G. et al. *Families in Ancient Israel*. Louisville: Westminster John Knox, 1997. Sobre a escola do antigo Israel, vejam-se as seguintes obras especializadas: LEMAIRE, A. *Les écoles et la formation de la Bible dans l'ancien Israël* (OBO 39). Göttingen: Vandenhoeck & Ruprecht, 1981 (trad. it. *La scuola e la formazione della Bibbia nell'Israele antico*. Brescia, Paideia, 1981); CRENSHAW, J.L. *Education in Ancient Israel. Across the Deadening Silence*. Nova York: Doubleday, 1998; CLARK JR., R.R. Schools, Scholars, and Students: the Wisdom School *Sitz im Leben* and Proverbs. *Restoration Quarterly*, 47 (2005) 161-177.

Sobre a dimensão pedagógica própria da sabedoria bíblica é muito recomendada a leitura de GILBERT, M. La pedagogia dei saggi nell'antico Israele. *La Civiltà Cattolica*, 155, 3 (2004) 345-358.

No que diz respeito ao contexto histórico da sabedoria bíblica, cf. todo o livro de PERDUE, L.G. *The Sword and the Stylus. An Introduction*

---

20. Cf. MAZZINGHI, L., Sap 19,13-17 e Diritti civili dei giudei di Alessandria, in: BELLIA, G.; PASSARO, A. (ed.), *Il libro della Sapienza. Tradizione, redazione, teologia*, Roma, Città Nuova, 2004, 67-98; ID., Wisdom 19,13-17 e o Civil Rights of the Jews of Alexandria, in BELLIA, G.; PASSARO, A. (ed.), *Yearbook 2005. The Book of Wisdom in Modern Research. Studies on Tradition, Redaction, Theology, Deuterocanonical and Cognate Literature*, Berlim-Nova York, W. De Gruyter, 2005, 53-82. Cf. uma visão oposta e, ao mesmo tempo, complementar em BASLEZ F.M., L'autore della Sapienza e l'ambiente colto di Alessandria, in: BELLIA; PASSARO (ed.), *Il libro della Sapienza*, 47-66.

to Wisdom in the Age of Empires. Grand Rapids-Cambridge, Eedermans, 2008, e, para a sabedoria na época helenística, o de COLLINS, J.J. *Jewish Wisdom in Hellenistic Age*, OTL. Louisville, Westminster John Knox, 1997.

4. As formas literárias da literatura sapiencial

Temos de nos ocupar agora com as formas literárias fundamentais por meio das quais se exprimem os sábios; restringimos nossa pesquisa aos cinco livros sapienciais propriamente ditos. A forma literária por excelência da sabedoria de Israel é a do *mašal*, um termo hebraico em geral traduzido nas nossas línguas por "provérbio"; o título hebraico do livro dos Provérbios (*sefer m^ešalîm*) remete expressamente a ele. A etimologia da raiz *mšl* é ainda discutida: o verbo correspondente (*mašal*) significa, ao mesmo tempo, "ser semelhante", mas também "governar"[21]. Com base nisso, seria possível entender o *mašal* como uma espécie de parábola, de semelhança, que serve para dirigir a própria vida.

O *mašal* bíblico é sempre expresso de forma poética; trata-se de um fato não adequadamente observado pelos estudiosos: a sabedoria de Israel não se exprime em formas conceituais semelhantes às da sabedoria grega, mas, precisamente, por meio da poesia, com a qual se é capaz de exprimir realidades, de outro modo, não exprimíveis. O *mašal* é composto sempre de dois ou, mais raramente, de três versos, segundo a bem conhecida lei do paralelismo que regula toda a poesia hebraica.

Cf. um exemplo tirado de Provérbios 1,5-7, com tradução que procura fazer realçar, quanto possível, o ritmo de cada *mašal*, além do claro paralelismo; nos primeiros dois casos, um paralelismo de tipo sinonímico; no terceiro caso, mais antitético[22]:

Ouça quem é sábio e o será ainda mais	(4 acentos)
e o instruído adquirirá certeza	(3 acentos)
aprendendo provérbios e alegorias,	(3 acentos)
palavras de sábios e de seus enigmas,	(3 acentos)
o temor do Senhor é início da ciência,	(4 acentos)
sabedoria e disciplina, os estultos as desprezam.	(4 acentos)

---

21. Cf. BEYSE, K.-M., Mašal *I*, in: *GLAT*, 424-428.
22. No que diz respeito a uma ótima apresentação da lei do paralelismo na poesia hebraica, consulte ALONSO SCHÖKEL, L., *Manuale di poetica ebraica*, Brescia, Queriniana, 1987, 65-83. O exemplo citado está em BERNINI, D., *Proverbi*, Roma, Ed. Paoline, 1977, 23.

O *mašal* bíblico não demonstra nem ensina nada; antes, sugere e lembra, mediante uma consumada habilidade retórica. O provérbio parece, às vezes, um *a priori*, mas, na realidade, não o é; é sempre posto em relação com algum tipo de experiência; de fato, o sábio não tem revelações superiores a que apelar, como faz o profeta ou o legislador. Além disso, o que parece importante no *mašal* não é tanto o que é dito quanto o processo cognoscitivo que é exercido pelo provérbio e que convida quem o escuta a ir além do próprio provérbio. Em particular, isso é dito quando o provérbio suscita surpresa (cf. Pr 25,15b, "uma língua macia quebra os ossos"; cf. também Pr 27,7).

O *mašal* esclarece, muitas vezes, a ambiguidade do real e pode, portanto, ter mais níveis de significado. O provérbio é também, assim, um risco que tanto o mestre como o estudante são convidados a correr. Veja-se a aparente contradição de Provérbios 26,4: "Não respondas ao insensato segundo a sua estultice, para também tu não te assemelhares a ele". Portanto, não devo responder a um estúpido! Mas, no versículo seguinte (26,5), acrescenta: "Responde ao insensato conforme a sua estultice, para que ele não se imagine um sábio". Ambos os conselhos são paradoxalmente verdadeiros: cabe a cada leitor o discernimento da situação, de entender, nesse caso, quando é o momento de calar diante de um estúpido, ou de lhe responder.

> Outras formas literárias mais complexas próprias da sabedoria israelita são os *provérbios numéricos* (cf., por exemplo, Pr 6,16-19; 30,21-23; Sr 25,7-11; 26,5-6), construídos segundo o esquema x / x + 1 (por exemplo, "há quatro coisas... e uma quinta que..."): nesses provérbios afirma-se a identidade de coisas que, tomadas individualmente, não parecem ter nenhuma relação entre si. O provérbio numérico constitui um desafio que desperta a curiosidade do discípulo, pondo o acento no último elemento da série e convidando o próprio discípulo a completá-la.
>
> Na primeira parte do livro dos Provérbios (Pr 1–9), assumem grande importância as chamadas *instruções sapienciais* (cf. mais adiante) que organizam cada um dos *mᵉšalîm* em unidades mais amplas, de fundo didático.
>
> Temos de lembrar também a presença do *estilo autobiográfico*: muitas vezes, o mestre fala em primeira pessoa, à luz da sua experiência direta (cf. Pr 24,30-34; Sr 51,13-16 e todo o livro do Coélet). Lembramos ainda os *grandes poemas didáticos* e *os diálogos* que caracterizam o livro de Jó, textos que, embora conservando em seu bojo a forma literária do *mašal*, assumem dimensões mais amplas. Não estão, enfim, ausentes

dos textos sapienciais *hinos* e *orações* (cf. os diversos hinos presentes no livro de Jó; as orações no livro de Ben Sira; cf. também a célebre oração de Sabedoria 9).

Para prosseguir no estudo

Cf. VON RAD, G. *La sapienza in Israele*. Turim, Marietti, 1975, c. III; ALONSO SCHÖKEL, L.; VÍLCHEZ LÍNDEZ, J. *I Proverbi*. Roma, Borla, 1988, 72-82; MORLA ASENSIO, V. *Libri sapienziali e altri scritti*. Brescia, Paideia, 1997, 58-68.

5. O que é a sabedoria?

5.1. O léxico da sabedoria

É difícil definir com exatidão o que é a sabedoria de Israel. Antes de tentar, pelo menos, uma descrição, acrescentamos outra abordagem às teorias que propusemos acima: um breve aceno ao léxico utilizado na literatura sapiencial bíblica para falar da sabedoria; limitamo-nos aqui à Bíblia hebraica, remetendo, para o livro da Sabedoria, à introdução específica.

O termo hebraico mais característico para indicar a sabedoria é *ḥokmah*, da raiz *ḥkm*, a qual recorre 340 vezes na Bíblia hebraica (22 das quais nas partes aramaicas da Bíblia, predominantemente em Dn). Dessas recorrências, 29 estão no Pentateuco, 43 nos Profetas, 13 nos Salmos e, bem, 183 em Provérbios-Jó-Eclesiastes (temos, todavia, de acrescentar mais de 50 recorrências nos fragmentos hebraicos de Sirácida); compreende-se bem que nos encontramos diante de um termo típico da tradição sapiencial.

O sentido básico dessa raiz remete, antes de tudo, à capacidade de entender bem alguma coisa; pode se tratar de uma habilidade de caráter técnico, própria de algum artesão particularmente hábil (cf. Ex 28,3; 35,25; Jr 10,9), ou de qualquer outra atividade exercida com perícia (cf. 1Rs 7,14; Is 10,13 e, no Sl 107,27, a *ḥokmah* entendida como arte de navegar). Com a raiz *ḥkm* indica-se também, no âmbito político, o funcionário ou o governante que é safo (cf. 2Sm 20,22; Is 29,14), o rei que sabe governar bem (cf. 1Rs 3,12), mas também a pessoa ajuizada que sabe como agir no momento certo (cf. a sabedoria das mulheres lembrada em 2Sm 14,2; 20,16-22).

A *ḥokmah* bíblica pode indicar, em segundo lugar, a sabedoria entendida como capacidade de modelar a própria vida. Com efeito, a sabedoria está ligada sempre à vida: cf. o texto emblemático de Provérbios 3,18, no qual a alusão à árvore da vida talvez seja àquela mesma árvore protagonista do Gênesis 2-3, que a humanidade pensava ter perdido para sempre. Sábio é, portanto, aquele que sabe viver, ou seja, que sabe "fazer" e "falar" bem, que está de posse de um saber que se adquire, antes de tudo, com a experiência, com a observação (cf. Pr 22,29; 24,32; 26,12; 29,20 etc.). A sabedoria se torna, assim, educação integral do homem, um fato que abraça, portanto, quer o aspecto ético, quer o religioso. "Sábio" é, com efeito, também aquele que teme o Senhor (cf. Pr 1,7; 9,9; 15,33; Sr 1,14.20): isso acontece porque o primeiro sábio é o próprio Deus (Jr 10,12; Sl 104,24; Pr 3,19...), e é ele que dá ao homem a sabedoria (Ex 28,3; Is 40,13...).

O termo *ḥokmah* aparece, muitas vezes, junto a muitos outros termos, entre os quais lembramos apenas *da'at*, "conhecimento" (e, em geral, com a raiz *yd'*, "conhecer"); *bînah*, "inteligência"; *mûsar*, "educação/formação" (cf. a coleção de termos sapienciais presentes em Provérbios 1,2-7; cf. a introdução ao livro dos Provérbios). A essa terminologia não se opõe a da maldade, tampouco a da estultice: o contrário do sábio, com efeito, é quase sempre o *kᵉsîl*, o "tolo", ou o *sakal*, o "estúpido" (cf. Pr 3,35; 14,16.24; 15,20; Ecl 2,14; 6,8, 7,4).

A *ḥokmah* aparece, portanto, em relação a um conhecimento profundo da realidade, com uma compreensão do mundo que leva a um saber viver, do qual nenhuma dimensão — nem ética, nem religiosa — é excluída (cf. Jó 28,28); a Bíblia dos LXX, ao traduzir *ḥokmah* predominantemente pelo grego σοφία, ampliará o alcance intelectual do termo.

O que observamos, todavia, carrega consigo, como é fácil compreender, uma série de questões importantes: em que relação está a sabedoria humana com o temor do Senhor, ou seja, com a sabedoria divina? Como é possível educar contemporaneamente para o sentido do mundo e para o sentido de Deus? A análise semântica sozinha não parece ser suficiente para nos oferecer a resposta.

5.2. Para uma descrição da sabedoria bíblica

Definir o que é a sabedoria bíblica revelou-se como uma tarefa árdua, quase impossível; três exemplos tirados de autores que estudaram a fundo a questão serão suficientes para ilustrar tal dificuldade. Segundo o célebre exegeta alemão G. von Rad, que, com sua obra *A sabedoria em Israel*, publicada em 1970, indicou, como já se disse, uma etapa fundamental nos estudos sobre a literatura sapiencial, a sabedoria bíblica implica um conhecimento prático da ordem da criação adquirido mediante a experiência, uma adequação à ordem do mundo, fruto da mesma experiência, ou um reconhecimento do "sentido" posto pelo próprio Deus na sua criação[23]. Segundo J.L. Crenshaw, a sabedoria é, antes, a procura humana relativa a uma autocompreensão do homem em relação à natureza, aos outros homens e a Deus; a sabedoria, além disso, consiste, de um lado, numa atitude vital e, de outro, numa tradição viva com forte interesse na educação. A sabedoria consiste numa particular visão do mundo e no esforço humano de procurar compreender seu sentido e de viver em harmonia com ele[24]. O conceito de "ordem do mundo" foi criticado por R.E. Murphy, que prefere descrever a sabedoria mais como a procura do homem que tenta pôr ordem na própria vida, em vez de se conformar com uma ordem preestabelecida[25].

Se é, portanto, muito difícil definir com exatidão o que é a sabedoria bíblica, ela pode, todavia, ser bem descrita, à luz do que até agora vimos, como uma forma de conhecimento prático ligado à experiência crítica da vida cotidiana e adquirida precisamente por meio da mesma experiência. Todavia, temos de observar que o papel da experiência no projeto educativo dos sábios de Israel é um aspecto ainda não totalmente esclarecido[26]; se no livro dos Provérbios, com efeito, a experiência parece, às vezes, ser evocada para confirmar doutrinas estabelecidas, como acontece no caso dos três amigos de Jó no livro homônimo, tais doutrinas tradicionais, no próprio livro de Jó e no livro do Coélet, são criticadas precisamente em nome da experiência do protagonista, seja ele o sofredor Jó, seja o imaginário Coélet salomônico. Tudo isso remete a um dos pontos mais importantes do pensamento dos sábios: uma avaliação atenta da epistemologia deles, ou um estudo coerente relativo à aproximação dos sábios à realidade. Resta avaliar, como já referimos, a profunda relação que o mundo dos sábios demonstra ter com a figura de Deus e, portanto,

---

23. Cf. Von Rad, G., *La sapienza in Israele*, Turim, Marietti, 1975 (orig. al. 1970), espec. 86-93.
24. Cf. Crenshaw, J.L. *Old Testment Wisdom. An Introduction*, Louisville, Westminster John Knox, ³2010, 1-21 ("On defining Wisdom").
25. Cf. Murphy, R.E., *The Tree of Life. An Exploration of Biblical Wisdom Literature*, New York, Doubleday, 1990, espec. 111-126; trad. it. *L'albero della vita. Un'esplorazione della letteratura sapienziale biblica*, Brescia, Queriniana, 1993, espec. 145-170.
26. Ver a esse respeito Crenshaw, J.L., The Acquisition of Knowledge in Israelite Wisdom Literature, *Word and World* 7, 3 (1987) 245-252; Frydrych, T., *Living under the Sun. Examination of Proverbs and Qohelet* (VTSuppl.) 90, Leiden, Brill, 2002, 53-66; Fox, M.V., The Epistemology of the Book of Proverbs, *JBL* 126, 4 (2007) 669-684.

a relação que existe para os próprios sábios entre uma sabedoria entendida como experiência crítica da realidade e uma sabedoria entendida como dom de Deus e conexa com a fé nele.

Na próxima seção, procuraremos enfatizar os elementos, a nosso ver, teologicamente mais importantes que caracterizam a sabedoria de Israel e que retomaremos mais em pormenor para cada um dos livros sapienciais.

Para prosseguir no estudo

MORLA ASENSIO, V. *Libri sapienziali e altri scritti.* Brescia, Paideia, 1997, 24-30. Para o significado da raiz *ḥkm* cf. SŒBØ, M. ḥkm. *DTAT* I, 483-491 e, mais detalhadamente, MÜLLER, H.P.; KRAUSE, M. ḥākam. *GLAT* II, 974-1001.

6. Caracteres e teologia da sabedoria israelita[27]

6.1. A epistemologia dos sábios: secularidade da sabedoria e visão da realidade

A sabedoria de Israel era, às vezes, acusada de *utilitarismo* e de *pragmatismo*: muitas sentenças dos Provérbios, com efeito, levam a pensar, à primeira vista, que a confiança nas possibilidades do conhecimento da realidade caminha, passo a passo, com a procura, até cínica (cf., por exemplo, Pr 14,35; 18,16; 21,14), do sucesso e do bem-estar; a pobreza, por exemplo, é sentida pelos sábios como um dado de fato não submetido a crítica (cf. Pr 13,18; 18,9; 19,15; 20,13; 22,7 etc.); continuamente a procura da sabedoria está ligada ao sucesso, à felicidade e até à riqueza que a própria sabedoria garante a quem a possui (cf. Pr 8,18.21; 1Rs 3,13). Na realidade, se é, talvez, possível falar de pragmatismo – mas seria preferível, como veremos em breve, o termo *realismo* – com base na confiança dos sábios nas possibilidades do conhecimento humano da realidade, fica a ideia de que existe uma ordem das coisas posta no mundo pelo próprio Deus e que é necessário, antes de tudo, procurar *compreender* essa ordem para poder, depois, viver em harmonia com ela.

---

27. Cf. VON RAD, *La sapienza in Israele*, os primeiros seis capítulos; ALONSO SCHÖKEL, L.; VÍLCHEZ LÍNDEZ, J., *I Proverbi*, Roma, Borla, 1988, 17-39; MORLA ASENSIO, V., *Libri sapienziali e altri scritti*, Brescia, Paideia, 1997, 30-45, 69-72; muito profunda é a obra de PERDUE, L.G., *Wisdom and Creation. The Theology of Wisdom Literature*, Nashville, Abingdon, 1994.

Os sábios estão bem conscientes da ambiguidade do real; assim, um comportamento que fica bem num caso não necessariamente fica bem em outro. Isso significa, por parte do sábio, saber discernir o sentido das coisas, como já vimos a propósito de Provérbios 26,4-5; no livro do Coélet, o sentido da ambiguidade do real será levado ao extremo.

Desde as seções mais antigas do livro dos Provérbios (Pr 10,1–21,16, em particular), o sábio aparece caracterizado por uma grande confiança nas possibilidades do conhecimento humano. Trata-se de algo que poderíamos definir como um verdadeiro *otimismo epistemológico*, uma atitude, todavia, que não deve ser confundida com a confiança cega nas possibilidades de um conhecimento racional, autônomo, da realidade. A natureza mesma do *mašal*, a forma literária privilegiada da tradição sapiencial, é testemunha de tal entusiasmo: o sábio é capaz de confrontar uma realidade com outra, procurando tirar daí um sentido e descobrir a presença de constantes na vida humana. Mas isso é possível apenas se no mundo existe uma ordem das coisas, que o sábio procura e é capaz de descobrir:

> A convicção dos sábios era de que Javé delegara à criação tal dose de verdade e que ele mesmo estava tão presente nela que o homem é posto num terreno moral sólido se aprende a decifrar esses ordenamentos e conformar a sua atitude com as experiências adquiridas[28].

Um exemplo típico são as sentenças dos sábios relativas à vida social: o sábio anota determinados fatos que a experiência ensina a levar em consideração; não se trata de mudar um determinado estado de coisas, ainda que injusto, mas de compreendê-lo; cf., por exemplo, os textos de Provérbios 10,15; 18,23; 22,2; Sirácida 13,3; 31,3-4. Por isso, ainda com von Rad, é possível concluir que

> temos de nos precaver de uma concepção da sabedoria que veria o seu caráter essencial na atividade de uma razão autônoma em relação à fé [...]. As experiências do mundo eram sempre [para Israel] experiências de Deus e as experiências de Deus, experiências do mundo[29].

Trata-se de uma observação realmente capital: para o sábio bíblico existe uma relação circular e profunda entre o que o homem pode experimentar na realidade e o que o homem pode, no entanto, experimentar a respeito de sua relação com Deus; a razão está no fato de que se encontra

---

28. Von Rad, *La sapienza in Israele*, 88.
29. Ibidem, 64.

nas sentenças sapienciais uma confiança na estabilidade das relações elementares entre homem e homem, uma confiança na conformidade dos homens e das suas relações, uma confiança na constância das regras que regem a vida humana, ou, como consequência, explícita ou implicitamente, uma confiança em Deus que fez vigorar essas regras[30].

Notemos de passagem que, à luz dessas observações, não se pode falar nem de uma oposição entre razão e fé nem de um contraste entre profetas e sábios; com efeito, se uns parecem privilegiar a fé, os outros privilegiam a razão, mas uma razão ligada à experiência, que reconhece na realidade a existência de um sentido dado pelo próprio Deus. Por esse motivo, o sábio pode também afirmar que o "princípio da sabedoria é o temor do Senhor" (cf. Pr 1,7; 9,9; cf. também Sr 1,9-18). Uma razão, a dos sábios, posta, portanto, em diálogo com um mundo no qual Deus está presente. O "temor do Senhor" (a ser entendido, sob essa luz, como "conhecimento" de Deus) considerado como origem da sabedoria indica o fato de que para Israel todo conhecimento humano deve se resumir à questão do conhecimento de Deus que não obstaculiza, mas que, antes, *emancipa* o próprio conhecimento. O ponto de partida dos sábios de Israel não é, todavia, algo predeterminado, como o é a palavra de Deus para os profetas ou a lei e o culto para os sacerdotes. A forma *exortativa* das sentenças sapienciais revela que o ponto de partida é sempre, para os sábios, a *experiência* da vida, que jamais é vivida de uma vez por todas, mas que, no momento mesmo em que é reveladora de uma experiência de Deus, permanece não dogmatizada, mutável, até ambígua.

Nasce daí a ideia de uma sabedoria que é, na realidade, um caminho de contínua busca, uma ideia que percorre toda a literatura sapiencial: cf., por exemplo, Provérbios 2,1-5 (especialmente 2,4; "se a procurares [a sabedoria] como o dinheiro"); Jó 28 (todo o poema é sobre o tema da procura da sabedoria); Coélet 1,13-18 (o ponto de partida do Coélet, procurar e explorar); Siráicida 14,20-27; Sabedoria 6,12.14.16; 8,2.18.21. O Coélet, em particular, enfatiza essa dimensão de busca até afirmar que, embora procurando e explorando, também o maior dos sábios não chegará jamais ao termo de sua procura (cf. Ecl 8,16-17; v. adiante). Entretanto, também no caso do Coélet, procurar a sabedoria jamais significa cair no ceticismo ou no relativismo; a sabedoria, com efeito, justamente porque é fruto de uma experiência humana jamais concluída e, ao mesmo tempo, dom de um deus nunca, de fato, atingido plenamente (cf. Sr 43,28-33), nasce no terreno da busca e não tanto no campo

---

30. Ibidem, 65.

de uma posse adquirida de uma só vez: "Se não procurares, não encontrarás!" (Sr 11,10, texto hebraico).

Esse otimismo epistemológico dos sábios embate-se, todavia, com a consciência do limite próprio de toda sabedoria humana, um limite que é, antes de tudo, representado pelo próprio Deus. Já na fase mais antiga da sabedoria de Israel, o sábio está bem consciente dos limites da experiência humana: cf., por exemplo, os textos de Provérbios 16,1-3.9; 19,21; 20,24; 21,30 (a verdadeira sabedoria consiste em negar-se a si mesma). Considerar-se sábio é sinal certo de estultice: Provérbios 26,12 (cf. também Pr 3,5.7). Não se trata, como é fácil compreender, de uma limitação de caráter quantitativo; na realidade, encontramo-nos diante de um aparente dualismo: se, de um lado, está, de fato, contido nos sábios um forte otimismo epistemológico, eles estão, de outro lado, plenamente conscientes de que em Deus toda sabedoria encontra o seu limite. Esse último aspecto é desenvolvido de modo muito marcante pela peculiar epistemologia do Coélet, que pode ser bem definida como uma verdadeira teologia da experiência e dos seus limites; veja-se ainda o texto emblemático de Coélet 8,16-17[31].

À luz dessas considerações, caem, então, as hipóteses relativas a uma sabedoria mais antiga, que teria um caráter mais marcadamente "profano", oposta a uma sabedoria recente, que seria, sem dúvida alguma, mais "religiosa"[32]; a sabedoria bíblica sempre foi, porém, uma sabedoria "crente", e isso precisamente por causa da sua aparente "mundanidade". É bem verdade que a sabedoria mais antiga foi dominada, antes de tudo, por um marcado interesse cosmológico e pela procura da ordem do mundo; todavia, já em Provérbios 10–15 encontram-se os vestígios de um real interesse antropológico e, portanto, também ético; em Provérbios 1–9, a parte mais recente do livro, o interesse teológico está certamente no ápice. A questão é que a sabedoria mais antiga já tem uma real dimensão teológica, ao passo que, por sua vez, a sabedoria expressa em Provérbios 1–9 não perde de modo algum a pegada cosmológica e antropológica; basta pensar no discurso da sabedoria personificada

---

31. Cf. Mazzinghi, L., *Ho cercato e ho esplorato. Studi sul Qohelet*, Bologna, EDB, ²2009, 176-188. Para um estudo detalhado da epistemologia do Coélet, cf. Schellenberg, A., *Erkenntnis als Problem. Qohelet und die alttestamentliche Diskussion um das menschliche Erkennen* (OBO 188), Göttingen, Vandenhoeck & Ruprecht, 2002 e, mais adiante, 153-156.

32. Cf. a tese de Schmid, H.H., *Wesen und Geschichte der Weisheit: eine Untersuchung zur Altorientalischen Weisheitsliteratur* (BZAW 101), Berlim, De Gruyter, 1966. Outros autores, como N. Whybray, sugeriram uma releitura javista de Pr 10,1–22,16 à luz do novo modelo de sabedoria "teológica" de Provérbios 1–9; cf. Whybray, R.N., *Proverbs*, Londres-Grand Rapids, Eerdmans, 1994; cf. a introdução de Whybray nas páginas 3-30.

em Provérbios 8. Em outros termos, válidos para toda a literatura sapiencial bíblica, o sábio é fiel a Deus justamente porque é, antes de tudo, fiel à criação e, portanto, fiel aos homens. A fé dos sábios nasce precisamente de sua mundanidade e de sua aparente profanidade.

6.2. A crise do otimismo dos sábios: a experiência põe em dúvida a fé

Por trás dos relatos do Gênesis 2-3 ou no pano de fundo da história do pecado do rei Davi (2Sm 9-1Rs 2) já se descobre o fracasso da pretensa sabedoria real que mantinha Israel unido à sabedoria dos outros povos. A experiência do exílio, precedida pela reflexão profética (em particular, de Isaías e de Jeremias), contribuiu para deixar em crise o otimismo epistemológico próprio da sabedoria mais antiga. No livro de Jó, talvez o primeiro produto da sabedoria do pós-exílio, a crise do otimismo dos sábios nasce justamente quando a ordem e o sentido da realidade que o sábio anda procurando não são mais reconhecíveis, ou seja, quando a experiência entra em conflito com a fé. No Coélet, de modo bem mais radical, essa ordem é vista até como incognoscível (de novo, Ecl 8,16-17); até parece que toda sabedoria se tornou impossível (cf. Ecl 7,23). Se nos detivéssemos nesse ponto, teríamos a impressão de que o caminho da sabedoria em Israel teria se revelado, na realidade, como um beco sem saída. As possibilidades do conhecimento humano embateram-se, com efeito, mediante o problema do mal (Jó) e da morte (Coélet), contra o muro da impenetrável sabedoria divina (cf. o poema de Jó 28 sobre a inacessibilidade da sabedoria), um Deus que parece até ter se tornado injusto, como pode parecer em Jó (cf. a duríssima passagem de Jó 9,22-23), ou até indiferente aos casos humanos, como pode parecer numa primeira leitura do livro do Coélet. Compreende-se bem, nesses casos, que a questão epistemológica se cruza com outro grande tema que une a sabedoria bíblica com a sabedoria dos outros povos: a teodiceia e, portanto, o grande problema do mal, sobre o qual deveremos ainda voltar.

É importante, contudo, observar que já em Jó e no Coélet o conhecimento e a experiência exercem ainda um papel vital; ambos os livros, com efeito, baseiam suas reflexões no que os próprios autores — ou melhor, seus personagens, Jó, o sofredor, e o Coélet oculto por trás de sua máscara salomônica — viram e viveram. Não nos encontramos, por isso, diante da crise de um conhecimento de tipo experiencial oposto a um conhecimento de tipo místico (Jó) ou diante da negação de qualquer possibilidade racional de falar de Deus (Coélet) ou, mais genericamente, diante de uma pretensa crise da sabedoria israelita. Na realidade, estamos diante da iminência da questão que já estava presente em germe na sabedoria mais antiga. *Como conjugar o valor de um conhecimento que nasce da experiência com a consciência dos limites intrínsecos à própria experiência*? E, mais profundamente, *como resolver a questão da falta de correspondência entre experiência e fé*, tão agudamente sentido por Jó? Trata-se, mais uma vez, como é fácil compreender, de uma questão de caráter epistemológico. Os próprios livros de Jó e de Coélet nos oferecem uma primeira resposta, baseada, em ambos os casos, na teoria que poderíamos chamar de uma verdadeira teologia da criação, já presente, na realidade, desde as partes mais antigas do livro dos Provérbios. Em síntese, na literatura sapiencial bíblica, a questão epistemológica está estreitamente ligada à ideia de criação, como descobriremos mais em detalhes ao analisarmos cada um dos livros sapienciais.

A esta altura é necessário deixar de lado um aspecto já consolidado em relação à questão do conhecimento: a sabedoria de Israel não renuncia nem à confiança, nem às possibilidades da experiência, nem a uma reflexão crítica e profunda sobre os limites de todo conhecimento humano e, portanto, nem à consciência de que há verdadeira sabedoria apenas se o próprio Deus a concede ao homem, evitando-se, assim, o risco de dogmatizar a experiência:

> O temor de Deus não só capacita ao conhecimento como tem também uma função eminentemente crítica em manter ativa a consciência daquele que procura conhecer, lembrando (ao homem) que a sua capacidade de conhecer dirige-se para um mundo no qual domina o mistério [...]. Se é lícito medir o nível de conhecimento de um povo pela consciência do que escapa a seu saber, Israel adquiriu uma vasta ciência[33].

Os sábios de Israel não renunciam jamais à fé nem à relação com Deus, ainda que essa relação, com exceção dos textos mais recentes (Sirácida e Sabedoria), não se traduza com muita frequência em verdadeira oração[34]. No campo teológico, tudo isso pode ser traduzido na necessidade de reconsiderar e reavaliar o modelo gnóstico-sapiencial, próprio da teologia patrística e da Alta Idade Média, no que diz respeito à própria aproximação ao conhecimento teológico, diante dos passados modelos escolástico e escolástico-positivo. Todavia, não se deve esquecer a insistência dos sábios na dimensão experiencial do conhecimento que não é excluído nem quando o acento é posto

---

33. VON RAD, *La sapienza in Israele*, 104.
34. Sobre esse aspecto cf. CALDUCH-BENAGES, N.; YEONG-SIK PAHK, J., *La preghiera dei saggi. La preghiera nel Pentateuco sapienziale*, Roma, ADP, 2004.

sobre a sabedoria dada por Deus, como no caso de Ben Sira e do livro da Sabedoria. Isso ajuda o teólogo cristão a evitar certo espiritualismo inerente à visão monástico-medieval da sabedoria e a evitar, também, os limites próprios do modelo gnóstico-sapiencial da teologia.

6.3. O problema do mal

A sabedoria egípcia e a mesopotâmica tiveram de se haver, como se viu, com o problema universal do sofrimento humano, do mal e da morte. Em Israel, é sobretudo o período persa, que se segue ao exílio babilônio, que vê o problema do mal se tornar cada vez mais central. A solução dada pelos sábios não segue as pegadas da tradição deuteronômica e da tradição sacerdotal, que encontram sua síntese no Pentateuco (cf., no conjunto, o quadro oferecido pelo Gênesis 1-11): o mundo é uma realidade boa e bela, bem ordenada e desejada por Deus como tal, uma criação que encontra no sábado e, portanto, no culto a sua plenitude (cf. Gn 1); o mal que está, todavia, presente no mundo deriva de uma clara violação da Lei divina (cf. Gn 2-3). O pensamento dos sábios não segue nem mesmo a solução dualista e, ao mesmo tempo, determinista proposta pela tradição apocalíptica que começa a se desenvolver justamente nesse período e que se expressa nas partes mais antigas do *Livro de Enoque*, mas, antes, situa-se na linha de uma visão totalmente positiva da criação (sobre esse ponto, está, sem dúvida alguma, em sintonia com o pensamento da tradição sacerdotal) e, ao mesmo tempo, na progressiva rejeição de um "mal" ligado unicamente à responsabilidade humana e, portanto, visto como "punição" de algum pecado, afastando-se, pois, da mais clássica teologia deuteronomista[35]. E, de outra parte, as críticas de Jó e do Coélet põem em discussão inclusive o otimismo da visão sacerdotal da realidade.

O livro dos Provérbios parece, no geral, ainda ligado aos esquemas da retribuição, embora, a esse respeito, o discurso devesse ser mais bem definido; de fato, não se deve pensar na retribuição como uma doutrina bem estabelecida, uma espécie de "dogma" segundo o qual Deus premiaria os justos e puniria os maus neste mundo. Trata-se, na realidade, da convicção de que toda ação humana produz inevitavelmente uma consequência: "Israel estava

---

35. Para o problema do mal no contexto histórico de Israel do pós-exílio, cf. a lúcida apresentação de SACCHI, P., *Storia del secondo tempio. Israele tra VI secolo a.C. e I secolo d.C.*, Turim, SEI, 1984, espec. 303-329; para o judaísmo sapiencial visto como opositor da visão sadoquita do mundo, cf., porém, BOCCACCINI, G., *I giudaismi del secondo tempio. Da Ezechiele a Daniele*, Brescia, Morcelliana, 2008, 126-134 e 159-176.

convencido de que todo ato, mau ou bom, liberava uma energia que cedo ou tarde se repercutia sobre seu autor"[36]; cf., por exemplo, os textos de Provérbios 11,21.31; 12,7; 14,22; 15,6; 26,27. Os sábios estão convictos de que o mal não pode senão provocar outro mal, antes de tudo justamente a quem o cometeu. É verdade que na óptica dos sábios o sofrimento pode ter também um valor educativo: cf. Provérbios 3,11-12 e, no livro de Jó, a resposta oferecida por Eliú, em Jó 36,25; cf. também a visão oferecida por 2 Marcos 6,12-17; trata-se, todavia, de uma ideia que não afeta a confiança substancial na retribuição.

Os livros de Jó e do Coélet assinalam a crise dessa convicção, crise provocada pelo escândalo do sofrimento e da morte. No livro de Jó, o problema, como veremos, não é tanto o sofrimento quanto o próprio Deus; Jó rebela-se contra um Deus que não entende, ou seja, o Deus defendido pelos três amigos, o Deus da teologia tradicional de Israel. A solução indicada por Jó está na linha do fato de que não é Deus que deve se justificar diante do homem, explicando, por exemplo, o porquê da dor; mas é o homem que deve chegar a descobrir um diferente rosto de Deus; veja-se a resposta final de Jó: "Eu te conhecia só por ouvir dizer" (Jó 42,5). Mas temos de nos lembrar também que nos discursos conclusivos de Deus (cf. Jó 38-41) a resposta ao problema do sofrimento passa precisamente por uma sólida teologia da criação; é da contemplação da criação que vem uma resposta, ainda que indireta, para o problema do mal.

O Coélet enfrenta o problema do sofrimento de uma maneira ainda mais radical: a morte é o fim de tudo, e a experiência ensina, então, a levar a sério a vida; veja-se, por exemplo, o poema final sobre a velhice (Ecl 11,7-12,8). Também para Coélet, todavia, continua válido o fato de que "Deus fez belas todas as coisas no devido tempo" (Ecl 3,11); ele é, portanto, o "teu Criador" (12,1).

Serão os livros do Sirácida e da Sabedoria que abordarão, ainda na óptica da teologia da criação, a grande questão da justiça de Deus. A resposta do Sirácida não está isenta de influências no nascente estoicismo, mas caminha na linha de uma criação na qual até o que parece ser mal faz parte do projeto de Deus (cf. a introdução, p. 267-271). Para o livro da Sabedoria é bem claro que a criação é intrinsecamente boa (cf. Sb 1,13-14), animada pela presença da sabedoria que vem de Deus (Sb 7,24-27) e por seu Espírito (Sb 12,1); a terceira parte do livro, centrada numa releitura teológica da história de

---

36. VON RAD, *La sapienza in Israele*, 121. Trata-se daquilo que a exegese alemã descreveu com a expressão *"Tun-Ergehen-Zusammenhang"*, ou seja, a conexão entre o agir e o sofrer as consequências das próprias ações.

Israel (Sb 10–19), mostra que, precisamente na história da salvação, a criação continua a ter um papel central, também na perspectiva escatológica³⁷.

Para prosseguir no estudo

Sob esse aspecto, veja-se uma síntese muito simples em MAZZINGHI, L. The Meaning of Pain and Suffering in the Bible. *Algologia*, 2 (1989), 74-105, e ID. *Proverbi*. Roma: Città Nuova, 2003, 111-114. Para aprofundar, cf. a conhecida tese, embora muito criticada, de KOCH, K. Gibt es ein Vergeltungsdogma im Alten Testament? *ZTK*, 52, (1955), 1-42; e, do mesmo autor, Is There a Doctrine of Retribution in the Old Testament?. In: CRENSHAW, J.L. (ed.). *Theodicy in the Old Testament*. Londres-Filadélfia: Fortress, 1983, 57-87, além da discussão por ele mesmo estimulada em KOCH, K. (ed.). *Um das Prinzip des Vergeltung*. Darmstadt: Wissenschaftliche Buchgessellschaft, 1972; cf. ainda FREULING, G. *"Wer eine Grube gräbt". Der Tun-Ergehen-Zusammenhang und sein Wandel in der alttestamentlichen Weisheitsliteratur* (WMANT 102). Neukirchen-Vluyn: Neukirchener-Verlag, 2004. Uma apresentação global do problema se encontra no interessante estudo de CRENSHAW, J.L. *Defending God. Biblical Responses to the Problem of Evil*. Oxford, Oxford Univ. Press, 2005.

6.4. A sabedoria personificada

Na introdução ao livro dos Provérbios (Pr 1–9), a parte mais recente do livro, composta, provavelmente, no primeiro período persa, encontramos por três vezes a intervenção de uma singular personagem feminina, "dona sabedoria", que se dirige diretamente aos homens (Pr 1,20-33; 8,1-36; 9,1-6). Certa personificação da sabedoria aparece também, mais ou menos no mesmo período, no capítulo 28 de Jó; a personificação da sabedoria prossegue nos textos de Sirácida 24 (início do século II); Baruc 3,9–4,4; Sabedoria 7–10 (fim do século I a.C.). Afinal, quem é essa "dona sabedoria" e qual é a razão de tal

---

37. Cf. COLLINS, J.J., Cosmos and Salvation: Jewish Wisdom and Apocalyptic in the Hellenistic Age, *History of Religion* 17 (1977) 121-142; GILBERT, M., Il cosmo secondo il libro della Sapienza, in: DE GENNARO, G. (ed.), *Il cosmo nella Bibbia*, Nápoles, Ed. Dehoniane, 1982, 189-199; KOLARCIK, M., Creation and Salvation in the Book of Wisdom, in: CLIFFORD, R.J.; COLLINS, J.J. (edd.), *Creation in the Biblical Traditions* (CBQ Mon.Ser.24), Washington, The Catholic Biblical Association of America, 1992, 97-107; FABBRI, M., *Creazione e salvezza nel libro della Sapienza*, Roma, Armando, 1998, passim.

personificação? Deixamos a resposta à análise dos textos acima indicados, limitando-nos aqui a algumas considerações de ordem geral.

A personificação da sabedoria constitui uma genial e interessante tentativa dos sábios de Israel que procuram responder aos problemas causados pela já lembrada crise do otimismo da sabedoria mais antiga (cf., em particular, Pr 10–30). Os sábios se perguntam como seria possível conjugar a experiência humana com a fé em Deus, no momento em que tal fé é posta em discussão pelos fatos da vida, como aconteceu no caso do exílio babilônio.

A resposta dos sábios é a criação de uma personagem feminina, a sabedoria, apresentada, ao mesmo tempo, como mulher, mãe, amiga e conselheira; notemos de passagem que esse caráter tão claramente feminino da sabedoria tem consequências que os teólogos cristãos ainda não exploraram plenamente. Mas quem é, realmente, essa "dona sabedoria"?

A sabedoria personificada é entendida, às vezes, como a releitura israelita de realidades cultuais pagãs, por exemplo, da divindade feminina canaanita Ishtar/Ashera, ou das divindades egípcias Ma'at e Ísis. Alguns autores consideraram a sabedoria personificada como uma verdadeira "hipóstase" ou, ao contrário, como uma pura e simples imagem poética. Com maior atenção aos textos bíblicos, G. von Rad fala da sabedoria personificada, entendendo-a como a expressão da ordem do mundo:

> [A sabedoria personificada] não é uma qualidade de Deus que é objetivada, mas uma qualidade do mundo, ou seja, o misterioso elemento por meio do qual a ordem cósmica se volta para o homem para ordenar a sua vida. Israel, portanto, viu-se diante do mesmo fenômeno de quase todas as religiões naturais, que ficaram fascinadas por ele: uma provocação religiosa do homem por parte do mundo. Mas não se deixou levar até o ponto de divinizar ou de transformar em mito o fundamento do mundo. Interpretou-o de modo totalmente diferente, porque se limitou a considerar esse fenômeno na perspectiva da fé em Javé como criador. Esse algo de imanente ao mundo, que os textos chamam de "sabedoria", nós o podemos simplesmente descrever com uma perífrase. Quer o chamemos de "ordem primordial", "mistério da ordem", "razão cósmica", quer de "sentido" incorporado por Deus no mundo da criação, ou "glória" da criação, dele falaremos, em todo caso, somente na forma de uma personificação figurada[38].

E o conceito de "ordem do mundo" deve ser ligado às exigências históricas do Israel do pós-exílio, um povo que procura uma estabilidade já

---

38. VON RAD, *La sapienza in Israele*, 144-145.

ameaçada pelo próprio exílio, o qual mostrou, além disso, que as respostas tradicionais não conseguem mais convencer; a experiência do exílio parece ter posto em crise a fé dos Padres. A figura da sabedoria personificada constitui, assim, a tentativa de percorrer novos caminhos:

> O principal problema teológico do Israel pós-exílico, a questão de como a ordem do mundo de YHWH possa ser ainda válida em tempos de injustiça, é resolvido por meio de uma testemunha digna de fé: a figura da Sabedoria estava presente quando YHWH criou o mundo na sua própria ordem [...]. Enquanto ser celeste, próximo a YHWH, ela aumenta o valor teológico da sabedoria humana, baseada na experiência [...]. Assim, levando em consideração a situação histórica, o chamado da Sabedoria personificada em Provérbios 1–9 é um apelo a acreditar na boa ordem que YHWH estabeleceu em sua criação antes de todos os tempos — ainda que a situação atual pareça contradizer tudo isso[39].

Israel sente, portanto, nesse período histórico, a necessidade de ter uma figura mediadora, encarnada precisamente pela sabedoria personificada, ou seja, alguém que garanta a existência de uma relação sólida entre Deus e os homens e, ao mesmo tempo, entre Israel e os outros povos[40].

A figura da "dona sabedoria" é, todavia, algo mais do que a autorrevelação da criação ou da ordem nela imanente, como quer von Rad, e vai além de uma resposta necessária em determinadas situações históricas. Figura, sem dúvida alguma, poética, justamente por essa sua dimensão, ela se abre a mais interpretações. A questão de fundo que a figura da sabedoria personificada quer deixar claro, já a partir dos textos de Provérbios 1–9, é, sobretudo, de caráter teológico: talvez "dona sabedoria" seja o melhor modo que o judaísmo encontrou para exprimir a transcendência e, ao mesmo tempo, a imanência de Deus, com relação à sua criação, justamente no bojo de uma situação histórica que fazia a Israel questionamentos desse gênero.

A sabedoria personificada se apresenta, por isso, como uma verdadeira figura de mediação, uma personagem tão estreitamente ligada a Deus a ponto de ser descrita como a filha predileta (cf. Pr 8,30), mas, ao mesmo tempo, uma realidade feminina amiga dos homens e disponível a eles, porque está

---

39. BAUMANN, G., A Figure with Many Facets: The Literary and Theological Functions of Personified Wisdom in Proverbs 1–9, in: BRENNER, A.; FONTAINE, C.R. (ed.), *Wisdom in Psalms. A Feminist Companion to the Bible (Second Series)*, Sheffield, Sheffield Academic Press, 1998, 69-70.

40. Cf. SEGALLA, G., Le figure mediatrici d'Israele tra il III e il I sec. a.C. La storia d'Israele tra guida sapienzale e attrazione escatologica, in: PRATO, G.L. (ed.), Israele alla ricerca d'identità tra il III sec. a.C. e il I sec. d.C., *RStB* 1 (1989) 1 e 13-65.

presente na criação. "Dona sabedoria" se revela como o aspecto prático, experiencial, típico da sabedoria bíblica, que não pode nunca estar desligada da dimensão teológica (ou, se quisermos, do vínculo "vertical") típica da própria sabedoria; isso também se mostra evidente na aproximação que o livro de Ben Sira (cf., em especial, Sirácida 24,23) fará entre a sabedoria personificada e a Torá, a Lei mosaica (cf. quadro abaixo). Essa dupla cidadania da sabedoria, humana e divina, ao mesmo tempo, deverá ser sempre levada em consideração por quem trabalha com base na tradição sapiencial de Israel. E tudo isso será de particular importância para quem aborda o tema das releituras neotestamentárias da sabedoria bíblica, tanto na chave cristológica como na chave pneumatológica[41].

> No que diz respeito à relação entre sabedoria e Torá[42], dela falaremos mais em pormenor a propósito do livro do Sirácida, onde é remendada uma aparente fratura: na literatura sapiencial, a Lei mosaica não parece ter um lugar importante; antes, especialmente no contexto histórico do Israel do pós-exílio, os sábios se apresentam como uma voz crítica a respeito do mundo sacerdotal que defendia a centralidade da Lei; basta pensar nos livros de Jó e do Coélet. No Sirácida, mas em parte também no livro da Sabedoria, o valor da Lei, entendida como instrumento de revelação divina, é recuperado dentro de uma perspectiva sapiencial que privilegia mais o lado da experiência.
>
> **Para prosseguir no estudo**
>
> Sobre a sabedoria personificada, recomenda-se ler com atenção o estudo de BONORA, A. Il binomio sapienza-Tôrah nell'ermeneutica e nella genesi dei testi sapienziali (Gb 28; Pr 8; Sir 1-24; Sap 9). In: FANULI, A. (ed.). *Sapienza e Tôrah*. Bolonha: EDB, 1987, 31-48; e ainda o ótimo artigo de SEGALLA, G. Le figure mediatrici d'Israele tra il III e il I sec. a.C. La storia d'Israele tra guida sapienziale e attrazione escatologica. In: PRATO, G.L. (ed.). Israele alla ricerca d'identità tra il III sec. a.C. e il I sec. d.C. *RStB*, 1, 1 (1989), 13-65. Cf. também o belo livreto, de cunho de divulgação, de GILBERT, M.; ALETTI, J.-N., *La sapienza e Gesù Cristo*. ed. it. Turim, Gribaudi, 1987; de cunho mais alto é, por sua vez, o estudo de MURPHY, R.E.

---

41. Cf. páginas 351-353.
42. Cf. os estudos contidos no livro de FANULI, A. (ed.), *Sapienza e Tôrah*, Bolonha, EDB, 1987.

> The *Personification of Wisdom. In:* DAY, J. *(ed.). Wisdom in Ancient Israel (FS J.A. Emerton).* Cambridge, Cambridge Univ. Press, 1995, 222-233.
> Sobre o aspecto feminino da sabedoria, existem muitos trabalhos, sobretudo em língua inglesa; vejam-se, entre muitos, os de BRENNER, A. Some Observations on the Figurations of Woman in Wisdom Literature. In: MCKAY, H.A. (ed.). *Of Prophets' Visions and the Wisdom of Sages. Essays in Honour of R.N. Whybray on his Seventieth Birthday.* (JSOT Supp. Ser. 162). Sheffield: Sheffield Academic Press, 1993, 192-208; CAMP, C. *Wisdom and the Feminine in the Book of Proverbs.* Sheffield: Sheffield Academic Press, 1985, e ainda ID. Woman Wisdom as Root Metaphor: A Theological Consideration. In: HOGLUND, K.G. (ed.). *The Listening Heart.* (JSOT Supp. Ser.). Sehffield: Sheffield Academic Press, 1987, 45-57; NEWSOM, C.A. Woman and the Discourse of Patriarchal Wisdom: a Study of Proverbs 1-9. In: DAY, P.L. (ed.). *Gender and Difference in Ancient Israel.* Mineápolis: Fortress, 1989, 142-160; MIES, F. Dame Sagesse en Proverbes 9: une personication féminine. *RB,* 108 (2001) 161-183.

6.5. A teologia da criação

Por muito tempo a literatura sapiencial foi considerada um corpo estranho no Antigo Testamento; também para o célebre exegeta alemão C. Westermann a sabedoria israelita é, simplesmente, algo secular e profano. Somente com von Rad é que se começou a entender que a sabedoria é a resposta do javismo posto em confronto com as experiências da vida[43]. A sabedoria não é, porém, segundo von Rad, simples expressão de uma teologia natural, mas, sim, uma real experiência de fé; Israel encontra o Criador justamente por meio das experiências da vida (cf. acima). Notemos, de passagem, que essa afirmação tem uma consequência importante para hoje: também um não crente ou um crente de outra religião pode, portanto, encontrar-se com Deus mediante a experiência do humano.

Segundo uma conhecida tese de K. Barth[44], a experiência sapiencial identificar-se-ia com uma espécie de teologia natural presente na Escritura, que caminha ao lado das tradições históricas de Israel; a própria criação é

---

43. Cf. VON RAD, *La sapienza in Israele,* 272.
44. Cf. BARTH, K., *Kirchliche Dogmatik, III/I: Die Lehre von der Schöpfung,* Zurique, Evangelische Verlag, 1945, 103 ss; cf. KERN, W., L'asserzione biblica fondamentale: la creazione quale presupposto dell'alleanza nell'AT, in: *Mysterium salutis,* Brescia, Paideia, 1970, IV, 57-88.

considerada por Barth como "história", uma verdade salvífica, portanto, e não cosmológica. Tratar-se-ia, por isso, de unir a teologia da sabedoria às tradições históricas de Israel; daí a ideia, ainda muito difusa, de que a criação constitua o pressuposto da aliança; o tema da criação, assim como aparece nos livros sapienciais, seria de origem extrabíblica e teria sido bem cedo historicizado por Israel.

Essa posição nasce, na realidade, da crença amplamente difundida, senão até dogmatizada, de que o ponto privilegiado da fé de Israel seria a revelação de Deus na história. Mas em que história? Os textos sapienciais ocupam-se, na realidade, da parte da história cotidiana e concreta do homem que é a sua vida de todos os dias: comer e beber, casar e educar os filhos, trabalhar. É precisamente nesse âmbito, representado pelo cotidiano, que os sábios de Israel encontram o Deus que se revelou no Sinai. "Deus introduzia o povo, mediante a experiência cotidiana de si mesmo e da criação, no mistério da relação de Deus com todo ser humano"[45]. A tradição sapiencial, consequentemente, além de não ser estranha à fé de Israel, nos permite relê-la de um ponto de vista totalmente novo: é mediante a experiência humana e, portanto, por meio da criação experimentada na história de todos os dias que a humanidade encontra o Deus que salva. Os sábios têm de lidar sempre com o homem, visto na sua historicidade e cotidianidade: a vida de todos os dias, não excluído o sofrimento que ela comporta, até a própria morte.

Segundo uma tese defendida por W. Zimmerli, desde 1962 (cf. a bibliografia apresentada mais adiante), o pensamento sapiencial coloca-se, assim, decididamente, no quadro de uma teologia da criação, que, todavia, entraria em crise já com Jó e com o Coélet. Na realidade, o tema da criação, realmente central em todos os textos sapienciais, não se opõe de modo algum à teologia da aliança.

No livro dos Provérbios, a convicção dos sábios sobre as possibilidades do conhecimento humano está fundada na existência de uma ordem da criação. No texto de Provérbios 8, a sabedoria, descrita como filha de Deus, está presente no momento da criação do mundo e é, portanto, mediadora entre Deus e os homens, justamente por causa da sua presença na criação.

No livro de Jó, a resposta que Deus oferece ao protagonista, nos capítulos conclusivos do livro (Jó 38–41), chega-nos justamente por meio de uma apresentação poética de toda a criação que se torna reveladora do mistério de

---

45. MURPHY, *L'albero della vita*, 169.

Deus. Também para o Coélet é válido o fato de que "Deus fez belas todas as coisas no devido tempo" (Ecl 3,11), embora o sentido das coisas escape também ao sábio.

O Sirácida recorre à criação, a propósito tanto da teodiceia quanto da antropologia; no capítulo 24, a sabedoria presente na criação é explicitamente comparada à Lei da aliança. Para o livro da Sabedoria, enfim, é agora claro que não é tanto a história da salvação que funda a fé na criação, mas, antes, a convicção (de fé) da bondade dessa última (Sb 1,13-14), animada pela presença da sabedoria (Sb 7,24-27) e do espírito de Deus (Sb 12,1), é que funda a própria história da salvação, com a qual o livro se fecha (Sb 10–19).

Na base de toda a teologia dos sábios há, pois, uma sólida teologia da criação; a aproximação deles em relação à realidade, a epistemologia deles, suas tentativas de teodiceia, a ética dos sábios e todo o projeto educativo por eles proposto, tudo se fundamenta na ideia de criação. Uma criação lida na sua universalidade, na sua mundanidade, na sua cotidianidade, jamais sem Deus, mas justamente porque é "criação".

A reflexão dos sábios de Israel sobre a criação tem consequências evidentes para a teologia cristã não ainda suficientemente exploradas. A criação torna-se para os sábios o lugar primário onde Deus se revela e, ao mesmo tempo, se oculta. À admiração diante da criação o sábio une um profundo sentido do limite e do mistério: além dos já lembrados discursos de Deus que encerram o livro de Jó, acrescente-se o texto de Sabedoria 43,27-33; pensemos em Sabedoria 13,1-9, onde, com uma reflexão arrojadamente filosófica, a dimensão da criação se junta estritamente à história da salvação: o Deus que se revela na criação — acessível à razão humana — não é senão o "aquele que é" aparecido para Moisés na sarça (Ex 3,14). A reflexão teológica deverá procurar um ponto de encontro entre a ideia de criação entendida como lugar revelador da presença de Deus ao lado da história e a dimensão enigmática própria de toda realidade criada.

A criação, além disso, não é vista pelos sábios somente em função da aliança nem somente em relação às intervenções histórico-salvíficas de Deus; no livro da Sabedoria, o anônimo sábio judeu-alexandrino tentou uma síntese fecunda dos dois temas, criação e salvação, sem jamais subordinar a primeira à segunda. Deve-se, pois, erradicar a crença, acima referida, de que a teologia da criação seja como a serva da história da salvação e que Israel tenha vivido a experiência da salvação (o êxodo) antes da experiência da criação. O teólogo deverá, pois, refletir se a teologia cristã da criação deve ampliar os dois modelos mais usuais nos quais foi apresentada: a criação como início de tudo e a criação como aliança com Deus, tendo como fim a graça. A reflexão sapiencial de Israel oferece um modelo, sem dúvida, diferente: *o Deus que cria é também o Deus que salva.*

Para prosseguir no estudo

Uma ótima introdução a essa temática encontra-se em GILBERT, M. L'uomo nella teologia sapienziale della creazione. Confronto con Gen 1-11. In: MANICARDI, E.; MAZZINGHI, L. Gen 1-11 e le sue interpretazioni canoniche: un caso di teologia biblica. *RStB*, 23, 1-2 (2012), 101-118, estudo a que faço aqui referência e também ao qual igualmente remeto, para uma bibliografia mais completa.

Um trabalho pioneiro é o de ZIMMERLI, W. Ort und Grenze der Weisheit im Rahmen der alttestamentlichen Theologie, in Gottes Offenbarung: gesammelte Aufsätze zum Alten Testament. *Teologische Bücherei*, Munique, XIX, (1963) 300-315; traduzido em inglês em CRENSHAW, J.L. *Studies in Ancient Israelite Wisdom.* Nova York: Ktav, 1976, 314-326. Sobre a teologia da criação nos textos sapienciais, cf. o estudo profundo de PRATO, G.L. Il tema della creazione e la sua connessione con l'alleanza e la sapienza nell'Antico Testamento: interferenze e integrazioni. In GIANNONI, P. (ed.). *La creazione: oltre l'antropocentrismo?* Pádua: Messagero, 1992, 143-186.

Sobre a relação entre criação e salvação, com especial atenção à literatura sapiencial, cf. alguns trabalhos-chave: SCHIMD, H.H. Schöpfung, Gerechtigkeit und Heil: 'Schöpfungstheologie' als Gesamthorizont biblischer Theologie. *ZTK*, 70 (1973) 1-19; HERMISSON, H.J. Observations on the Creation Theology in Wisdom. In: GAMMIE, J.G. et al. (ed.). *Israelite Wisdom. FS Samuel Terrien.* Missoula: Scholars Press, 1978, 43-57; o estudo de Hermisson é retomado em ANDERSON, B.W. (ed.). *Creation in the Old Testament* (Issues in Religion and Theology 6). Filadélfia: Fortress Press, 1984, 102-117; HOPPE, L.J. Biblical Wisdom: A Theology of Creation. *Listening*, 14 (1979), 196-203; MURPHY, R.E. Wisdom and Creation. *JBL*, 104 (1985), 3-11.

Para o livro da Sabedoria, cf., em particular, o estudo de VOGELS, W. The God Who Creates Is the God Who Saves: The Book of Wisdom's Reversal of the Biblical Pattern. *Église et Théologie*, 22 (1991) 315-335.

6.6. Ética dos sábios e seu projeto educativo

Um aspecto peculiar da teologia dos sábios de Israel, que estudos recentes tendem a pôr cada vez mais em destaque, é o fato de que o interesse dos sábios em relação à criação torna-se logo para eles atenção ao homem; daí o nascimento de uma clara proposta ética e, ao mesmo tempo, de uma clara acentuação da finalidade educativa da mensagem sapiencial. Os sábios, com efeito, são, antes de tudo, educadores. Ter fundado a ética na criação leva os sábios a reavaliar as virtudes humanas que devem caracterizar o próprio sábio: o autocontrole, o saber falar no devido tempo, o discernimento, a prudência, a justiça, a capacidade de relações autênticas e sinceras; vejam-se em especial os livros dos Provérbios e de Ben Sira. Trata-se de uma proposta ética que conserva toda a sua atualidade e que, muitas vezes, não difere muito das propostas dos sábios dos povos vizinhos.

Conscientes de jamais oferecer preceitos a seus discípulos, mas, antes, conselhos e exortações, os sábios procuram sempre deixar claras suas motivações; ou seja, eles vão à procura da persuasão, mais que da constrição. Os sábios são, sem dúvida, moralistas, mas procuram fazer ver ao jovem que, ao seguir o ensinamento deles, torna-se capaz de realizar a si mesmo, aceitando o desafio de viver uma vida bela, plena e feliz. Aí está, por exemplo, o sentido da oposição entre o convite que a mulher estrangeira de Provérbios 7 dirige ao jovem e o convite dirigido pela dona sabedoria, em Provérbios 8. Vê-se aqui também o sentido dos sete convites à alegria que o Coélet dirige também ao jovem (cf. Ecl 11,7-10) para que este goze de sua vida como dom de Deus, do "teu Criador" (cf. Ecl 12,1).

Mas, uma vez que a sabedoria bíblica é uma realidade humana e divina ao mesmo tempo, a ética dos sábios, embora nascendo de uma precisa visão antropológica, não prescinde jamais da fé. No livro de Jó, o protagonista defende diante de Deus a sua atitude moral correta (cf. Jó 31), no momento mesmo em que critica com ênfase uma ética inteira, a dos três amigos, fundada na retribuição. O Coélet, embora pondo radicalmente em discussão os valores tradicionais da Torá mosaica, propõe "temer a Deus" como critério ético primário (cf. Ecl 7,15-18; 8,11-14). Ben Sira reflete profundamente, por sua vez, sobre a relação existente entre moral e liberdade (cf. Sr 15,11-16,14). O livro da Sabedoria estigmatiza a imoralidade dos ímpios (cf. Sb 2,1-20), mas, sobretudo, a dos idólatras (14,22-27), ligando-a a uma carência de fé (cf. 14,27).

Não conhecemos muito do projeto educativo dos sábios, dado que eles não nos deixaram nenhuma teoria explícita a respeito, como fizeram, porém, os gregos, e também porque os textos judaicos extrabíblicos à nossa disposição, pelo menos até a época helenística, são bem escassos. Mas sabemos o bastante, dos textos bíblicos existentes, para poder afirmar que toda a produção sapiencial tem uma explícita finalidade educativa, como parece evidente desde o livro dos Provérbios. A esse respeito, o texto de Provérbios 1–9 foi, sem dúvida, composto com explícitas finalidades educativas: aos jovens, considerados como "inexperientes" (os *peta'îm*; cf. o prólogo de Provérbios 1,1-7), é dirigida pelo mestre que se oculta sob a metáfora do pai (mas também da mãe) uma clara proposta de felicidade e de vida; assim ocorre, com muita clareza, com o livro do Coélet. O poder educativo do livro de Ben Sira é bem conhecido; quanto à Sabedoria, também ela se dirige aos jovens judeus de Alexandria, indicando a convivência com a sabedoria como caminho para a felicidade, mas, sobretudo, educando-os para as futuras responsabilidades que eles deverão assumir dentro da comunidade judaica.

Os sábios estão bem conscientes de que toda a educação, em hebraico, o *mûsar* ("correção", "formação", "educação") por eles oferecido aos jovens (cf. ainda Provérbios 1,1-7), é, no fundo, um convite a se abrir ao grande mistério da vida e ao mistério de Deus, um mistério que não pode jamais ser explicado totalmente, mas deve ser, sim, vivido e testemunhado, sem nenhuma pretensão de ser exaurido nem por parte do mestre nem por parte do discípulo. O sábio não é, assim, detentor da verdade, não quer fazer conhecer, a todo custo, o "sentido religioso" da realidade, não pretende fazer com que os homens vivam em todos os casos *etsi Deus daretur*; o sábio de Israel quer, por sua vez, que os seus discípulos aprendam a se apaixonar diante do mistério do Deus que, parafraseando o livro da Sabedoria, "ama todas as coisas existentes e não despreza nada do que criou" (cf. Sb 11,24). Mas para se apaixonar por Deus e por sua sabedoria e, portanto, para se apaixonar pelo homem, há um só caminho a percorrer, que é o da paixão pela própria vida; é na vida, com efeito, que Deus vai ao encontro do homem: "Quem me ama, ama a vida", como se exprime a dona sabedoria, em Provérbios 8,35.

> **Para prosseguir no estudo**
>
> Uma boa síntese da temática encontra-se em CIMOSA, M. Educazione e insegnamento nei libri sapienziali. In: BONORA, A. (ed.). *Libri sapienziali e altri scritti* (Logos). Leumann: Elle-DiCi, 1997, 399-411; cf. também MAZZINGHI, L. La sfida educativa nella tradizione sapienziale d'Israele. In: DI PALMA, G. (ed.). *Una saggia educazione*. Nápoles: Pontificia facoltà teologica dell'Italia meridionale, 2011, 11-38. Mais detalhadamente, cf. a obra

de WHYBRAY, R.N. *The Intellectual Tradition in Old Testament* (BZAW 135). Berlim, 1974 e a de CRENSHAW, J.L. *Education in Ancient Israel*. Nova York: Doubleday, 1998, além de ESTES, D.J. *Hear, My Son. Teaching and Learning in Proverbs 1–9*, Grand Rapids, 1999; um belo artigo de caráter sintético, mas profundo, é o que GILBERT, M. A l'école de la sagesse. La pédagogie des sages dans l'ancien Israël. *Gregorianum*, 85, 1 (2004) 20-42.

No que diz respeito à dimensão educativa própria de Provérbios 1–9, cf. PINTO, S. *"Ascolta, figlio". Autorità e antropologia dell'insegnamento in Proverbi 1–9*. Roma: Città Nuova, 2006; SIGNORETTO, M. *Metafora e didattica in Proverbi 1–9*. Assis: Cittadella, 2006.

6.7. Sabedoria, escatologia e apocalíptica[46]

No que diz respeito à atitude em relação a uma vida futura, os primeiros sábios partilham da perspectiva típica do Israel da época: todos os seres humanos, justos e injustos, bons e maus, vão, depois da morte, para um único lugar: o *she'ôl*, os infernos, o lugar onde habitam todos os defuntos. O duro texto de Coélet 3,18-21 fundamenta-se, na realidade, em posições muito tradicionais: todos vão para o pó, todos acabam no mesmo lugar; cf. também Provérbios 1,12; 15,24; 27,20 etc. Também no período helenístico, a sabedoria bíblica fica nas mesmas posições, como atesta o texto hebraico de Ben Sira, do qual está ainda ausente a perspectiva de uma vida depois da morte (cf. a introdução, p. 276-278). Será somente com o livro da Sabedoria que se poderá falar do nascimento de uma verdadeira escatologia sapiencial; no caso da Sabedoria, essa escatologia parece desembocar agora na fé na vida eterna (cf. Sb 3,1-9), a qual, como veremos, é, na realidade, fé na ressurreição dos corpos.

Um capítulo diferente é o que diz respeito à relação entre sabedoria e apocalíptica; a partir dos estudos de G. von Rad, tornou-se clássica a tese de que a sabedoria é a base da apocalíptica, em especial da tradição que se exprime no grande e complexo *Livro de Enoque*[47].

O ponto de maior contato entre sabedoria e apocalíptica estaria na importância dada por ambas as tradições ao papel do cosmos; o determinismo

---

46. Cf. COLLINS, Cosmos and Salvation, 121-142.
47. O livro de Enoque é, na realidade, um conjunto de cinco livros diversos (*Livro dos vigilantes, Livro da astronomia, Livro dos sonhos, Epístola de Enoque, Livro das parábolas*) compostos em um intervalo de tempo que vai do século IV a.C. até a época cristã.

apocalíptico nasceria, assim, da ideia de que o curso dos eventos é construído dentro da estrutura do cosmos; compreender a estrutura do cosmo — que é a metodologia típica dos sábios — é, assim, o caminho para a salvação; a mesma ideia retorna no livro da Sabedoria, em especial na terceira parte (Sb 10–19). Nesse caso, o livro da Sabedoria tem certamente em comum com a apocalíptica o fato de que a escatologia não pode senão se fundar numa cosmologia. No entanto a contribuição peculiar do livro da Sabedoria está no fato de que escatologia e cosmologia devem, por sua vez, levar em consideração a história; essa é, na realidade, a diferença mais notável entre sabedoria e apocalíptica.

A publicação das chamadas *Instruções sapienciais* de Qumran revelou-nos a existência de uma forma de sabedoria que já nos inícios do século II a.C. parece ligada a temas apocalípticos[48]. Graças ao renovado interesse pela literatura enoquiana, expresso pelas publicações do *Henoch Seminar* surgidas nos últimos dez anos[49], a relação entre sabedoria e apocalíptica se nos mostra numa perspectiva, sem dúvida, um tanto diferente.

À luz dessas descobertas, a velha tese de G. von Rad relativa à apocalíptica, filha da sabedoria, não parece poder se sustentar mais; existe certamente uma sabedoria de cunho apocalíptico, atestada em Qumran e na tradição enoquiana, uma forma de sabedoria que utiliza a sabedoria tradicional de Israel e, contemporaneamente, a profecia bíblica como suas fontes, mas, ao mesmo tempo, delas se diferencia por seu conteúdo claramente exotérico e fortemente determinista, dois aspectos, sem dúvida, estranhos à tradição sapiencial bíblica[50].

O livro de Coélet, em meados do século III a.C., já se mostra claramente polêmico em relação à nascente tradição enoquiana, com a qual também partilha o interesse pelo problema do mal; polêmicos serão também Ben Sira e, a seguir, a Sabedoria. Também à luz dos textos paulinos, é possível pensar numa escatologia sapiencial que consiga conciliar a apresentação de uma perspectiva apocalíptica não separada de uma sólida teologia da criação e da história da salvação.

---

48. Cf. uma ampla coletânea de estudos em García Martínez, F. (ed.), *Wisdom and Apocalypticism in the Dead Sea Scrolls and in the Biblical Tradition* (BEThL 168), Lovaina, Peeters, 2003.

49. Cf., como exemplo, o último livro publicado: Boccaccini, G.; Ibra, G. (ed.), *Enoch and the Mosaic Tôrah. The Evidence of Jubilees*, Grand Rapids-Cambridge, Eedermans, 2009.

50. Cf. uma síntese atualizada da questão em Perdue, *The Sword and the Stylys*, 356-371.

Dei-me conta de que a vantagem da sabedoria sobre a insensatez
é como a vantagem da luz sobre as trevas:
o sábio tem seus olhos na testa,
ao passo que o insensato caminha nas trevas.
(Ecl 2,13-14)

Para prosseguir no estudo

Sugerimos, antes de tudo, algumas introduções em língua italiana muito úteis para uma visão de conjunto e para uma primeira abordagem ao estudo da literatura sapiencial, tudo de cunho médio-alto: GILBERT, M. Sapienza. In: *Nuovo dizionario di teologia biblica*. Cinisello Balsamo: San Paolo, 1998, 1427-1442 (uma ótima síntese com interessantes aberturas teológicas); MAZZINGHI, L. Sapienza. In: BARBAGLIO, G.; BOF, G.; DIANICH, S. (org.). *Teologia. Dizionari San Paolo*. Cinisello Balsamo: San Paolo, 2002, 1473-1491; desse verbete retomo muitos dos temas abordados neste capítulo. Cf. ainda CALDUCH-BENAGES, N. Sapienziali, libri. In: PENNA, R.; PEREGO, G.; RAVASI, G. (edd.). *Temi teologici della Bibbia*. Cinisello Balsamo: San Paolo, 1250-1267; uma boa síntese, muito atualizada.

O texto fundamental para abordar o estudo dos livros sapienciais é, sem dúvida, o já muitas vezes citado livro VON RAD, G. *La sapienza in Israele*. Turim: Marietti, 1975; trata-se de um clássico que abriu novas perspectivas sobre literatura sapiencial.

De alto nível exegético, e em ordem cronológica, assinalamos as introduções de WHYBRAY, N. *The Intellectual Tradition in the Old Testament* (BZAW 135). Berlim-Nova York: De Gruyter, 1974, importante (embora discutível) estudo sobre terminologia da sabedoria no AT; CRENSHAW, J.L. (ed.). *Studies in Ancient Israelite Wisdom*. Nova York: Ktav, 1976, é uma coletânea dos melhores artigos publicados, a juízo do organizador (que oferece também uma interessante introdução), até 1975, em torno da literatura sapiencial; ALONSO SCHÖKEL, L.; SICRE DIAZ, L. *Proverbi*. Roma: Borla, 1986 [or. esp. 1984], os dois capítulos introdutórios apresentam uma interessante visão geral sobre a sabedoria de Israel; GAMMIE, J.G.; PERDUE, L.G. *The Sage in Israel and in Ancient Near East*. Winona Lake: Eisenbrauns, 1990, uma ampla obra coletiva indispensável para compreender a realidade da figura dos sábios em Israel e no Próximo Oriente antigo; GILBERT, M. (ed.). *La sagesse de l'Ancien Testament* (BEThL 51). Louvain: Peeters, ²1990, coletânea de estudos de diversos autores que oferece uma boa ideia da quantidade de trabalho surgida, a partir dos anos 70, sobre os sapienciais; COLLINS, J.J. *Jewish Wisdom in Hellenistic Age* (OTL). Louisville: Westminster John Knox, 1997, uma bem-informada e importante introdução à sabedoria bíblica e extrabíblica na época helenística; CRENSHAW, J.L. *Education in Ancient Israel*. Nova York: Dobleday, 1998, um fundamental estudo relativo à dimensão educativa própria da sabedoria bíblica; MIES, F. (ed.). *Toute la sagesse du monde*. Namur: Lessius, 1999, coletânea de estudos composta em homenagem a M. Gilbert relativa à tradição sapiencial bíblica (AT e NT) e à sabedoria em geral; MARTÍNEZ, F.G. (ed.). *Wisdom and Apocalypticism in the Dead Sea Scrolls and in the Biblical Tradition* (BEThL 168). Lovaina: Peeters, 2003, importante coletânea de estudos sobre a relação existente entre a tradição sapiencial bíblica e a de Qumran; ID. *Wisdom Literature. A Theological History*. Louisville-Londres: Westminster John Knox, 2007, uma densa introdução à literatura sapiencial com grande atenção à dimensão teológica; PERDUE, L.G. *The Sword and the Stylus. An Introduction to Wisdom in the Age of Empires*. Grand Rapids-Cambridge, Eerdmans, 2008, com o livro anterior, uma ótima tentativa de situar a sabedoria bíblica dentro de seu contexto histórico; CRENSHAW, J.L. *Old Testament Wisdom. An Introduction*. Louisville: John Knox, ³2010, uma boa e bem-informada introdução geral à literatura sapiencial.

Num nível de alta divulgação, situam-se as introduções de GILBERT, M.; ALETTI, J.-N. *La sapienza e Gesù Cristo*. Turim: Gribaudi, 1987, uma simples mas suculenta apresentação de Provérbios 8,1–9,6; Sirácida 24 e Sabedoria 9 (textos relativos à sabedoria personificada) com uma primeira introdução ao tema da sabedoria no NT; NICCACCI, A. *La casa della sapienza. Voci e volti della sapienza biblica*. Cinisello Balsamo: San Paolo, 1990, uma introdução muito atenta a um confronto com as literaturas extrabíblicas; MURPHY, R.E. *L'albero della vita. Un'esplorazione della letteratura sapienziale biblica*. Brescia: Queriniana, 1993 [or. ingl. 1990], boa introdução, útil para uma primeira abordagem de caráter geral; VÍLCHEZ LÍNDEZ, J. *Sabiduría y sabios en Israel*. Estella: Verbo Divino, 1995, boa introdução de caráter geral, com forte atenção ao aspecto humanístico da sabedoria bíblica; MORLA ASENSIO, V. *Libri sapienziali e altri scritti*. Brescia: Paideia, 1997 [or. esp., 1994], utilíssimo livro muito didático, pensado explicitamente para um estudo básico de nível universitário; GILBERT, M. *La sapienza del cielo*. Cinisello Balsamo: San Paolo, 2005 [or. fr. 2003], um texto realmente muito útil para uma primeira e bem-fundada introdução a todos os livros sapienciais, texto ao qual sou, de fato, devedor; ZENGER, E. (ed.). I libri sapienziali. In: *Introduzione all'Antico Testamento*. Brescia: Queriniana, 2005, 495-630; ROFÉ, A. *Introduzione alla letteratura della Bibbia ebraica. Profeti, Salmi e Sapienziali*. Brescia: Paideia, 2011, 455-538, [or. hebr. 2011], interessante e sintética introdução, obra de um célebre estudioso judeu.

Logo após a primeira edição deste meu livro (2012), foram publicadas outras duas obras mais sintéticas, ambas destinadas a um primeiro estudo introdutivo: PINTO, S. *I segreti della Sapienza. Introduzione ai Libri sapienziali e poetici*. Cinisello Balsamo (MI): San Paolo, 2013; LORENZIN, T. *Esperti in umanità. Introduzione ai libri sapienziali e poetici*. Leumann: ElleDiCi, 2013.

Destacamos, enfim, algumas introduções mais simples, de cunho espiritual, pastoral ou catequético: BEAUCAMP, E. *I sapienti d'Israele o il problema dell'impegno*. Cinisello Balsamo: San Paolo, 1991; SANTI, R. *A confronto con la sapienza biblica* (Experiência de oração para jovens). Ponteranica: Centro eucaristico, 1992; DE CARLO, G. *"Ti indico la via". La ricerca della sapienza come itinerario formativo*. Bolonha: EDB, 2003; PINTO, S. *Dove abita la sapienza? La ricerca dei saggi per la vita dell'uomo*. Cinisello Balsamo: San Paolo, 2008.

Lembramos, por fim, que todos os números de 2003 da revista da Associação Bíblica Italiana, *Parole di Vita* (ed. Messaggero di Padova), foram inteiramente dedicados à literatura sapiencial, com estudos introdutórios de cunho de divulgação. Cf., em especial, o número 6, com diversos artigos de caráter geral sobre sabedoria bíblica.

O livro dos Provérbios

Há três coisas que me são difíceis,
antes, quatro, que não compreendo:
o caminho da águia no céu,
o caminho da serpente sobre a rocha,
o caminho do navio em alto-mar
e o caminho do homem para uma jovem.
(Pr 30,18-19)

1. Conteúdo e estrutura do livro

O livro dos Provérbios não se apresenta, à primeira vista, como um livro de fácil leitura; com efeito, especialmente na sua parte central, ele parece um conjunto de ditos esparsos, de caráter, em geral, moral, muitos dos quais, sem dúvida, bem distantes do nosso modo de viver e de pensar. Contudo, o livro dos Provérbios pode ser descrito, sob esse aspecto, como um livro da vida cotidiana, um texto que se ocupa com os aspectos ordinários da vida humana: a família, o trabalho, o comércio, a vida na sociedade.

O prólogo do livro (Pr 1,1-7) revela-nos um aspecto de grande atualidade, ou o objetivo pelo qual o livro foi escrito: a educação dos jovens, uma educação buscada mediante uma linguagem muito persuasiva, uma educação que tem como objetivo a própria vida (cf. Pr 8,35; 13,14).

> ¹Provérbios de Salomão, filho de Davi, rei de Israel.
> ²Para conhecer sabedoria e formação
> para compreender sentenças inteligentes;
> ³Para obter uma inteligente formação,
> justiça, direito e retidão.
> ⁴Para proporcionar aos inexperientes perspicácia,
> e ao jovem, conhecimento e discernimento.
> ⁵Que o sábio escute, e crescerá seu saber,
> e o inteligente adquirirá a capacidade de planejar.
> ⁶Para compreender provérbios e parábolas,
> as palavras dos sábios e de seus enigmas.
> ⁷O temor do Senhor é o princípio do conhecimento;
> sabedoria e formação, os estultos as desprezaram.

O título nos lembra o gênero literário do *mašal*; os vv. 2 e 3 descrevem, porém, a finalidade primária do livro dos Provérbios: oferecer a todos sabedoria, inteligência e formação. A sabedoria é, assim, a soma das virtudes que se exigem do homem, é o saber fazer frutificar a própria experiência e aprender a viver. A sabedoria está estreitamente ligada à inteligência e, sobretudo, ao *mûsar*, que temos de entender no sentido de "formação", ou também de "educação", ou, como em outras passagens, "exortação". O objetivo da sabedoria, com efeito, é, antes de tudo, de caráter pedagógico: a educação diz respeito, em primeiro lugar, aos jovens (v. 4) que ainda não conhecem a sabedoria, mas também aos sábios (v. 5), que podem aumentar seu saber e se tornar, assim, capazes de penetrar nos provérbios, até nos mais profundos (v. 6).

Essa preocupação educativa caracterizará todo o livro: a sabedoria, ensinada pelos sábios que o compuseram, não é uma questão simplesmente cultural; não se trata, de fato, de aprender noções que servirão depois para formar bons técnicos e ótimos trabalhadores. Trata-se, antes, de *formar o homem*, ou seja, de educar a pessoa para a liberdade e para a responsabilidade, para tomar as rédeas da própria vida, que é, aliás, também hoje, o objetivo último de todo projeto educativo. À sabedoria, à inteligência e à formação une-se a necessidade da justiça (v. 3); a educação oferecida pelos Provérbios adquire, assim, também uma densidade ético-social que estará evidente no restante do livro.

> No v. 4, ao lado dos jovens, aparece a figura dos *inexperientes*. É também a esse tipo de pessoa (que o v. 4 identifica significativamente com os jovens) que o autor do livro se dirige, prometendo lhe dar habilidade, conhecimento e reflexão, numa palavra, a capacidade de discernir e avaliar as diferentes situações da vida que caracterizam a atitude do sábio (cf. os vv. 5 e 6), um discernimento que se estende aos próprios textos que os jovens estão estudando (v. 6). O v. 7, mencionando o "temor do Senhor" (e também os "estultos" que o recusam), constitui uma das chaves interpretativas de todo o livro[1].

O título do livro (*Provérbios*) deriva diretamente da versão latina (*Proverbia*); cf. o título dos LXX: παροιμίαι; o título hebraico é *sefer m^{e}šalîm*, ou "livro dos *m^{e}šalîm*", um termo que aparece justamente no versículo inicial do livro: "*m^{e}šalîm* de Salomão, filho de Davi, rei de Israel"; na introdução já nos ocupamos do sentido desse termo, que, embora com certa aproximação, podemos continuar a traduzir por "provérbios"[2].

Percorrendo o livro — basta termos diante de nós a subdivisão que nos oferece com muita clareza a *Bíblia de Jerusalém* —, percebemos facilmente que ele consta de sete diferentes coleções de *m^{e}šalîm*, precedidas por uma ampla introdução e seguidas de uma conclusão, segundo o simples esquema que segue:

> Introdução (1,1–9,18): dez instruções oferecidas pelo mestre ao discípulo e três discursos da sabedoria personificada (1,20-33; 8,1-36; 9,1-6).
>
> Primeira coleção (10,1–22,16): os "provérbios de Salomão".
> Segunda coleção (22,17–24,22): as "palavras dos sábios".
> Terceira coleção (24,23-34): novas "palavras dos sábios".
> Quarta coleção (25–29): segunda coletânea salomônica.
> Quinta coleção (30,1-14): as "palavras de Agur de Massa".
> Sexta coleção (30,15-33): provérbios numéricos.
> Sétima coleção (31,1-9): as "palavras de Lemuel, rei de Massa".
> Conclusão (31,10-31): poema alfabético sobre a "mulher forte".

O livro dos Provérbios apresenta-se, assim, como uma coletânea de coletâneas, cada uma das quais se apresenta, por sua vez, como uma coleção de ditos juntados uns aos outros, sem que uma precisa estrutura literária seja

---

1. Sobre tudo isso, cf. também a bibliografia apresentada na introdução da p. 72.
2. Cf. p. 49-51.

plenamente reconhecível, embora em alguns casos, como em Provérbios 16,10-15 (provérbios dedicados ao rei), possamos, talvez, encontrar alguma lógica temática. Não é assim, porém, no que diz respeito à introdução (Pr 1–9), que oferece uma interessante composição literária até bem cuidada.

Estrutura de Provérbios 1–9

O esquema que segue mostra que os primeiros nove capítulos do livro dos Provérbios contêm dez instruções sapienciais que o mestre (que fala como um pai, mas a cujo lado está presente, às vezes, também a mãe) dirige ao discípulo, interpelado como "meu filho"; as dez instruções são interrompidas por três intervenções da sabedoria personificada. O tema da sabedoria vista ainda no seu aspecto feminino voltará na conclusão de todo o livro, no chamado poema da "mulher forte" (Pr 31,10-31).

Título de todo o livro e prólogo geral: 1,1.2-6.7 (palavra teológica)
Primeira instrução sapiencial: 1,8-19 (não seguir más companhias)

Primeiro discurso da sabedoria personificada: 1,20-33

Segunda instrução: 2,1-22 (acolhe as minhas palavras — foge das más companhias e da mulher estrangeira)
Terceira instrução: 3,1-12 (confia no Senhor)
Quarta instrução: 3,13-35[3] (faz o bem e segue a justiça)
Quinta instrução: 4,1-9 (adquire a sabedoria)
Sexta instrução: 4,10-27 (não andar pelos caminhos dos maus)
Sétima instrução: 5,1-23 (a mulher estrangeira e a tua mulher)
Oitava instrução: 6,1-19[4] (quatro temas diversos)
Nona instrução: 6,20-35 (fica longe da estrangeira)
Décima instrução: 7,1-27 (ainda sobre a estrangeira)

Segundo discurso da sabedoria personificada: 8,1-36

Terceiro discurso da sabedoria personificada: 9,1-6, contraposta à loucura, também ela personificada: 9,13-18 (a colocação de Pr 9,7-12 é discutida).

---

3. Ou 3,21-35; alguns consideram 3,13-20 uma unidade literária à parte, uma espécie de "interlúdio".

4. Segundo M. Fox, o texto de 6,1-19 deve ser considerado um "interlúdio", ao passo que 4,10-27 pode ser dividido em duas diferentes instruções, para manter o número de dez.

2. Texto e posição no cânone

O texto hebraico do livro dos Provérbios é geralmente bem conservado, embora não estejam totalmente ausentes problemas textuais e erros de escrita; somente dois manuscritos de Qumran (4QPr^{a-b}), muito fragmentários, aliás, conservam suas provas mais antigas (segunda metade do século I a.C.). O texto massorético está hoje disponível na nova edição da *Bíblia hebraica Stuttgartensia*[5].

A versão grega do livro dos Provérbios feita pelos LXX é particularmente interessante, quer pelo fato de que ela traduz um texto hebraico provavelmente diferente do massorético, quer pela teologia que o tradutor grego exprime; não esqueçamos que a versão dos LXX é a versão utilizada pelo Novo Testamento e pelos padres gregos. Trata-se de uma teologia não isenta de influências provenientes da filosofia grega e marcada por uma grande atenção ao aspecto moral; o tradutor grego tende, às vezes, a espiritualizar os Provérbios, e no conjunto mostra uma perspectiva, sem dúvida, mais rica em comparação com o texto hebraico[6].

No que se refere à posição no cânone bíblico, o livro dos Provérbios está na Bíblia hebraica entre o livro de Jó e o de Rute, dentro do chamado *k^{e}tubîm*, os "escritos". O livro dos Provérbios, junto ao livro dos Salmos, parece ter constituído o núcleo originário da terceira parte da Bíblia hebraica, depois que já se tinham constituído os *corpora* da Torá e dos Profetas. É provável que justamente a paternidade salomônica do livro tenha sido aceita pela tradição judaica antiga, o que levou os Provérbios a entrar no cânone das Escrituras hebraicas.

3. A datação do livro dos Provérbios[7]

3.1. Uma coletânea de coletâneas

É muito difícil fazer uma avaliação, mesmo apenas hipotética, da história da composição do livro dos Provérbios. Na tradição judaica antiga, o livro

---

5. DE WAARD, J. (ed.), *Biblia Hebraica quinta editione*, Stuttgart, Deutsche Bibelgesellschaft, 2008.
6. Uma primeira mas verdadeiramente exaustiva introdução à teologia da versão grega dos Provérbios pode ser encontrada em CIMOSA, M., *Proverbi*, Milão, San Paolo, 2007, 320-330, que se detém em vários exemplos; cf. com mais detalhes a ótima introdução presente no texto de D'HAMONVILLE, *Les Proverbes. La Bible d'Alexandrie*, Paris, Cerf, 2000.
7. Para uma introdução geral atualizada cf. CIMOSA, *Proverbi*, 25-33 [com útil resenha bibliográfica]; FOX, M.V., *Proverbs 1–9*, Nova York, Doubleday, 2000, 48-49.

era simplesmente atribuído a Salomão; o grande rei de Israel teria escrito, quando jovem, o Cântico dos cânticos e, como homem maduro, o livro dos Provérbios e, já ancião, o Coélet[8]. Os estudos feitos sobre a língua utilizada pelos Provérbios, especialmente o hebraico usado em Provérbios 1–9, e sobre o contexto histórico que o livro pressupõe excluem, sem muitas dúvidas, resquícios de que o Provérbios possam ser datados, no conjunto, numa época tão elevada.

Se assumirmos como histórico o que diz Provérbios 25,1, no início da quarta coleção (Pr 25–29), ou "também estes são provérbios de Salomão, transcritos pelos homens de Ezequias, rei de Judá", é precisamente a época do rei Ezequias, por volta da segunda metade do século VIII a.C., a que parece, sem dúvida, a mais provável, como período de formação das coletâneas mais antigas. Também a primeira coleção (Pr 10,1–22,16) reflete provavelmente o mesmo período: trata-se, nesse caso, de 375 $m^e\check{s}alîm$ — segundo o valor numérico das letras que compõem o nome de Salomão, em hebraico, $\check{s}lmh$ —, provérbios que, portanto, refletem o estágio primitivo da sabedoria bíblica; cada um dos provérbios pode, na realidade, ser ainda mais antigo e remontar até os inícios da época monárquica. A segunda coleção (22,17-24,22), dependente do texto egípcio de *Amenemope* (cf. p. 25-27), provavelmente deve se situar na época monárquica; nessa coleção revela-se claramente o caráter internacional da sabedoria bíblica e a sua relação com a sabedoria dos povos vizinhos. Talvez devam ser consideradas pós-exílicas a quinta e a sétima coleção, atribuídas pelo próprio texto dos Provérbios aos sábios estrangeiros Agur e Lemuel. Para as outras coleções (a terceira e a sexta), porém, é muito difícil poder estabelecer uma data de composição mais precisa; a sexta e a sétima coleção parecem, todavia, acrescentadas num segundo momento a uma primeira coleção já existente[9] (as primeiras quatro coletâneas).

No que diz respeito, porém, à introdução e à conclusão do livro (Pr 1–9 e 31,10-31), encontramo-nos diante de composições tardias, provavelmente da primeira época persa (século V a.C.); para alguns autores, poder-se-ia, talvez, descer até pouco antes do início da época helenística (século IV), mas a questão não parece ainda totalmente resolvida. É claro, todavia, que por volta do fim do século IV, no máximo, ou seja, antes da conquista macedônia, o

---

8. Trata-se de *Midrash Shir Hashirîm Rabbah* 1,1 (o *midrash* sobre o Cântico dos cânticos), um texto do século X d.C.

9. Sobre esse aspecto, cf. ROFÉ, A., *Introduzione alla letteratura della Bibbia ebraica. Profeti, salmi e sapienziali*, Brescia, Paideia, 2011 [or. hebr. 2011], II, 483-489.

livro dos Provérbios assumiu a sua forma definitiva; o Coélet, composto no século III a.C., parece, com efeito, já conhecê-lo e utilizá-lo.

O objetivo de Provérbios 1–9 é claramente didático: a sociedade judaica que sai da experiência do exílio deve ser inteiramente reconstruída; a situação política e social da primeira época persa é relativamente tranquila e permite obras de reforma, como as executadas por Neemias e por Esdras. Tais reformas, a serem situadas entre 444 a.C. e 398 a.C., puseram em destaque a absoluta centralidade da Torá, a Lei mosaica; o sacerdócio do templo (cuja teologia está bem refletida na chamada tradição sacerdotal do Pentateuco), porém, pôs o acento no culto.

Diante do risco concreto de perder os valores tradicionais, num mundo que se revela muito diferente do mundo de outrora, os sábios (ou o sábio) autores de Provérbios 1–9 repropõem, porém, a Israel a sabedoria mais antiga, ou seja, todo o material contido em Provérbios 10-30, sob uma nova roupagem. O protagonista de Provérbios 1–9 é, como veremos, a figura da sabedoria personificada, "dona sabedoria", mediadora entre Deus e os homens. Toda a sabedoria antiga é, assim, assumida pelos autores de Provérbios 1–9 e como que "canonizada"; a "dona sabedoria" que fala em Provérbios 9,1-6 afirma ter construído uma casa com sete colunas (Pr 9,1) que são, muito provavelmente, símbolos das sete coletâneas que, como vimos, compõem o livro dos Provérbios[10]; a sabedoria oferece a seus discípulos um alimento que é o próprio livro e a sua mensagem.

Concluindo: quem compôs Provérbios 1–9 (e, talvez, também o poema final sobre a "mulher forte") e o pôs como prólogo de todo o livro é, pois, também o responsável pela redação conclusiva do livro, aquele que juntou as sete coletâneas dos ditos próprios da sabedoria mais antiga, oferecendo tais coletâneas a seus leitores (a seus discípulos) dentro de um preciso projeto educativo: valorizar todo o material proveniente da sabedoria mais antiga e elevá-lo ao nível de palavra de Deus.

3.2. O ambiente vital do livro dos Provérbios[11]

Os autores desse livro pertencem ao grupo que o próprio livro define como "sábios" (cf. Pr 1,5; 22,17; 24,23). Durante a época monárquica, os

---

10. Cf. o estudo de SKEHAN, P.W., A Single Editor for the Whole Book of Proverbs, in: CRENSHAW, J.L. (ed.), *Studies in Ancient Israelite Wisdom*, Nova York, Ktav, 1976.

11. Cf. também a introdução, p. 43-45; acrescente-se também o interessante texto de GRABBE, L.L., *Sacerdoti, profeti, indovini, sapienti nell'antico Israele*, San Paolo, Cinisello Balsamo, 1998 [or. ingl. 1995].

sábios constituem uma verdadeira classe profissional posta a serviço da corte, da administração pública, do templo de Jerusalém. Depois do retorno do exílio babilônio, a classe dos sábios aumenta ainda mais seu empenho não mais em torno da monarquia, já desaparecida e substituída pelo domínio persa, mas em torno do templo, onde se concentra agora toda a vida administrativa, econômica, religiosa e cultural da Judeia.

Os sábios não apenas sabem ler e escrever numa sociedade onde isso é um privilégio reservado a pouquíssimos como são também educadores e mestres das futuras classes dirigentes. Nesse contexto já nascem provavelmente as partes mais antigas do livro e certamente o texto de Provérbios 1–9, concebido, pelo menos esse último, como um verdadeiro texto didático a ser usado nas escolas, onde os jovens das classes sociais mais elevadas eram educados, em vista das futuras tarefas que os esperavam; veja-se, por exemplo, o papel da sabedoria descrito em Provérbios 8,16 como arte do bom governo. O que o prólogo de Provérbios 1,1-7 chama com o termo hebraico *mûsar*, ou a "formação", a "educação", constitui, assim, o objetivo prioritário do próprio livro.

A escola não constitui, todavia, o único ambiente vital possível no qual o livro dos Provérbios nasce; como já observamos na introdução, a metáfora parental usada pelo mestre que se apresenta como pai — mas também como mãe — revela que a tradição sapiencial afunda suas raízes também no âmbito da educação familiar, da qual a mulher não parece de modo algum excluída. A sabedoria de Lemuel, lembrada em Provérbios 31,1-2, é, assim, a que "sua mãe lhe ensinou", enquanto o poema conclusivo de Provérbios 31,10-31 nos põe diante de uma mulher compreendida como figura do sábio; não devemos, pois, nos esquecer de que a sabedoria, em Provérbios 1–9, se apresenta também com trajes femininos.

4. O estilo dos Provérbios

O estilo do livro dos Provérbios parece, à primeira vista, muito monótono; com efeito, lemos do início ao fim do livro uma interminável série de *mᵉšalîm* que nos parecem todos iguais. Mas não é nada disso; de fato, encontramos no livro uma grande variedade de provérbios, todos muito diferentes entre si. O tipo mais simples de *mašal* é o apresentado na forma *há/não há*, como ocorre em nosso provérbio "Enquanto houver vida, há esperança", ou "Não há rosa sem espinhos". Assim lemos em Provérbios 11,24: "Há quem prodigalize e sua riqueza aumenta, há quem poupe até demais e acaba na miséria". O provérbio limita-se aqui à constatação de um dado de fato, do qual o leitor deve tirar as consequências; cf. também 13,7; 14,12. Somente em alguns casos é que ao provérbio se une uma avaliação, a qual, na realidade, é a simples constatação de que, postas determinadas ações, seguem-se determinados resultados: assim, "um bom nome vale mais do que muita riqueza" (Pr 22,1); "é melhor um amigo por perto do que um irmão distante" (Pr 27,10).

À luz da experiência vivida, os sábios são também capazes de dar conselhos e de usar a forma imperativa, como ocorre em muitos dos nossos provérbios ("não vendas a pele do urso antes de o matar"). Provérbios 19,18 fala da educação dos filhos deste modo: "Corrige teu filho, porque há esperança"; ou, com tom mais religioso, lemos, em Provérbios 16,3, "Confia ao Senhor tuas ações e os teus planos terão êxito". Em casos como esses, o uso do imperativo não quer indicar uma ordem, mas, antes, um conselho, que nasce de ter compreendido como funciona a realidade.

As formas estilísticas nas quais é possível reconhecer do melhor modo a natureza do provérbio bíblico são as chamadas "comparativas": muitas vezes, é suficiente contrapor duas realidades aparentemente antitéticas para levar a refletir aquele que escuta o provérbio, ou para criar surpresa ou admiração, como acontece em nossos provérbios "Trocar alhos por bugalhos"; "Confiar é bom, desconfiar é melhor"; "Quem rouba pouco é ladrão, quem rouba muito é barão". Assim, no livro dos Provérbios, os sábios põem seus ouvintes diante da complexidade e, muitas vezes, diante do contraditório do real, propondo similitudes que suscitam surpresa: "Como quem põe a pedra na funda, assim quem presta honras ao insensato" (Pr 26,8); "Uma língua macia quebra ossos" (Pr 22,15); "Como água fresca para garganta sedenta, assim são as boas-novas de uma terra distante" (Pr 25,25).

Um caso particular é representado pelos chamados *provérbios numéricos*, enunciados, muitas vezes, com o esquema x/x+1; veja-se, por exemplo, Provérbios 6,16-19, "Seis coisas o Senhor odeia, antes, sete são para ele um horror", ou a coletânea dos provérbios numéricos contida em 30,15-31. Trata-se, como já foi dito[12], de um esquema tipicamente didático, com o qual o sábio quer desenvolver a atenção do discípulo, propondo-lhe uma série de comparações que o discípulo pode desenvolver por conta própria, destacando, em especial, o último elemento da série.

O *estilo* do livro dos Provérbios é, em seu conjunto, muito mais vivo do que parece à primeira vista, embora nas traduções se perca, como é óbvio,

---

12. Cf. a introdução, p. 50-51.

toda a riqueza contida no original hebraico. O uso constante das imagens torna o texto muito vivo e não raro declaradamente irônico: "Anel de ouro em focinho de porco, assim é a mulher bonita, mas sem juízo" (Pr 11,22); "Nuvens e vento, mas sem chuva! Assim é o homem que se vangloria de presentes sem os dar" (Pr 25,14); "Agarra um cão pelas orelhas quem se intromete numa briga que não lhe diz respeito" (Pr 26,17); "Goteira pingando sem parar em dia chuvoso e mulher implicante são bem semelhantes" (Pr 27,15).

Não raramente, o provérbio escava com atenção na psicologia dos seres humanos e consegue, com poucas palavras, descrever sua atitude interior: "'Coisa ordinária, sem valor!', diz o comprador; mas, ao ir embora, da compra se gaba" (Pr 20,14). Os quadros mais vivos e divertidos são, sem dúvida, os relativos ao preguiçoso e ao bêbado; leiam-se a respeito os textos de 22,13; 24,30-34; cf. também 26,13-16 em relação ao preguiçoso que simpaticamente é descrito assim: "A porta gira em seus gonzos e o preguiçoso, na cama" (Pr 26,13). O bêbado, por sua vez, é descrito com grande maestria e com um toque de humor no pequeno quadro de Provérbios 23,29-35, um texto que convidamos a ser lido com atenção; essa passagem pode nos dar, com efeito, um ótimo exemplo do estilo dos Provérbios, vivo, irônico, atento à observação da realidade, capaz de suscitar a atenção de quem ouve e levá-lo a refletir, nesse caso, sobre os danos do vinho em demasia, a única droga disponível naquele tempo.

Para prosseguir no estudo

ALONSO SCHÖKEL, L.; VÍLCHEZ LÍNDEZ, J. *I Proverbi*. Roma: Borla, 1988, 134-174 (ótima, densa e recomendada introdução); MURPHY, R.E. *L'albero della vita. Un'esplorazione della letteratura sapienziale biblica*. Brescia: Queriniana, 1993 [or. ingl. 1990], 36-38; MORLA ASENSIO, V. *Libri sapienziali e altri scritti*. Brescia, Paideia, 1997 [or. esp. 1994], 93-97; CRENSHAW, J.L. *Old Testament Wisdom. An Introduction*. Louisville: Westminster John Knox, ³2010, 92-96.

5. Temas teológicos dos Provérbios

O que observamos a respeito da história da composição do livro dos Provérbios torna muito difícil apresentar de modo unitário sua visão teológica; a perspectiva oferecida pelas partes mais antigas do livro, com efeito, é muito diferente da proposta pela introdução, ou seja, em Provérbios 1–9. Todavia, é possível descobrir no livro algumas constantes teológicas fundamentais: a concepção prática e experiencial da sabedoria e, ao mesmo tempo, a sua evidente dimensão ética e educativa não isenta de forte dimensão religiosa, bem como o papel central da teologia da criação e, portanto, da presença do Deus de Israel. Mas, sobretudo, emerge nos Provérbios uma forte atenção ao homem e à sua vida cotidiana; a perspectiva antropológica está, todavia, ligada, como veremos em breve, a uma precisa visão teológica.

5.1. A sabedoria, o sábio e o estulto

No prólogo do livro (Pr 1–9), a *sabedoria* se apresenta repetidamente como fonte de vida (cf., em especial, 1,33; 3,18; 8,35; 9,6), onde por "vida" não se deve pensar tanto na vida ultraterrena, que é alguma coisa que está além do horizonte dos autores dos Provérbios. "Vida" significa, antes de tudo, felicidade, sucesso, alegria, realização plena da própria existência aqui nesta Terra. O livro dos Provérbios se apresenta, assim, como uma ambiciosa escola de educação para a vida. Segundo Provérbios 3,18, encontrar a sabedoria significa encontrar a *árvore da vida* que, segundo a narrativa do Gênesis, parecia então proibida para o homem (cf. Gn 3,22-24); em Provérbios 2,18-19, o não aceitar a sabedoria é apresentado como uma questão urgente, de vida ou de morte, um tema que já aparece nas partes mais antigas do livro (cf. Pr 12,28 e 15,24).

No livro dos Provérbios, os homens se definem, por sua vez, em relação à sua atitude no que diz respeito à sabedoria: o *sábio* é, por isso, aquele que aceita segui-la e que a cultiva (10,23), que é capaz de refletir (13,16), que é prudente (11,12) e modesto (12,23). Mas seguir a sabedoria leva o homem à proximidade de Deus: assim, em Provérbios 16,1-3.9, procura-se definir o que é o sábio, pondo-o até em relação a Deus e descrevendo-o como um homem que se dá bem conta da diferença existente entre o próprio conhecimento e a vontade de Deus ("o coração do homem faz projetos / mas é o Senhor que torna seguros seus passos" [Pr 16,9]). Descrito desse modo, o sábio não é mais tanto aquele que obedece à Lei mosaica, mas, em si, é o homem que aprendeu a formar o próprio pensamento e a própria ação à luz da experiência da própria vida, posta em confronto com a figura de Deus.

Ao lado do sábio, o livro dos Provérbios insiste na figura do *justo*, lembrado por bem sessenta e seis vezes. Nos textos da Bíblia hebraica, o justo é normalmente apresentado como o observante da Torá, da Lei (cf. Sl 1,1-2.5; 37,30-31; cf. Ez 18,5-9). Nos Provérbios, a Lei mosaica é pouco lembrada (cf. 28,4.7.9). O justo é, por seu lado, o homem que junta à Lei um correto comportamento em relação aos outros e à comunidade em que vive uma vida conduzida segundo a palavra de Deus; cf. Provérbios 29,18, "Sem visão [profética] o povo se desmanda: feliz quem observa a Lei"; nesse texto, a Torá não é necessariamente a Lei mosaica, mas a palavra de Deus anunciada pelos profetas.

Os sábios que nos deixaram o livro dos Provérbios estão convencidos de que o justo será sempre protegido por Deus: cf., por exemplo, Provérbios 10,2-3.6-7.24-25.30-32; nesses textos, o justo se mostra sempre em contraste com o *mau*; um é abençoado, e o outro, amaldiçoado por Deus; cf. 10,6: "As bênçãos do Senhor sobre a cabeça do justo; a boca dos ímpios encobre a violência". Concluindo, não se pode ser sábio sem ser, ao mesmo tempo, também justo, fiel a Deus e fiel aos homens.

Com muita frequência, no livro dos Provérbios, ao sábio se contrapõe o *estúpido*, ligado às vezes à figura do *zombeteiro*. O estúpido nos ajuda, por antítese, a compreender melhor quem é o sábio; o estúpido, com efeito, não se identifica apenas, como poderíamos pensar segundo a nossa mentalidade ocidental, com o homem curto de inteligência; é, antes, aquele que tem prazer em fazer o mal (10,23), que se recusa a aceitar os ensinamentos dos seus mestres e segue seu caminho (12,15), que frequenta más companhias (13,20). O livro dos Provérbios denota uma atitude bem pessimista em relação ao estúpido; a estultice é vista, com efeito, como algo incurável, como se lê, por exemplo, em Provérbios 17,10-12.16; veja-se também a simpática imagem de Provérbios 27,22: "Ainda que socasses o estulto num pilão / no meio dos grãos, não se afastaria dele sua estultice". Raramente os estúpidos se tornam sábios, e, além do mais, eles são muito perigosos: "É melhor se deparar com uma ursa privada de seus filhotes / do que com um insensato tomado de loucura" (Pr 17,12). O pessimismo em relação ao estúpido constitui a outra face do otimismo dos autores do livro em relação à realidade; de fato, quanto mais o sábio estiver convencido de conseguir penetrar o sentido da realidade, tanto mais estará consciente dos limites próprios de todo homem. Sábio e estúpido, justo e malvado complementam-se um ao outro: não há sabedoria sem um reto comportamento moral nem sem uma relação correta com Deus.

Desde o texto programático de Provérbios 1,1-7 (cf. 1,4), aparecem também entre os destinatários do livro as figuras dos *inexperientes*: o termo hebraico *petî'* pode ser também traduzido por "ingênuo" ou "simples" e é usado dezesseis vezes no livro. O inexperiente é, em geral, um jovem superficial, leviano, facilmente induzido a erro pelas más companhias. É uma pessoa que acredita em tudo o que se lhe diz (cf. Pr 14,15) e que com muita facilidade cai em desgraça (cf. Pr 22,3; 27,12). Trata-se de alguém que não quer refletir e que não se preocupa em se instruir, em compreender a realidade segundo o que de fato é, que rejeita um caminho de formação. É também a esse tipo de pessoa que o autor do livro se dirige (8,5; 9,4.6; cf. 19,25), prometendo lhes dar habilidade, conhecimento e reflexão, oferecendo aos inexperientes, numa palavra, a capacidade de discernir e avaliar as diversas situações da vida que caracteriza a atitude do sábio (cf. ainda o programa inicial traçado em 1,5-6).

5.2. Visão da realidade e fundamentos da ética dos sábios

O livro dos Provérbios, embora pondo no centro da vida do homem a fé em YHWH, Deus de Israel, parece, à primeira vista, pouco caracterizado por traços especificamente israelitas; de fato, o tom é universalista, acentuado pelos contatos presentes com a sabedoria egípcia, mas também com a mesopotâmica, porquanto faltam referências explícitas à história de Israel. No livro dos Provérbios não se lembram as grandes histórias patriarcais, nem a epopeia do deserto e do Sinai, nem o ingresso na Terra, nem a história dos reis e dos profetas.

O debate sobre o valor teológico dos Provérbios está ainda muito aceso: com efeito, há alguns autores que não reconhecem ao livro esse valor, ao passo que outros consideram que a teologia dos Provérbios seja um corpo estranho dentro do Antigo Testamento; por muito tempo o estudo da teologia dos Provérbios foi, assim, bem esquecido. Para outros ainda, os Provérbios constituiriam um livro de caráter antropocêntrico, com finalidades eudemonísticas, até pragmáticas e utilitaristas, mais que religiosas. Muitas dessas observações nascem, todavia, de um desconhecimento do que é realmente a sabedoria bíblica (cf. a introdução, p. 54-58). É verdade que, numa primeira leitura, o livro dos Provérbios não apenas oferece a impressão de certa profanidade como também faz nascer a dúvida de que a atitude dos sábios em relação à realidade seja realmente de caráter pragmático e eudemonístico, ou seja, voltado a garantir a felicidade e o sucesso de quem os ouve. No livro dos Provérbios, a ordem social não se torna nunca objeto de discussão, tampouco é criticada, mesmo quando é nitidamente um ordenamento injusto.

Alguns exemplos podem nos ajudar a entender melhor o problema. Em Provérbios 13,7, lemos: "Há quem se faz de rico, mas nada tem; há quem se faz de pobre, com muitos bens". Nesse provérbio, o sábio não pretende expressar um juízo de caráter moral relativo aos ricos e aos pobres, mas se limita a observar a realidade como ela é, enquanto observa que nem sempre por trás da aparência há substância; de fato, há pessoas que se vangloriam de ser ricas, mas que, na realidade, são pobres e, vice-versa, há pessoas que fingem ser pobres, mas que, ao contrário, são ricas. A realidade aparece, pois, muito mais complexa do que parece.

Em Provérbios 22,7, lemos ainda que "o rico domina o pobre, e quem recebe presentes é escravo de seu credor". Também nesse caso, encontramo-nos diante de uma observação totalmente óbvia para quem conhece o mundo. Esperaríamos dos sábios pelo menos uma palavra de crítica em relação a situações como essas, mas eles não a oferecem, limitando-se a descrever a realidade como ela se mostra: no mundo, mandam os ricos, ao passo que os pobres sofrem a opressão destes.

Em Provérbios 16,26, encontramos uma reflexão sobre o trabalho: "A fome do trabalhador trabalha por ele, porque sua boca o estimula". A experiência nos ensina — dizem com provocação os sábios — que a maior parte dos homens trabalha somente para comer. Os sábios não pretendem nos propor aqui uma visão deles do trabalho; limitam-se a constatar muito realisticamente que, com muita frequência, os homens trabalham apenas para encher o estômago.

As afirmações dos sábios beiram, assim, às vezes, um verdadeiro cinismo: "O pobre é odiado até por seu amigo, mas numerosos são os amigos do rico!" (Pr 14,20). Até parece que os sábios são indiferentes diante das situações mais tristes da vida humana; assim, em Provérbios 19,4, lemos que "as riquezas multiplicam os amigos, mas o pobre é abandonado até pelo amigo que tem".

Com muita frequência, os sábios oferecem aos homens uma série de conselhos relativos a como se desembaraçar nas diversas situações da vida; também nesse caso não muda a impressão de se encontrarem diante de um verdadeiro pragmatismo.

Os sábios convidam, assim, seus ouvintes a não confiar no próximo: "Não tem juízo o homem que dá garantias e se oferece como fiador do seu próximo" (Pr 17,18); esse conselho é repetido várias vezes e sempre de forma muito categórica: cf. 6,1-5; 11,15; 20,16; 22,26-27. Na sociedade israelita, a figura do "fiador" é a que permite à parte economicamente mais fraca fechar contratos que para ele seriam muito onerosos; mas como o fiador corre com muita frequência o risco de não ser pago pelo contraente, é melhor, sem dúvida, não oferecer nunca garantias a alguém, para não correr o risco, assim, de perder o próprio dinheiro. Pelo menos na aparência, trata-se apenas de um conselho ditado pelo mais baixo utilitarismo.

A propósito da riqueza, Provérbios 10,15 limita-se a afirmar que "os bens dos ricos são seu baluarte; a ruína do pobre é sua miséria". Os ricos estão bem, os pobres estão mal; e então? Seria de esperar aqui uma condenação de tal fato, ou, pelo menos, algum tipo de juízo ético, mas nada; os sábios limitam-se a exprimir um dado de fato, ou seja, que o rico confia em seus bens. Em Provérbios 17,9, lemos ainda este provérbio: "Quem encobre a falta consegue amizade, mas quem a divulga divide os amigos". Os sábios parecem querer propor, também nesse caso, um critério de comportamento totalmente utilitarista: quando um teu amigo erra, esconde a culpa e, sobretudo, não digas nunca a verdade, para que não haja risco de destruir outras amizades.

Como explicar esse tipo de comportamento dos sábios em relação à realidade? Temos de nos lembrar que o interesse dos sábios é, antes de tudo, tirar fruto da própria experiência. A experiência é para eles básica, inclusive nos casos em que os sábios fazem reais juízos de caráter ético e condenam, por exemplo, as ações más que um homem pode cometer. Essas condenações jamais são feitas com base em princípios absolutos, mas, sim, com base na convicção de que a cada ação segue-se uma reação contrária. Assim, toda má ação traz consigo a raiz da própria ruína: "Ao malvado sobrevém o mal que teme; mas o desejo dos justos é satisfeito" (Pr 10,24).

Chegamos, assim, ao cerne da atitude dos sábios: o objetivo que eles se propõem não é tanto o de emitir juízos sobre a realidade quanto o de *compreendê-la*. O sábio é, antes de tudo, um realista, um homem que procura ver o mundo como ele realmente é. O sábio nos lembra que neste mundo os ricos têm sempre sucesso, ao passo que os pobres permanecem na miséria; descobrimos ainda que os ricos têm muitos amigos, que é estúpido ser avalista de nosso próximo e pretender depois que ele não nos dê um calote; descobrimos também, todavia, que existem constantes na vida humana, de modo que as ações más não podem ter, no final, um resultado positivo.

Conhecer bem a realidade não é, todavia, uma coisa tão simples, porque a realidade, então, é realmente complexa. Para dar outro exemplo, é, sem dúvida, verdade que esbanjar o próprio dinheiro leva inevitavelmente à miséria (cf. Pr 21,17), mas é também verdade que, ao poupar em exagero, tornamo-nos igualmente pobres: "Um distribui e sua riqueza aumenta; outro guarda além do que precisa e acaba na miséria" (Pr 11,24). Não há nunca, nas coisas da vida, uma solução preordenada para cada coisa; trata-se, para o sábio, de saber discernir, a cada vez, a melhor solução, que não é necessariamente a mais simples.

Diante de uma realidade tão complexa e diante da experiência humana, que é, por sua própria natureza, limitada, poder-se-ia concluir que os sábios não podem ser pessoas muito otimistas; em alguns casos, na realidade, mostram ser realmente pessimistas, como as muitas vezes nas quais falam do estúpido como de um indivíduo totalmente incurável (cf. acima). Contudo, em todo o livro dos Provérbios e, sobretudo, na parte mais recente (Pr 1–9), os sábios se mostram, definitivamente, como incuráveis otimistas. Isso ocorre porque eles estão cheios de confiança nas possibilidades da experiência e do conhecimento humano, uma atitude que, como já vimos, caracteriza toda a sabedoria bíblica. Os homens são capazes de compreender o sentido de sua vida, do que acontece no mundo, de atingir a sabedoria, ou seja, de conseguir viver em harmonia com a criação, com os outros homens e, sobretudo, com Deus.

Paradoxalmente, o otimismo dos sábios caminha, *pari passu*, com a consciência dos próprios limites, como se observa no esplêndido texto de Provérbios 30,18-19:

> *Há três coisas que me são difíceis,*
> *antes, quatro, que não compreendo:*
> *o caminho da águia no céu,*
> *o caminho da serpente sobre a rocha,*
> *o caminho do navio em alto-mar*
> *e o caminho do homem para uma jovem.*

Encontramo-nos aqui diante de um clássico "provérbio numérico": os sábios propõem a seus ouvintes uma série de observações, convidando-os a pôr sua atenção sobre a última ("três coisas [...], quatro"), que, como acontece nesse caso, é o verdadeiro centro da atenção. Os primeiros três elementos da série (águia/céu; serpente/rocha; navio/mar) fazem-nos descobrir seres ou coisas que se movem em seu ambiente natural, de maneira, sem dúvida, surpreendente. Por analogia, descobrimos um movimento ainda mais extraordinário e misterioso: o do amor de um casal, que suscita nos sábios uma admiração ainda maior. Diante dessas maravilhas da vida e do mundo, o poeta limita-se a sugerir e revela a própria limitação no momento mesmo em que descreve o que diz não conhecer plenamente.

E ainda: que lugar tem Deus na perspectiva dos sábios? A visão da realidade que eles nos oferecem não é de modo algum uma visão profana, precisamente no mesmo momento em que parece sê-lo. A fé que os sábios têm no Deus de Israel oferece, com efeito, aos homens a convicção de que a experiência deles da realidade pode ter um sentido. De fato, se é possível descobrir uma ordem no mundo, isso ocorre apenas porque existe um Deus que a estabeleceu, e esse Deus é YHWH, o Deus de Israel, criador do mundo. É verdade, sem dúvida, que os sábios falam relativamente pouco de Deus, mas isso ocorre porque a tarefa deles é a de *compreender* o mundo, mais que desejar transformá-lo: justamente por essa via é que eles chegam, ao mesmo tempo, a compreender também a Deus. Assim, a fonte do ensinamento dos sábios é, de um lado, a mesma experiência de vida deles e, ao mesmo tempo, a tradição por eles recebida tanto dentro como fora de Israel; de outro lado, é a fé que têm no Deus de Israel que oferece sentido e fundamento para a experiência[13].

5.3. *A figura de Deus*

Por muito tempo, como já foi lembrado, pensou-se que o livro dos Provérbios teria de ser colocado fora da fé tradicional de Israel; alguns autores, embora reavaliando a dimensão religiosa do livro, falam de um "monoteísmo ético", ou seja, da tentativa de aplicar a fé de Israel à vida individual. O Deus dos Provérbios é, em todo caso, YHWH, o Deus da fé de Israel, embora seja verdade que somente dez por cento dos provérbios (cerca de 100 versículos no total de 915) faça referências diretas a Deus.

O texto de Provérbios 10,1-3, que abre a primeira coletânea salomônica, deixa bem clara a estreita conexão entre três temas que caracterizam a sabedoria dos Provérbios: o v. 1 ("o filho sábio alegra seu pai, / um filho insensato entristece sua mãe") lembra-nos que a sabedoria é uma educação transmitida e recebida pela experiência familiar. O v. 2 ("tesouros mal adquiridos de nada aproveitam, / mas a justiça livra da morte") lembra a dimensão ética da sabedoria. O v. 3 lembra sua dimensão religiosa: "O Senhor não deixa que o justo sofra fome, / mas o apetite dos maus ele rechaça". Três esferas do homem, pois, são postas aqui em destaque: conhecer, agir e crer. A sabedora consiste, portanto, em criar unidade na própria vida.

A questão, que a esse respeito é debatida pelos estudiosos, é compreender se esses três aspectos da sabedoria — sabedoria prática, sabedoria ética, sabedoria teológica — coexistem desde as tradições mais antigas ou se constituem, na realidade, três etapas da teologia sapiencial, que seriam assim bem distinguíveis nos Provérbios[14]. A sabedoria mais antiga teria sido dominada pelo interesse cosmológico e pela procura da ordem do mundo; em Provérbios 10–15

---

13. "[...] O livro dos Provérbios, e, sobretudo, o espírito que o fez nascer e crescer, prestou o serviço inestimável de preencher o fosso aberto artificialmente entre as chamadas 'esfera sagrada' e 'esfera profana' do mundo"; cf. ALONSO SCHÖKEL, L.; VÍLCHEZ LÍNDEZ, J., *I Proverbi*, Roma, Borla, 1988, 121.

14. Cf. a tese de SCHMID, H.H., *Wesen und Geschichte der Weisheit: eine Untersuchung zur Altorientalischen Weisheitsliteratur* (BZAW 101), Berlim, W. De Gruyter, 1966.

encontrar-se-iam os vestígios de um interesse antropológico e, portanto, ético. Em Provérbios 1–9 o interesse teológico atingiria o ápice.

Alguns autores imaginaram, a esse respeito, uma releitura de caráter javista de Provérbios 10,1–22,16, feita precisamente à luz do novo modelo de sabedoria "teológica" de Provérbios 1–9; Claus Westermann supõe uma diferença entre uma parte mais antiga dos Provérbios, de caráter antropológico, e uma mais recente, de caráter cosmológico e, portanto, mais teológico[15]. Esse percurso é plausível, embora alguns o neguem com ênfase[16]. Nessa óptica, é interessante observar que nas partes mais antigas do livro há casos de provérbios aparentemente profanos que são anexados a provérbios de cunho mais religioso: vejam-se, como exemplos, Provérbios 15,17 comparado com Provérbios 15,16, e Provérbios 18,11 comparado com Provérbios 18,10.

Contra essas visões evolutivas da teologia dos Provérbios é importante, todavia, reconhecer que a ciência mais antiga já tem uma clara dimensão teológica, ao passo que a sabedoria de Provérbios 1–9 não perde nunca sua ligação cosmológica e antropológica. É verdadeiro o fato de que nas partes mais recentes do livro a dimensão religiosa se aprofunda; em Provérbios 1–9 destaca-se, no início e no fim do prólogo, que "o temor do Senhor é o princípio da sabedoria" (Pr 1,7; 9,10). Temer ao Senhor significa respeitá-lo, não pretender ser sábio sem ele, confiar nele (cf. Pr 22,19). Desse modo, pondo o temor do Senhor na raiz da sabedoria, os sábios querem nos sugerir que nenhuma sabedoria humana é possível se não é Deus que a concede.

Em relação à figura de Deus, percebe-se no livro dos Provérbios a centralidade da criação e da pesquisa de uma ordem do mundo. Se é verdade que nos Provérbios faltam os grandes temas da *Historia Salutis*, é sempre forte nos sábios a percepção da "historicidade" da existência humana; o homem não pode ser avaliado em abstrato, mas deve ser visto sempre na sua vida cotidiana. Apenas o reconhecimento da obra criadora de Deus permite que os

---

15. C. Westermann vincula a composição de Provérbios 10-29 ao ambiente simples e familiar dos camponeses, enquanto Provérbios 1–9 nasceria no âmbito da escola pós-exílica; cf. WESTERMANN, C., *Würzeln der Weisheit*, Göttingen, Vandenhoeck & Ruprecht, 1990 = *The Roots of Wisdom*, Louisville (KY), Westminster John Knox, 1995. Cf. sobretudo o trabalho de WHYBRAY, N., *Wisdom in Proverbs. The Concept of Wisdom in Proverbs 1–9* (Studies in Biblical Theology 45), Londres, SCM, 1965; do mesmo autor: Yahweh-Sayings and their Context in Proverbs 10,1-22,16, in: GILBERT, M. (ed.), *La sagesse de l'Ancient Testament*, Lovaina, Peeters, ²1990, 153-165; essa perspectiva é substancialmente aceita por ROFÉ, *Introduzione alla letteratura della Bibbia ebraica*, II, 488-492.

16. Cf. BÖSTROM, J., *The God of the Sages. The Portrayal of God in the Book of Proverbs*, Estocolmo, 1990, 36-39.

sábios dos Provérbios sejam "otimistas" em relação à possibilidade de compreender a realidade. Reconhecer o acento dado pelos Provérbios à teologia da criação ajuda a reler o próprio livro no âmbito da fé de Israel, na qual, portanto, os sábios estão bem mais enraizados do que se cria no passado, e a reavaliar, assim, a aparente falta de uma dimensão religiosa explícita.

Notemos, todavia, que os Provérbios oferecem a seus ouvintes somente paradigmas a serem aceitos, modelos de comportamento a serem seguidos, mais que leis e verdades absolutas, um tipo de "verdade" que é reconhecida pelos sábios como limitada, condicional e relativa. A "verdade" dos Provérbios depende, de um lado, da experiência vivida — e exatamente nesse sentido é uma "verdade" "relativa", no sentido de que sabe reconhecer os próprios limites; cf., por exemplo, Provérbios 21,30-31 — e, de outro, é uma verdade que depende da conformidade a uma ordem estabelecida por Deus que o homem é capaz de conhecer — e nesse sentido é realmente "verdade", embora encarnada na vida concreta do homem e na realidade criada.

5.4. O problema da chamada "retribuição"[17]

A atitude de confiança dos sábios traduz-se na convicção, muitas vezes afirmada, de que Deus premia os justos (cf. Pr 14,26-27) e pune os maus (cf. 5,21-22); assim, para dar um só exemplo, "a casa dos ímpios cairá em ruína, mas a tenda dos homens retos terá sucesso" (14,11). Falou-se, muitas vezes, a respeito de "teologia da retribuição", algo que caracterizaria não apenas o livro dos Provérbios como também boa parte dos textos da Bíblia hebraica. O que se lê em Provérbios 3,33 deveria ser, por isso, considerado uma espécie de dogma para os sábios, ou seja, que "a maldição do Senhor pesa sobre a casa do mau, mas ele abençoa a morada dos justos". Ou seja, os israelitas estariam convencidos de que a cada ação humana corresponde um preciso juízo divino; os justos são premiados pelo Senhor, ao passo que os maus são irremediavelmente punidos.

É verdade, sem dúvida, que a ideia da justiça retributiva de Deus é, no livro dos Provérbios, como em grande parte da Bíblia hebraica, uma ideia muito enraizada e, ao mesmo tempo, totalmente ligada a esta vida terrena;

---

17. Sobre esse aspecto veja uma síntese muito geral em MAZZINGHI, L., *Proverbi. Commento spirituale all'Antico Testamento*, Roma, Città Nuova, 2003, 111-114. Para uma visão aprofundada dessa questão veja-se, porém, o trabalho muito detalhado de FREULING, G., *"Wer eine Grube gräbt..."*. *Der Tun-Ergehen-Zusammenhang und sein Wandel in der altestamentlicher Weisheitsliteratur* (WMANT 102), Neukirchen-Vluyn, Neukirchener Verlag, 2004.

com efeito, falta aos sábios uma clara fé numa sobrevivência do homem além da morte, uma fé que se desenvolverá em Israel somente mais tarde, a partir do século III a.C.; depois da morte, há para todos os homens apenas uma existência anônima num tenebroso *she'ôl*, o mundo subterrâneo dos infernos (cf. Pr 1,12; 7,27; 9,18; 15,24; 27,20; 30,16). Por esse motivo, a retribuição divina parece aos sábios um prêmio ou uma punição que o Senhor dispensa aos homens durante sua vida terrena. Assim, "ao justo não pode acontecer nenhum dano, os ímpios estarão cheios de males" (12,21; cf. também o v. 7); várias vezes, os sábios lembram essa realidade, para eles totalmente óbvia, ou seja, que os justos serão sempre felizes, ao passo que os maus viverão perenemente na angústia: "O justo tem sua retribuição na terra, quanto mais o mau e o pecador" (11,31; cf. também os vv. 8 e 21); "A desgraça persegue os pecadores e o bem recompensará os justos" (13,21).

As observações dos sábios sobre a diferente sorte dos justos e dos ímpios não nascem, todavia, de posições que hoje tenderíamos a definir como "dogmáticas", mas são tiradas, mais uma vez, da experiência. De fato, os sábios estão convencidos de que existe uma relação muito estreita entre cada ação humana e o seu resultado, seja este positivo ou negativo; assim, a experiência ensina que "a mão preguiçosa faz empobrecer; mão a operosa enriquece" (10,4) e também que "quem cava um fosso nele cairá; quem rola uma pedra, sobre ele cairá ela" (Pr 26,27). O que acontece ao justo, ao homem trabalhador, no caso de Provérbios 10,4, não é senão a lógica consequência das suas próprias ações, assim como acontece ao mau, preso por suas próprias armadilhas; é verdade, então, que "quem semeia injustiça recolhe miséria" (Pr 22,8). Trata-se de observações de caráter experiencial que, todavia, não estão desprovidas de valor.

A intervenção de Deus a favor dos justos ou a punição dos malvados não deve ser, então, entendida como uma mecânica sansão decidida por uma espécie de tribunal celeste que distribui prêmios e punições, aplicando um código rigoroso. Quando lemos que "o Senhor não deixa que o justo passe fome, mas o apetite dos maus ele rechaça" (Pr 10,3), a ação de Deus está na linha do que foi visto acima a propósito de 10,4: é também ela vista como uma consequência lógica do comportamento humano. Assim, lemos ainda que "o justo come até se saciar, mas o ventre dos ímpios passa fome" (13,25). A obra do Senhor a favor do justo e de condenação do mau caminha, *pari passu*, com o que eles construíram por meio de repetidas ações: se o bem chama outro bem sobre quem o faz, o mal cometido cria ulteriores situações negativas para quem o fez:

A espera dos justos acabará em alegria,
mas a esperança dos ímpios desvanecerá.
O caminho do Senhor é uma fortaleza para o homem reto,
ao passo que é uma ruína para os pecadores (10,28-29).

Mas seria realmente verdade que a experiência da vida leva necessariamente a tais otimistas conclusões? Ou seja, que os que fazem o bem obterão o bem, ao passo que aos que fazem o mal ocorrerá o mal, ainda nesta vida? A experiência do exílio babilônio marcou Israel com uma crise muito forte que pôs em discussão tais convicções, como veremos no caso dos livros de Jó e do Coélet. Todavia, também em Provérbios 1–9, texto, sem dúvida, posterior ao exílio, os sábios não abdicam de suas convicções: a visão que tinham da realidade continua fundamentalmente otimista, e a confiança na retribuição não parece ficar estremecida; como afirma a sabedoria personificada, "quem me encontra, encontra a vida [...], amam a morte todos os que me odeiam" (cf. 8,35-36).

5.5. A ética dos Provérbios

Os fundamentos de uma vida feliz

O projeto educativo dos sábios pressupõe, evidentemente, uma ética; também ela não pode senão nascer da valorização da experiência e da confiança que os sábios depositam na possibilidade de descobrir o sentido que Deus pôs na realidade; o jovem é convidado a olhar para um determinado fato, a refletir sobre ele e a tirar dele uma lição para a própria vida[18]. Dado que insiste sobre o valor da experiência, justamente por esse motivo, o sábio não tem preceitos a dar a seus discípulos, mas, sim, exortações e conselhos: ele não pretende falar em nome de Deus, mas em nome da própria experiência pessoal de vida. Conscientes de não oferecer preceitos, mas, antes, conselhos e exortações, os sábios procuram deixar bem claras as motivações; ou seja, procuram a persuasão, mais que a constrição; nisso consiste precisamente o que é específico da ética dos Provérbios[19]. Os sábios autores dos Provérbios utilizam temas prove-

---

18. O papel exato da experiência dentro da epistemologia sapiencial é, na realidade, discutido; com diferentes acentos, vejam-se CRENSHAW, J.L., The Acquisition of knowledge in Israelite Wisdom Literature, *Word and World*, 7, 3 (1987) 245-252; FRYDRYCH, T., *Living under the Sun. Examination of Proverbs and Qohelet* (VT.S. 90), Leiden, Brill, 2002, 53-66; FOX, M.V., The Epistemology of the Book of Proverbs, *JBL*, 126, 4 (2007) 669-684.

19. Sobre tudo isso, cf. TRUBLET, J., L'éducation à l'éthique selon les Proverbs, in: MIES, F. (ed.), *Toute la Sagesse du monde. Hommage à Maurice Gilbert*, Namur, Lessius, 1999, 143-166, espec.

nientes do Decálogo e da pregação profética, mas os religam em chave tipicamente sapiencial; falta totalmente neles — com poucas exceções — a forma do preceito. Os sábios, muitas vezes, ressaltam que seus conselhos deveriam ser seguidos porque eles trazem vida; não os seguir, porém, significa morrer. O conselho dos sábios não vale por sua autoridade, mas, sim, pela bondade de seus efeitos, como expressa, por exemplo, Provérbios 3,1-2:

> Meu filho, não te esqueças do meu ensinamento,
> que o teu coração siga os meus preceitos,
> pois longos dias e anos de vida
> e muita paz eles te trarão...

Na décima instrução sapiencial (Pr 7), que é, aliás, a última admoestação contida em Provérbios 1–9, dirigida aos jovens para que não sigam a mulher estrangeira (cf. mais adiante), a questão de fundo é justamente esta: viver ou morrer; ou, em termos existenciais, trata-se de realizar a própria vida, ou de arriscar perdê-la completamente. O texto de Provérbios 3,17 lembra-nos que os caminhos da sabedoria são deliciosos e que suas veredas levam ao bem-estar. Seguir os sábios, portanto, é encontrar a felicidade; o jovem é chamado a descobrir pessoalmente e fazer próprias, assim, as motivações que estão na base das admoestações do mestre.

Valorização da experiência e procura da felicidade são duas bases do método dos sábios, que não seria completo sem um terceiro e fundamental aspecto: o papel de Deus no processo educativo. Já referimos a confiança de que as experiências da vida têm, para os sábios, um sentido, porque inseridas no quadro de uma criação na qual Deus está presente, e também deixamos bem patente a importância da figura de Deus no livro dos Provérbios. Eis por que, quando Provérbios 1,7 (cf. a retomada do tema no fim da introdução, em Provérbios 9,10) propõe como base do projeto educativo dos sábios o fato de que "o temor do Senhor é o começo da sabedoria", os sábios pretendem nos ensinar que toda experiência humana tem sentido justamente porque é garantida por Deus.

> Vale a pena lembrar também o texto de Provérbios 2,1-6 para compreender melhor esse aspecto: a educação nasce do esforço combinado dos

---

149-151. Os princípios da ética dos Provérbios podem ser assim resumidos: "Atua sempre de modo que tu possas querer, ao mesmo tempo, as consequências das suas ações na medida em que és capaz de conhecê-las" (TRUBLET, L'éducation, 152-155) e "Atua sempre em função do que tu conheces, e, se não o sabes, aprende" (ivi, 155-158).

educadores, dos filhos de Deus; a educação é procura humana e dom de Deus, ao mesmo tempo:

¹Meu filho, se aceitares minhas palavras,
e conservares em ti os meus preceitos,
²dando ouvido atento à sabedoria,
inclinando o teu coração à prudência;
³se apelares à inteligência,
e à inteligência dirigires a tua voz;
⁴se como ao dinheiro a procurares
e se a desenterrares como a um tesouro,
⁵então entenderás o que é o temor do Senhor
e acharás o conhecimento de Deus,
⁶pois o Senhor é quem dá a sabedoria,
e de sua boca vêm o conhecimento e o entendimento.

Nesse texto, a sabedoria aparece como um dos bens mais preciosos que o jovem deve procurar (cf. Pr 3,4; 8,19; 16,16); os vv. 1-4 são dedicados à procura da sabedoria que nasce do acolhimento das palavras do mestre (v. 1) e se desenvolve numa procura pessoal e experiencial (vv. 3.4; verbo "procurar"). O v. 5 enfatiza que o temor do Senhor e o conhecimento de Deus (cf. Os 4,1; 6,6) são o resultado da procura da sabedoria, que, no v. 6, é descrita, ao mesmo tempo, como dom de Deus.

O v. 6 poderia ser uma correção teológica que, de fato, se opõe ao que foi dito em Provérbios 2,1-5: aqui a sabedoria é fruto dos esforços do homem; em Provérbios 2,6 é apresentada mais como dom de Deus; o "porquê" que abre o v. tem um valor muito forte: as palavras do sábio são palavras de Deus! Em todo caso, o v. 6 apresenta uma perspectiva diferente da de Provérbios 2,1-5; se o v. 6 não é, porém, como alguns pensam, uma glosa teológica, ele cria uma bela conexão com o tema de Provérbios 2,1-5: a sabedoria é, ao mesmo tempo, fruto da procura humana, mas também dom de Deus. Procurar a sabedoria significa procurar Deus, e encontrar Deus significa encontrar a sabedoria: a vida do homem é, assim, contínua procura e não tanto presunção de ter encontrado, porque a sabedoria está, antes, no âmbito do dom recebido.

Enfim, abrir os olhos a seus discípulos é a primeira tarefa a que se propõe o mestre; educar a liberdade do discípulo e apostar nela; o pai/mãe ocupa-se com o discípulo e, ao mesmo tempo, sabe também manter distância dele:

Há, pois, na atitude dos sábios um contínuo envolvimento da "razão do aluno como aliada para persuadi-lo de que faz bem em não se aniquilar, em repor sua confiança no poder do bem e em se prevenir contra a desordem [...]. É um liberalismo que se dirige ao espírito de quem recebe o ensinamento e não pode e não quer lhe tirar a autonomia da decisão. Também no convite mais premente, há sempre um espaço que o mestre evitava ocupar e que deixava livre à opinião pessoal do aluno"[20].

Como bem se expressa o texto de Provérbios 4,25, "que teus olhos olhem sempre em frente e que tuas pupilas mirem reto diante de ti". O sábio entendeu muito bem que a educação é, antes de tudo, uma questão de liberdade: um caminho que pressupõe a liberdade do discípulo e que, ao mesmo tempo, sabe educá-la. O sábio é capaz de propor o valor de uma tradição da qual ele mesmo sabe, todavia, ser saudavelmente crítico; sabe usar a própria autoridade (melhor, sabe ter autoridade) não para bloquear a liberdade do discípulo, ou pior, para ocupar astutamente seus espaços, mas para torná-la ainda maior e mais verdadeira.

5.6. Atitudes humanas

O projeto educativo dos sábios autores dos Provérbios e sua grande atenção ao homem comportam uma grande importância dada pelos sábios às virtudes humanas. A descoberta de que existe uma ordem do mundo e que o sábio é capaz de compreendê-la e de se conformar com ela reflete-se na vida cotidiana de todo homem e nas atitudes que ele é chamado a realizar. O sábio tem consciência de que para viver neste mundo é necessário seguir regras que respeitem a ordem da criação; a sabedoria proposta pelos Provérbios é, portanto, uma sabedoria de caráter essencialmente prático — mas não pragmático, como já dissemos —, guia para uma vida feliz, harmonicamente inserida na criação e na sociedade. O homem é convidado a se inserir na ordem cósmica e social e, ao mesmo tempo, é estimulado a colaborar, com seu comportamento "justo", para a manutenção e o crescimento dessa ordem; nisso consiste a "justiça" de que se ouve falar com frequência nos diversos provérbios. Essa é a finalidade das exortações de caráter ético um tanto espalhadas por todo o livro; as diferentes atitudes humanas são consideradas negativas ou positivas precisamente em relação a essa ideia de "ordem"; positivo é tudo o que faz crescer a sociedade e que mantém intacta a ordem da criação.

---

20. Von Rad, G., *La sapienza in Israele*, Turim, Marietti, 1975 [or. al. 1970], 273-274.

Para não tornar pesada esta introdução, limitamo-nos aqui a sugerir um sintético elenco das principais virtudes humanas (e, ao contrário, dos principais vícios) expostas pelo livro dos Provérbios[21].

Guarda da língua: o sábio dá muita importância ao saber falar no devido tempo; a guarda da língua é uma das suas primeiras virtudes; cf., por exemplo, Provérbios 10,11.13.14.19.20; 18,21 etc. Sobre a doçura da linguagem, vejam-se Provérbios 12,25; 15,1-2; 25,15; sobre o silêncio, Provérbios 11,12; 17,28 ("Calado, até o estulto passa por sábio!"); o homem sábio sabe se calar e ouvir antes de falar (cf. Pr 18,13); para a atitude contrária, cf. Provérbios 10,19; 18,6-7. Essa insistência sobre a língua, sobre o uso correto da palavra, já está presente na sabedoria egípcia, mas assume nos Provérbios um papel de primeiro plano. As palavras humanas são "água profunda, torrente fluente e fonte de sabedoria" (Pr 18,4).

Ira e moderação: o iracundo será abandonado por todos (Pr 19,19; 22,24-25; 27,3-4; 29,11), ao passo que o ideal é o homem paciente (Pr 15,18; 16,32; 17,27; 19,23). O texto de Provérbios 4,23 faz nascer da "guarda do coração" essa atitude de moderação e de paciência, onde por "coração" temos de entender o que para nós é a "consciência". Também nesse caso, os sábios israelitas retomam temas já presentes na sabedoria dos povos vizinhos.

Humildade e orgulho: o orgulho é raiz de todo mal (Pr 16,18), enquanto o remédio está na humildade, muitas vezes lembrada (Pr 11,2; 18,12; 25,6-7; cf., para esse último texto, Lc 14,7-11). Veja-se, no difícil texto de Provérbios 30,1-6, a expressão da consciência de não poder compreender plenamente a sabedoria e a vontade de Deus (cf., em particular, os vv. 2-3). A humildade tem a sua raiz no "temor do Senhor": "O temor do Senhor é escola de sabedoria; antes da glória, a humildade" (Pr 15,33).

Preguiça e laboriosidade: o fundamento da vida humana é o trabalho, que dá ao homem o pão necessário (Pr 12,11); o bem-estar econômico é para os sábios sinal de bênção (Pr 10,4-6). O preguiçoso (Pr 26,13-16) é, ele mesmo, causa da própria ruína (Pr 24,30-34).

Amizade e bondade: o amor cobre qualquer culpa (Pr 10,12; cf. 1Cor 13,7); a amizade, em particular, é para os sábios um grande bem para o homem (Pr 17,17; 27,9-10). A amizade autêntica concretiza-se na ajuda ao

---

21. Uma apresentação mais ampla está em BERNINI, D., *Il libro dei Proverbi. Nuovissima versione della Bibbia*, Roma, San Paolo, 1978, 59-87.

próximo (Pr 3,27-30) e ao pobre (Pr 28,27). Existem uma amizade verdadeira e uma falsa amizade (Pr 18,24; 19,6-7).

Lealdade e engano: o provérbio numérico de Provérbios 6,12-15 joga luz sobre a gravidade da duplicidade nas relações humanas; cf. também Provérbios 12,22, onde por "verdade" se entende o contrário dos "lábios mentirosos", ou a realidade e a veracidade nas relações com o outro.

Um tema ético particularmente importante, no livro dos Provérbios, é o relativo à riqueza e à pobreza[22]. A riqueza é, substancialmente, vista pelos sábios como um valor positivo (Pr 10,15-16; 14,24), mas não absoluto (Pr 11,28; 15,16-17). O ideal dos Provérbios é bem expresso na moderação exigida em Provérbios 30,7-9: "Não me dês nem pobreza nem riqueza, mas concede-me apenas meu pedaço de pão" (cf. v. 8). Resta para o sábio a obrigação de ajudar o pobre, do qual o próprio Deus é o defensor (Pr 17,5; 21,13; 22,2; cf. 22,16); proíbe-se sua exploração e opressão (Pr 22,7; 28,23), ao passo que socorrer os pobres torna-se um dever ético (Pr 14,21; 19,17; 21,13.26; 22,9). Mesmo que os sábios não cheguem a celebrar a pobreza como um valor em si mesma, há casos, todavia, em que ela vale mais (Pr 17,1; 19,1; cf. 15,16-17). Nas partes mais recentes do livro, o sábio descobre que existe uma realidade que vale mais do que qualquer riqueza e do que qualquer tesouro que o homem possa imaginar: a sabedoria (Pr 8,10-11; cf. também 3,13-16; 16,16).

O ápice da ética dos Provérbios é o tema da relação com o inimigo: um princípio geral do qual os sábios estão bem convencidos é que quem faz o bem obtê-lo-á e, assim, quem procura o mal, encontrará o mal; cf. Provérbios 11,27. Por essa razão, não se deve nunca retribuir o mal com o mal (Pr 17,13; 24,29; cf. também Provérbios 20,22, onde se retoma uma ideia já presente em textos sapienciais babilônios). Assim, não temos de nos alegrar com a queda de um inimigo (Pr 24,17-18), mas ajudá-lo:

> Se teu inimigo tem fome, dá-lhe pão para comer;
> se está com sede, dá-lhe de beber,
> porque assim juntarás brasas ardentes sobre a sua cabeça
> e o Senhor te recompensará (Pr 25,21-22).

Aqui, a imagem dos carvões ardentes amontoados sobre a cabeça deve ser entendida, na esteira dos carvões lembrados em Isaías 6,6-7, como um

---

22. Cf. mais em detalhe MAZZINGHI, L., I saggi e l'uso della ricchezza: il libro dei Proverbi, *PSV*, 42 (2001) 67-82.

gesto de purificação: se tu fazes o bem a teu inimigo, ele se sente, por isso, provocado pela tua ação e pode ser estimulado a se converter (cf. a retomada desse texto em Romanos 12,20). Essa é a leitura que o *Targum*, a antiga tradução aramaica que circulava, talvez já no tempo de Jesus, oferece do v. 21: "para que tu amontoes carvões ardentes sobre sua cabeça e Deus o entregue a ti ou faça dele o teu amigo". Por essa razão, como afirma Provérbios 16,7, "quando o Senhor se compraz na conduta de um homem, reconcilia com ele até seus inimigos".

5.7. O homem na sociedade

O livro dos Provérbios dá grande atenção ao mundo das relações humanas. A sociedade israelita é atravessada, antes de tudo, por uma grande necessidade de justiça. Os sábios combatem, em particular, a tentação da violência, que não pode levar nunca a uma verdadeira justiça (Pr 3,31-32); o sábio deve se manter fora de litígios e de enganos (Pr 26,17-19); mas a primeira instrução contida em Provérbios 1–9 já é dedicada a admoestar os jovens para que não sigam as más companhias que possam extraviá-los e induzi-los à violência (Pr 1,8-19; cf., em especial, o v. 11).

O problema dos violentos está, portanto, sempre presente: eles causam rixas e litígios que levam a processos que, muitas vezes, acabam em dano dos inocentes (Pr 18,5; 17,26) e que jamais trazem paz (Pr 29,9). É muito sentido, a respeito, o problema dos juízes injustos (Pr 17,15.23.26) e das falsas testemunhas (Pr 14,5). Nos Provérbios, a justiça entendida como fidelidade à comunidade e às suas leis é, portanto, um aspecto da sabedoria: o sábio é também o homem justo que vive concretamente essas atitudes de equidade em relação ao próximo, e é assim libertado de todo mal (Pr 11,4-6).

Quem governa, em especial, deve ser fiador autêntico de justiça (cf. os textos sobre o rei em Provérbios 16,10.12-15), de modo especial em relação aos pobres (Pr 31,8-9), mas também um governante bom sempre pode se corromper, e isso é uma ruína para toda a sociedade (Pr 11,10-11; 29,2).

Na sociedade da época, uma importância particular é dada pelo livro dos Provérbios à relação entre pais e filhos e, portanto — como já se disse várias vezes —, ao campo da educação; os sábios não se subtraem ao que hoje chamamos de "desafio educativo"[23]. Pai e mãe são, ambos, responsáveis pela

---

23. Cf. a introdução, p. 43-45.

educação dos filhos (cf. Pr 1,8; 6,20); o filho pode ser sábio ou estulto (Pr 10,1; 22,15), e justamente por essa razão deve ser educado com severidade (Pr 13,24). Provérbios 23,13-25 contém uma longa exortação à obediência e ao respeito pelos genitores; os vv. 13-14 nos surpreendem negativamente; como o texto de Provérbios 13,24, acima lembrado, eles contêm outra afirmação solene sobre a validade do castigo corporal, o meio pedagógico mais difundido da época. Hoje, parece-nos impossível acolher esse tipo de pedagogia; todavia, esses textos, imersos na cultura do seu tempo, sinais de uma palavra divina que se encarna na realidade histórica do homem, permanecem sempre, afinal, como indícios da seriedade da tarefa educativa que os sábios pretendem assumir.

Um capítulo à parte deveria ser agora dedicado ao papel da mulher no livro dos Provérbios, mas também nesse caso limitamo-nos a algumas observações essenciais. A mulher é vista, sobretudo, como esposa e, desse ponto de vista, é um verdadeiro dom de Deus (cf. Pr 18,22), mas pode também se tornar um problema quando não se comporta como deve (Pr 12,4; 21,9.19; 25,24; 27,15-16). É claro que os sábios se colocam na óptica do macho da época e que a mulher, para eles, não pode ser senão uma esposa exemplar, ou uma verdadeira desgraça.

Deixando de lado por um momento as admoestações contra a mulher estrangeira contidas em Provérbios 1–9 (cf. mais adiante), lembramos apenas a conclusão do livro, ou seja, o poema alfabético de Provérbios 31,10-31. As hipóteses nascidas a respeito desse poema são muitas: para alguns, é um simples retrato de uma mulher israelita ideal, louvada depois de sua morte (obviamente de um ponto de vista rigorosamente masculino); segundo outros, porém, o poema seria uma verdadeira instrução matrimonial oferecida aos jovens discípulos: como deve ser uma boa esposa.

A forma literária de Provérbios 31,10-31 é, certamente, a do hino; temos de observar também que a imagem de mulher que emerge é muito mais viva e livre do que frequentemente se acreditava. Partindo do difícil v. 30b[24], muitos autores quiseram ver na mulher um símbolo da sabedoria; assim, embora com algumas reservas, exprime-se a nota da *Bíblia de Jerusalém* sobre Provérbios 31,30 (veja-se o texto de Provérbios 31,10 comparado com Jó 28,12), mas forçando muito os detalhes do texto.

---

24. O texto massorético é suspeito; BCei traduz, com o Targum, a Vulgata e o Siríaco: "mas a mulher que teme a Deus é de se louvar"; o grego preferiu "uma mulher sábia será louvada / o temor ao Senhor é o de que convém se gloriar".

Percorramos brevemente o texto: depois de uma breve introdução (vv. 10-11), um primeiro quadro (vv. 12-18) é dedicado à descrição das atividades manuais da mulher. No início (v. 12) e no fim (v. 18) do quadro descrevem-se seus efeitos: a utilidade para o marido (v. 12) e a satisfação para a própria mulher (v. 18). No centro, encontramos a descrição do trabalho da mulher: a fiação (v. 13), a aquisição e a preparação do alimento (vv. 14-15). Estamos diante de uma mulher que sabe projetar o futuro (v. 16) e que jamais é preguiçosa (v. 17). Uma mulher muito previdente, muito valente e trabalhadora, muito sábia para ser, na verdade, real. Mesmo que os sábios tivessem imaginado uma mulher de verdade, ela é, pelo menos, uma mulher extremamente rara! O poema apresenta um retrato totalmente singular, que não tem igual no livro dos Provérbios.

É uma mulher que tem sempre as mãos estendidas: para trabalhar (v. 19), mas também para ajudar o pobre (v. 20), elemento que adquire uma relevância particular. Os vv. 21-25 deslocam a atenção deles para o tema do vestuário, que a mulher proporciona a toda a família, roupas que, no v. 25, tornam-se claramente um elemento metafórico: a verdadeira roupa é a própria dignidade com que a mulher está coberta. Não é somente uma mulher rica, previdente, ativa e trabalhadora, mas é, de fato, uma mulher que sabe se virar, uma mulher sábia, que sabe prever, ensinar, falar com sabedoria (vv. 26-27); é difícil imaginar uma mulher israelita tão livre e ativa. É uma mulher que, enfim (vv. 28-31), é louvada por todos, a começar por seus próprios familiares.

É preferível, assim, ver nessa descrição da mulher forte uma antítese do retrato da mulher estrangeira descrita em Provérbios 1–9. A mulher que encerra o livro dos Provérbios é, pois, *figura do sábio que pôs em prática os ensinamentos da sabedoria contida no livro*. É, provavelmente, por essa razão que o poema foi apresentado de propósito como conclusão do próprio livro[25].

Para prosseguir no estudo

Uma síntese geral da teologia do livro dos Provérbios e dos seus pontos mais discutidos encontra-se em WHYBRAY, R.N. *The Book of Proverbs: a*

---

25. Cf. uma análise mais detalhada em GILBERT, M., La donna forte di Proverbi 31,10-31: ritratto o simbolo?, in: BELLIA, G.; PASSARO, A., *Il libro dei Proverbi. Tradizione, redazione, teologia*, Casale Monferrato, Piemme, 1999, 147-167, com ulterior bibliografia.

Survey of Modern Study. Leiden: Brill, 1995, espec. 112-115. Uma boa síntese da teologia dos Provérbios encontra-se também em CIMOSA, M. *Proverbi* (I libri biblici 22). Milão: San Paolo, 2007, 297-330. Cf. também CAVEDO, R. Guardare il mondo per essere saggi. In: *La spiritualità dell'Antico Testamento*. Roma, San Paolo, 1988, 582-594.

No que diz respeito à figura de Deus em Provérbios, cf. uma apresentação bem simples em MAZZINGHI, L. *Proverbi. Commento spirituale all'Antico Testamento*. Roma: Città Nuova, 2003, 22-24; para o meu texto tomei muitos temas relatados nesta seção (5.1-5.7). Para aprofundar, cf. o livro fundamental de BÖSTROM, J. *The God of the Sages. The Portrayal of God in the Book of Proverbs* (Coniectanea Biblica). Estocolmo, 1990, e ainda o estudo de CRENSHAW, J.L. The Concept of God in Old Testament Wisdom. In: PERDUE, L.G.; SCOTT, B.B.; WISEMAN, W.J. (ed.). *In Search of Wisdom, FS. J.G. Gammie*. Louisville: Westminster John Knox, 1993, 1-18.

6. A figura da sabedoria personificada em Provérbios 1–9

6.1. A mulher estrangeira

Nos primeiros nove capítulos do livro dos Provérbios aparece por três vezes uma figura muito especial: a da sabedoria personificada, uma mulher que toma a palavra logo no início do livro, em Provérbios 1,21-32, e, mais adiante, faz dois outros discursos: o segundo, em todo o capítulo 8, e o terceiro em Provérbios 9,1-6. Nesse último caso, a seu discurso se contrapõe, em Provérbios 9,13-18, o da "dona insensatez", que parece ser uma proposital antítese da sabedoria. No entanto, ao longo de todo o texto de Provérbios 1–9, descobrimos a presença de uma segunda figura, antagônica à sabedoria: a da "mulher estrangeira", descrita em Provérbios 2,16-22; 5,1-23, em especial em 5,3-6 e 5,15-23; e ainda em Provérbios 6,20-35 e em todo o capítulo 7, que certamente constitui o clímax dessa apresentação da estrangeira. É necessário, por isso, dizer algumas palavras sobre essa figura, para sermos capazes de compreender melhor, por antítese, quem é a sabedoria.

A "mulher estrangeira" é, decerto, como, aliás, a própria dona sabedoria, uma figura de muitas faces; antes de tudo, sobressai a referência ao fato de que se trata de uma mulher adúltera (cf. Provérbios 2,17 e a mulher descrita em Provérbios 7; cf. 7,19). É bem conhecido o fato de que, com muita frequência, o adultério, na tradição bíblica, adquire também um sentido simbólico; desse ponto de vista, a referência aos perigos do adultério pode certamente evocar, num sentido mais amplo, os perigos do paganismo, a sugestão da sabedoria dos outros povos.

Temos de observar, porém, que a mulher estrangeira deve ser considerada perigosa mais por sua linguagem do que por suas ações: vejam-se as admoestações contra as "palavras sedutoras" da estrangeira dirigidas ao jovem em Provérbios 2,16; 5,3; 6,24; 7,5.21; além disso, por duas vezes (Pr 5,1-4 e 7,4), as instruções relativas ao perigo da "estrangeira" abrem-se com a exortação a amar, a seguir, a acolher a sabedoria como amiga e como irmã, com uma linguagem que lembra de perto a do Cântico dos Cânticos; no discurso de Provérbios 8, a sabedoria se apresenta com uma linguagem que, pelo menos em parte, é de caráter erótico (cf. Pr 8,17).

A mulher estrangeira constitui, portanto, um símbolo que convoca, em primeiro lugar, os jovens destinatários do livro dos Provérbios à fidelidade conjugal, porém tal fidelidade, lida à luz de todo o contexto de Provérbios 1–9, é também fidelidade à sabedoria e, portanto, ao próprio Deus.

De um lado, temos a palavra da mulher estrangeira e, de outro, a da dona sabedoria; de fato, há para os homens dois modos de amar, que levam a dois diferentes resultados na vida. A voz sedutora da estrangeira, procurando mostrar ao jovem que as ações negativas comportam somente consequências agradáveis, encarna a voz da idolatria, das culturas estrangeiras que seduziam o Israel do pós-exílio, de um estilo de vida egoísta, de tudo o que, definitivamente, procura afastar o homem do caminho da sabedoria. É sobre esse fundo que podemos agora compreender melhor os três discursos da sabedoria personificada.

6.2. A dona sabedoria

À voz da "mulher estrangeira" contrapõe-se, pois, a voz da "dona sabedoria", que faz seu primeiro discurso em Provérbios 1,20-33, para retomar depois a palavra em Provérbios 8 e ainda uma terceira vez em Provérbios 9,1-6.

O texto de Provérbios 1,20-33 apresenta notáveis contatos com Jeremias e tem um tom de urgência e até de severidade. No seu primeiro discurso, a sabedoria fala, assim, com a mesma voz que, nos textos proféticos, é a voz de Deus. Acolher a voz da dona Sabedoria, uma voz semelhante à voz divina, é, portanto, uma questão de vida ou de morte; vejam-se os vv. 32-33, que encerram o discurso da sabedoria precisamente sobre essa temática.

Mas quem é, realmente, essa personagem feminina que fala com a mesma autoridade de Deus? O texto mais importante para compreender a identidade é, sem dúvida, o de Provérbios 8, o segundo discurso da sabedoria personificada. Limitamo-nos aqui a algumas observações fundamentais e até muito sintéticas, remetendo o leitor, para uma exegese detalhada do texto, aos textos citados na bibliografia e aos principais comentários ao livro dos Provérbios.

Provérbios 8: o segundo discurso de dona Sabedoria

> ¹Eis que a Sabedoria chama
> e a Prudência eleva a sua voz.
> ²Em cima dos outeiros, ao longo dos caminhos,
> e nas encruzilhadas das estradas ela se posta.
> ³Junto às portas, na entrada da cidade,
> e nos lugares de passagem põe-se a bradar.

O capítulo inicia (vv. 1-3) com uma introdução análoga à de Provérbios 1,20-21. A sabedoria é apresentada como uma mulher que fala em público, junto às portas da cidade, nos lugares de maior aglomeração de pessoas. Sua mensagem não é alguma coisa que diz respeito a poucos eleitos, mas chega aos homens no lugar em que eles vivem e trabalham. A Sabedoria tampouco fala somente aos israelitas, mas se remete também a todos os "filhos de *Adão*", ou seja, a todos os homens.

> ⁴A vós, homens, eu me dirijo;
> a vós, filhos do homem, se dirige minha voz.
> ⁵*Aprendei*, inexperientes, a prudência;
>   e os estultos *aprendam* o discernimento.
> ⁶*Ouvi*: tenho de vos falar de coisas importantes,
> meus lábios se abrem para falar de coisas retas.
> ⁷Sim, proclama minha boca a *verdade*,
> e abominação é o mal para meus lábios.
> ⁸*Justiça* são todas as palavras de minha boca,
> não há nelas nem astúcia nem perversidade.
> ⁹Todas são claras para quem as compreende,
> retas para quem encontra o saber.
> ¹⁰*Acolhei* minha disciplina, mais que o dinheiro,
> o saber, mais que o ouro de escol.
> ¹¹Sim, a sabedoria vale mais que as pérolas,
> e nada do que é desejável pode lhe ser semelhante.

No versículo 4, abre-se o longo discurso da Sabedoria, claramente dividido em três estrofes. A primeira estrofe na tradução aqui apresentada (vv.

4-11) é introduzida pela expressão "a vós, homens, eu me dirijo", tem um andamento concêntrico e é um longo e apaixonado apelo dirigido, precisamente, aos homens para que escutem a voz dessa mulher. A Sabedoria descreve as qualidades do seu ensinamento no centro da estrofe (vv. 7-8): ele é *verdade* e *justiça*, que, ao mesmo tempo, são duas das características mais típicas da palavra de Deus (cf., por exemplo, Sl 119,160) e, mais em geral, duas características inerentes ao próprio Deus. O que a Sabedoria quer dizer aos homens é, por isso, algo tão importante a ponto de ser descrito como se proviesse do próprio Deus; é por esse motivo que a Sabedoria vale mais que o ouro (v. 10; cf. Pr 4,1-7).

> [12]*Eu*, a Sabedoria, habito na prudência,
> e a ciência da reflexão *eu encontro*.
> [13][O temor do Senhor é odiar o mal][26].
> A soberba e o orgulho, a má conduta,
> e a boca perversa eu detesto.
> [14]A mim pertencem o conselho e a capacidade,
> eu sou a inteligência e a força.
> [15]Por intermédio de mim governam os reis,
> e os príncipes promulgam justos decretos.
> [16]Por intermédio de mim os chefes comandam
> e os notáveis são juízes da terra.
> [17]*Eu* amo os que me amam
> e os que me procuram desde a aurora me *encontrarão*.
> [18]Comigo estão riqueza e glória,
> sólida abundância e justiça.
> [19]O meu fruto é melhor do que o ouro, do que o ouro fino,
> os meus produtos são melhores do que a pura prata.
> [20]Sigo pelo caminho da justiça,
> pelas veredas do direito,
> [21]para dotar de recursos os que me amam
> e prover a seus tesouros.

A segunda estrofe (vv. 12-21) está centrada no Eu da Sabedoria, que fala pessoalmente, elogiando a si mesma diante dos próprios ouvintes. Os vocábulos do v. 12 ("Eu [...] encontrei") são repetidos na mesma ordem no v. 17 ("Eu

---

26. Esse verso é muito provavelmente uma glosa; fora de medida, introduz o nome de Deus (YHWH) ausente, na realidade, até 8,22; é provavelmente uma reflexão de escriba nascida sobre o termo "mal" ("má" na tradução italiana) e sobre o verbo "odiar", presentes em 13b e 13c, à luz de Provérbios 3,7.

[...] me encontrarão"), de modo a dividir nitidamente a estrofe em duas partes iguais (cf. também "os que me amam", nos vv. 17 e 21).

Na primeira parte (vv. 12-16), a Sabedoria propõe-se como arte do bom governo. A sabedoria bíblica, com efeito, sendo, antes de tudo, arte de viver, é também, como já tivemos ocasião de observar, guia para bem governar (vejam-se outras referências "políticas" nos vv. 18-21).

A segunda parte da segunda estrofe (vv. 17-21) abre-se com esta afirmação: "Eu amo os que me amam, e os que me procuram me encontrarão". Frases desse tipo não são raras em ambiente egípcio e podem ser interpretadas como referentes a Ísis ou a outras divindades do Egito, inscritas nos amuletos em forma de escaravelho que os egípcios punham sobre o coração do defunto para lhes garantir a passagem para o além. Segundo o poeta autor de Provérbios 8, somente a Sabedoria é, porém, capaz de garantir ao homem a verdadeira felicidade, aqui expressa no texto também com tons bem materiais. A Sabedoria ama aqueles que a amam; o verbo hebraico *'ahab*, que traduzimos aqui por "amar", não indica tanto uma relação no plano do sentimento quanto um empenho concreto de amor e fidelidade em relação à pessoa que me foi fiel e que me amou[27]: é preciso, por isso, que o homem se apaixone pela Sabedoria como se apaixonaria por sua esposa, como se apaixonaria por alguém ligado a ele por um pacto de fidelidade. O v. 17 estará na base de uma célebre afirmação de Jesus referida por João: "Aquele que me ama será amado por meu Pai" (Jo 14,21).

> Se algum dia existiu em Israel um abandono místico do homem à majestade do ser, é precisamente nos textos que sabem falar de um vínculo de amor sublime entre o homem e o mistério divino da criação. Aqui, o homem parte com alegria para se imergir num sentido da realidade que o invade; descobre um mistério que já estava a caminho para ser atingido e se entregar a ele[28].

²²O *Senhor* engendrou-me[29] como primícia de sua atividade,
origem das suas obras, desde então,
²³desde sempre fui urdida[30],
desde o princípio, desde as origens da *terra*.

---

27. Veja-se a esse respeito o verbete "*'ahab*", organizado por WALLIS, J., in: *GLAT*, I, 214-254.
28. VON RAD, *La sapienza in Israele*, 155.
29. Os autores se dividem a respeito de que sentido dar ao verbo hebraico *qânanî* (da raiz *qanah*): alguns seguem a leitura do grego ἔκτισεν, "criou"; outros, porém, preferem o sentido de "adquirir" (cf. Jerônimo: *possedit me*), ou de "gerar", que parece mais conforme o contexto (cf. o verbo "parir" no v. 24); cf. também Gênesis 4,1; Deuteronômio 32,6; Salmo 139,13.
30. Seguimos aqui Jerônimo (*ordita sum*) lendo a raiz hebraica *skk*; cf. Salmos 139,13. O verbo pode ser lido também como *nsk*, "derramar"; daí o significado de uma sabedoria "instituída", "consagrada", sobre a qual o óleo foi derramado.

²⁴*Quando* não existiam os abismos, fui gerada,
quando não existiam ainda as fontes repletas de água,
²⁵antes que fossem plantadas as montanhas,
antes das colinas, fui gerada,
²⁶antes que ele fizesse a *terra* e os campos,
antes do pó do solo.
²⁷*Quando* ele fixava os céus, lá estava *eu*,
quando estabeleceu um círculo sobre a superfície do abismo,
²⁸quando condensou as nuvens lá no alto,
quando consolidou os mananciais do abismo,
²⁹quando impôs ao mar a sua ordem,
para que as águas não passassem além de seus limites,
quando reforçou os fundamentos da *terra*.
³⁰E eu crescia ao lado dele [*ou:* eu estava ao lado dele como lactente],
eu era a [sua] delícia, dia após dia [*ou:* eu estava nas delícias]
brincando diante dele todo o tempo,
³¹brincando no mundo, a sua *terra*;
as minhas delícias estão com os *filhos dos homens*.

A terceira estrofe (vv. 22-31) é, ao mesmo tempo, a mais difícil e a mais importante para conseguir compreender todo o poema; o v. 22 abre-se com a menção do nome sagrado, YHWH, o Senhor. Foi ele que gerou a sabedoria[31], teceu-a como um embrião no seio de sua mãe (veja-se uma imagem análoga no belo texto do Sl 139,13) e a deu à luz, como primícia da sua atividade e origem das suas obras (vv. 22-23). A sabedoria é, portanto, nesse sentido, "filha" de Deus e está presente ao lado dele, quando ele cria o mundo; a sabedoria é, todavia, anterior à criação (vv. 24-29): as imagens poéticas usadas nesses versículos sugerem-nos que a sabedoria não é algo misterioso e inacessível, mas, sim, uma realidade que o homem pode descobrir precisamente ao contemplar a criação. O mundo, por isso, tem um sentido, e o sábio é capaz de descobri-lo, uma vez que a sabedoria está presente na criação. Ao mesmo tempo, porém, a sabedoria não é uma realidade nascida dos homens, mas é produzida pelo próprio Deus e está em relação com ele.

A parte final da estrofe (vv. 30-31) contém um verdadeiro golpe de gênio do poeta: a Sabedoria é como um lactente que brinca no mundo, diante de

---

31. Sobre a história desse texto no quadro da polêmica antiariana, cf. uma breve nota de MAZZINGHI, L., Riletture di testi sapienziali. Il testo di Proverbi 8,22 nell'interpretazione dei Padri della Chiesa, *PdV*, 48, 1 (2003) 55-57. Bem mais aprofundado é o estudo de SIMONETTI, M., Sull'interpretazione patristica di Proverbi 8,22, in: *Studi sull'arianesimo* (Verba Seniorum), Roma, Studium, 1965, 9-56.

Deus, mas também diante dos homens. O v. 30 contém um termo muito discutido, o hebraico *'amôn*, que, muitas vezes, é traduzido por "artesão" e referido ora a Deus, ora à própria sabedoria, entendida, pois, como colaboradora de Deus na obra da criação (cf. BCei). Alguns modernos, com base em textos extrabíblicos de ambiente mesopotâmico, preferem ler o vocábulo hebraico no sentido de "conselheiro"; a sabedoria teria, em relação a Deus, uma função análoga à dos conselheiros da corte. Contudo, se aceitarmos ler o vocábulo hebraico no sentido de "nutrida" ou "amamentada", seguindo nisso a tradução grega de Aquila (cf. vocabulário e temática presentes em Isaías 66,7-14), perceberemos uma bela imagem: só se chega à sabedoria ao nos colocarmos em seu nível, o de uma criança muito pequena, uma criança apenas desmamada, que brinca diante de seu pai[32].

O jogo é explicitamente mencionado nos vv. 30 e 31; porém a sabedoria não brinca somente diante de Deus, mas também diante dos homens. Tudo isso nos faz lembrar que o caminho da sabedoria passa, antes de tudo, por uma dimensão de gratuidade, de alegria e de meninice que é típica das crianças e de seus jogos; ao mesmo tempo, a sabedoria é, no seu jogo, mediadora entre Deus e a humanidade.

> Deus brincou e continua a brincar na harmonia e nas órbitas dos astros... Brinca no céu com os eclipses, com as sombras do Sol e da Lua, com as inúmeras estrelas da via Láctea que resplandecem como leite branco. Brinca na atmosfera com os relâmpagos, os trovões, os ventos, as tormentas e os furacões... Brinca na terra e na água, com os monstros marinhos e terrestres, com as marés e as ondas que se erguem até as estrelas... brinca com os cordeiros e com os cabritos... Mas, sobretudo, com os homens, com sua variedade de rostos, de vozes e de temperamentos... Brinca com o poder divino nas coisas humanas [*ludit in humanis divina potentia rebus*][33].

[32] E agora, filhos, escutai-me:
felizes os que seguem os meus caminhos!
[33] Ouvi a instrução e sede sábios,

---

32. Cf. Hurowitz, W.A., Nursling, Advisor, Architect? *'wmn* and the Role of Wisdom in Proverbs 8,22-31, *Bib*, 80 (1997) 391-400; Rogers C. III, The Meaning and Significance of the Hebrew Word *'wmn* in Proverbs 8:30, *ZAW*, 109 (1997) 18-21 e em particular Fox, *Proverbs* 1–9, 285-287; do mesmo autor, Amon [Prov 8,30] Again, *JBL*, 115 (1996) 699-702; Dalla Vecchia, F., Saggio consigliere e modello eterno (Pr 8,22-31), in *La Parola e le parole*, Quaderni teologici del Seminario di Brescia, Brescia, 2003, 52-71.

33. Cornelius a Lapide, *Commentaria in Proverbia* I, Paris, 1866, 239 [mas a obra original é de 1635]. Cornelius van Steen (latinizado *a Lapide*) foi um jesuíta flamengo (1567-1637) professor em Roma e autor de notáveis comentários às Escrituras.

— não sintais desprezo! —
³⁴feliz o homem que me ouve,
para velar dia após dia às minhas portas,
para montar guarda nos umbrais do meu portal.
³⁵Quem me encontra, encontra, de fato, a vida,
e alcança o favor do Senhor.
³⁶Quem peca contra mim fere a si mesmo;
os que me odeiam amam a morte!

O discurso da sabedoria encerra-se com um apelo aflito (vv. 32-36); ouvir a voz da sabedoria é, realmente, uma questão de vida ou de morte, e o homem não pode adiar uma decisão a respeito disso. A quem acolhe a sabedoria aplicam-se as mesmas bem-aventuranças destinadas a quem acolhe o Senhor: cf. Salmos 1,1; 112,1 etc.

A estrutura literária de todo o poema de Provérbios 8 é indicativa do seu conteúdo: a sabedoria apresenta-se como amiga dos homens (v. 17) e em relação com eles (primeira estrofe). A sabedoria é claramente apresentada como uma pessoa, uma mulher que quer entrar numa relação afetiva e dialógica com os homens. Seguir a sabedoria é encontrar o sucesso também e sobretudo no campo público (segunda estrofe). Há, depois, um segundo movimento da sabedoria, dirigido a Deus, de quem a sabedoria é filha: a ambiguidade e a sedução da linguagem humana (cf. a estrangeira de Pr 7) são desmascaradas por essa sólida relação sabedoria/Senhor (terceira estrofe); não somente a ordem da sociedade como também toda a ordem cósmica depende da sabedoria.

Entre os dois movimentos está o vínculo sabedoria/cosmos, ou seja, a dimensão cosmológica própria da sabedoria. Ela se propõe aos homens como "testemunha" da criação. A sabedoria é, assim, *mediadora* entre Deus e os homens, diante da criação. Por isso, no Provérbios 8 não podia falar somente um homem; devia falar alguém maior; precisamente a sabedoria. O texto a seguir nos dirá algo a mais sobre a natureza da sua mensagem.

Provérbios 9,1-6: o terceiro discurso de dona sabedoria

Esse terceiro discurso da sabedoria personificada deve ser lido, como já foi referido, em paralelo com o texto de 9,13-18, o discurso da Insensatez que "macaqueia a Sabedoria" (assim o acertado título da *Bíblia de Jerusalém*): aos sete verbos de ação com os quais a Sabedoria é apresentada em 9,1-6 contrapõe-se a total passividade da Insensatez; ela diz as mesmas coisas da Sabedoria (cf. os vv. 4 e 16), utilizando, portanto, um mecanismo de confusão. O banquete da Sabedoria é, além disso, público, ao passo que o da Insensatez é secreto (v. 17). Há diferença também nos resultados: à vida para quem segue a Sabedoria (v. 6a) contrapõe-se a morte para quem segue a Insensatez (18b).

A verdadeira novidade desse terceiro discurso da sabedoria está mais na afirmação de que ele construiu para si uma casa com sete colunas (v. 1) e que convida os homens a um banquete, a comer o seu pão e beber o seu vinho (cf. o v. 5). As sete colunas são uma provável alusão às sete coletâneas com que está composto o livro dos Provérbios; se isso é verdade, a "casa" da sabedoria é o livro mesmo dos Provérbios que a própria sabedoria está apresentando aqui.

A mensagem da sabedoria apresenta-se, depois, sob a metáfora do alimento que nos textos de Deuteronômio 8,3, Amós 8,11, Isaías 55,1-3 remete mais à palavra de Deus. Utilizando essa dupla imagem da casa e do alimento, o texto de Provérbios 9,1-6 quer nos dizer, portanto, que a voz da Sabedoria é a que está contida no livro dos Provérbios, ou seja, no texto que os discípulos se preparam para escutar e estudar, e que esse livro é um "alimento" para o homem, assim como o é a palavra de Deus; essa é, portanto, uma das primeiras tentativas de exprimir o que nós chamamos de "inspiração". Ou seja, os sábios estão conscientes de estar oferecendo a seus discípulos alguma coisa bem maior do que uma simples sabedoria humana: eles afirmam, por meio desse terceiro discurso da Sabedoria, que tudo o que os sábios mais antigos transmitiram (ou seja, as coleções que constituem o corpo do livro dos Provérbios [Pr 10–30] é, no seu conjunto, uma sabedoria prática, experiencial, humana, que, todavia, nos é agora representada como a voz de uma Sabedoria que é também filha de Deus (Pr 8), mediante a qual é o próprio Deus que fala a todos os homens.

O alcance da sabedoria personificada em Provérbios 1–9

Mas quem é, afinal, essa Sabedoria que Provérbios 1–9 nos apresenta como uma mulher real? Temos de confessar que, quando procuramos definir com precisão a realidade dessa figura, permanece uma margem de mistério, que não nos permite entender em profundidade o semblante da Sabedoria que fala em Provérbios 1–9.

> Não entramos nos detalhes das hipóteses que foram propostas para procurar compreender o que a sabedoria personificada de Provérbios 1–9 representa. Existe, certamente, alguma analogia entre a sabedoria personificada de Provérbios 1–9 e a deusa egípcia Ma'at. Esta, filha de Ra, o deus

supremo, está próxima dos homens e é fiadora da verdade e da justiça, e, como tal, Ma'at julgará o homem no além (cf. introdução, p. 25). A diferença principal com a sabedoria de Provérbios 1–9 está no fato de que a sabedoria israelita não é de modo algum uma deusa, mas depende estritamente de YHWH, do qual é filha. Provérbios 1–9 faz, em todo caso, uma desmitologização e uma purificação do conceito egípcio de Ma'at e se preocupa em distinguir com atenção entre o Criador e a Sabedoria mediadora. A influência egípcia, embora esteja presente, não basta, portanto, para explicar a realidade da dona sabedoria[34]. A sabedoria personificada seria, antes, para alguns autores, uma hipóstase divina, uma verdadeira realidade pessoal distinta de Deus[35]; por sua vez, para outros, seria apenas uma imagem poética, isenta de real consistência. Na realidade, o texto de Provérbios 8 estabelece uma estreita dependência de Deus por parte da sabedoria, impedindo de considerá-la uma hipóstase, mas, ao mesmo tempo, afirma sua autonomia e descreve uma consistência pessoal que vai além do puro aspecto poético.

Para compreender quem é essa figura, é preciso retornar à já lembrada estrutura literária de Provérbios 8 que se volta, como já se viu, para uma ideia de mediação; a sabedoria está em meio aos homens e ao Senhor; a sabedoria, além disso, parece estreitamente unida à criação — mas não identificada com ela — e, mais ainda, está unida a Deus, mas não identificada com ele; antes, é sua filha. A sabedoria é apresentada como antecedente à própria criação e é, portanto, transcendente em relação a ela. A sabedoria, todavia, tem uma relação explícita com os homens e está, por isso, presente na criação. Não se fala tanto, nesses discursos da sabedoria, da relação Deus-homem quanto se fala da relação homem-sabedoria; ela é, realmente, mediadora entre Deus e os homens e é descrita como um ser pessoal capaz de amor (cf. Pr 8,17), que se oferece não somente a Israel, mas, em princípio, a todos os homens (aos "filhos do homem": 8,4.31). Ao encontrá-la e ao ouvir sua voz, chega-se ao próprio Deus; em Provérbios 9,10, repete-se o princípio já visto em Provérbios 1,7: "O temor do Senhor é o princípio da sabedoria"; Provérbios 1,20-32 já nos tinha mostrado que a voz da sabedoria não é diferente da voz de Deus nos textos proféticos.

---

34. Cf. Fox, M.V., World Order and Ma'at. A Crooked Parallel, *JANES*, 23 (1995) 37-48.
35. Cf. RINGGREN, H., *Word and Wisdom. Studies in the Hypostatization of Divine Quality and Functions in the Ancient Near East*, Lund, H. Ohlsonn, 1947.

O contexto histórico no qual nasce o texto de Provérbios 1–9 ajuda-nos a aprofundar essa ideia de mediação: a partir do século IV a.C., desenvolve-se em Israel a exigência de criar figuras mediadoras entre Deus e o mundo humano, entre a religião de Israel e as religiões dos povos com os quais Israel entra em contato, entre o universalismo do mundo persa (e, a seguir, do helenístico) e o particularismo judaico. A Torá mosaica, sozinha, parece não bastar mais para garantir a Israel a salvação[36].

O texto de Provérbios 1–9 constitui, junto a Jó 28, o primeiro movimento desse processo de mediação que culminará na aproximação entre Sabedoria e Lei, que encontramos mais adiante em Ben Sira, e, sobretudo, culminará na ideia de Sabedoria como presença divina no homem a nós oferecida em Sabedoria 7-10, num período que se estende, portanto, entre os séculos IV a.C. e I a.C. Lembremo-nos, de passagem, que esse período histórico vê o desenvolvimento de uma ainda mais singular figura mediadora: o "Filho do homem" (cf. Dn 7). A crise macabeia verá o fracasso dessas figuras de mediação que se prolongarão no mundo do judaísmo alexandrino e, depois, na teologia cristã.

Se situarmos a redação de Provérbios 1–9 no período de transição entre a época persa e a helenística, veremos que a sabedoria personificada, nesse contexto, propõe-se como mediadora, no sentido de que ela se oferece como resposta hebraica às tentações da cultura estrangeira, que, na realidade, afastava o homem de Deus, pelo menos segundo a perspectiva própria dos sábios de Israel. A sabedoria personificada representa um valor universal, na linha de princípio dirigida aos "filhos do homem" (embora sua mensagem *escrita* seja dirigida somente aos israelitas); ela está aberta ao mundo e aos homens, mas não está aberta aos aspectos mais inferiores da cultura do tempo, representados em Provérbios 1–9 pela mulher estrangeira e pelos homens maus (cf. as duas figuras juntas em Provérbios 2,12-15.16.19). A universalidade da mensagem da sabedoria nasce também do fato de que ela está ligada à criação e, portanto, é acessível a todos os homens precisamente por meio da experiência do viver cotidiano. Desse modo, a sabedoria personificada serve para ligar o valor experiencial e antropológico próprio da sabedoria antiga (cf. Pr 10–30) com a figura do próprio Deus, sem correr o risco de eliminar a sabedoria humana, anulando-a em Deus.

---

36. Cf. SEGALLA, G., Le figure mediatrici d'Israele tra il III e il I sec. a.C., in: PRATO, G.L. (ed.), Israele alla ricerca d'identità tra il III sec. a.C. e il I sec. d.C., *RStB*, 1, 1 (1989) 13-65.

Como pode o homem chegar a Deus e como pode compreender o valor da própria existência? Essas são as perguntas realmente cruciais que estão por trás dos capítulos iniciais do livro dos Provérbios. A sabedoria antiga, baseada principalmente na experiência e unida à confiança no sucesso das ações dos justos e dos sábios, parece não bastar mais, especialmente depois da catástrofe do exílio. No entanto o otimismo dos sábios não esmorece; emerge, assim, a figura da dona Sabedoria; esta, mediadora entre Deus e os homens, não renega a um tipo de sabedoria baseada na experiência, como era a sabedoria dos Pais, a que foi proposta precisamente pelas coletâneas mais antigas do livro dos Provérbios (Pr 10–30). Ao mesmo tempo, porém, a Sabedoria é filha de Deus, provém dele e é anterior à criação e está presente nela. Na base do cosmos não há, pois, o acaso, mas a harmonia criada por essa pequena menina, a Sabedoria, que cresce brincando diante de Deus e diante dos homens.

Quem é, afinal, essa sabedoria personificada em Provérbios 1–9? Como defini-la? O fato de ser indubitavelmente um símbolo poético faz dela uma figura de muitas faces. A dona Sabedoria é algo a mais do que a autorrevelação da criação ou da ordem nela imanente, como quer von Rad[37]. Segundo M. Gilbert, o problema que a figura da sabedoria personificada em Provérbios 1–9 enfatiza é também (e talvez sobretudo) de caráter teológico: tal figura representa, definitivamente, o melhor modo que o judaísmo encontrou para exprimir a transcendência e, ao mesmo tempo, a imanência de Deus com relação à sua criação:

> A questão fundamental é saber como exprimir imanência e transcendência divina. A sabedoria exprime [...] essa imanência ou presença de Deus no mundo e nas almas dos justos e, nesse último caso, não estamos muito distantes do conceito cristão de graça. Mas essa presença divina dá também ao mundo a sua coerência, o seu sentido, o seu significado. É a essa ideia que poderíamos referir o conceito de ordem do mundo utilizado a propósito de Provérbios 8,22-31,

---

37. "(A sabedoria) não é uma qualidade de Deus que é objetivada, mas uma qualidade do mundo, isto é, este misterioso elemento por meio do qual a ordem cósmica se volta em direção ao homem para ordenar a sua vida. Israel, portanto, viu-se diante do mesmo fenômeno de quase todas as religiões naturais, que permaneceram fascinadas: uma provocação religiosa do homem por parte do mundo. Mas não se deixou levar até divinizar ou a transformar em mito o fundamento do mundo. Interpretou-a de modo totalmente diferente, porque se limitou a considerar esse fenômeno na perspectiva da fé em Javé como criador. Esse algo de imanente ao mundo que os textos chamam de "sabedoria", podemos simplesmente descrevê-lo com uma perífrase. Quer o chamemos de "ordem primordial", "mistério da ordem", "razão cósmica" ou "sentido" incorporado por Deus no mundo da criação, ou "glória" da criação, dele falaremos, em todo caso, somente na forma de uma personificação figurada" (VON RAD, *La sapienza in Israele*, 144 s).

salvo se virmos aí o projeto criador e também salvador de Deus, projeto considerado anterior à sua realização[38].

Dona Sabedoria é, sem dúvida, também um expediente literário e poético que serve no livro dos Provérbios para unificar os diversos tipos de sabedoria apresentados nesse livro tão mesclado; além disso, ela permite, com a sua forte e clara personificação, subir da multiplicidade das experiências humanas para uma figura universalmente válida. Contudo a figura da sabedoria personificada adquire um forte valor de símbolo, tornando-se, repetimos mais uma vez, uma figura de mediação entre a experiência humana e a voz de Deus. A sabedoria encontra-se, com efeito, para além da realidade criada (lembremos o esquema "antes de" presente em Provérbios 8,24-26), mas, ao mesmo tempo, manifesta-se junto a ela; *a sabedoria é, portanto, transcendente e imanente ao mesmo tempo*. Ela é fiadora da harmonia do mundo, harmonia que é poeticamente expressa em Pr 8,30-31 em termos lúdicos.

Procurar a sabedoria significa, por isso, procurar a Deus e vice-versa. No entanto esse papel de mediação nos faz compreender que a sabedoria não se impõe aos homens como uma "Lei", mas, antes, propõe-se como um "caminho": a alternativa entre a escolha iluminista e ideológica de um viver *etsi Deus non daretur* e o anti-iluminista — mas, talvez, não menos ideológico — viver *veluti Deus daretur* corre o risco, por isso, de ser uma alternativa falsa e desvirtuada. Há no mundo, com efeito, uma sabedoria, humana e divina ao mesmo tempo, que não se obtém por revelação direta de Deus; a sabedoria está, antes, na ordem de uma presença de mediação em que Deus (a sabedoria transcendente) e o homem se encontram no âmbito da criação (a sabedoria imanente).

A prioridade, para os sábios, não caminha, afinal, para a execução dos preceitos, "mas, antes, para a assunção responsável de um projeto existencial que nasce da escuta de uma palavra que se impõe por sua capacidade de dar uma explicação sobre a existência humana"[39]; por isso, a sabedoria é, enfim, companheira de vida, a amante que se escolhe por amor.

---

38. GILBERT, M., Sapienza, in: GIRLANDA, D.; RAVASI, G.; ROSSANO, P. (ed.), *Nuovo dizionario di teologia biblica*, Cinisello Balsamo, Ed. Paoline, 1988, 1440.
39. DALLA VECCHIA, F., Proverbi, in: *La Bibbia*, Casale Monferrato, Piemme, 1995, 1463.

Deus e o homem se encontram

Na figura da sabedoria personificada, Deus e o homem se encontram; o poeta autor de Provérbios 8 criou, assim, um personagem que terá muita sorte e retornará, de uma forma diferente e em épocas variadas nos livros de Jó e do Sirácida, no de Baruc e, enfim, no livro da Sabedoria. Não é por acaso que no Novo Testamento encontraremos muitos ecos desse capítulo, utilizado quer por Paulo, quer por João, para compreender melhor o mistério de Cristo, mediador entre Deus e os homens, homem que vem de Deus e preexiste ao mundo criado e que, portanto, leva a termo o movimento de mediação iniciado pela Sabedoria; lembram-se em particular os textos de Colossenses 1,15-18 e, sobretudo, o prólogo de João (Jo 1,1.4.10). A pequena menina, nascida de Deus, que brinca diante dele e diante dos homens (Pr 8,30-31), assim cresce e nos fala ainda hoje. O que é importante para o homem não é tanto obedecer a alguma lei divina vinda do alto quanto acolher uma palavra que vem de Deus, mediante a criação, ou seja, mediante a Sabedoria. Esta é capaz de dar um sentido a toda a vida do homem e o torna capaz de interpretar a própria experiência do mundo, tornando-se fiel a esse mundo e permitindo-lhe se encontrar assim com o seu Criador.

Não é por acaso que a dona Sabedoria, a protagonista do livro, é descrita como a filha predileta de Deus, que provém diretamente dele. Deus, nos Provérbios, é sempre mudo: é dona Sabedoria quem fala por ele. No entanto a sabedoria personificada não é senão a própria voz da experiência humana; segundo os sábios, é precisamente desse modo que Deus fala ao homem: por meio da experiência mesma do seu viver cotidiano. É uma voz de Deus, talvez menos evidente do que a que falou a Moisés e aos profetas, mas nem por isso menos eficaz. Para ouvi-la é suficiente aceitar viver em plenitude a própria vida de cada dia.

Não é verdade, portanto, que Deus tem um lugar marginal no pensamento dos sábios; o que é importante é como eles conseguem ver a realidade de um modo que hoje poderíamos definir, sem dúvida, *laico*. A fé em Deus não condiciona a capacidade de juízo nem o olhar crítico deles em relação à realidade; antes, aprimora-os. O modo como os sábios nos falam de Deus ajuda os crentes do nosso tempo a viver a fé num mundo cada vez mais complexo, do qual com muita frequência Deus parece estar ausente. O olhar dos sábios nos ajuda a não cair no duplo risco da indiferença religiosa ou, ao contrário, do fundamentalismo.

Para prosseguir no estudo

Para uma visão introdutória geral sobre a figura da sabedoria personificada, recomendamos dois ótimos artigos: BONORA, A. Il binomio sapienza-Tôrah nell'ermeneutica e nella genesi dei testi sapienziali (Gb 28; Pro 8; Sir 1.24; Sap 9). In: FANULI, A. (ed.). *Sapienza e Tôrah*. Bolonha: EDB, 1987, 31-48; SEGALLA, G. Le figure mediatrici d'Israele tra il III e il I sec. a.C. La storia d'Israele tra guida sapienziale e attrazione escatologica. In: PRATO, G.L. (ed.). Israele alla ricerca d'identità tra il III sec. a.C. e il I sec. d.C. *RStB*, 1, 1 (1989) 13-65; cf. também o já citado estudo de BAUMANN, G. A Figure with Many Facets: The Literary and Theological Functions of Personified Wisdom in Proverbs 1–9. In: BRENNER, A.; FONTAINE, C.R. (ed.). *Wisdom in Psalms. A feminist companion to the Bible (second series)*. Sheffield: Sheffield Academic Press, 1998, 44-78.

Sobre a mulher estrangeira existem muitos estudos especialmente em língua inglesa: NEWSOM, C.A. Woman and the Discourse of Patriarchal Wisdom: a Study of Proverbs 1–9. In: DAY, P.L. (ed.). *Gender and Difference in Ancient Israel*. Mineápolis: Fortress, 1989, 142-160; CAMP, C. What's So Strange about the Strange Woman? In: JOBLING, D. (ed.). *The Bible and the Politics of Exegesis, FS N. Gottwald*. Cleveland: Pilgrim, 1991, 17-31; BRENNER, A. Some Observations on the Figurations of Woman in Wisdom Literature. In: MCKAY, H.A. (ed.). *Of Prophets' Visions and the Wisdom of Sages, Essays in Honour of R.N. Whybray on His Seventieth Birthday* (JSOT Supp. Ser. 162). Sheffield: Sheffield Academic Press, 1993, 192-208; MAIER, C. *Die "Fremde Frau" in Proverbien 1–9. Eine exegetische und sozialgeschichtliche Studie* (OBO 144). Göttingen: Vandenhoeck & Ruprecht, 1995; CAMP, C.V. *Wise, Strange and Holy: The Strange Woman and the Making of Proverbs* (JSOT Supp. Ser. 320). Sheffield, Sheffield Academic Press, 2000.

Acerca da figura da sabedoria personificada, cf. WHYBRAY, R.N. *Wisdom in Proverbs. The Concept of Wisdom in Proverbs 1–9* (SBT 45). Londres: SCM Press, 1965; MURPHY, R.E. The Personification of Wisdom. In: DAY, J. (ed.). *Wisdom in Ancient Israel (FS J.A. Emerton)*. Cambridge, Cambridge Univ. Press, 1995, 222-233; CLIFFORD, R.J. Woman Wisdom in the Book of Proverbs. In: BRAULIK, G.; GROSS, W.; MCEVENUE, S. (edd.). *Biblische Theologie und gesellschaftlicher Wandel, FS N. Lohfink*. Freiburg-Basel-Viena: Herder, 1993, 61-72; ROY YODER, C. *Wisdom as a Woman of Substance: A Socio-Economic Reading of Proverbs 1–9 and 31,10-31* (BZAW 304). Berlim-Nova York: De Gruyter, 2001.

Mais de divulgação são os textos de CERBELAUD, D. (ed.). *La figure de la Sagesse. Proverbes 8* (Cahiers Evangile, Supp. 120). Paris: Cerf, 2002, e o já citado, utilíssimo livreto de GILBERT, M.; ALETTI, J.-N. *La sapienza e Gesù Cristo*. Turim: Gribaudi, 1987.

Sobre os textos de Provérbios 1,20-32 e Provérbios 8 vejam-se, em particular, os seguintes estudos, muito recomendados: ALETTI, J.-N. Séduction et parole en Proverbes I-IX. *VT*, 27 (1977) 129-144; GILBERT, M. Le discours menaçant de sagesse en Proverbes 1,20-33. In: *Storia e tradizioni d'Israele. Scritti in onore di J.A. Soggin*. Brescia: Paideia, 1991, 100-119; ID. Le discours de la Sagesse en Proverbes 8. Structure et cohérence. In: ID. (ed.). *La sagesse de l'Ancien Testament* (BEThL 51). Lovaina: Peeters, ²1990, 202-218; BEAUCHAMP, P. La personificazione della sapienza in Proverbi 8,22-31: genesi e orientamento. In: BELLIA, G.; PASSARO, A. (ed.). *Il libro dei Proverbi. Tradizione, redazione, teologia*. Casale Monferrato, Piemme, 1999, 191-209.

Sobre Provérbios 9,1-6, cf. o trabalho de mais divulgação de GILBERT, M. Il convito che fa vivere. *Rivista liturgica*, 65 (1978) 643-655 e MAZZINGHI, L. Il banchetto di donna Sapienza (Pr 9,1-6). *PSV*, 53 (2006) 97-114.

7. O livro dos Provérbios: problemas abertos

O livro dos Provérbios continua sendo, em muitos aspectos, um campo de trabalho ainda aberto. O exame do contexto histórico não se concluiu ainda, bem como o estudo relativo à situação social dos destinatários do livro, e, portanto, também a dimensão didática com a qual o livro se apresenta é um tema que merece ulteriores aprofundamentos. Igualmente, os grandes textos sobre a sabedoria personificada requerem um trabalho posterior, enquanto, como se pôde observar, se aprofunda cada vez mais o interesse pela ética do livro dos Provérbios.

No âmbito teológico, continuam ainda em aberto alguns problemas para o leitor cristão: do livro dos Provérbios estão ausentes, como se viu, os grandes temas da Bíblia de Israel: a aliança, o êxodo, os patriarcas, as promessas, a história completa do povo de Israel. É essa uma das acusações feitas ao livro dos Provérbios por parte de seus intérpretes modernos: a ausência da história e, em particular, da história da salvação; chegou-se, às vezes, a ponto de considerar o livro dos Provérbios como um corpo estranho à fé de Israel. O nosso livro, na realidade, ocupa-se com outro tipo de história, nem por isso menos real: a vida cotidiana do homem, imerso nas relações com o mundo que o circunda, na família e na sociedade em geral.

O leitor poderá ficar impressionado, decerto, com o otimismo dos sábios; eles estão certos de que o homem pode conseguir encontrar o modo correto de se comportar em qualquer circunstância, ou seja, sabem que o homem é capaz de compreender o sentido da realidade e que tal sentido existe porque, afinal, é garantido pelo próprio Deus. O otimismo dos sábios não é arranhado sequer pela descoberta de que nem sempre é possível encontrar uma solução no mar da vida, que não existe sempre uma solução unívoca. Os sábios não perdem seu otimismo nem mesmo quando descobrem que as ações humanas produzem, às vezes, um resultado oposto ao esperado, como num provérbio já citado: "Um distribui e sua riqueza aumenta; outro guarda além do que precisa e vira indigente" (Pr 11,24). Não raro, o otimismo deles leva os sábios a pensar que, apesar da presença da estultice e da maldade humana, os bons, no fim, vencerão: "Os maus se prostram diante dos bons e os ímpios às portas do justo" (Pr 14,19).

Mas quanto pode durar esse otimismo? Falou-se, não raramente, a propósito dos livros de Jó e do Coélet — escritos pouco tempo depois da redação dos Provérbios (Jó, talvez, até contemporâneo de Pr 1–9) —, de uma verdadeira crise da sabedoria. Jó e Coélet, com efeito, perguntariam: o que acontece quando a realidade, improvisadamente, parece desprovida de sentido? Quando o otimismo dos sábios não funciona mais? Quando, diante da dor e da morte, as respostas tão aparentemente seguras dos sábios parecem não funcionar?

Falar de "crise da sabedoria" não é, na realidade, adequado; com Jó e com o Coélet, de fato, entra em crise o otimismo dos sábios, mas ambos os livros, tanto Jó quanto o Coélet, continuam a utilizar o mesmo instrumento metodológico: a experiência. O limite dos sábios autores dos Provérbios, posto a nu pelos dois livros lembrados, está mais em ter estabelecido uma conexão muito estreita entre as ações humanas e as ações divinas. É verdade que os sábios já estavam bem conscientes dos limites próprios de qualquer sabedoria, mas a indiscutível e firme convicção deles é que o Senhor premia os justos e pune os maus; no entanto a própria experiência da vida demonstra que, com muita frequência, acontece o contrário, como impiedosamente demonstram os mesmos Jó e o Coélet. Também o livro dos Provérbios deve, assim, ser lido como uma das muitas etapas do caminho da fé de Israel. A palavra de Deus passa pelas dobras da história dos homens; não nos esqueçamos, a esse respeito, que em nenhum dos três livros citados está presente de modo explícito a fé numa possível sobrevivência do homem depois da morte; os leitores cristãos devem estar muito atentos a julgar os Provérbios à luz da ressurreição de Cristo e a não levar em consideração a mensagem que o livro nos oferece num determinado momento histórico.

Todavia, a leitura do livro dos Provérbios continua sendo atual também para o leitor cristão: esse leitor, porém, corre o risco de se perder, especialmente na parte central do livro (Pr 10–30), que parece não ter um verdadeiro fio condutor. Mas, talvez, o fio condutor mais evidente seja precisamente o tema da sabedoria, entendida como o esforço do homem de se pôr diante da realidade como ela é, de procurar compreendê-la e se esforçar por discernir a melhor conduta possível diante dos múltiplos problemas da vida. Os sábios se dirigem a seus "filhos", aos jovens discípulos seduzidos pelo mundo em que, por acaso, vivem, que, muitas vezes, os leva para longe da fé dos pais, não usando a arma do preceito, mas, antes, a força da persuasão, e não negligenciando, como se viu, o uso de uma ironia, às vezes pungente, às vezes cortês.

Quem escuta os muitos provérbios contidos nesse livro é convidado a refletir sobre a própria vida e a compreender que a realidade é, com frequência, diferente de como parece; assim, "O rico acredita ser sábio, mas o pobre inteligente avalia-o pelo que é" (Pr 28,11). Há quem acredite ter entendido tudo, talvez por causa dos bens que possui; o sábio, porém, mesmo sendo pobre, sabe avaliar muito bem o mundo e os homens, e percebe logo de que material eles são realmente feitos. Procurando esse tipo de sabedoria, que nasce da experiência e da avaliação crítica da realidade, os sábios autores do livro dos Provérbios descobrem que essa sabedoria é, ao mesmo tempo, um dom de Deus, é até sua filha, a dona Sabedoria apresentada na primeira parte do livro e, sobretudo, no segundo e no terceiro discurso que ela faz aos homens, em Provérbios 8 e Pr 9,1-6.

8. O Novo Testamento, a tradição cristã antiga e a liturgia

O Novo Testamento faz amplo uso do livro dos Provérbios, lidos na versão grega dos LXX. Um caso particular, como já acenamos, é representado pela figura da sabedoria personificada, especialmente a apresentada em Provérbios 8, figura que está na base de desdobramentos referentes à pessoa de Cristo, no prólogo do Evangelho de João e na Carta aos Colossenses (cf. citado anteriormente).

Os evangelhos, os escritos de Paulo e também a Primeira Carta de Pedro utilizam os textos dos Provérbios, sobretudo em chave moral; pode ser útil consultar em detalhes a tabela que segue, que refere, na primeira coluna, algumas das principais passagens dos Provérbios citados ou utilizados no Novo Testamento, referidos na segunda coluna; em negrito, as citações explícitas.

— Pr 3,7	— Rm 12,16
— Pr 3,11-12LXX	— **Hb 12,5-6**
— Pr 3,12	— Ap 3,19
— Pr 3,18	— Ap 2,7
— Pr 3,34LXX	— **Tg 4,6; 1Pd 5,5**
— Pr 4,26	— Hb 12,13
— Pr 8,15	— Rm 13,1
— Pr 8,22	— Ap 3,14
— Pr 10,12	— 1Cor 13,7; 1Pd 4,8
— Pr 11,31LXX	— **1Pd 4,18**
— Pr 12,7	— Mt 7,24-27
— Pr 20,22	— Rm 12,17
— Pr 20,27	— 1Cor 2,11
— Pr 22,8	— 2Cor 9,7
— Pr 24,12	— Rm 9,6; Ap 22,12
— Pr 24,21	— 1Pd 2,17
— Pr 24,29	— Mt 5,38-40; 6,12.14-15; Rm 12,17-19
— Pr 25,7	— Lc 14,7-11
— Pr 25,15	— Lc 18,1-8
— Pr 25,21LXX	— **Rm 12,20**
— Pr 26,11	— **2Pd 2,22**
— Pr 27,1LXX	— Tg 4,13-14
— Pr 28,13	— Lc 18,9-14; 1Jo 1,9

No que se refere aos Padres da Igreja, não existe nenhum comentário completo ao livro dos Provérbios que tenha sido conservado por inteiro, mas apenas fragmentos de cadeias e homilias em quantidade, aliás, muito pequena; o primeiro comentário integral aos Provérbios parece ser o de Beda, o Venerável, no limiar do século VIII. Todavia, os Padres utilizam com muita frequência os Provérbios, também eles, em geral, em chave moral; como já se disse, o texto de Provérbios 8,22 será notavelmente utilizado no contexto da controvérsia ariana[40].

---

40. Uma boa coletânea de textos patrísticos em italiano sobre o livro dos Provérbios está em WRIGHT, J.R. (ed.), *La Bibbia commentata dai Padri. Antico Testamento 8. Proverbi, Qoèlet, Cantico dei cantici*, Roma, Città Nuova, 2007.

Na liturgia latina atual, o livro dos Provérbios não é, no conjunto, muito utilizado; o ciclo festivo utiliza apenas Provérbios 8,22-31 na solenidade da Santíssima Trindade (Ano C); Provérbios 9,1-6 no XX domingo do T.C. (Ano B) (em relação a Jo 6,51-58) e Provérbios 31 no XXXIII domingo do T.C. (Ano A) (em relação a Mateus 25,14-30); no ciclo ferial, leem-se Provérbios 3,27-35; 21,1-6.10-13; 30,5-9 na segunda-feira, na terça-feira e na quarta-feira da XXV semana do T.C., nos anos pares; Provérbios 2,1-9 é a primeira leitura da festa de São Bento e Provérbios 31 volta, muitas vezes, no comum das santas; Provérbios 8,22-31 é usado no comum da Virgem Maria e Provérbios 9,1-6 nas missas votivas para a eucaristia. A parte central do livro (Pr 10–30), como se vê, é praticamente ignorada pelos lecionários litúrgicos.

> *Há quatro tipos entre os que se sentam diante dos sábios:*
> *a esponja, o funil, o filtro e a peneira.*
> *A esponja, porque absorve tudo.*
> *O funil, porque faz entrar por uma orelha e sair pela outra.*
> *O filtro, porque deixa passar o vinho e retém a borra.*
> *E a peneira, porque faz passar a farinha e recolhe a melhor parte.*
> (Pirqé 'Abôt V,16)

Para prosseguir no estudo

Para um ótimo *status quaestionis* sobre o livro dos Provérbios, um importante e aprofundado ponto de partida é apresentado por WHYBRAY, R.N. *The Book of Proverbs: a Survey of Modern Study.* Leiden: Brill, 1995; contém uma boa bibliografia sobre Provérbios até cerca de 1990.

COMENTÁRIOS ESCOLHIDOS

Num alto nível científico, indicamos, antes de tudo, a tradução italiana do comentário de ALONSO SCHÖKEL, L.; VÍLCHEZ LÍNDEZ, J. *I Proverbi.* Roma: Borla, 1988 [or. esp. 1984], em língua italiana, o melhor comentário disponível, sem dúvida. Mais difícil, no que diz respeito a Pr 1–9, porém, é o comentário de FOX, M.V. *Proverbs 1–9* (Anchor Bible 18A), Nova York: Doubleday, 2000, e ainda, do mesmo FOX, *Proverbs 10–31* (Anchor Bible 18B), Nova York: Doubleday, 2009.

Entre os comentaristas de alto nível científico, destacamos, entre os mais importantes, em ordem cronológica, MCKANE, W. *Proverbs*, Londres-Grand Rapids: Eerdmans, 1994; MURPHY, R. *Proverbs* (WBC 22). Dallas: Word Books, 1998; CLIFFORD, R.J. *Proverbs. A Commentary* (OTL).

Louisville, Westminster John Knox, 1999; LELIÈVRE, A.; MAILLOT, D. *Commentaire des Proverbes, tome III, chapitres 1–9* (LDiv Comm.8). Paris: Cerf, 2000; mais de divulgação é, porém, a obra de LELIÈVRE, A. *La Sagesse des Proverbes. Une leçon de tolérance*. Genebra: Labor et Fides, 1993.

Um bom comentário italiano de nível médio é o de CIMOSA, M. *Proverbi* (I libri biblici 22). Milão: San Paolo, 2007. Cf. também o mais antigo mas válido trabalho de BERNINI, D. *Il libro dei Proverbi. Nuovissima versione della Bibbia*. Roma: San Paolo, 1978; cf. ainda PERDUE, L.G. *Proverbs. Interpretation*. Louisville: Westminster John Knox, 2000 (*Proverbi*. Turim: Claudiana, 2010). Mais fino e essencial é DALLA VECCHIA, F. Proverbi. In: *La Bibbia*. Casale Monferrato: Piemme, 1995, 1419-1463.

Num nível de divulgação pode-se utilizar BONORA, A. *Proverbi-Sapienza. Sapere e felicità. Leggere la Bibbia oggi 1.14*. Brescia: Queriniana, 1990; MARCONCINI, B. *I Proverbi. Origine e sviluppo della tradizione sapienziale*. Cinisello Balsamo, San Paolo, 1999; MAZZINGHI, L. *Proverbi. Commento spirituale all'Antico Testamento*. Roma: Città Nuova, 2003.

SELEÇÃO DE ESTUDOS DE CARÁTER CIENTÍFICO

KAYATZ, K. *Studien zu Proverbien 1–9. Eine form-und motivgeschichtliche Untersuchung unter Einbezihung ägyptischen Vergleichmaterials* (WMANT 22). Neukirchen-Vluyn: Neukirchener Verlag, 1966 (estudo fundamental relativo à relação entre Provérbios e sabedoria egípcia); SKEHAN, P.W. A Single Editor for the Whole Book of Proverbs. In: CRENSHAW, J.L. (ed.). *Studies in Ancient Israelite Wisdom*. Nova York: Ktav, 1976, 329-340 (interessantes aberturas sobre composições do interior do livro dos Provérbios); ALETTI, J.-N. Séduction et parole en Proverbes I-IX. *VT*, 27 (1977) 129-144; BÖSTROM, J. *The God of the Sages. The Portrayal of God in the Book of Proverbs* (Coniectanea Biblica). Estocolmo, 1990 (estudo fundamental sobre o problema de Deus); BELLIA, G.; PASSARO, A. (ed.). *Il libro dei Proverbi. Tradizione, redazione, teologia*. Casale Monferrato, Piemme, 1999 (utilíssima coletânea de estudos sobre Provérbios); D'HAMONVILLE, D.M. *Les Proverbes. La Bible d'Alexandrie*. Paris: Cerf, 2000 (tradução francesa e comentário do texto dos LXX de Provérbios); PINTO, S. *"Ascolta, figlio". Autorità e antropologia dell'insegnamento in Proverbi 1–9*. Roma: Città Nuova, 2006; SIGNORETTO, M. *Metafora e didattica in Proverbi 1–9*. Assis: Cittadella, 2006 (juntamente com o anterior, um interessante trabalho dedicado ao tema da educação em Pr 1–9); FOX, M.V. The Epistemology of the Book of Proverbs. *JBL*, 126 (2007) 669-684 (ótimo trabalho sobre metodologia dos ensaios e sobre sua abordagem diante da realidade).

O livro de Jó

O mistério, a força vital, o nervo, a ideia de Jó é que ele, apesar de tudo, tem razão. Esta é a grandeza de Jó: a sua paixão pela liberdade não se deixa nem sufocar nem tranquilizar por uma explicação errônea [...]. A grandeza de Jó não está, portanto, nas palavras: "o Senhor deu, o Senhor tirou. Bendito seja o nome do Senhor!", que, de resto, diz uma única vez e não repete, depois, mas nessa luta que exaure todas as lutas que o homem deve travar para atingir os confins da fé [...]. Jó, portanto, não é a paz que os heróis da fé concluem, mas uma trégua [...]. Essa categoria da prova não é nem estética nem dogmática, mas transcendente [...] e põe o homem em oposição pessoal a Deus, numa relação tal que ele não pode mais se contentar com nenhuma explicação de segunda mão.

S. KIERKEGAARD
(*La ripetizione*, Milão: Rizzoli, 2000, 106-110)

Ó Jó, és a nossa razão suspensa no Lenho,
voz do tenebroso Oceano,
das florestas devastadas...
Mas eu não serei o quarto amigo
a grasnar teologias inúteis
em torno de teu monumento de cinzas:

> *só me assentarei, entre canto e canto,*
> *a ouvir o teu uivo*
> *desmoronar no horrível silêncio.*
> D.M. Turoldo
> (*Mie notti com Qohelet*, Milão: Garzanti, 1992, 66)

"É preciso ter a paciência de Jó"; esse dito, muitas vezes repetido e ouvido, parece já ter exaurido para muitos de nós o sentido do livro de Jó: a história de um homem que suporta com *cristã* resignação as piores desgraças que podem acontecer a um ser humano e que é recompensado por Deus precisamente por sua paciência. Na realidade, qualquer um que tenha lido, mesmo que seja superficialmente, todo o livro de Jó logo se dá conta de que a paciência de Jó não existe; Jó, o paciente, é antes Jó, o rebelde!

Na verdade, o grande problema do livro é um só: Deus. Como é possível acreditar no Deus de Israel diante da dor que nos esmaga? Sob os golpes da crítica de Jó caem as explicações tradicionais sobre a dor que tentam apresentar um rosto de Deus totalmente acessível à razão humana. É um livro que perturba ainda hoje os seus leitores e os obriga a se confrontar com uma figura de Deus muito diferente da que eles tinham imaginado.

A tradição antiga — primeiro, a hebraica e, depois, a cristã — não raramente procurou mitigar um livro tão provocador; a liturgia católica eliminou-o quase totalmente (cf., mais adiante, a nota sobre o uso de Jó na liturgia), como fez também com outros livros considerados difíceis, como o Coélet ou o Cântico dos cânticos. Não se aceita ser facilmente perturbado por Jó. Hoje, de modo especial, no contexto histórico no qual os cristãos acabam vivendo, não se consegue aceitar facilmente um livro que, mais que oferecer fáceis respostas, suscita perguntas fundamentais que nós tendemos a eludir; mas talvez seja útil entender que as respostas poderão existir somente quando tivermos aceitado fazer perguntas autênticas. E muitas dessas perguntas não são feitas somente por Jó, mas também pelo próprio Deus.

O livro de Jó requer um tipo de leitor muito particular: não podemos nos deter ingenuamente numa primeira leitura do texto, caindo na armadilha de submeter o livro a interpretações subjetivas, segundo os nossos gostos, a nossa espiritualidade, as nossas leituras muito superficiais e subjetivas. Não basta sequer uma leitura "culta", que se detém, a cada momento, a buscar esclarecer os detalhes difíceis do texto, o sentido do original hebraico, o vínculo de Jó com a história de sua época, embora seja sempre necessário aceitar humildemente a distância cultural que existe entre nós e o texto, distância que somente um estudo atento será capaz de preencher. É preciso que, para Jó, haja leitores mais disponíveis a se deixar guiar e provocar pelo texto, leitores que aceitem se confrontar com paciência com um texto nem sempre fácil; leitores que, afinal, corram o risco da "conversão": se Jó é, para os crentes, palavra de Deus, é também um livro que muda a vida de quem se confronta com ele.

No decorrer dos séculos, no hebraísmo e no cristianismo e até entre os não crentes, o livro de Jó foi lido e relido, cultuado e adorado. O comentário de G. Ravasi dedica mais de cem páginas a essa história apaixonante da interpretação do livro de Jó, na teologia, na espiritualidade, na literatura, na filosofia, na música e nas artes em geral[1]. Também nós nos colocamos, com muita humildade, no bojo desse percurso, começando a examinar o livro pelo aspecto literário.

1. Problemas literários

1.1. A questão de fundo: um livro unitário?

Qualquer leitor do livro de Jó percebe a nítida diferença que existe entre a parte em prosa e a poesia, ou seja, entre o prólogo (Jó 1–2) e o epílogo (Jó 42,7-17), de um lado, e todo o resto do livro (Jó 3,1–42,6), de outro. O protagonista da parte em prosa parece dar razão à figura tradicional do Jó sofredor e paciente, ao passo que o Jó da parte em poesia é, sem dúvida, Jó, o rebelde. Até a imagem de Deus parece diferente nas duas partes do livro; ao chegar à parte do epílogo, Deus parece ainda mais misterioso e arbitrário: "A esse Deus agrada nos surpreender com a condenação dos amigos e a absolvição de Jó. Parecem-lhe melhor as blasfêmias do que as mentiras piedosas. Mas é difícil concebê-lo, enquanto restitui o dobro de tudo, como se nada tivesse acontecido"[2].

Uma das possíveis explicações desse contraste entre prosa e poesia está no fato de o sábio autor do livro ter utilizado, provavelmente, uma antiga lenda popular já existente e relativa a um personagem bem conhecido, considerado um justo sofredor de um distante passado; veja-se o texto de Ezequiel 14,12-13, em que Jó é associado a Noé e a Daniel. Dessa lenda primitiva restariam visíveis em Jó 1–2 somente alguns elementos, como a imagem da corte celeste (cf. Jó 1,6). Lendas semelhantes se encontram, como veremos, difusas

---

1. Cf. RAVASI, G., *Giobbe*, Roma, Borla, 1979, 170-274.
2. ALONSO SCHÖKEL, L.; SICRE DIAZ, J.L., *Giobbe. Commento teologico e letterario*, trad. it., Roma, Borla, 1985, 42.

na cultura egípcia e mesopotâmica. Mas o sábio que nos deixou o livro de Jó não ficou satisfeito com um personagem que, suportando com resignação seu sofrimento, viu ser-lhe restituído multiplicado tudo o que havia perdido, inclusive novos filhos no lugar dos que já estavam mortos. E, assim, compôs o corpo do livro no qual Jó abre o seu debate, antes, com os seus três amigos (Jó 3-28,28) e, depois, com Deus (Jó 29-42,6), com a provável inserção de Jó 32-37 (cf. mais adiante).

> A genialidade do autor consiste em mudar a antiga lenda do Jó paciente e submisso para a tragédia do Jó rebelde [...]. O "motivo" do livro de Jó não é uma época, um acontecimento ou um problema. É o homem com a sua angústia, a sua dor, o seu mistério. É Deus. Um Deus que aposta no homem e, depois, o abandona[3].

1.2. Época de composição e unidade do livro

A época de composição do livro de Jó é uma questão ainda em aberto[4]. A menção feita nos primeiros dois capítulos do "Satanás" apresentado como uma espécie de funcionário celeste e não como um ser pessoal oposto a Deus (cf. 1Cr 21,1) leva-nos ao início da época persa (cf. Zc 3,1-2), bem como a crítica feita pelo autor do livro contra a ideia da retribuição. Talvez uma datação por volta do século V a.C. possa ser considerada plausível. Nesse caso, o livro de Jó se apresenta como uma tentativa de discussão sobre um grave problema que os exilados de volta da Babilônia se veem na obrigação de enfrentar: o da justiça de Deus; mas essas perguntas não encontram, na realidade, uma verdadeira resposta no livro, o que, em muitos aspectos, torna o problema ainda mais drástico.

Os contatos literários com os textos de Isaías 40-55 nos levam à hipótese de que o livro de Jó possa ter nascido em ambiente exílico, e não nas terras de Israel; o personagem de Jó é, aliás, apresentado como um não hebreu, e os indícios de uma relação com a literatura babilônica são no livro sempre muito estreitos. À luz do contexto pressuposto pelos textos como Jó 12,13-25, é possível que o autor do livro fosse um membro da corte israelita no exílio, talvez um escriba que desempenhasse reais tarefas de ensinamento, um autor que

---

3. Alonso Schökel; Sicre Diaz, *Giobbe*, 45 e 85.
4. Cf. a discussão atenta de Perdue, L.G., *The Sword and the Stylus. An Introduction to Wisdom in the Age of Empires*, Grand Rapids-Cambridge, Eerdmans, 2008, 117-123 e 140-148; uma rápida síntese também em Morla Asensio, V., *Libri sapienziali e altri scritti*, Brescia, Paideia, 1997 [or. esp., 1994], 119-121.

teve de se confrontar com a gravíssima crise de fé por que passava Israel, um homem que, à luz da apresentação do personagem Jó, no capítulo 29, pertencia, sem dúvidas, às classes mais elevadas da população.

Inserido no contexto da época, o livro de Jó adquire uma densidade ainda mais relevante. A tradição deuteronômica propõe ao povo no exílio a obediência à Lei como via para a salvação; a tradição sacerdotal contida no Pentateuco propõe, antes, uma recuperação das tradições antigas, especialmente as ligadas ao culto; outros, como o anônimo profeta que nós chamamos de o Deutero-Isaías, confiam, porém, numa intervenção extraordinária de Deus que fará voltar à pátria o seu povo. Como já haviam feito profetas como Jeremias e Habacuc, Jó se questiona, porém, com muito mais profundidade, sobre o grande tema da justiça divina. Talvez o livro possa ter nascido como texto de formação e de reflexão no ambiente da escola onde se formavam os futuros escribas e os funcionários públicos, que continuavam a ser ativos também durante o exílio.

> Alguns autores pensam no hino sobre o mistério da sabedoria contido em Jó 28 como uma possível inserção posterior, mas, na realidade, o capítulo 28 parece bem integrado na estrutura do livro (cf. mais adiante). Outros ainda consideram um acréscimo posterior também o texto de Jó 40,15–42,6, a parte do segundo discurso de Deus dedicada às figuras misteriosas de Beemôt e Leviatã, mas esse parece, de fato, um caminho fácil para explicar um texto difícil (cf. mais adiante).
>
> Bem mais fundados parecem, porém, os argumentos de quem considera os discursos do quarto amigo de Jó, Eliú (Jó 32-37), como uma inserção posterior, provavelmente fruto do tardio período persa, feita por algum sábio mais conservador que intervém para atenuar o escândalo causado por uma posição teológica — a sustentada pelo personagem Jó no decorrer do poema — que corria o risco de beirar a blasfêmia.

1.3. Estrutura geral do livro

A estrutura geral do livro de Jó é, no conjunto, bem linear; apresentamos aqui um esquema muito sintético:

I. *Prólogo* (1–2): em prosa, dividido em seis cenas (cf. mais adiante).
II. *Debate* (3–27) entre Jó e seus três amigos, Bildad, Elifaz, Sofar. Encontramo-nos diante de nove respostas de Jó que vêm depois das intervenções dos amigos, três intervenções cada um deles.

a. Jó 3: monólogo inicial de Jó.
b. *Primeiro ciclo de intervenções* (4–14):
   * Elifaz (4–5): todo sofrimento é punição de uma culpa.
   * Jó (6–7): renovação do protesto, rejeição das explicações.
   * Bildad (8): explicação jurídica da retribuição.
   * Jó (9–10): Deus atinge o inocente e o culpado.
   * Sofar (11): confirmação sapiencial da retribuição.
   * Jó (12–14): ironia sobre a suposta sabedoria dos amigos, provas tiradas da experiência, apelo direto a Deus (13,13-28).
c. *Segundo ciclo de intervenções* (15–21):
   * Elifaz (15): áspera crítica a Jó.
   * Jó (16–17): o desmentido dos fatos; Jó apela a um misterioso "defensor" (16,18-20).
   * Bildad (18): a sorte do pecador.
   * Jó (19): acusações a Deus e aos amigos, novo apelo a um "defensor" (19,25-27).
   * Sofar (20): a felicidade do ímpio é breve e passageira.
   * Jó (21): a experiência prova a falsidade da teologia da retribuição.
d. *Terceiro ciclo de intervenções* (22–27):
   * Elifaz (22): acusações a Jó de precisas culpas.
   * Jó (23–24): não se pode discutir com Deus.
   * Bildad (25,1-6): celebração do poder divino e confissão da fraqueza humana.
   * Jó (26,1–27,12): Jó rejeita as argumentações dos amigos.
   * Sofar (27,13-23): o trágico destino do mau.

III. *Hino ao mistério da sabedoria* (Jó 28).

IV. *Diálogo entre Jó e Deus* (29–31 + 38,1–42,6).

Monólogo final de Jó, proclamação de inocência e apelo dirigido a Deus (Jó 29–31)[5].

V. *Os discursos de Eliú* (Jó 32–37) — (cf. mais adiante).

   Primeiro discurso de YHWH (38–39); o mistério do cosmos.
   Primeira resposta de Jó (40,2-5).

---

5. Os capítulos 29–31 constituíam, provavelmente, o prelúdio ao diálogo com Deus, com uma função análoga à realizada por Jó 3; com a inserção dos discursos de Eliú (Jó 32–37), os capítulos 29–31 se apresentam no texto atual como um monólogo distinto.

Segundo discurso de YHWH (40,6–41,26): Beemôt e Leviatã.
Segunda resposta de Jó (42,1-6).
VI. *Epílogo* (42,7-17): "final feliz" em prosa.

> *Nota sobre a disposição do terceiro ciclo de discursos*. Os capítulos 22–27 contêm o terceiro ciclo de discursos entre Jó e os seus amigos, um ciclo que, no estado atual do texto, se apresenta bem difícil e requer certa atenção. No capítulo 22 temos a terceira intervenção de Elifaz, à qual Jó responde nos capítulos 23–24. Até aqui tudo corre de modo muito linear. Esperaríamos a terceira intervenção de Bildad, que é, na realidade, brevíssimo e compreende apenas o texto de 25,1-6. Segundo muitos autores, o seu discurso continuaria, na realidade, em 26,5-14 (assim, por exemplo, preferem fazer os comentários de Alonso Schökel e de Ravasi; cf. a nota da BJ ao v. 26,5). Nós propomos a disposição do texto dada também pela Bíblia CEI 2008, onde todo o capítulo 26 é posto na boca de Jó, junto com 27,1-12.
>
> Esperaríamos depois o terceiro discurso de Sofar, que a *Bíblia de Jerusalém* coloca efetivamente em 27,13-23; muitos comentaristas acrescentam a eles, por causa do tema abordado, também os vv. 24,18-24, extraídos do discurso de Jó. Na realidade, não há certeza de que todos esses versículos pertencem realmente a Sofar. Em 27,13, com efeito, não há nenhuma referência a esse personagem. Uma segunda hipótese, portanto, é a de quem vê nesses versículos (27,13-23) uma continuação do discurso de Jó, que não permite mais a Sofar que fale, mas que antecipa ironicamente, ele próprio, o que Sofar teria podido dizer, assim como, no capítulo 26, Jó cortara logo no início o discurso de Bildad. Seguindo essa segunda e sugestiva hipótese, assistiremos aqui à ruptura do diálogo entre Jó e os seus amigos; entre eles não há mais nada a ser dito. O ciclo dos discursos fica, assim, propositalmente incompleto.

1.4. Gênero literário e texto

Sobre o gênero literário do livro, foram propostas diversas hipóteses: houve quem tenha pensado numa lamentação, numa disputa de caráter judiciário (uma espécie de processo), num gênero literário misto (sapiencial, jurídico, sálmico), numa espécie de "mesa-redonda teológica" (Ravasi); pode-se também considerar o livro de Jó como uma espécie de *drama* de vários atos e com diversos personagens (assim, por exemplo, segundo Alonso Schökel)[6]. Se é difícil admitir a existência de um único gênero literário para todo o livro, é mais fácil descobrir nele a presença de muitos textos pertencentes a gêneros diferentes: a narrativa didática (o prólogo e o epílogo), as disputas (Jó e os três amigos; Jó e Deus) e, internamente, o gênero literário da lamentação, no estilo presente também no livro dos Salmos.

Para além do gênero literário utilizado, resta o fato de que o livro de Jó utiliza uma linguagem que, junto ao livro dos Salmos, está entre as linguagens mais poéticas da Bíblia hebraica: símbolos, metáforas, jogos de palavras constelam o livro, que oferece, com frequência, verdadeiras cascatas de imagens tiradas do mundo animal, vegetal, de todo o cosmos conhecido pelo homem. Essa profunda dimensão poética tem consequências importantes para a interpretação do livro; a mensagem teológica passa, com efeito, pelos símbolos: como acontece nos Salmos, é precisamente o símbolo que nos permite "falar de Deus" sem cair no duplo risco de querer defini-lo ou de não poder dizer nada sobre ele; ao mesmo tempo, o poeta está bem consciente de que da ordem da natureza não é possível deduzir uma doutrina mecânica sobre Deus; ele está além de qualquer descrição nossa[7].

Quanto ao texto hebraico, o de Jó é, sem dúvida, um dos mais difíceis e problemáticos de toda a Bíblia hebraica, com exceção, talvez, do livro de Oseias; contém mais de 100 *hapax legomena* (ou seja, termos que ocorrem somente uma vez em toda a Bíblia hebraica), e cerca de um terço de todo o texto hebraico apresenta problemas de não fácil solução. A versão grega é de pouca ajuda; abrevia o texto massorético em mais de uma centena de versículos e mostra não raramente não o ter compreendido plenamente, ao passo que a versão latina (*Vulgata*) tende a reinterpretá-lo em chave cristã; é o próprio Jerônimo que reconhece explicitamente a dificuldade do texto hebraico. Acrescente-se também o fato, anteriormente lembrado, de que o livro de Jó é de caráter altamente poético, e isso o torna ainda mais difícil de ser traduzido.

---

6. Sobre toda a questão de gênero literário, cf. uma visão geral em RAVASI, *Giobbe*, 35-39; MORLA ASENSIO, *Letteratura sapienziale*, 125-127 e ainda 137-138.

7. Veja-se, em particular, o estudo de BORGONOVO, G., *La notte e il suo sole. Luce e tenebre nel libro di Giobbe. Analisi simbolica* (AnBib 135), Roma, PIB, 1995, espec. 3-100. Sobre a poesia hebraica é sempre útil consultar ALONSO SCHÖKEL, L., *Manuale di poetica ebraica*, Brescia, Queriniana, 1990.

2. Jó e a literatura extrabíblica[8]

"O livro de Jó está no topo da literatura universal, muito superior à de qualquer outro que se tente comparar a ele [...]. É verdade que Jó é uma obra israelita, baseada, antes de tudo, na tradição bíblica, mas o confronto é útil e nos enriquece, pois nos ensina que o autor não criou essa obra do nada..."[9]. Essas palavras de Luis Alonso Schökel nos introduzem muito bem no estudo do pano de fundo da sabedoria extrabíblica sobre a qual nasce o livro de Jó. Lembremo-nos apenas de alguns textos significativos e úteis para um confronto que certamente servirá para compreender melhor o livro de Jó.

2.1. Jó e o Egito

Já lembramos na introdução os textos egípcios conhecidos como *Os protestos de um camponês loquaz* e o chamado *Diálogo de um desesperado com seu bã*, além do *Canto dos harpistas*, e já tivemos ocasião de lembrar as semelhanças literárias e temáticas que esses textos demonstram ter com o livro de Jó, mas também as profundas diferenças no plano teológico. Jó escapa a fáceis soluções, ligadas à retribuição, como as sugeridas pelo primeiro texto aqui lembrado; rejeita a tentação de suicídio, que emerge no *Diálogo de um desesperado*, e não aceita soluções ligadas a um facilitado hedonismo, como as que aparecem no belíssimo *Canto dos harpistas*.

2.2. Jó e a Mesopotâmia

No ambiente mesopotâmico, destacamos, antes de tudo, o texto conhecido como *O homem e o seu deus*, um texto sumério de 2000 a.C., conhecido também como o "Jó sumério"[10]. Um homem repleto de dores e de doenças faz apelo a seu deus pessoal para que este intervenha e o liberte. O destino miserável do homem parece ser controlado por um determinismo absoluto e vinculado ao capricho dos deuses. O homem deve estar disposto a se reconhecer culpado embora o pecado não seja uma culpa moral, mas uma falta não bem determinada; peca-se porque assim decidiram os deuses, mas quem peca é punido pelos deuses; o importante é submeter-se a esses deuses de modo

---

8. Para uma introdução geral cf. Ravasi, *Giobbe*, 128-161; cf. o que já foi dito na introdução, p. 28-43.
9. Alonso Schökel; Sicre Diaz, *Giobbe*, 36.
10. Cf. Castellino, G.R. (ed.), *Testi sumerici e accadici*, Turim, UTET, 1977, 473-477; ANET, 589-591.

que o deus pessoal possa ouvi-lo, como, de fato, acontece. Jó recusa explicitamente essa lógica.

Na introdução (cf. p. 35-37) já apresentamos o poema conhecido sob o título acádico de *Lud-lul Bel Nemeqi* ("Quero louvar ao Senhor da sabedoria"), poema babilônio de cerca de 1500 a.C., conhecido também como o "Jó babilônio". No centro da obra não há tanto o problema do mal quanto a incompreensível atitude dos deuses: "O que é bom e justo para si mesmo é, às vezes, ofensa ao deus [...]; quem, afinal, pode conhecer o pensamento dos deuses do céu? Onde, afinal, os mortais podem compreender o comportamento de um deus?". Mas a existência e a natureza dos deuses jamais são postas em discussão, tampouco a relação tradicional dor-castigo. O poema termina, com efeito, com um louvor a Marduk, que o salvou; Marduk pune e perdoa.

Também a já lembrada *Teodiceia babilônia* (cf. introdução p. 33-35) nos ajuda a compreender que a solução oferecida por Jó é bem diferente: não é possível para Jó, com efeito, que possa existir um deus responsável pelo sofrimento humano. Jó evita também a solução cética e irônica do belíssimo poema babilônio conhecido como o *Diálogo pessimista de um patrão com o seu servo* (cf. introdução, p. 37-39). O drama de Jó, como já dissemos, nasce precisamente da percepção de um conflito entre a liberdade do homem e a liberdade de Deus, conflito que está totalmente ausente do nosso texto babilônio.

2.3. Conclusões

A região de Harran ofereceu, talvez, apenas a lenda primitiva de Jó; o Egito apenas pôs à disposição imagens e dois gêneros literários, a pergunta retórica e a confissão negativa; a Mesopotâmia inspirou, provavelmente, o diálogo de Jó com os seus amigos e é o cenário cultural de fundo do livro[11].

Na literatura sapiencial egípcia e mesopotâmica, que na introdução e aqui sinteticamente apresentamos, as soluções dadas ao problema do mal são, com muita frequência, de caráter retributivo; com efeito, o mal deriva, em geral, do pecado dos homens. Em alguns casos, parece que o mal depende do capricho dos deuses; o mal parece intrínseco à criação e parte ineliminável do destino humano; a sabedoria divina parece totalmente inacessível. Dado que não é possível eliminar o mal, as soluções oferecidas nos textos egípcios e mesopotâmicos vão de uma confiança cega nas obras da divindade a certo

---

11. Cf. LÉVÊQUE, J., *Job et son Dieu. Essai d'exégèse et de thèologie biblique*, 2 vol. Paris, Gabalda, 1970, 115.

pessimismo que leva a soluções céticas e desencantadas ou a um convite a gozar a vida, enquanto isso parece possível.

O livro de Jó mostra ter relação com muitos desses textos, quer pela forma literária utilizada, quer pelos temas abordados; todavia, o caminho oferecido por Jó é bem diferente. Com efeito, Jó (ou melhor, o autor do livro) rejeita soluções ligadas à ideia da retribuição, como fazem, porém, os três amigos; não aceita a imagem de um Deus que possa ser considerado também o autor do sofrimento; recusa, igualmente, a via do suicídio, ou, ao contrário, a do puro e simples *carpe diem*. A força do livro de Jó está no diálogo que ele abre corajosamente com Deus, começando a percorrer, como veremos, caminhos realmente imprevistos.

3. Referências sobre a história da interpretação

> Se não houvesse Jó! É impossível descrever as nuanças de significado e as variedades de significados que tem para mim. Eu não o leio como se lê outro livro, com os olhos, mas ponho, por assim dizer, o livro sobre o meu coração e o leio com os olhos do coração [...]. Mas já leram Jó? Leiam-no, leiam-no e releiam-no[12].

3.1. Jó na tradição bíblica

Jó e o Coélet constituem dois textos "escandalosos" da sabedoria de Israel; em ambos os casos será útil, portanto, determo-nos um pouco a percorrer alguns aspectos da história da interpretação desses dois livros, do Antigo Testamento até a época contemporânea: não será um tempo perdido.

As referências ao livro de Jó no Antigo Testamento não são muitas. O texto de Ezequiel 14,14-20 menciona, como se disse, o personagem de Jó, colocando-o ao lado de Noé e de Daniel como um personagem de um distante passado. Na literatura sapiencial, o livro do Sirácida (Sr 49,9, texto hebraico) lembra um justo sofredor que, no final, é beneficiado; mas há dúvidas de que se trata realmente de Jó. A figura do ancião Tobit, porém, apresentada no livro de Tobias (espec. Tb 1,1–3,6), aproxima-se do Jó das partes em prosa, o justo sofredor e paciente, e também das concepções sobre o sofrimento educador expressas nos discursos de Eliú[13]. O livro da Sabedoria, enfim, utilizou textos

---
12. KIERKEGAARD, *La ripetizione*, 103.
13. Cf. MAZZINGHI, L. "Sono stato mandato per metterti alla prova" (Tb 12,13): la sofferenza dell'anziano Tobi, *PSV*, 55 (2007) 81-94.

de Jó (especialmente na descrição do estilo de vida dos ímpios em Sb 2,1-9), sobretudo para ressaltar a fragilidade e a miséria humana; talvez a Sabedoria seja o único texto do Antigo Testamento que parece utilizar de modo mais maciço as partes poéticas de Jó.

No Novo Testamento, fala-se de Jó somente numa passagem, que, se lida superficialmente, parece avalizar a ideia tradicional de um Jó paciente e recompensado por Deus. Trata-se do texto de Tiago 5,11, no final da carta: "Ouvistes a história da paciência de Jó e vistes o fim visado pelo Senhor"[14]. É necessário observar que o termo aqui traduzido por "paciência" é, na realidade, o termo grego ὑπομονή, que significa, antes, "perseverança", uma paciência que é mais resistência, uma esperança com firmeza e confiança.

Na perspectiva da Carta de Tiago, a paciência-perseverança-esperança constitui um dos temas fundamentais da própria carta (cf. Tg 1,2-12 e 5,7-11). Mas de que modo Jó, que Tiago compara aos profetas, pode ser definido como um modelo dessa "paciência"? Na óptica de Tiago, Jó é considerado um profeta provavelmente apenas porque foi um homem que, sob os golpes do sofrimento e da prova, foi capaz de reconhecer os sinais da presença de Deus e de esperar sua presença. Com a sua perseverança, Jó obtém, por isso, um "destino final" inesperado. A leitura que Tiago nos oferece de Jó é, decerto, singular, mas nos ajuda a entender que Jó, para o autor da carta, nada tem a ver com um homem resignado; é um homem aberto ao futuro, capaz de enxergar longe e esperar com perseverança os sinais da presença de Deus: é, precisamente, um profeta.

3.2. Jó e os Padres

A *Carta aos Coríntios*, de Clemente de Roma, inaugura a leitura patrística de Jó. Clemente cita o livro uma dúzia de vezes, ou a ele alude, apresentando Jó como modelo de paciência; o texto de Jó 19,26 já é lido em chave escatológica, com base na leitura dos LXX. Para Cipriano, no *Liber testimoniorum ad Quirinum*, Jó torna-se modelo de humildade, generosidade, fragilidade humana, mas, sobretudo, exemplo de paciência (*De bono patientiae*), tentado pelo diabo que se serve da esposa como seu instrumento.

A partir de Orígenes, o primeiro Padre a comentar sistematicamente Jó, nasce uma clara linha hermenêutica que vê em Jó a prova da função

---

14. Cf. MARCONI, G., La nascita della pazienza di Giobbe I, in: MARCONI, G.; TERMINI, C. (edd.), *I volti di Giobbe. Percorsi interdisciplinari*, Bolonha, EDB, 2002, 69-80 e SCARPA, A.M., La nascita della pazienza di Giobbe II, *ivi*, 81-100.

pedagógica da dor; ele é o modelo não de Cristo, mas dos mártires cristãos; infelizmente as 22 homilias que Orígenes teria escrito sobre Jó foram perdidas, exceto fragmentos isolados. Num seu comentário a Jó, provavelmente autêntico[15], João Crisóstomo faz uma exegese filologicamente atenta e exegeticamente fundamentada e descreve um Jó profundamente humano, justo e sábio, que encarna os ideais éticos e filosóficos da época, mas, ao mesmo tempo, cheio de confiança num Deus que confia nele. A leitura de João Crisóstomo é, ao mesmo tempo, literal e moral.

No Ocidente, Jerônimo nos deixou a sua tradução de Jó, que acabou na *Vulgata*, fruto de um atento trabalho filológico, consciente, porém, de que o livro de Jó é escorregadio como uma enguia ou uma pequena moreia, como escreve no próprio prólogo do livro[16].

Lembremo-nos também do comentário de Agostinho (*Adnotationes in Job*, incompleto)[17], que faz uma exegese teológica de Jó, assumido como modelo antipelagiano da universalidade do pecado. No entanto é Ambrósio (*De interpellatione Job et de hominis fragilitate*) que percebe o núcleo profundo do livro, o embate da razão humana com a realidade da ação de Deus, o mistério do homem diante do mistério de Deus[18].

O texto patrístico mais importante sobre Jó é, sem dúvida alguma, a obra em 35 volumes (*Moralia in Job*) de Gregório Magno[19]; à interpretação de caráter literal, seguida pela de caráter moral e espiritual oferecida por esse grande pontífice, sobrepõe-se a interpretação cristológica para a qual Jó se torna "tipo" do Cristo sofredor. Não está ausente uma contínua atualização do texto também à luz da experiência eclesial feita pelo próprio Gregório. Os *Moralia in Job* estarão na base da maior parte dos comentários patrísticos e medievais seguintes, até a época moderna, como atestam, por exemplo, as 38 prédicas de Jerônimo Savonarola feitas em Florença, na Quaresma de 1495[20].

---

15. Cf. SORLIN, H. (ed.), *Commentaire sur Job* (*SC* 346.348), Paris, Cerf, 1988.
16. Cf. *PL*, 28, 1137-1142.
17. Cf. *PL*, 34, 824-886 e *Corpus Script. Eccl. Lat.*, 28/2 509-528.
18. Cf. uma tradução italiana com texto orig. ao lado, em BANTERLE, G. (ed.), *S. Ambrogio, opere esegetiche IV*, Milão-Roma, Biblioteca Ambrosiana-Città Nuova, 1980, 136-169.
19. Cf. GREGORIO MAGNO, *Commento morale a Giobbe*, organizado por SINISCALCHI, P., introdução de DAGENS, C., tradução de GANDOLFO, E., 3 vol., Roma, Città Nuova, 1992 (*Moralia in Job*: CCL 143-143A-143B); BARTOLOMEI ROMAGNOLI, A. Gregorio Magno davanti a Giobbe. Fondamenti di un'antropologia medievale, in: MARCONI; TERMINI, *I volti di Giobbe*, 127-145.
20. Cf. RIDOLFI, R., *Prediche sopra Giobbe*, Roma, Ed. nac. das obras de G. Savonarola, 1957.

> Na liturgia católica atual, o livro de Jó é utilizado com muita parcimônia, e grandes partes do livro são totalmente ignoradas; o Lecionário festivo lê apenas dois breves textos: Jó 7,1-4.6-7 no V domingo do T. Comum, ano B, e Jó 38,8-11 no XII domingo do T. Comum, ano B. Jó 1,6-22; 3,1-3,11-17.20-23; 9,1-12.14-16; 19,21-27; 38,1-3.12-21; 40,3-5; 42,1-6.12-17 são lidos na XXVI semana do T. Comum, anos pares. O texto de Jó 19,1.23-27a é utilizado também como possível leitura para as exéquias (cf. infra) e na comemoração dos fiéis mortos. A liturgia corre o risco de perder, assim, toda a riqueza (e todas as provocações!) de Jó.

3.3. Jó em algumas interpretações modernas e contemporâneas: Kierkegaard e Bloch

Entre os leitores modernos de Jó, eu me lembro apenas de um autor, o célebre filósofo dinamarquês S. Kierkegaard (1813-1855)[21], cuja leitura é realmente útil para nos abrir novas perspectivas sobre o livro de Jó. Na releitura feita por Kierkegaard, Jó torna-se o homem da prova, o homem que vive a fé como risco; assim, o filósofo dinamarquês valoriza a parte central do livro, onde Jó se choca contra as teologias tradicionais. Kierkegaard compreende que o mistério de Jó é o problema de Deus em relação ao homem. Essa leitura teológico-existencial de Jó caracteriza a obra de Kierkegaard *A repetição* (1843), na qual o filósofo dinamarquês relê Jó à luz de sua própria situação.

> Há força nas tuas palavras, temor de Deus no teu coração, mesmo quando tu te lamentas, mesmo quando defendes o teu desespero das mãos dos teus amigos, os quais, como ladrões, assaltam-te com seus discursos, mesmo quando tu, provocado, pisoteias a sabedoria deles e desprezas a defesa que fazem de Deus, como uma miserável astúcia de velhos cortesãos ou hábeis ministros. Preciso de ti, preciso de um homem que saiba fazer queixas a Deus em voz tão alta que ressoe no céu, onde Deus conjura com Satanás contra um único homem. Protesta! Deus não tem medo, Deus pode se defender. Mas como poderia se defender se ninguém ousasse levantar a voz para pedir um destino melhor? Fala, ergue a voz, fala forte. Deus sempre pode falar mais forte do que nós, Deus tem o trovão, o qual é uma resposta, uma explicação plausível, exata, autêntica, uma resposta que vem diretamente de Deus. Ainda que sua voz esmague um homem, oh!, é melhor isso do que todas as conversas e o que se diz sobre a justiça da

---

21. Cf. Mazzinghi, L. Riletture di testi sapienziali. Giobbe e Kierkegaard, *PdV*, 48, 4 (2003) 55-57.

providência inventada pela sabedoria humana e difundida pelas mulherzinhas e pelos meio homens[22].

Ao Jó fiel de Kierkegaard parece querer contrapor-se, entre os contemporâneos, o Jó ateu de E. Bloch (1885-1977)[23]. Na sua célebre obra *Ateismo nel cristianesimo*, publicada em 1968[24], Bloch pretende ler a Bíblia à luz da sua ontologia do *Noch-Nicht-Sein*, do "ainda-não-ser", que o levou a refletir sobre a esperança. Bloch descobre, assim, na Bíblia a presença de um "fio vermelho", o "princípio esperança": a religião, em sua essência mais autêntica, é "esperança" humana que encontra na esperança laica do marxismo o seu natural desenvolvimento. "Porque somente a Bíblia pode ser lida também sob a óptica do manifesto comunista, e evita que o sal ateu se torne insosso[25]." A Bíblia contém uma enorme carga revolucionária que pode emergir somente depois de ter eliminado dela Deus; a Bíblia não deve ser "demitizada", mas "deteocratizada": Jó, no Antigo Testamento, é o ápice desse processo, a revolta do homem contra Deus. Jó ataca publicamente Deus e desmantela os argumentos dos teólogos de Israel. "Depois do êxodo do Egito por parte de Israel, de Israel por parte de Javé, ocorre agora um êxodo de Javé por parte de Jó; certamente, mas para onde?"[26]. Deus intervém, na parte final do livro, mas intervém para esmagar Jó, que apela para um "vingador", que não é outra coisa senão sua boa consciência. Jó está voltado, portanto, para um futuro utópico, do qual Deus — o Deus juiz terrível — deve ser excluído: "Um homem supera, antes, brilha sobre seu deus; é essa a lógica do livro de Jó, apesar da evidente entrega final"[27]; assim, somente um ateu pode ser um bom cristão e somente um bom cristão pode ser um verdadeiro ateu ("eu sou ateu por amor de Deus", como teve ocasião de confessar Bloch, no final de sua vida). Todavia, Bloch não consegue perceber plenamente a dimensão da *luta entre duas liberdades* inerente ao drama de Jó: a luta entre Deus e o homem. Portanto, Bloch pode assim concluir:

> Ao contrário, mesmo o rebelde tem confiança em Deus sem acreditar em Deus; ou seja, ele tem confiança no Javé específico do *êxodo do Egito*, mesmo que

---

22. KIERKEGAARD, *La ripetizione*, 96-97.
23. Cf. MAZZINGHI, L., Riletture di testi sapienziali. Il libro di Giobbe letto da Ernst Bloch, *PdV*, 48, 5 (2003) 53-55; cf. também CHIRPAZ, F., Bloch e la ribellione di Giobbe, *Concilium*, 19, 9 (1983) 49-61.
24. Cf. BLOCH, E., *Ateismo nel cristianesimo*, Milão, Feltrinelli, 1974.
25. Ibidem, 102.
26. Ibidem, 149.
27. Ibidem, 148.

toda reificação mitológica tenha sido introduzida, toda projeção dos senhores para o alto acabe. O Deus de quem se fala em Jó, conhecido por seus frutos, domina e esmaga com o seu extrapoder e a sua grandeza e o enfrenta do Céu somente como um Faraó; todavia, Jó é religioso justamente porque não crê[28].

Para as muitas outras releituras contemporâneas de Jó, remetemos ao já citado comentário de G. Ravasi, que, nas páginas 185-274 (cf. nota 1), dedica uma ótima síntese às diversas abordagens que caracterizaram os muitos leitores e intérpretes desse livro; trata-se de uma leitura apaixonante. Destaco, entre as muitas leituras possíveis, apenas a obra de Gustavo Gutierrez, *Falar de Deus à luz do sofrimento do inocente*, que aplica à leitura de Jó os critérios da teologia da libertação, da qual é um dos máximos e respeitáveis expoentes. O livro de Jó é, para Gustavo Gutierrez, uma reflexão sobre Deus a partir de um caso concreto, o sofrimento de um inocente; como os homens podem continuar a falar de Deus numa tal situação? O método de Gutierrez é, pois, o de ler Jó partindo da situação dos pobres da América Latina; Gutierrez descobre no livro duas linguagens: a *profética* (relativa à sorte dos pobres, à felicidade dos maus, ao silêncio de Deus) e a da *contemplação* (relativa ao encontro com um Deus que opera para além da pura justiça).

Uma palavra pode ainda ser dita sobre a leitura feminista de Jó; os protagonistas do livro, com efeito, estão todos no masculino, e a única mulher que exerce algum papel no livro, a esposa de Jó, é apresentada de modo totalmente negativo (uma "insensata"; cf. Jó 2,10). Todavia, pode-se valorizar, de um ponto de vista feminino, a crítica que Jó faz em relação a um modelo patriarcal da divindade[29].

4. Pistas para uma leitura exegética e teológica do livro de Jó

Nas próximas páginas, apresentamos uma sintética introdução que esperamos ser útil, em vista de uma *lectio cursiva* do livro de Jó; procuremos aqui deixar bem claros os aspectos mais importantes, do ponto de vista quer exegético, quer teológico. Tudo isso pode constituir uma base para um ulterior estudo exegético mais aprofundado em todo o livro.

---

28. Ibidem, 161.
29. Cf. uma sintética apresentação desse ponto de vista em Newsom, C.A., Giobbe, in Newsom, C.A.; Ringe, S.H. (ed.), *La Bibbia delle donne*, trad. it., Turim, Claudiana, 1998, II, 25-40.

4.1. Jó 1–2: o prólogo

No prólogo, o poeta nos oferece provavelmente uma excelente reelaboração de uma antiga história, talvez já conhecida no Oriente Próximo antigo, relativa a um homem religioso e feliz, porém atingido por terríveis desgraças, que, todavia, se mantém firme na sua fé em Deus, apesar dos muitos males sofridos. O Jó do prólogo, o justo provado por Deus, que se mantém heroicamente fiel a ele, é, no entanto, *demasiado* belo para ser verdade. De outra parte, o prólogo é fundamental para a compreensão de todo o restante do livro, como logo veremos.

Podemos facilmente subdividir esses dois capítulos em seis cenas; a primeira e a quinta se correspondem, bem como a segunda e a quarta; à terceira cena, as desgraças que aconteceram a Jó, põe-se em paralelo a última, a chegada dos três amigos:

I – 1,1-5: prólogo em terra; a piedade e a felicidade de Jó;

II – 1,6-12: prólogo no céu; a suspeita de Satanás;

III – 1,13-22: as 4 desgraças acontecidas a Jó

(*1,20-22: primeira resposta de Jó*);

IV – 2,1-6: segundo prólogo no céu; de novo, Satanás;

V – 2,7-10: segundo prólogo na terra; a esposa de Jó

(*2,10: segunda resposta de Jó*);

VI – 2,11-13: a chegada dos três amigos.

A figura de Jó: Jó é apresentado como um não hebreu, um personagem de valor propositalmente universal, cuja história não pode se restringir somente a Israel; a terra de Uz mencionada no v. 1 deverá, talvez, ser situada na região de Edom, no sul da atual Jordânia, ou na Arábia. O nome do protagonista, *'iyyôb*, pode provir de uma forma semítica que significa "Onde está meu pai?", ou do termo hebraico *'ôyeb*, o inimigo. No primeiro caso, o nome remete, talvez, à pergunta de Jó a respeito de Deus; no segundo, à sua atitude de contestação[30].

O v. 1 nos descreve Jó com quatro características, sinal de totalidade: homem *íntegro*, um termo referido a Noé em Gênesis 6,9 e a Abraão, em Gênesis 17,1, ou seja, um homem inocente, perfeito; *reto*, ou seja, leal, justo em relação a Deus e aos homens; *temente a Deus* e *alheio ao mal*: faz até mais

---

[30]. Cf. VIGNOLO, R., 'Dov'è il Padre?'. Il nome di Giobbe e il suo dramma, *La Rivista del clero italiano*, 92 (2011) 760-782.

do que o necessário, como quando oferece sacrifícios pelos eventuais pecados cometidos por seus filhos (Jó 1,5). Para Deus, Jó é "o meu servo", como Abraão, Moisés, Josué, Davi; é a imagem mesma da fidelidade religiosa e, por isso, da felicidade: justo e, portanto, rico e feliz (cf. o v. 3).

A figura de Deus: na segunda cena (Jó 1,6-12), o narrador se transfere ao céu, onde é introduzida a figura de Deus, que, no prólogo, é mencionado com o tetragrama sagrado YHWH. Deus é, portanto, o Senhor Deus de Israel, o Deus da aliança e do êxodo. Mas é singular que o nome sagrado não apareça senão no início e no fim do livro, quando o Senhor, a partir de Jó 38,1, intervém de novo pessoalmente. O restante do livro usa também, para falar de Deus, três nomes poéticos de sabor patriarcal, *El, Eloah, Shadday* e, mais raramente, *Elohîm*. A razão deve ser buscada, provavelmente, no objetivo universal que o poeta se propõe: o debate entre Jó e os amigos exclui, com efeito, qualquer referência à história de Israel e a seu Deus, YHWH. A questão de Deus é alguma coisa que une todos os homens (não nos esqueçamos de que Jó nos é apresentado como um não israelita); ou, no fim, é justamente o Senhor, o Deus de Israel que se dá a conhecer a Jó.

A figura de Satanás: o termo hebraico *hassatan* pode ser entendido como "o adversário"; aqui, o "Satanás" não é considerado ainda como um ser pessoal oposto a Deus, ou seja, como o nosso demônio (cf. 1Cor 21,1). Satanás é, antes, um dos "filhos de Deus", ou seja, um dos membros da corte celeste (cf. Sl 82,1), que, no nosso texto, é descrito, ao mesmo tempo, com vivacidade e, talvez, também, propositalmente, com certa ingenuidade; Satanás é uma espécie de auxiliar dos anjos, algo bem ambíguo, aliás, alguém que tem a tarefa de verificar a autenticidade da fé humana; ele tem, pois, o duplo papel de inspetor celeste e de acusador dos homens. Talvez o poeta o introduza para evitar descarregar somente sobre o Senhor a responsabilidade dos males que caíram sobre Jó; talvez "Satanás" constitua aqui um desdobramento da imagem divina; tanto é assim que, na sequência, em suas respostas, Jó não o menciona nunca. Satanás tem, portanto, no texto, a função de tirar do homem todo o apoio que não seja o próprio Deus, até que também Deus seja posto em questão.

A suspeita de Satanás: a pergunta contida em Jó 1,9 (cf. também 2,4-5) é uma das perguntas-chave de toda a Escritura. Será que Jó teme a Deus por nada, ou seja, a sua religiosidade será realmente desinteressada? É fácil crer em Deus quando tudo vai bem... Se Satanás parece não acreditar na autenticidade da fé de Jó, Deus, porém, aposta nele. Compreende-se, por isso, desde o início, que o tema fundamental do livro não é tanto o mistério da dor — aqui descrita pelas quatro desgraças caídas sobre Jó, uma depois da outra (capítulo 1), e, no fim, pela sua doença (capítulo 2) — quanto, por sua vez, a necessidade de uma fé gratuita e não vinculada a contrapartidas.

Desse modo, a dor é apenas a ocasião para descobrir qual é a fé que anima o homem (cf. o discurso de Satanás em 2,4-5). De fato, deve-se crer em Deus por aquilo que ele faz por nós, ou temos de aceitá-lo somente porque ele é Deus? O Deus do prólogo respeita a liberdade do homem e aceita as provas de Jó porque não quer se esconder atrás de sua onipotência e onisciência; antes, aceita se descobrir diante da sua criatura. Deus se comporta, por isso, como se não conhecesse a profundidade da fé em Jó; Deus respeita a liberdade do homem.

As respostas de Jó (Jó 1,20-22; 2,10): por duas vezes, o prólogo nos revela que a suspeita de Satanás é falsa; nessas duas primeiras respostas, Jó parece aceitar sem discutir o agir divino. A segunda resposta é dada à esposa, tratada por Jó como uma insensata (comparada, assim, ao insensato negador de Deus do Sl 14,1). Sob esse ponto de vista, a suspeita de Satanás revela-se infundada: Jó, verdadeiramente, teme o Senhor.

Desse modo, Jó antecipa com essas suas respostas a solução final do livro; todavia, como logo nos mostra o capítulo 3, as duas respostas de Jó são muito lindas e, em sua beleza, parecem, afinal, pouco profundas. É verdade que a sabedoria tradicional de Israel já compreende que Deus pode enviar um mal e transformá-lo, logo depois, em bem (cf., por exemplo, 1Sm 2,6-7); mas são precisamente essas ideias que o próprio Jó contestará no debate que segue. O Jó heroico dos primeiros dois capítulos vai se tornar, com efeito, o Jó rebelde desde o capítulo 3. De resto, o convite da esposa ("Ainda persistes na tua integridade? Amaldiçoa Deus e morre!" [Jó 2,9][31]) expõe a gravidade do problema: para que serve continuar a perseverar numa fé que corre o risco de ser apenas uma heroica formalidade, quando a realidade diz tudo ao contrário? Se a história de Jó fosse apenas a narrada nos primeiros dois capítulos, Deus sairia dessa situação formalmente indene, mas muitas perguntas não teriam resposta: o sofrimento é realmente necessário? Por que Deus o permitiu? E os amigos — que, dentro em pouco, desaparecerão da cena — que terão a dizer a Jó, mais do que ele já terá dito nessas suas respostas?

---

31. O texto de Jó 2,9 constitui uma das mais antigas alterações feitas pelos escribas ao texto bíblico; nas palavras da mulher, Jó era convidado a "maldizer Deus" e, depois, matar-se; mas a expressão do texto hebraico original parecia muito forte para os antigos escribas, que, por conseguinte, alteraram "amaldiçoa" por "abençoa", tornando o verso de difícil compreensão.

Sobre pó e cinza: o prólogo se encerra com uma célebre imagem; Jó sentado sobre a cinza, sofredor e coberto de chagas, com vontade de se coçar, instigado ao suicídio por sua mulher, marginalizado por todos, por causa de sua doença contagiosa; à cinza junta-se o pó que os amigos atiram sobre a cabeça, em sinal de luto. Também a chegada dos amigos vai se transformar em tragédia; eles, que tinham vindo para consolá-lo, revelam-se logo como seus mais temíveis adversários; já no v. 11 lemos, com efeito, que eles não o reconheceram; o homem transtornado pela dor corre o risco, de fato, de se tornar um estranho para seus próprios amigos.

Elifaz, o profeta; Bildad, o homem da lei; Sofar, o sábio: esses três personagens representam algo como toda a teologia de Israel alinhada no confronto com Jó. Eles terão a resposta pronta para todas as perguntas de Jó, mas já sabemos que, no final, sairão derrotados. As respostas de Jó eram teologicamente perfeitas, como também eram, pelo menos aparentemente, as respostas dos amigos. Mas tudo isso seria suficiente para esclarecer o drama?

O silêncio do v. 13, com o qual se fecha, dramaticamente, o prólogo, seria, enfim, o prelúdio para uma resposta à tragédia vivida por Jó, ou seria o início de uma nova dor? Os ouvintes do drama esperam, e nós com eles, em silêncio.

4.2. O monólogo inicial: Jó 3

Esse capítulo tem um importante papel de articulação no quadro do livro de Jó. O silêncio carregado de dor e de espera com o qual se fechou o capítulo 2 é, inesperadamente, interrompido pelo trágico grito de Jó que abre o capítulo 3. É um longo monólogo no qual compreendemos que as duas belas respostas de Jó (Jó 1,20-22; 2,10) não são mais suficientes; também as fórmulas mais usadas e mais santas se tornam desgastadas diante do mistério da dor; resta somente o lamento. As afirmações dogmáticas sobre a justiça de Deus parecem suspeitas, uma vez que a vida parece algo realmente insuportável.

O capítulo pode ser subdividido em quatro estrofes: vv. 1-10, a maldição sobre o dia da concepção e do nascimento; o poeta utiliza as imagens poéticas da luz e das trevas, uma linguagem profundamente simbólica que lembra de perto a da criação, mas que é aqui completamente revirada: que a luz se torne trevas! Que o dia do nascimento se transforme em dia de luto!

Seguem os vv. 11-19, um lamento sobre a miséria humana escandido por um duplo "por quê?" (vv. 11-19): teria sido melhor a morte do que uma vida sem sentido. Vêm, depois, os vv. 20-23, onde encontramos ainda um "por quê?": Deus (*Eloah*, no texto hebraico) é envolvido diretamente como responsável pela sorte de Jó (v. 23). Enfim, os vv. 24-26: de novo, o sofrimento de Jó. Com uma linguagem provavelmente emprestada das lamentações do profeta Jeremias (cf. Jr 20,7.14-18), Jó começa a se questionar sobre o sentido da vida e, portanto, sobre Deus, e, de uma aparente aceitação do sofrimento, passa a uma violenta contestação contra Deus. O enigma da existência leva diretamente ao enigma sobre Deus. No entanto, como já ocorrera a Jeremias, Jó não pensa nunca em se afastar de Deus, e é a ele que se dirige o seu lamento. Mas é justamente Deus o problema de Jó.

4.3. Jó 4–27: os três ciclos de discursos

A leitura desses capítulos não é fácil; os amigos em suas intervenções e Jó em suas respostas retornam, muitas vezes, aos mesmos temas, em ondas, sem seguir um fio lógico aparente, com um estilo que é pouco familiar ao leitor contemporâneo. Julgamos útil, portanto, oferecer uma síntese temática dos argumentos usados tanto por Jó como pelos três amigos, seguindo em grande parte a proposta de J. Lévêque[32].

Temas	Primeiro ciclo de discursos (4–14)	Segundo ciclo de discursos (15–21)	Terceiro ciclo de discursos (22–27)
I- *Argumentos dos amigos de Jó*			
a) A sorte dos maus:			
– Elifaz	4,7-11;5,1-7	15,17-35	22,15-20
– Bildad	8,8-19	18,1-21	—
– Sofar	11,20	20,1-29	(27,13-23?)
b) A felicidade dos justos (Jó deve se converter):			
– Elifaz	5,17-27	—	22,21-30
– Bildad	8,1-7.20-22	—	—
– Sofar	11,13-19	—	—
c) Ninguém é puro diante de Deus. Jó é culpado:			
– Elifaz	4,17-21	15,(1-13).14-16	(22,1-11)
– Bildad	—	—	25,1-6
– Sofar	—	—	—

---

32. LÉVÊQUE, J., *Job. Le livre et le message* (Cahiers Evangile 53), Paris, Cerf, 1985, 16. Damo-nos bem conta do risco de ser um pouco escolástico nessa proposta, mas se trata de um esquema que, em nossa opinião, pode auxiliar na leitura desses capítulos.

II- *Respostas de Jó ditadas pela experiência*

a) Jó pede piedade aos amigos ou lhes denuncia as palavras vãs	6,14-30; 13,1-19	16,1-6; 19,1-5.21-22	—
b) Os limites do homem	9,2-3; 14,1-12	17,1-16	—
c) Os desmentidos dos fatos	9,22-24; 12,1-6	21,1-34	24,1-25

III- *Lamentos de Jó sobre Deus*

	6,4 (6,1-13); 9,1-35	16,7-17; 19,6-12	23,1-17; 24,1
		(13-20); 21-22	27,2-6

IV- *Lamentos de Jó contra Deus*

	7,(1-6).7-21	17,4-6	(30,20-23)
	9,28b-31; 10,1-22; 13,20-28	—	—

V- *Hinos a Deus*

– Elifaz	5,10-16	—	(22,12-14.29-30)
– Bildad	—	—	(26,5-14?)
– Sofar	11,7-11	—	—
– Jó	9,4-13; 10,8-12; 12,7-25	—	(26,5-14?)

VI- *Textos de Jó relativos à esperança*

	implícita:	explícita:	
	7,16b-19; 10,20b; 14,13-17 (18-22)	16,18-22; 17,3; 19,25-27 (29-30)	23,3 (31,35-37)

4.4. Os argumentos dos três amigos: a força da tradição

[Os amigos de Jó] quanto mais se consideram justos aos próprios olhos, tanto mais se tornam duros em relação à dor dos outros. Não sabem transferir para si mesmos os sofrimentos da fraqueza alheia e ter piedade da enfermidade do próximo como se fosse a própria. Mas, como têm um alto conceito de si mesmos, não são, realmente, capazes de se colocar no plano dos humildes (Gregório Magno, *Moralia in Job* XXVI, VI, 16).

Os argumentos usados pelos amigos para acusar Jó são, substancialmente, três. O primeiro argumento, presente desde o início do primeiro discurso de Elifaz, em 4,7-11, é bem claro: o mau é sempre punido; por essa razão, a causa da dor e do sofrimento é o pecado do homem; cf. também Jó 5,6-7. Ao contrário, o justo é sempre recompensado por Deus (cf. Jó 5,22-27; 15,17-35); por isso, Jó, se quiser voltar a ser feliz, deve se converter: assim se afirma com clareza no discurso de Sofar, em Jó 11,13-20 e ainda em Jó 22,21: "Faz as pazes com Deus, e tudo correrá bem"; cf. também Jó 22,23.29.30.

Os amigos parecem falar em nome da experiência, mas, na realidade, o discurso deles não deixa nenhum espaço à discussão; eles se apresentam como convictos defensores de Deus e, portanto, como outros tantos convictos defensores da culpa de Jó. Se Deus recompensa os justos e pune os maus, isso significa que Jó, uma vez que sofre, é punido por Deus e, por isso, é culpado. A ideia que os amigos têm da religião é, no fundo, muito trágica; uma religião que "serve" para alguma coisa, uma espécie de apólice de seguro contra as desgraças, uma espécie de supermercado da felicidade, cuja moeda é a moral.

O fundamento teológico dessa visão dos amigos está na convicção, expressa por Elifaz com um recurso a uma visão noturna (Jó 4,13-21), de que o homem é radicalmente impuro diante de Deus (cf. também Jó 15,14-16; 25,4-6); portanto, quem tenta se justificar diante de Deus, como faz Jó, "destrói a religião" (Jó 15,4). Devemos observar que os textos sapienciais seguintes utilizavam o mesmo argumento, a fragilidade do homem, para pôr o foco mais na misericórdia de Deus em relação ao próprio homem: cf. Sirácida 18,8-14; Sabedoria 11,21-26.

4.5. As respostas de Jó

Jó está consciente de que os amigos o abandonaram; apela aos amigos, pede que tenham piedade dele (Jó 19,21), mas não a obtém (Jó 13,12-13; 6,14-15). Para os três amigos, ele é apenas um caso patológico, a confirmação direta das suas teorias; os amigos são apenas capazes de mentir (Jó 13,4), defensores não constituídos por Deus (Jó 13,8). Mas, diante da dor, as palavras não bastam (Jó 16,1-6).

A resposta que Jó oferece aos amigos nasce — como, aliás, acontece com os sábios de Israel — da experiência crítica da realidade que desmente o dogmatismo dos três amigos. Todo o capítulo 21 é animado pela pergunta fundamental: por que os ímpios prosperam? (Jó 21,7; cf. a mesma pergunta presente no Sl 73). Os primeiros seis versículos do capítulo descrevem a longa série de injustiças por eles perpetradas. A experiência demonstra que eles são sempre felizes (Jó 21,7-13). Que adianta, então, acreditar em Deus (cf. Jó 21,15)? A parte final do capítulo 21 descreve o desmoronamento das seguranças tradicionais, a fé na retribuição (vv. 19-22) e a morte, que golpeia bons e maus (vv. 23-26).

A mesma temática é retomada por Jó no capítulo 24; os maus têm sucesso e a oração dos inocentes (Jó 24,12) não é ouvida por um Deus que parece muito distante[33].

> O lamento de Jó em relação a um Deus distante é bem expresso pelo difícil texto de Jó 24,1. Esse versículo, traduzido de modo mais fiel ao texto hebraico, soa assim:
>> Se os tempos [do juízo] não são ocultos ao Onipotente, por que os seus amigos não veem os seus dias?
>
> Encontramo-nos diante do eterno problema da justiça de Deus; se Deus julga realmente o mau, como querem os amigos de Jó, por que os fiéis não conseguem ver nos fatos tal juízo? Segundo os profetas (cf., por exemplo, Amós 5,18.20), Deus reserva para os maus um "dia" no qual julgá-los e, portanto, puni-los, e o revela na história por intermédio dos próprios profetas; para Jó, tudo isso é invisível, portanto, envolve a justiça divina. Existe, porém, outra possibilidade de tradução desse versículo:
>> Mas como? Ao Onipotente não estão ocultos os tempos [do juízo], mas os seus amigos não veem os seus dias.
>
> Nesse caso, Jó chamaria a atenção para a fratura entre a vontade de Deus que julga os maus e o fato de que ao homem escapa totalmente a possibilidade de compreender tal projeto de Deus, até o momento de dele duvidar. Deus teria, realmente, um plano sobre a história?

4.6. Os lamentos de Jó sobre Deus (os lamentos "Ele")

Da crítica aos argumentos dos amigos, Jó passa bem rápido para a crítica ao próprio Deus. Distingamos a respeito, dentro das respostas de Jó, dois grupos de textos nos quais Jó fala de Deus em terceira pessoa (os "lamentos 'Ele'") e aqueles nos quais Jó se lamenta diretamente em relação a Deus, numa conversa tu a tu com ele.

---

33. No v. 12, Jó põe Deus em questão: os inocentes oram a ele, mas ele não escuta as suas orações! Parece, portanto, um deus distante, indiferente, quase inimigo dos homens. O v. 12c pode, todavia, ser traduzido também de outro modo: "Deus não acha nada injusto", ou seja, Deus não acha de modo algum errado o fato de os inocentes sofrerem. Desse modo, o texto de 24,12c abordaria a mesma sentença que Jó havia pronunciado no prólogo, em 1,22: "Ele não atribuiu a Deus nada de *injusto*". Se aceitarmos essa leitura, veremos que Jó então mudou radicalmente de ideia e, com feroz ironia, pôs em discussão aberta a justiça de Deus.

O texto de Jó 27,2, o último do discurso de Jó, é como o resumo desses lamentos, quando Deus é tratado em terceira pessoa. Deus parece estar longe, distante, até como inimigo, descrito com uma impressionante série de imagens violentas. Veja-se um bom exemplo no texto de Jó 16,7-17, com cruéis imagens de caça e de guerra, e, de modo particular, todo o capítulo 9: aqui o diálogo com Deus é impossível; ele tem sempre razão (Jó 9,2-4); é um onipotente (vv. 5-10), mas distante (vv. 11-14); Jó encontra-se diante de um confuso silêncio (v. 14), única voz de um Deus evidentemente injusto (vv. 15-18). Não há saída: se Deus absolve Jó, por que, então, o golpeou? Mas, se o condena, "por que" o faz? (vv. 19-21). O ponto mais duro chega nos vv. 22-24: Deus ri da dor dos inocentes. O texto se encerra nos vv. 25-33, com o lamento final sobre uma vida que escapa (vv. 25-28); é inútil pedir perdão a um tal Deus (vv. 29-31), ele é muito diferente do homem (vv. 32-33). Mas aqui surge uma primeira intuição de Jó: seria necessário haver um mediador (v. 33), um árbitro que se ponha entre Deus e o homem. Jó expressa, na realidade, uma esperança muito remota ("oh! Se houvesse...!").

Observemos, enfim, que a versão dos LXX, traduzindo "árbitro" pelo termo μεσίτης, abrirá o caminho à interpretação cristológica: o mesmo título, com efeito, é aplicado a Cristo, em 1 Timóteo 2,5; Hebreus 8,6; 9,15; 12,24.

4.7. Jó interpela Deus (os lamentos "Tu")

Nos cinco textos em que Jó se dirige diretamente a Deus, falando com ele como "tu" (cf. acima), ele põe em questão os atributos essenciais: a bondade, a santidade, a sabedoria. No livro de Jó não há orações propriamente ditas, a menos que se considere como oração o próprio fato de Jó se dirigir a Deus; oração difícil e sofrida, mas nem por isso menos sincera; lembremo-nos de que em Jó 4-27 os amigos jamais se dirigem a Deus, como faz Jó: eles falam dele, mas não falam *com ele*[34].

Jó contesta, pois, a própria bondade de Deus: de fato, ele criou um homem de vida efêmera e dolorosa (Jó 14,1-6). A vida humana é como a corveia de um mercenário (Jó 7,1) e é só sofrimento (Jó 7,3). Não há esperança senão a própria morte (Jó 7,13-16). A vida é como uma corrida veloz para o *she'ôl*, o mundo dos infernos, onde Deus destrói toda esperança humana: cf. Jó 13,28; 14,19. Jó considera Deus como diretamente responsável por essa situação:

---

34. Cf. CALDUCH BENAGES, N.; YEONG-SIK PAHK, J., *La preghiera dei saggi. La preghiera nel Pentateuco sapienziale*, Roma, ADP, 2004, 59-87.

como pode ele ter amor (*ḥesed*) pelo homem? Veja-se a paródia da criação do homem usada no texto de Jó 10,8-12, com uma explícita ironia sobre o Salmo 139 e, em Jó 7,18-19, sobre o Salmo 8.

Jó contesta, depois, a santidade de Deus: como pode o pecado ofendê-lo (Jó 7,17-20)? Deus se torna quase um cruel torturador de um homem que não pode fazer nada para evitar uma tal imotivada cólera. E, se Deus é realmente "santo", ele deve conceder o perdão ao homem; mas não o é se se comporta justamente como um homem (Jó 10,3-7). O defeito não está, portanto, no homem, mas no próprio Deus; com que finalidade, pois, ser bom se Deus acha óbvio que tu és mau?

Jó contesta, enfim, a sabedoria de Deus; de fato, Deus sabe que Jó é inocente: por que, então, se comporta assim com ele (Jó 10,5-7)? Deus tem, assim, as mesmas limitações de um homem (Jó 13,25-27). "Que Deus, então, não me incomode e me responda!" (Jó 13,20-22), exclama Jó.

Observemos que Jó é, no fundo, prisioneiro ainda da teoria da retribuição: se sou inocente, é Deus o culpado. Mas esse Deus, na realidade, não existe; Jó, todavia, acredita em Deus e continua a se dirigir a ele, mesmo quando isso poderia parecer impossível.

4.8. As doxologias

Em algumas passagens, seja nos discursos dos três amigos, seja nos discursos de Jó, especialmente dentro do primeiro ciclo de discursos (Jó 5,10-16; 9,4-13; 10,8-12; 11,7-11; 12,7-25), encontramos textos em forma de hino. É interessante observar, a esse respeito, que os amigos exaltam Deus — jamais, contudo, dirigindo-se diretamente a ele — para condenar Jó; até a oração pode ser desvirtuada! Na boca de Jó, porém, o hino torna-se o modo de expressar a esperança num Deus que deveria ser, contudo, diferente do que parece.

Um exemplo de hino na boca dos amigos é o texto de Jó 11,7-10, dentro do discurso de Sofar. Ele exalta a grandeza e a transcendência de Deus, a sua sabedoria infinita. É significativo o fato de esse texto ser retomado, no Novo Testamento, pela Carta aos Efésios (Ef 3,18); mas para Paulo a grandeza do mistério de Deus é acompanhada pela possibilidade de nele penetrar, por parte do fiel. Para Sofar, porém, a grandeza e o mistério de Deus não são senão um outro modo para calar a boca de Jó: se Deus chama a juízo, quem poderá impedi-lo? (Jó 11,10).

Bem diferente é o hino que o capítulo seguinte põe na boca de Jó (Jó 12,7-25). Também Jó exalta a grandeza de Deus, um Deus que é capaz de revirar o destino do homem, de abater os poderosos e tirar a sabedoria dos sábios. Um Deus, portanto, que é capaz de subverter qualquer discurso feito sobre ele. De um lado, o objetivo desse hino é irônico; os vv. 22-25, com efeito, descrevem um Deus que parece somente capaz de lançar o homem nas trevas, um Deus "para além do bem e do mal" que parece querer fazer o que quer. No entanto, de outro lado, o hino tem, na boca de Jó, também um valor positivo. Se os amigos, de fato, cantam hinos ao Deus que eles construíram para si, Jó canta hinos ao Deus em quem espera e que, no fim — mas Jó ainda não o sabe —, poderá realmente encontrar.

4.9. A esperança de Jó

Jó não cessa de discutir com Deus, nem mesmo no profundo da sua dor; mas, de fato, qual é a sua esperança, se é que, realmente, há para ele uma esperança? Há no livro pelo menos três passagens nas quais emerge de modo mais explícito a referência a certa esperança de Jó, na linha daquele "mediador" evocado em Jó 9,33. Trata-se dos textos de Jó 14,13-17; 16,18-22; 19,23-27.

Para avaliar bem esses textos, é preciso lembrar que, muitas vezes, o autor do livro de Jó expressa a convicção, difundida em seu tempo, de que depois da morte não há nada e que esta vida é a única possível (cf. Jó 3,17-19; 7,9-10; 10,21; 16,22; 17,1.13.15.16; 23,17). Lembremo-nos, de passagem, que, no tempo em que o livro de Jó foi escrito, assim como vimos também nos Provérbios, não tinha ainda se desenvolvido em Israel a fé numa vida depois da morte. Quando se morre, vai-se para o *she'ôl*, ou seja, para os "infernos", uma espécie de fossa comum indiferenciada onde se vive uma vida de sombras. Somente a partir do século III a.C. é que começa a nascer uma visão cada vez mais clara relativa à vida depois da morte, que, nos dois séculos seguintes, iria se tornar cada vez mais explícita no livro de Daniel, no Segundo livro dos Macabeus, no livro da Sabedoria[35].

Não podemos oferecer aqui uma exegese detalhada dos três textos anteriormente mencionados, para os quais remetemos aos principais comentários sobre Jó, limitando-nos a esclarecer os aspectos mais significativos de cada texto.

---

35. Uma visão muito simples e sintética dessa temática encontra-se em SKA, J.-L., 'Il sepolcro sarà loro casa per sempre' (Sl 49,12). L'aldilà nell'Antico Testamento, in: BIGARELLI, A. (ed.), *L'aldilà. La risurrezione nel testo biblico e nella visione del magistero*, Reggio Emilia, Ed. San Lorenzo, 2005, 17-48.

O texto de Jó 14,13-17, dentro da resposta de Jó a Sofar (Jó 12-14), abre-se com um optativo de desejo: "Oh, se tu quisesses esconder-me no reino dos mortos!"; a morte poderia ser a melhor solução para escapar a esse Deus tão terrível; Jó poderia se esconder no profundo do *she'ôl*, dos infernos, e esperar que Deus afastasse dele a sua cólera. Mas há uma esperança ainda mais ousada e nova: Deus poderia "voltar a se lembrar de mim" (Jó 14,13c); usa-se aqui o verbo hebraico *šûb*, "retornar", o verbo da "conversão"; ou seja, Deus poderia "se converter" e fazer reviver Jó, perdoando os seus pecados. Os vv. 14-17 vão ainda mais adiante: se houvesse uma possibilidade de voltar atrás da morte! Se Deus perdoasse de verdade o homem e cobrisse o seu pecado! Mas as duas estrofes seguintes (vv. 18-19.20-22) esclarecem que se trata somente — pelo menos por ora — de um sonho; com efeito, Deus destrói a esperança do homem (Jó 14,19c).

A passagem de Jó 16,18-22, na segunda resposta de Jó a Elifaz (Jó 16-17), merece uma tradução o mais fiel possível do texto hebraico[36]:

> [18]Ó terra, não cubras o meu sangue,
> não deixes que o meu grito não encontre espaço!
> [19]Mas eis que agora a minha testemunha está nos céus;
> está lá no alto quem pode testemunhar a meu favor.
> [20]Seja ele o meu advogado, o meu amigo diante de Deus,
> — enquanto diante dele lacrimeja o meu olho —
> [21]para que seja árbitro entre Deus e um mortal,
> como faz um homem com outro homem,
> [22]porque passam os meus poucos anos
> e eu vou embora por um caminho sem retorno.

Jó apela aqui à singular figura de um mediador celeste (cf. Jó 9,33) que vingue seu sangue, o qual grita da terra, como o de Abel (cf. Gn 4,10-11). A acusação de Jó parece dirigida contra o próprio Deus, testemunha do sangue por ele mesmo derramado, um Deus que é, portanto, réu e juiz ao mesmo tempo. Jó tem esperança numa "testemunha", num "advogado", num "árbitro" que outro não pode ser senão o próprio Deus. Em outras palavras, Jó parece perceber uma contradição entre a existência de um deus inimigo e a possível existência de um deus amigo. Acreditando também nas aparências do rosto amigo de Deus, Jó apela a seu testemunho e à sua defesa contra o Deus inimigo, do qual Jó, aliás, acabou de falar nos versículos imediatamente anteriores, usando imagens particularmente fortes (Jó 16,13-17).

---

36. Cf. HABEL, N.C., *The Book of Job*, Filadélfia, Westminster Press, 1985, 263.

Qual das duas faces de Deus é, portanto, a verdadeira? Jó espera que o Deus em quem acredita liberte-o do Deus que os amigos (e com eles toda a tradição da qual provêm) lhe fizeram experimentar[37].

É possível, todavia, oferecer uma interpretação mais profunda dessa passagem, se for lida à luz do Novo Testamento. Ainda que Deus pareça um inimigo do homem (cf. todo o capítulo 16), a fé de Jó vai além dessa imagem negativa de Deus. Ele está convencido de que nos céus, ou seja, no mundo de Deus, deve haver alguém que o defenda do próprio Deus, "como faz um homem com outro homem" (v. 21). No Novo Testamento, Jesus nos oferecerá a revelação do "Paráclito", o espírito "defensor" dos homens, testemunha a favor deles (Jo 15,26; 1Jo 2,1); o próprio Deus torna-se, assim, aquele "mediador" entre Deus e o homem que Jó espera.

A passagem mais célebre de todo o livro no qual Jó exprime a sua esperança é o de Jó 19,23-27; a moldura literária na qual esse texto se encontra inserido é fortemente negativa; um longo lamento de Jó, que se estende por todo o capítulo 19, em resposta à intervenção de Bildad, que culmina no apelo aos amigos feito no v. 22, é: "Por que vos enfureceis contra mim, *como Deus*, e jamais vos saciais da minha carne?". Nos vv. 23-24, o tom se faz solene; Jó está por dizer alguma coisa que vale a pena registrar por escrito para sempre.

> Notamos que na liturgia católica esse texto aparece no lecionário das missas das exéquias como uma das possíveis leituras do Antigo Testamento, embora no texto não se faça referência explícita a uma vida além da morte; isso ocorre, na realidade, por motivo da tradução latina de Jerônimo, que faz dos vv. 25-27 um anúncio da ressurreição, dando, assim, a esse texto de Jó uma densidade que o texto hebraico certamente ignora. Vejamos aqui a *Vulgata* de Jó 19,25-27:
>
> *Scio enim quia Redemptor meus vivit*
> *et in novissimo die (de terra) surrecturus sum*
> *et rursus circumdabor pelle mea*
> *et in carne mea videbo Deum meum.*
> *Quem visurus sum ego ipse*

---

37. "A contradição entre o deus da tradição, que protege, e o deus da sua experiência, que destrói, acentua-se na simultaneidade. Ainda que Jó tenha consciência da existência beatificante do deus amigo, todavia não pode cancelar a realidade do deus inimigo. Ele apela solenemente de um para o outro e sabe que o deus abonador, o deus libertador, levará a sua causa à vitória contra o deus inimigo" (VON RAD, G., *Teologia dell'Antico Testamento*, Brescia, Paideia, 1972, I, 467).

> *et oculi mei conspecturi sunt et non alius:*
> *reposita est haec spes mea in sinu meo.*

O texto de Jó 19,25-27 apresenta problemas textuais realmente complexos; vemos aqui uma tradução o mais próximo possível da tradução do texto massorético[38]:

> ²⁵Mas eu sei que o meu resgatador está vivo
> e, último, se levantará contra o pó.
> ²⁶Também, depois que me for assim arrancada a pele,
> da minha carne eu verei Deus.
> ²⁷Eu, eu mesmo, o contemplarei,
> os meus olhos o verão não como a um estranho;
> os meus rins definham no meu íntimo.

O "resgatador" ao qual recorre Jó deve ser visto na mesma linha do mediador ou do árbitro dos textos anteriores. Trata-se aqui da figura bíblica do *gô'el*, ou seja, do vingador do sangue, o parente mais próximo, que, segundo o direito israelita, tem o dever de resgatar o familiar vendido como escravo, de vingar os delitos de sangue, de recomprar os bens familiares alienados por débitos ou de casar-se com a viúva do irmão ou do parente mais íntimo no caso de ele morrer sem filhos; nos textos de Isaías 40-55, esse título é aplicado ao próprio Deus[39]. Aqui, Jó apela justamente a Deus, considerado como aquele que tem o dever de intervir em seu favor. O contexto é, pois, de caráter jurídico: esse resgatador divino está "vivo" e se erguerá como última voz que defenderá Jó em juízo (o verbo *qûm*, "erguer-se", confirma essa perspectiva jurídica; cf. Sl 74,22; 82,8) "contra o pó", ou seja, contra a mísera situação na qual Jó se encontra. Aqui, Jó não espera uma vida após a morte, mas *sabe* que também, quando for reduzido aos extremos desta vida, ele poderá ver Deus pessoalmente não como a um estranho.

Podemos concluir que nesse texto Jó apela a Deus contra Deus; sua esperança parece apenas aparentemente descarnada e pobre de conteúdo. O muro da morte não fica arranhado, mas Jó *sabe* que, no fim de tudo, antes da morte, ele se encontrará pessoalmente com Deus. Essa esperança é para ele de tal modo perturbadora que os "rins" de Jó definham: os rins são, com efeito, a sede das sensações mais fortes e lugar onde Deus perscruta os desejos

---

38. Cf. uma cuidadosa e sintética discussão em Borgonovo, *La notte e il suo sole*, 86.
39. Cf. Ringgren, H., gā'al, gō'ēl, ge'ullâ, in: *GLAT*, I, 1803-1814.

humanos (cf. Sl 7,10; 26,2; Jr 11,20; 17,10; 20,12); também Deus, que perscruta os rins do homem, portanto, sabe qual é o desejo íntimo de Jó.

4.10. A sabedoria misteriosa (Jó 28)[40]

O capítulo 28 pode ser facilmente subdividido em três estrofes; no v. 12 e no v. 20, uma mesma estrofe sobre a inacessibilidade da sabedoria garante que é boa essa divisão. Temos, assim, os vv. 1-12, centrados na imagem das minas; o homem traz a lume as coisas mais ocultas, mas não consegue descobrir o lugar da sabedoria; a técnica não é suficiente para encontrar a sabedoria. Os vv. 13 a 20, porém, utilizam uma linguagem de caráter comercial: apesar de todas as suas riquezas, o homem é limitado e não consegue descobrir o verdadeiro caminho da sabedoria; ao fracasso da técnica junta-se o da economia. Somente Deus pode encontrar a sabedoria, porque é ele mesmo que a criou (vv. 21-28): a terceira estrofe descreve, com uma linguagem relativa ao conhecimento, o dom da sabedoria que Deus oferece aos homens, uma sabedoria que, à luz dos vv. 24-27, parece estar presente na criação (cf. Pr 8,22-31).

O v. 28, que conclui o hino da sabedoria, parece a muitos comentaristas de Jó uma volta às teses dos três amigos: a verdadeira sabedoria consiste, segundo esse texto, em temer a Deus e em se manter longe do mal; é, precisamente, o que, segundo o prólogo (cf. Jó 1,1), Jó fazia antes que Deus o golpeasse; mas é exatamente esse o motivo pelo qual Jó contesta Deus. Se considerarmos o v. 28 por esse ponto de vista, compreenderemos que, afinal, a crítica de Jó a Deus ainda não havia terminado; nos capítulos 29–31 Jó voltará a evocar Deus, que o fazia sofrer mesmo quando sabia que ele era inocente.

Na realidade, a afirmação do v. 28 chega ao final de um poema no qual o problema parece ser a inacessibilidade da sabedoria: com efeito, ela não pode ser encontrada pelo homem, apesar de toda a sua habilidade técnica (primeira estrofe) e apesar de suas riquezas e da sua atividade (segunda estrofe). A sabedoria não está, por isso, na ordem do ter, mas do crer ("temer a Deus") e, ao mesmo tempo, do ser ("abster-se do mal"). Desse modo, o poema parece mais uma crítica às posições dos amigos do que às posições de Jó; o poema ataca implicitamente a pretensão dos amigos de ter uma sabedoria que lhes permite avaliar o comportamento humano ou o comportamento de Deus. Ninguém pode dizer que encontrou a sabedoria, que é, acima de tudo, um dom de Deus.

---

40. Cf. Niccacci, A. Giobbe 28, *Liber Annuus*, 31 (1981) 29-58, e, do mesmo autor, Ma la sapienza, da dove giunge?, in: *Logos*, Leumann (TO), ElleDiCi, 1997, IV, 281-287.

Quem pronuncia, então, o poema do capítulo 28? *De per si*, o título posto em 27,1 situaria também o capítulo 28 dentro da última resposta de Jó (cf. acima, p. 132-133). Apesar da variedade das opiniões de muitos comentaristas de Jó, talvez seja preferível pensar numa espécie de "interlúdio", quase de caráter musical, com o qual o próprio poeta intervém, para separar do monólogo final de Jó (cc. 29–31) o debate entre Jó e os três amigos (Jó 3–27), ou, talvez, na redação original da obra, para separar do debate conclusivo com Deus o debate com os amigos, se considerarmos que os discursos de Eliú (Jó 32–37) podem ter sido acrescentados num segundo momento.

Ressaltando a inacessibilidade da sabedoria e, ao mesmo tempo, a possibilidade de ter acesso a ela, se vista como dom de Deus, o poema de Jó 28 pretende eliminar qualquer apoio às pretensões dos amigos de conhecer os critérios do agir de Deus. Ao mesmo tempo, o poeta começa aqui a responder a Jó, antecipando, desse modo, a resposta que será dada mais adiante pelo próprio Deus: Deus é para o homem um mistério que o homem não é capaz de entender plenamente. O poema esclarece, como se disse, uma questão de limite: a sabedoria está, ao mesmo tempo, presente e ausente; é conhecível, mas impenetrável.

De outra parte, precisamente o v. 28 contém um elemento positivo: existe uma sabedoria acessível ao homem, que o próprio Deus lhe fez conhecer (v. 28a: "e disse ao homem"); o que o homem não pode atingir com as suas forças, pode-o, porém, com a sua fé; mas é precisamente o que Jó fez desde o início do livro; ele, certamente, tem essa sabedoria, de fronteiras opostas à fé.

4.11. O monólogo final de Jó (Jó 29–31)

Os capítulos 29–31 constituem, provavelmente (cf. a estrutura geral do livro apresentada antes), o início do debate com Deus, em paralelo com o monólogo de Jó 3 e, ao mesmo tempo, constituem a conclusão de Jó 4–27, depois do interlúdio sobre a inacessibilidade da sabedoria (Jó 28). A provável inserção dos discursos de Eliú (Jó 32–37) quebrou essa harmonia, transformando esses capítulos num monólogo conclusivo de Jó. Os amigos agora desapareceram da cena e Jó só. Depois desse longo monólogo inicial, as respostas de Jó diante de Deus serão brevíssimas.

Jó lembra, antes de tudo, o seu passado feliz, que atesta, a seu modo de ver, a proteção divina com que ele contava (Jó 29). O capítulo 30 está centrado, porém, em seu sofrimento atual, o qual ele não consegue compreender e sobre o qual ele novamente pede explicações a Deus (Jó 30,20-23). O capítulo 31 apresenta-se como um amargurado protesto de inocência, que contém uma confissão negativa, de elevado valor moral, relativa a uma lista de catorze pecados que Jó considera não ter cometido. Usando um gênero literário conhecido da literatura egípcia, o poeta não quer apresentar um Jó que se vanglorie da sua inocência diante de Deus, mas um Jó de consciência pura, que sabe não merecer punições por pecados que ele realmente não cometeu; o Jó que sai desse capítulo não é um orgulhoso que se ergue contra Deus, mas um homem de consciência límpida que tem a secreta esperança de que o deus em quem ele crê (ou no qual gostaria de crer) respeitará essa sua consciência.

A verdadeira conclusão do capítulo 31 e, portanto, de todo o monólogo de Jó está nos vv. 35-37, que a Bíblia de Jerusalém desloca, talvez indevidamente, para depois do v. 40. Em vez de acabar no arrependimento, a confissão negativa de Jó se encerra chamando diretamente Deus ao juízo. Tendo em mãos a sua acusação escrita, Jó se sente quase como um rei (cf. a referência ao diadema real, no v. 36) e pode exclamar "Que o Onipotente me responda!". O documento de acusação está pronto — "Eis aqui a minha assinatura" —, ou, ao pé da letra, "Eis aqui o meu *tav*". O *tav* é a última letra do alfabeto hebraico, algo como uma espécie de selo conclusivo colocado no documento de Jó, que ele quer apresentar a Deus pessoalmente. Mas Deus responderá a Jó?

4.12. Os discursos de Eliú (Jó 32–37)

> [Os arrogantes] fazem referência ao poder do Senhor, de quem se julgam porta-voz; e com essa desculpa exigem o silêncio para si, que não lhes cabe; e enquanto, aparentemente, falam de Deus, exigindo a escuta em nome do respeito a ele devido, preocupam-se mais em pôr em evidência a si mesmos do que em anunciar as obras dele (Gregório Magno, *Moralia in Job* XXVI, XXIII, 41).

Nos capítulos 32 a 37, intervém repentinamente um quarto personagem, de nome Eliú, que, desde o início (32,2-3), nos é apresentado como um jovem insatisfeito com as respostas blasfemas de Jó e com as réplicas insatisfatórias dos amigos. Esse Eliú não é citado em nenhuma outra parte do livro e, em particular, desaparece do epílogo (Jó 42,7-17), no qual, porém, reaparecem os três amigos, Elifaz, Bildad e Sofar. O estilo das intervenções de Eliú é até repetitivo e prolixo, muito diferente do estilo do restante do livro. Uma primeira questão que deve ser abordada é, pois, relativa ao pertencimento ou não desses capítulos ao corpo do livro de Jó.

A maior parte dos comentaristas considera que os capítulos 32–37 foram acrescentados ao livro de Jó num segundo momento e que podem ter sido obra de um escriba (ou de um grupo de escribas) que ficara escandalizado com as declarações de Jó, bem como descontente com a defesa de Deus feita pelos amigos. Se isso for verdade, temos com Eliú o primeiro "comentarista" do livro de Jó, o primeiro, na realidade, de uma longa série. Mas se os discursos de Eliú procuram levar, como veremos, as argumentações de Jó a uma lógica mais "ortodoxa", conseguem fazer dar ainda mais destaque à inutilidade das demonstrações humanas diante do problema de Deus.

É possível também pensar que esses capítulos pertençam à mesma mão que compôs o restante do livro; mas, também nesse caso, a figura de Eliú poderia parecer com a de um "intruso" que tem algo a acrescentar em defesa de Deus e se põe em discórdia com Jó. É como se um membro do público que assistiu a um drama se levantasse e tomasse a palavra, surpreendendo os outros espectadores. Em todo caso, se inseridos no livro como o são no texto atual, também os discursos de Eliú caem sob o juízo da intervenção divina que os segue e que, ao fim e ao cabo, dará razão a Jó.

O esquema a seguir pode nos ajudar na subdivisão desses capítulos.

– 32,1-6: introdução em prosa; apresentação do personagem Eliú.
– 32,6-22: exórdio de Eliú.
    – 33-35: corpo do discurso de Eliú:
        – 33: *I discurso*: Deus é justo.
        – 34: *II discurso*: não se pode acusar Deus de injustiça.
        – 35: *III discurso*: não se pode acusar Deus de indiferença.
– 36,1–37,13: discurso em forma de hino sobre a transcendência de Deus.
– 37,14-24: convite final à conversão.

Cada um dos três discursos centrais (cc. 33-35) segue uma mesma lógica: Eliú convida Jó a escutar, cita algumas frases que Jó disse — ou que teria dito —, critica-as, oferece seu conselho e, afinal, dirige a Jó um apelo, ou começa o seu juízo. Pode servir de ajuda outro esquema[41]:

Tema tratado por Eliú	I-Jó 33	II-Jó 34	III-Jó 35
1. Convite à escuta	vv. 1-7	vv. 2-4	v. 4
2. Jó diz ter razão	vv. 8-11	vv. 5-6	v. 2
– a resposta de Eliú	v. 12	vv. 10-12	vv. 4-8

---

41. Cf. LÉVÊQUE, *Job, le livre et le message*, 45.

3. Jó diz que Deus é silencioso	v. 13	–	cf. v. 14
– a resposta de Eliú	vv. 14-25	–	vv. 9-15
4. Jó diz que não há proveito para o justo	–	vv. 7-9	cf. v. 3
– a resposta de Eliú	–	vv. 13-30	–
5. O conselho de Eliú	vv. 26-28	vv. 31-32	–
6. Conclusão: apelo a Jó e/ou juízo sobre ele	vv. 29-33	vv. 33-37	v. 15

Em Jó 32,1-6, o poeta nos apresenta, com um breve trecho em prosa, o personagem de Eliú, claramente identificável como um israelita. O nome é, com efeito, uma variante do do profeta Elias e, em hebraico, significa também ele "YHWH é o meu Deus". Como o profeta Elias (cf. 1Rs 17–19), também Eliú parece indignado diante de quem acusa o Senhor e cheio de zelo para com ele: mas será verdadeiro esse zelo? Como Elias, também Eliú se ergue como defensor de Deus (cf. Jó 33,12), e já está claro, desde o início, que Eliú irá se opor a Jó, o qual "pretendia ter razão diante de Deus". Mas também os amigos são criticados, eles que tinham dito de Jó "Deparamo-nos com uma sabedoria que somente Deus pode confutar e não o homem" (assim, uma possível tradução de Jó 32,13), renunciando, de fato, a discutir com ele.

Eliú apela para uma revelação privada (Jó 32,8.18); ele mostra procurar o diálogo (Jó 33,31-33), mas seu diálogo é, na realidade, apenas um monólogo. Eliú cita o que Jó disse, mas apenas para julgá-lo: Jó 34,7-9.34-37; veja-se como exemplo, em Jó 34,10-12, a resposta dogmática e superficial que Eliú oferece às palavras de Jó por ele lembradas em Jó 34,5-6.

Eliú enfatiza com vigor a transcendência divina: Deus é maior do que o homem (Jó 33,12) e fala de modo que nem sempre o homem pode compreender, como nas visões noturnas (Jó 33,14-20); entre esses modos com os quais Deus se dirige ao homem há também o sofrimento (Jó 33,19-25; 36,22-25) [texto evocado em Rm 11,33-36]. Mas Deus, visto como soberano onipotente, é um juiz justo ou um déspota absoluto, como parece transparecer dos discursos de Eliú?

Eliú ressalta também a providência de Deus; ele está presente no mundo: na história (Jó 34,18-20, espec. o v. 19: Deus faz justiça ao pobre); na criação (37,1-13); em especial, está presente na dor humana (Jó 36,8-21). Fica, porém, o fato de que a experiência ensina que o mundo não é aquele mundo perfeito e governado por um Deus justo que Eliú parece afirmar (cf. a passagem de Jó 34,16-30).

A verdadeira novidade contida nos discursos de Eliú é, todavia, a teologia do sofrimento educativo: cf., em particular, o texto de Jó 36,5-15. Depois de ter afirmado a justiça de Deus, a dor do homem é descrita em Jó 36,9-10 como algo que Deus manda para que os homens se convertam. O princípio é reafirmado de modo muito mais claro em Jó 36,15 (cf. ideias não diferentes contidas em Pr 3,11-12; Sr 2,4-5; 2 Mc 6,13-16).

Os julgamentos que os comentaristas fazem de Eliú são, em geral, muito severos[42]. Eliú representaria o tipo de mestre (de teólogo, diríamos nós) que sabe tudo, alguém que encarna tudo aquilo contra o que polemiza Jó. Ele não ouve realmente Jó, não o compreende, mas responde apenas em nome da razão, com a qual pretende julgar tudo o que se refere a Deus.

Alguns autores tentaram uma leitura mais positiva dele[43]; Eliú ressaltaria a soberania do Criador, que, embora controlando o homem, dá-lhe graça. Na realidade, tal leitura positiva dos discursos de Eliú não parece totalmente convincente, embora seja verdade que Eliú constitui, na forma atual do texto, a última preparação oferecida no livro à manifestação direta de Deus. Nos versículos conclusivos (Jó 37,14-24), Eliú convida efetivamente Jó a contemplar as maravilhas de Deus e, no v. 22, parece antecipar a intervenção dele. Mas resta o fato de que o v. 23 é, no seu todo, muito claro: não é possível chegar ao Onipotente, e ele não tem de responder a Jó[44]. É justamente este o ponto: apesar da opinião de Eliú, Deus responderá (cf. Jó 38,1).

Lidos sob esse ponto de vista, os discursos de Eliú representam a última tentativa da razão humana de defender Deus e condenar, assim, Jó. Eliú representa, de certo modo, a última tentação para Jó, considerando que Eliú faz apelo a uma revelação direta de Deus: em quem acreditará Jó? Acreditará no que, mais uma vez, diz um homem ou esperará ainda uma resposta direta de Deus?

Os discursos de Eliú, considerados na economia de todo o livro, têm, pois, um sentido, ainda que os consideremos acrescentados num segundo momento; esses capítulos produzem, com efeito, um dramático suspense entre o juramento de inocência de Jó (c. 31) e a resposta do Senhor. Esses capítulos

---

42. Veja-se, entre todos, a leitura proposta pelo papa Gregório Magno; cf. MAZZINGHI, L., Riletture dei testi sapienziali: la figura di Elihû secondo Gregorio Magno, *PdV*, 48, 2 (2003), 51-53.

43. Cf. NICCACCI, A., *La casa della sapienza. Voci e volti della sapienza biblica*, Cinisello Balsamo, San Paolo, 1990, 68-72.

44. O verbo presente em 23c pode ser traduzido pelo radical hebraico *'nh* I, "ele não responde", ou seja, como escolhe BCei 2008, da raiz *'nh* II, "ele não oprime".

mostram, afinal, a incapacidade do homem de compreender, mesmo com o apelo a supostas revelações, o mistério do sofrimento, e o preparam para o confronto direto com Deus, exaurida toda tentativa de explicação humana. Os discursos de Eliú constituem, assim, a primeira reação ao desafio de Jó; mas o próprio Eliú ficará desequilibrado e será desmentido pela intervenção divina, a partir de Jó 38,1.

> ### Um versículo difícil: Jó 37,24
>
> A conclusão dos discursos de Eliú soa assim na tradução CEI 2008: "Por isso, o temem [Deus] todos os homens, mas ele não considera os que se creem sábios!". O texto hebraico pode ser traduzido mais literalmente assim: "Por isso, os homens o temem, mas ele [Deus] não vê todos os sábios de coração". Ou seja, Deus não leva em consideração os que se creem sábios (o "coração" remete aqui à razão e à vontade). Se essas palavras são pronunciadas ainda por Eliú, elas devem ser lidas como uma nova acusação a Jó; é também possível, todavia, pensar nesse versículo como uma glosa de um antigo escriba que liquida, afinal, toda a intervenção de Eliú: Deus não se preocupa com os que, como ele, acreditam ser sábios! Existe, enfim, outra leitura possível: "Por isso, os homens o temem, mas quem é sábio de mente não pode vê-lo". Desse modo, o texto estaria ressaltando o mistério de Deus e a possibilidade de poder nele penetrar somente com a fé.

4.13. A teofania (Jó 38,1–42,6)

> Dramaticamente, Deus deve falar, porque Jó desafiou-o a um duelo verbal. Nesses níveis, a neutralidade de Deus é impossível: se não intervém de modo algum, a doutrina dos amigos fica desacreditada, pois não se pode acusar a Deus impunemente. E Jó sai como vencedor, porque deixou Deus sem palavras. Deus deve intervir: a dinâmica do poema o exige, atores e público o esperam. [...]. Agora se escuta a resposta de Deus, coisa que todos esperavam. O conteúdo e o tom frustram a expectativa e deixam qualquer um desconcertado. Uma resposta de Deus imprevisível é o último sucesso do autor[45].

O texto de Jó 38,1-42,6 é um dos mais estudados de todo o Antigo Testamento e, ao mesmo tempo, um dos mais problemáticos. Uma vez admitida a

---

45. ALONSO SCHÖKEL; SICRE DIAZ, *Giobbe*, 587 e 600-601.

unidade literária desses capítulos, temos de reconhecer que esses textos não respondem a nenhuma das expectativas do leitor e até dos personagens (cf. a citação acima referida); a intervenção de Deus é, com efeito, desconcertante para os amigos, para o próprio Jó, para todo o público.

Muitos comentaristas consideram que Deus não responde de modo algum às perguntas de Jó, centradas todas no tema da dor e da justiça (falha) de Deus. Deus revelar-se-ia a Jó na sua onipotente força, como uma espécie de "faraó celeste" que esmaga o homem com a sua majestade e que o reduz ao silêncio: ou, Deus revelar-se-ia a Jó de modo irônico, como um adulto que, com um brinquedo, procura manter calma uma criança que chora, distraindo-a com outras coisas menos importantes. Para outros, ainda, Deus utilizaria de modo errôneo o argumento da criação para responder às perguntas "morais" feitas por Jó em relação à justiça de Deus.

Comecemos pela apresentação da estrutura literária de Jó 38,1-40,6, que pode ser assim esboçada:

Primeiro discurso de Deus: 38,1: introdução em prosa
38,2: pergunta inicial de Deus
38,3: ordem dirigida a Jó
38,4-39,30: corpo do discurso de Deus
– 38,4-21: a criação
– 38,22-38: o governo do mundo
– 38,39-39,30: os animais
40,1-2: nova pergunta dirigida a Jó
Primeira resposta de Jó: 40,3-5
Segundo discurso de Deus: 40,6: introdução em prosa
40,7: ordem dirigida a Jó
40,8-14: série de perguntas
40,15-41,26: cerne do discurso
– 40,15-24: Beemôt
– 40,25-41,26: Leviatã
Segunda resposta de Jó: 42,1-6

A questão literária

Na crítica do século XIX, prevalecia a opinião dos que viam nos dois discursos de Deus um acréscimo posterior, que, na realidade, não responde de modo algum às perguntas de Jó. Essa opinião está superada. Há ainda quem pense no segundo discurso — em particular nos dois longos desdobramentos sobre Beemôt e Leviatã — como um acréscimo a um primeiro, originário discurso de Deus[46]. Eliminar essas passagens significa, porém, tirar toda a força do discurso de Deus, que ficaria limitado a Jó 40,6-14. Resta o fato de que o texto, na sua forma atual, continua a ser problemático; L. Alonso Schökel, embora defendendo a unidade literária dos discursos de Deus[47], pensa num texto ao qual faltou um acerto definitivo, mas admite estar no campo das conjecturas. Não nos esqueçamos de que Jó utiliza aqui, em grande estilo, a linguagem do mito, o único capaz de "fazer falar" Deus, e une uma linguagem expressiva (a "palavra" de Deus) a uma ostensiva (o uso das imagens e da contemplação); tudo isso nos permite evitar querer explicar a todo custo o texto com as nossas lógicas.

4.14. O primeiro discurso de Deus (Jó 38,1–40,2)

Em Jó 38,1, o poeta nos lembra um fato surpreendente e inesperado: "Do meio do turbilhão, o Senhor respondeu a Jó". Na cena não aparece uma divindade abstrata (El ou Eloah, cf. o que observamos sobre o uso dos nomes divinos em Jó); quem aparece, porém, é YHWH, Deus de Israel, o Deus do Êxodo e senhor da história, que, contrariamente às expectativas de Eliú (cf. Jó 37,23), responde a Jó[48]. O "turbilhão" ou a tempestade é um dos símbolos da presença de Deus no Êxodo, como já acontecera no Sinai (cf. Ex 16,10 e 20,18-19).

O v. 2 pode ser traduzido deste modo: "Quem é esse que ofusca o plano [de Deus] com palavras sem sabedoria?". Deus parece ignorar o caso-Jó, mas não é assim. O termo aqui traduzido por "plano" (*'eṣah*) indica na Bíblia hebraica o projeto de Deus relativo ao mundo e à história; é um plano estável (cf. Pr 19,21 e Is 25,1) e irrevogável (cf. Sl 33,11; Is 14,24-26; 46,11), mediante o qual Deus quer educar o seu povo (Pr 1,25; 19,20). Deus tem, portanto, um plano sobre a história, coisa que Jó havia posto em dúvida (cf. Jó 24,1). Deus convida, pois, Jó a se libertar de uma perspectiva "sem sabedoria", apenas humana; a suposta sabedoria dos homens é capaz apenas de "ofuscar" o plano de Deus.

No v. 3 vemo-nos diante de uma dupla possibilidade de tradução, por causa da dupla possibilidade de vocalização do termo hebraico *gbr*; Deus manda Jó "cingir os flancos como um *gbr*". Se lermos *ghibbôr*, "valente", concluiremos

---

46. Cf. Ravasi, *Giobbe*, 784-786.
47. Cf. Alonso Schökel; Sicre Diaz, *Giobbe*, 59-63.
48. BCei perde esse jogo de palavras sobre o tema do "responder" que estava, porém, presente na antiga tradução; cf. nota 44.

que Deus parece aceitar o confronto com Jó, convidando-o ao duelo, a cingir os flancos, ou seja, a se preparar para a luta, um duelo que, todavia, não acontece. Mas se lermos *gheber*, "homem", veremos que Deus diz, porém, a Jó: "Cinge os flancos *como um homem*", ou comporta-te como és, ou seja, (apenas) como um homem. O confronto com seu Deus que Jó esperava é agora possível, mas Jó deve, diante de Deus, reconhecer a própria humanidade.

O corpo do discurso divino (Jó 38,4-39,30) desenrola-se com uma série de perguntas retóricas:

Jó 38,4-7: Quem criou a terra (cf. Jó 9,6-7)? No v. 7 há um particular toque poético: as estrelas aplaudem o Criador, e os filhos de Deus, ou seja, os anjos, se alegram.

Jó 38,8-11: Quem domou o mar (cf. Jó 7,12)? O mar é para os hebreus um elemento perigoso, quase um monstro; mas Deus o domina e o aprisiona. Por isso, a criação não é um caos incontrolável.

Jó 38,12-15: Quem faz surgir a aurora? Texto belíssimo que retoma em sentido contrário a descrição das trevas feita por Jó em 24,13-17. Deus faz surgir a aurora e sacode as trevas como se fosse um tapete cheio de parasitas; a aurora faz desaparecer todos os problemas da noite; retorna ainda a simbologia da luz.

Jó 38,16-21: Quem cria a luz e as trevas, quem governa o mundo dos mortos (cf. Jó 14,13-14)? Deus convida Jó a explorar o cosmos, do fundo do mar ao mundo dos mortos, do qual, por várias vezes, precisamente Jó falara (cf. também Jó 3,16-19). Encontramo-nos diante de uma imagem oposta à anterior; da luz às trevas. Aqui Deus se torna particularmente irônico (cf. os vv. 19 e 21).

Jó 38,22-24: Quem controla os reservatórios da neve e do granizo? A ideia é tradicional: Deus guarda esses fenômenos atmosféricos para punir ou para salvar os homens.

Jó 38,25-30: Quem faz chover ou nevar (cf. Jó 12,15)? Neve e frio são raros em Israel (cf. Sl 147,16-17 e Sr 43,19-20) e constituem, por isso, fenômenos que suscitam admiração.

Jó 38,31-34: Quem guia os astros? Emerge aqui o interesse do mundo antigo pela astrologia.

Jó 38,35-38: Quem desencadeia o furacão? Com essa imagem de poder fecha-se a descrição das forças da natureza evocadas por Deus.

A esta altura, abre-se a segunda parte do discurso, centrada nos animais, uma espécie de filme sobre feras do deserto. O texto torna-se ainda mais poético e evocativo, como, em particular, nas duas estrofes finais, do cavalo e da águia.

Quem nutre as feras selvagens (Jó 38,39-41)?

Quem as faz parir (Jó 39,1-4)? Os animais revelam ao homem o mistério da vida.

Quem dá ao asno selvagem a liberdade (Jó 39,5-8)?

Quem controla a força do búfalo (Jó 39,9-12)?

Quem dá rapidez ao avestruz (Jó 39,13-18)?

Quem dá a força ao cavalo, tornando-o o animal que guia o homem na batalha (Jó 39,19-25)?

Quem dá a força à águia (Jó 39,26-30)?

A primeira parte do discurso de Deus revela-nos a existência de um mundo dinâmico e constantemente cuidado por Deus, o qual exerce a sua providência também sobre as partes mais áridas e selvagens com uma liberdade absoluta que o homem não pode chegar a compreender. Jó é convidado a um itinerário ideal e impossível que se estende do tempo (o momento da criação) ao espaço, do céu até o mundo dos infernos, um percurso fantástico e maravilhoso que, no fim, todavia, traz de volta o homem a si mesmo e o ajuda a se situar de modo correto diante da realidade. O cosmos não é um amontoado de "coisas", mas é "criação", um mundo no qual Deus não é estranho e no qual, antes, ele exerce a sua providência.

Na segunda parte do discurso de Deus, a que é dedicada aos animais, temos de superar a impressão de nos encontrarmos diante de uma espécie de tratado de zoologia. O poeta nos oferece um apanhado do ambiente do deserto, extraordinário e inquietante. Também os animais nocivos ou perigosos para nós têm um lugar no plano de Deus, até mesmo os tolos, como o avestruz. Não será essa uma resposta indireta às dúvidas de Jó, que perguntava por que Deus não elimina os maus? O homem raciocina com a lógica das antíteses — bom/mau, amigo/inimigo, justo/injusto, útil/inútil — e gostaria de aplicar também à criação essa lógica. Deus, porém, utiliza a lógica do ser, do crescer, do tornar-se; ele é um Deus que cuida da vida em todos os seus aspectos, também naqueles que nos parecem inúteis ou mesmo prejudiciais.

O recurso a exemplos tirados do mundo animal é comum no livro de Jó. Desse modo, o poeta nos ajuda a sair de uma visão exclusivamente antropocêntrica da criação, ou seja, uma visão que julga o cosmos somente a partir do homem; o criador, na realidade, ama todo tipo de vida; há no cosmos um mundo inteiro que escapa ao controle do homem, o qual pretenderia exercer seu domínio também sobre o cosmos.

O discurso de Deus se encerra em Jó 40,1-2: Jó gostaria, ainda, de julgar a Deus, continuar essa espécie de processo iniciado contra ele? O retorno da linguagem jurídica é aqui um indício importante: Deus não pode ser julgado com os critérios humanos da pura justiça; Jó deve aprender a ir além de tais critérios. Jó deve inserir o próprio caso no quadro da ordem da criação. Deus evita respostas simplistas e mecânicas. Com muita ironia, Deus revela a Jó um mundo no qual impera o mistério e no qual o homem não pode encontrar uma resposta unívoca, ainda que o quisesse. Onde foi parar, então, toda a ciência humana?

Ao se encontrar com Deus, Jó compreendeu os seus limites, limites no tempo (Jó 38,4) e no conhecimento (Jó 38,4-5; 39,26) e, portanto, limites no poder que Jó não pode ter sobre a criação; o homem conhece apenas as margens do mistério. Todavia, a série de perguntas e de imperativos com os quais Deus vai ao encalço de Jó não foi inútil: descobrindo o rosto de Deus mediante a criação, o homem descobre a si mesmo, à luz da obra de Deus.

Esse percurso é muito interessante: o conhecimento da criação (hoje diríamos o conhecimento *científico* do mundo), que também está disponível ao homem, desemboca, aqui, na admiração pelas obras maravilhosas de Deus. Assim, o sentido do cosmos não está indisponível aos homens, mas lhes é desconhecido na sua real profundidade. O homem descobre, assim, que, quando pretende falar da grandeza ou da justiça de Deus, deve se pôr numa atitude de admiração e de adoração que nasce da consciência do próprio limite. Desse modo, compreendemos mais uma vez que o problema do livro de Jó não é a dor, mas a descoberta do verdadeiro rosto de Deus. Por meio da criação, conseguimos perceber um de seus aspectos e, sob essa luz, podemos entender melhor a nós mesmos.

> Todos os exegetas pensam que o discurso de Deus é extremamente impactante, porque omite absolutamente toda a petição específica de Jó, e Javé não se submete de modo algum a dar uma interpretação de si mesmo. [...]. Deus renuncia a dizer alguma coisa que explique os seus "decretos" na intenção de descartar os equívocos. Ele mais responde com perguntas que se referem à criação, à ordem e à conservação dela. Não se fala, pois, de teoria, de algum princípio de ação divina ou de alguma coisa semelhante, mas de fatos, do que acontece cotidianamente. É a criação que fornece a Deus a possibilidade de se tornar testemunha. Mais uma vez, chegamos à ideia de que a criação tem algo a dizer que o

homem pode entender. Jó é remetido a essa declaração... Deus deixa que a criação, ou seja, que algum outro fale em seu lugar[49].

4.15. A primeira resposta de Jó (40,3-5)

Na sua primeira e brevíssima resposta, Jó diz, substancialmente, três coisas: antes de tudo, admite a sua pequenez: "sou de pouco peso" ("não conto nada", BCei). Jó reconhece, a princípio, não ter mais argumentos consistentes para contrapor a Deus. Mas tal reconhecimento não nasce de uma espécie de rendimento diante de Deus que o esmaga. Ao contrário, Jó "põe a mão sobre a boca"; esse gesto, à luz do que Jó pedia aos amigos, deve ser entendido no sentido de "ficar de boca aberta" (cf. Jó 21,5). Jó reconhece, admirado, a ação de Deus no mundo.

Enfim, Jó afirma não querer mais falar; assumiu a atitude da admiração e abandonou o caminho do protesto; começou a conhecer uma diferente face de Deus. Em todo caso, resta uma veia de ambiguidade: Jó poderia não querer mais falar porque, diante de um tal Deus, não é possível ter razão (cf. Jó 9,13 ss). Por esse motivo, Deus deverá falar, ainda, para dissipar qualquer dúvida residual.

4.16. O segundo discurso de Deus (40,6–41,26)

É na primeira parte do discurso (Jó 40,6-14), sobretudo, que Deus revela o cerne do problema. Depois de um início idêntico ao anterior (vv. 6-7), o v. 8 constitui o elemento central desse novo discurso divino. Jó gostaria de condenar Deus para justificar a si mesmo; veja-se o que Bildad tinha negado em Jó 8,2 (Deus não pode ser injusto) e o que Jó tinha afirmado, porém, em Jó 27,2 (Deus age sem justiça). Aqui, Deus convida Jó a sair dessa lógica toda racional ligada à pura justiça retributiva. O homem não pode pretender julgar Deus com critérios humanos, e isso vale quer para os três amigos, quer para o próprio Jó. De outro modo, retorna-se ao ponto de partida: se Jó é inocente, Deus é culpado, e vice-versa; não haveria mais nenhuma saída.

Nos versículos seguintes (Jó 40,9-14), Deus deixa bem claro o absurdo da pretensão humana de julgar Deus com base nos próprios critérios. O problema de Jó é, entre outros, a existência dos maus e a aparente ausência de uma retribuição divina. Bem, diz agora Deus a Jó, vejamos se ele é capaz de eliminar

---

49. Von Rad, G., *La sapienza in Israele*, Turim, Marietti, 1975 [or. al. 1970], 203-204.

todos os maus e de os expulsar. Se Jó conseguir fazer isso, então, Deus o louvará, "porque triunfaste com a tua destra". Aqui a ironia chega ao cume; utilizando uma frase extraída dos salmos (cf. Sl 98,1), Deus afirma que, se Jó for realmente capaz de fazer desaparecer o mal do mundo, então, Deus poderá lhe cantar um salmo, invertendo, assim, as partes e tomando ele o lugar do homem!

Emerge aqui uma clara alusão ao "braço" de Deus (v. 9) com o qual Jó pretenderia agir, como o Deus do Êxodo, que pune os egípcios (Ex 6,6; 15,6); na realidade, precisamente a ironia contida nesses versículos ajuda-nos a compreender que os critérios da ação de Deus são bem outros: o Deus que se revela em Jó sabe muito bem que existe o mal, mas se recusa a agir destruindo-o, como Jó gostaria que acontecesse.

Se, portanto, Jó quer combater a injustiça, ele descobre que Deus é o primeiro a querer fazê-lo e que o Deus com o qual ele polemizara é, na realidade, o Deus que agora se rebela também ele contra o mal e, como vemos no difícil discurso sobre Beemôt e Leviatã (Jó 40,15-41,26), é capaz de controlá-lo.

Uma passagem difícil: o discurso sobre Beemôt e Leviatã (Jó 40,15-41,26)

O segundo discurso de Deus completa-se com uma longa passagem na qual Deus aduz dois estranhíssimos animais que no texto hebraico têm o nome de Beemôt e Leviatã. Essa passagem sempre deixou curiosos os leitores de Jó e provocou acesas discussões sobre seu significado. Alguns autores o consideram, como já se disse, um acréscimo secundário.

O poeta põe em cena dois animais cuja descrição lembra muito de perto o hipopótamo e o crocodilo, embora sem os nomear explicitamente. Entramos, assim, num texto tão extraordinário quanto difícil que inspirou muitos artistas e estudiosos. Entre os muitos ecos literários, lembremo-nos da descrição do célebre cetáceo Moby Dick no romance de Melville.

Um primeiro significado do poema deve ser visto no seu aspecto "zoológico"; se esses dois animais são realmente o hipopótamo e o crocodilo, como parece, à primeira vista, animais fortes e perigosos, típicos do ambiente egípcio (em Israel, com efeito, eles não existem), o poeta quer mostrar que Deus lida, como se fossem animais domésticos, com feras que o homem não pode esperar dominar. Desse ponto de vista, retorna o argumento dos animais já vistos no discurso anterior; Deus governa um mundo que escapa ao controle do homem, mas que está cheio de maravilhas e que em nenhum caso foge ao cuidado divino.

> O poeta, todavia, não fala explicitamente de hipopótamos nem de crocodilos; o nome "Leviatã", por exemplo, retorna em outros textos bíblicos com valor simbólico; trata-se de dois monstros aquáticos que simbolizam o caos primordial inimigo de Deus (cf., para o Leviatã, o Sl 74,13-14). Se é assim, neste poema nos é dito que Deus é capaz de controlar as forças do mal, embora sem destruí-las, como gostaria o homem. Essa é, então, uma resposta às perguntas de Jó, que, mais uma vez, é convidado a sair da sua lógica humana. Além disso, o texto contém também irônicas alusões à religião egípcia; há textos e inscrições que lembram que o faraó, ou o deus Hórus, governa sobre poderes maléficos representados por hipopótamos ou crocodilos. É possível também haver algumas alusões políticas; o crocodilo, com efeito, poderia ser símbolo do Egito, e o hipopótamo, da Babilônia, os dois grandes inimigos de Israel.
>
> "O Deus que se dirige a Jó a partir da tempestade mostra-lhe Beemôt e Leviatã, os vestígios do caos vencido, que se tornaram figuras de uma brutalidade controlada e medida pelo ato criador; por meio dos símbolos, deixa-os entender que tudo está em ordem, medida e beleza [...]. O sofrimento não é explicado nem eticamente nem de qualquer outro modo; mas a contemplação do conjunto delineia um movimento que deve ser completado com o abandono de uma pretensão: com o sacrifício da exigência que estava na origem da recriminação, ou seja, a pretensão de formar somente para si uma ilhota de sentido no universo, um império num império[50]".

4.17. A segunda resposta de Jó (42,1-6)

A segunda resposta de Jó a Deus é também a última intervenção que ele faz antes que o livro termine. Se os amigos falavam, acreditando saber, Jó falava porque queria saber. Oferecemos aqui uma tradução dos vv. 1-6, atenta, o mais possível, ao texto hebraico[51]:

> ¹Jó respondeu ao Senhor:
> ²"Reconheço que tu podes tudo
> e nenhum projeto é irrealizável para ti.
> ³Sim: 'Quem é o que obscurece o (meu) plano, mas sem inteligência?'.

---

50. RICOEUR, P., *La symbolique du mal*, Paris, Aubier, 1968, 298. Sobre a figura de Beemôt e Leviatã, cf. um bom ponto da situação em BORGONOVO, *La notte e il suo sole*, 316-319.
51. Cf. BORGONOVO, *La notte e il suo sole*, 82-83.

É certo, falei sem entender,
coisas maravilhosas, que superam a minha compreensão'.
⁴"Escuta-me, estou para falar,
interrogar-te-ei e tu me responderás'.
⁵Eu tinha ouvido a teu respeito somente por ouvir dizer⁵²,
mas, agora, os meus olhos te veem
⁶e por isso detesto pó e cinza,
mas fico consolado".

Observe-se que o v. 3a retoma as mesmas palavras ditas por Deus a Jó, em Jó 38,2, enquanto o v. 4 é um eco das palavras de Eliú, em Jó 33,31. No primeiro caso, Jó cita o discurso anterior de Deus, reconhecendo sua fundamentação, e, no segundo caso, critica a intervenção de Eliú.

A resposta de Jó abre-se, no v. 2, com o reconhecimento da onipotência de Deus e, sobretudo, do seu "plano" ou "projeto" (*mezimmah*), um termo que aparece somente no livro de Jeremias (Jr 23,20; 30,24; 51,11) e que indica o projeto de Deus contra o mal. Jó parece, assim, reconhecer que Deus tem um "plano" para o mundo, como o próprio Deus havia afirmado em Jó 38,2. Reconhece também (v. 3a) que Deus tinha razão quando punha Jó diante da limitação do próprio conhecimento humano. Jó entendeu (v. 3b) que Deus opera apenas maravilhas (Jó retoma aqui um tema típico dos salmos, cf. Sl 131,1; 139,6).

Com os vv. 5-6, encontramo-nos no coração do livro; Jó retoma aqui a sua esperança expressa no texto de Jó 19,23-27. Jó passou de um conhecimento exterior e, por ouvir dizer, para um encontro pessoal, face a face, com Deus. Para Jó, com efeito, Deus jamais foi um objeto de que discutir, mas uma pessoa a ser encontrada; e então ele o encontrou.

Temos, provavelmente, que descartar a tradução do v. 6 que nos oferece a BCei, "por isso, mudo de opinião e me arrependo sobre pó e cinza", que pressupõe um arrependimento de Jó, o qual abandonaria então de modo definitivo a sua atitude de protesto para entrar numa dimensão de pura fé, arrependendo-se do protesto anterior. Contudo, se Jó se arrependesse agora, então todo o seu protesto anterior seria inútil e se voltaria ao ponto de partida: Jó deveria aceitar passivamente a ação de Deus, como, na realidade, já fez no prólogo. Segundo outros autores, o texto seria, porém, fortemente irônico: "Por isso, sinto desprezo [em relação a ti, Deus] e peço desculpas pela fragilidade

---

52. É possível também traduzir "finalmente te escutei com os meus ouvidos"; desse modo, o conhecimento pessoal de Deus passa através dos ouvidos e dos olhos; para essa leitura, cf. MIES, F., *L'ésperance de Job* (BEThL 193), Lovaina, Leuven Univ. Press, 2006, 409-411.

humana". Jó não apenas não se arrependeria como também rejeitaria totalmente os discursos de Deus e as não explicações que Deus teria dado[53].

Podemos oferecer outra possibilidade de leitura de um versículo que talvez o nosso poeta queira deixar propositalmente na ambiguidade: Jó continua a "detestar pó e cinza", ou seja, continua a ficar totalmente imerso numa condição humana de absoluta fragilidade, mas, apesar de tudo isso, ele se sente "consolado", porque, finalmente, encontrou Deus e compreendeu que ele é liberdade que cria, o onipotente manso, e não o juiz violento que ele temia. No momento em que Jó deveria se reconhecer derrotado, ele encontra a sua plena vitória. Não obstante o persistente "por quê?" diante da fragilidade da existência humana ("pó e cinza") que ele "detesta", Jó pode se abandonar a Deus[54].

A resposta de Jó pode certamente surpreender, porque Jó não enfrenta mais os temas que foram objeto de todo o debate anterior; com efeito, como pode Jó dizer "ter conhecido Deus somente por ouvir dizer" se no prólogo fora apresentado como modelo de piedade? Na realidade, reaparece aqui a pergunta de Jó 1,9: Jó é realmente religioso? Ou a sua religiosidade era interesseira porque lhe garantia uma vida feliz? Os discursos de Deus destruíram toda possível leitura da religiosidade de Jó em chave de retribuição, uma óptica ainda evidente nas palavras mesmas de Jó no fim do capítulo 31. Jó compreende, então, o valor de uma fé desinteressada: "Agora os meus olhos te veem". Quem faz perguntas corajosas e, para muitos, até blasfemas, como fez Jó, não encontra tanto a resposta às suas perguntas quanto poderia se encontrar em relação com Deus. Qual é, então, a verdadeira sabedoria?

Resta o fato de que nos encontramos aqui diante de uma questão aberta: o que Jó vai fazer agora? O encontro com Deus poderá levá-lo realmente a uma nova dimensão? Desaparecerá a dor? De que modo Jó poderá continuar a viver, ele que é pó e cinza, como todo homem, depois de ter encontrado o Senhor? Talvez o leitor espere uma resposta, mas ele mesmo deverá encontrá-la.

---

53. Cf. para uma série de diversas interpretações de Jó 42,6: KAPLAN, L.J., Maimonides, Dale Patrick and Job XLII, 6, *VT*, 28 (1978) 356-358; CURTIS, J.B., On Job's Response to Yahweh, *JBL*, 98 (1979) 497-511; MORROW, W., Consolation, Rejection and Repentance in Job 42,6, *JBL*, 105 (1985) 211-225; DAILEY, T.F., And Yet He Repents. On Job 42,6, *ZAW*, 105 (1993) 205-209; VAN WOLDE, E.J., Job 42,1-6: the Reversal of Job, in: BEUKEN, W.A.M. (ed.), *The Book of Job* (BEThL 114), Lovaina, Peeters, 1994, 223-250.

54. Para essas conclusões cf. o estudo de VIGNOLO, 'Dov'è il Padre?'.

Para prosseguir no estudo

A bibliografia sobre estes capítulos é riquíssima. Um sintético ponto de partida está em TERMINI, C. YHWH risponde dalla tempesta (Gb 38-41). In: MARCONI, G.; TERMINI, C. (ed.). *I volti di Giobbe. Percorsi interdisciplinari*. Bolonha: EDB, 2002, 57-67; cf. LÉVÊQUE, J. L'interpretation des discours de YHWH (Job 38,1-42,6). In: BEUKEN, W.A.M. (ed.). *The Book of Job* (BEThL 114). Lovaina: Peeters, 1994, 203-222; uma obra fundamental é a de KEEL, O. *Jahwes Entegnung an Ijob* (FRLANT 121). Göttingen: Vandenhoeck & Ruprecht, 1978.

4.18. O epílogo (42,7-17)[55]

Além disso, os seus amigos, que, enquanto consolam, chegam a invectivá-lo, representam os heréticos, os quais, enquanto têm ares de conselheiros, fazem o papel de sedutores. Assim, quando dirigem ao feliz Jó discursos em defesa do Senhor, são pelo Senhor desaprovados. Todos os heréticos, quando se esforçam por defender a Deus, acabam por ofendê-lo (Gregório Magno, *Moralia in Job* XXIII, I, 3).

À primeira vista, o epílogo em prosa, que retoma elementos já presentes no prólogo, também ele em prosa, parece um banal final feliz que, no fundo, confirma — no momento mesmo em que parece negá-la — a bondade das teses dos amigos: Jó seria recompensado e se tornaria ainda mais feliz do que antes. Na realidade, não é assim; por baixo da superfície da narrativa, o narrador, de propósito, jogou com essa primeira impressão, reelaborando uma primitiva narração sobre Jó provado, mas fiel.

Um fato interessante: dos personagens que tinham aberto o livro em Jó 1-2, faltam no epílogo Satanás e a esposa de Jó. A ausência de Satanás não é, de fato, surpreendente: com efeito, não se dirigia contra ele o protesto de Jó, mas contra o próprio Deus; Satanás tinha apenas a função de dar início a todo o drama. A esposa de Jó, porém, qualificada em Jó 2 como "insensata", embora não mencionada, está, todavia, presente no epílogo: Jó se torna, com efeito, pai (e ela, portanto, mãe, embora não explicitamente nomeada) de sete

---

55. Para aprofundar, cf. COSTACURTA, B., 'E il Signore cambiò le sorti di Giobbe'. Il problema interpretativo dell'epilogo del libro di Giobbe', in: COLLADO BARTOMEU, V. (ed.), *Palabra, Prodigio, Poesia. In memoriam p. Luis Alonso Schökel*, Roma, PIB, 2003, 253-266.

filhos e de três filhas; em vez de ser punida por sua insensatez, recebe de Deus o dom de uma inesperada e extraordinária maternidade.

A primeira parte do epílogo insiste, antes de tudo, para surpresa dos ouvintes, na razão de Jó e no erro dos amigos (Jó 42,7-11). O próprio Deus intervém para nos lembrar de que a sua cólera se acendeu contra os amigos de Jó porque eles não disserem dele "coisas retas", ou seja, coisas verdadeiras, dignas de fé. Antes (v. 8), os amigos são mesmo "insensatos", eles que acreditavam ensinar a Jó a sabedoria. Assistimos, assim, a uma imprevista e, em muitos aspectos, escandalosa reviravolta de situação: como é possível que Deus diga isso? De que modo Jó disse dele coisas retas? Ele, que, várias vezes, beirou a blasfêmia e que, para os amigos, foi até além dela?

Talvez o ponto esteja precisamente no fato de que os amigos falaram sempre de Deus como de uma verdade a ser defendida, e em nome dessa verdade não hesitaram em condenar Jó. O homem, por isso, é sacrificado sobre o altar dos princípios supremos; Deus é um objeto a ser defendido a todo custo. Para Jó, porém, trata-se, de um lado, de salvar o homem e, de outro, de se dirigir diretamente a Deus — coisa que os amigos jamais fazem. Enquanto, pois, eles falam *de* Deus, Jó fala *a* Deus. O sentido das palavras de Jó não está, então, na defesa de Deus, mas no valor dado ao homem e à sua relação pessoal com Deus.

Nessa primeira parte do epílogo, além disso, Jó é chamado quatro vezes por Deus de "o meu servo", como ocorrera no prólogo. *Servo do Senhor*, um dos títulos de honra mais importantes para o homem da Bíblia. No entanto, Jó manifesta o fato de ser "servo" com uma atitude de fundamental importância. Com sutil ironia, o narrador nos lembra de que Jó deve orar por seus amigos, para que Deus não os puna pela insensatez deles. Jó é, assim, associado aos grandes intercessores da Bíblia, àqueles personagens que, com a sua presença e sua oração, contribuíram para a salvação do povo. É o caso de Moisés, em Êxodo 32,11-14.31-32, mas também Abraão (Gn 18,23-32) e ainda Josué, Samuel, Davi, Salomão, os profetas, muitos homens da Bíblia que se posicionaram entre Deus e o povo para salvar Israel (cf. Sl 106,23). Todavia, Jó lembra também a figura de outro intercessor, o "servo do Senhor", de Isaías 52,13-53,12; Jó é capaz de interceder porque foi pessoalmente posto à prova e porque ele próprio foi sofredor. Nisso, Jó antecipa o que fará o próprio Cristo, o intercessor crucificado, capaz de interceder pelos sofredores, porque ele próprio foi sofredor (cf. Hb 2,18).

A conclusão do livro de Jó descreve a reencontrada felicidade do protagonista com cânones tipicamente orientais; um grande banquete que sela uma amizade refeita (vv. 10-11). Deus não age segundo critérios de punição e prêmio, e não pune os amigos de Jó que também o teriam merecido; antes, precisamente eles contribuirão para a nova riqueza de Jó, em animais e filhos. A menção das filhas, no v. 13, serve para fazer ver que a riqueza de Jó era tal que podia deixar a herança também para as filhas, as quais, normalmente, não tinham esse direito.

Esse final feliz terreno era necessário por dois motivos: antes de tudo, porque o autor do livro de Jó não acreditava ainda na vida eterna e, portanto, era preciso mostrar que a vida do protagonista tinha realmente mudado, aqui e agora. A *Bíblia de Jerusalém*, na nota a Jó 42,17, refere o texto grego dos LXX, no qual o tradutor — talvez por volta do século II a.C. ou século I a.C. — acrescenta o tema da ressurreição, sentindo que estava faltando no texto hebraico. No texto original, embora vivendo o dobro de uma vida normal, 140 anos, Jó morre como os patriarcas, "velho e cheio de dias" (cf. Gn 25,8; 35,29), sem nenhuma menção à eternidade.

O segundo motivo que gerou esse alegre fim é que se devia fazer entender que, depois do encontro com Deus, a vida de Jó realmente mudara. A ferida aberta pela dor continua aberta; os filhos que morreram não lhe são restituídos, e a dor sofrida não é cancelada. Deus sequer lhe explicou o porquê do seu sofrimento. Todavia, Jó não só descobriu a relação com os seus amigos como descobriu também, de modo especial, a gratuidade de Deus que o enche de uma felicidade imprevista. Não é recompensa nem punição o que toca a seus amigos. "Deus restabeleceu a sorte de Jó" (v. 10), ou seja, Deus muda a sua vida; o encontro com Deus transformou Jó de um modo que ninguém jamais suspeitaria.

> Todavia, não faltam comentaristas modernos que se escandalizam com o veredito: não contradiz, talvez, o discurso anterior de Deus? Como pode dizer agora que Jó tinha razão? E recorrem a diversos expedientes para pular a aparente contradição [...]. O autor os desmente. Antes de tudo, esses três versículos [Jó 42,7-9 *ndr*] são escritos com um olhar retrospectivo, como complemento do diálogo. O veredito de Deus abraça todo o processo de Jó, difícil, apaixonado, sincero e humilde, no final. E isso é de grande consolação para os leitores; assim Deus quer que seja tratado pelo homem que sofre: honestamente, numa laboriosa procura, com coragem para não se entregar, até o encontro, que é seu dom. É essa a fala de um servo autêntico. O resto, as pias banalidades, o sistema rigidamente construído, as hipotéticas verdades sem caridade ofendem-no e irritam-no. Jó ora em nosso nome e nos ensina a orar[56].

---

56. Alonso Schökel; Sicre Diaz, *Giobbe*, 679.

5. Quadro teológico do livro: uma possível chave de leitura

Em termos muito gerais, podemos dizer que o tema do livro é o homem diante de Deus numa situação-limite que faz emergir toda a profundidade e a complexidade da relação religiosa de fé [...]. Jó não é um livro sobre a dor, sobre o problema do sofrimento ou sobre o mistério do mal. Não é um tratado teórico sobre o "problema da dor", mas a história de um homem sofredor em conflito com o seu deus[57].

Não foi o sofrimento, como, com frequência, se disse, mas foi Deus que se tornou extremamente problemático[58].

5.1. O rosto de Deus

Depois dessa espécie de sintética *lectio cursiva* do livro de Jó, vamos tentar resumir alguns temas teológicos fundamentais. O coração do livro não está tanto no problema da dor quanto na figura de Deus. "Será que Jó teme a Deus por nada?": a provocação de Satanás logo no início do livro (Jó 1,9) é uma das mais vitais de toda a Escritura. Por trás dessa pergunta, relativa ao homem que honra a Deus para ter alguma vantagem, está a questão da existência da fé; se Satanás tivesse razão, se Jó honrasse a Deus para tirar vantagem, toda forma de religiosidade seria falsa por sua própria natureza. Ora, o Deus que se manifesta no prólogo aposta na fé da sua criatura: ele acredita na sinceridade da fé de Jó.

Os três amigos, porém, racionalizam essa aposta divina: o Deus em quem eles creem é mais um juiz rigoroso, que premia os bons e castiga os maus. Os amigos, todavia, não se dão conta de que, para salvar a liberdade de Deus, eles destroem a do homem, afirmando a absoluta onipotência de Deus. Diante desse Deus, Jó se rebela; ele está de acordo com os amigos apenas a respeito do fato de o seu sofrimento provir de Deus, mas se sente inocente diante dele: desse modo, podemos dizer que *Jó rejeita Deus para descobrir Deus*. Ele demonstra ter de verdade uma fé gratuita, uma fé de preço alto, capaz de discutir as suas próprias convicções, de penetrar no mistério divino, de descobrir sua dimensão de graça. Ninguém em Israel, nem mesmo os autores dos Salmos de lamentação, tinha ousado falar a Deus com tanta franqueza. E precisamente aí é que está o ponto que já esclarecemos: enquanto os amigos falam de Deus — que é para eles um objeto de que discutir, uma ideologia a ser defendida —, Jó fala a Deus.

---

57. BONORA, A., *Il contestatore di Dio*, Turim, Marietti, 1978, 46.
58. VON RAD, *La sapienza in Israele*, 201.

Ninguém em Israel tinha ainda pintado desse modo a atitude de Deus em relação ao homem. Em suas lamentações, os orantes não usavam meios-termos quando censuravam a Deus por suas durezas. Mas, aqui, há um tom novo que não ressoou ainda: Deus, inimigo direto do homem, que o atormenta por prazer [...]. Há de se dizer: Jó se vê diante de uma experiência totalmente nova da realidade de Deus [...]. Ele contesta a Deus o direito de se aproximar dele sob esse aspecto; acusa-o de crueldade e de maldade absoluta e se recusa a ver nesse Deus o seu Deus[59].

Para muitos comentaristas, o livro de Jó deve ser visto como o xadrez da justiça de Deus, o qual não responderia às objeções de Jó senão com um terrível silêncio oculto por trás da proclamação do seu poder absoluto sobre o mundo; Deus seria apenas um poder incompreensível e violento que não demonstra amor por sua criação nem piedade alguma pelos homens[60].

É bem verdade que esse deus parece a Jó estar próximo, mas, ao mesmo tempo, muito distante (cf. Jó 9,11), um deus que até ri da dor dos inocentes (Jó 9,23), inimigo do homem (Jó 6,3-4; 10,16-17; 19,11-12 etc.). A revolta de Jó é, todavia, dirigida contra um deus muito humano, um deus reduzido aos nossos esquemas teológicos, um deus todo verdade, mas nada amor. Os amigos de Jó querem salvar Deus condenando o homem; no entanto, Jó salva o homem condenando um deus que não existe e descobrindo assim, paradoxalmente, seu verdadeiro rosto. Eis que aparece então YHWH, o Senhor que toma a palavra nos capítulos finais do livro, a partir de Jó 38,1: um Deus sumamente livre e transcendente, que fala a Jó por intermédio da criação.

Como já observamos, o argumento da criação não é de modo algum marginal. A criação, com efeito, é o terceiro elemento que está entre Deus e os seres humanos e que, de certo modo, constitui uma espécie de mediação entre os dois personagens. O homem não está, então, sozinho diante de Deus; entre os dois está toda a criação, da qual, de resto, o ser humano faz parte[61].

Chegamos assim a Jó 42,5, a resposta final de Jó a Deus, o vértice teológico do livro: Jó pode proclamar ter encontrado Deus face a face. O milagre

---

59. Von Rad, *La sapienza in Israele*, 197 e 199.
60. Cf. por exemplo, o juízo de Perdue, *The Sword and the Stylus*, 148-150; YHWH responde às questões críticas de Jó com um "silêncio ensurdecedor".
61. Assim não temos de acentuar, como fazem alguns dos mais célebres comentaristas, a dimensão de uma fé total de Jó, que se limita a aceitar a irracionalidade divina: "Justamente ao aceitar a irracionalidade de Javé, Jó encontra, portanto, a sua paz e sai do beco sem saída no qual o enfoque do problema de acordo com a categoria da sabedoria o havia conduzido" (Soggin, J.A., *Introduzione all'Antico Testamento*, Brescia, Paideia, 1979, 533). É, todavia, o fato de aceitar a categoria da sabedoria que leva Jó a compreender a linguagem da criação.

do livro está no fato de que Jó não se subtrai a Deus nem quando Deus lhe aparece como inimigo: também na sua rebelião Jó continua sendo um homem de fé; e assim encontra Deus.

O milagre do livro está precisamente no fato de que Jó não dá um passo para escapar para algum deus melhor, mas permanece totalmente na linha de tiro, sob a cólera divina. E lá, sem se mover, no coração da noite, no profundo do abismo, Jó, que Deus trata como inimigo, faz apelo não a uma instância superior, não ao deus dos seus amigos, mas ao próprio Deus que o oprime[62].

5.2. O rosto da dor

> *Deus, aut vult tollere mala et non potest, aut potest et non vult,*
> *aut neque vult neque potest, aut et vult et potest.*
> *Si vult et non potest, imbecillis est, quod in Deus non cadit;*
> *si potest et non vult, invidus, quod aeque alienum est a Deo;*
> *si neque vult neque potest, et invidus et imbecillis est, ideoque nec Deus.*
> *Si vult et potest, quod solum Deo convenit,*
> *unde ergo sunt mala? Aut cur illa non tollit?*
> (EPICURO, cit. por LACTÂNCIO, *De ira Dei* 13,20-21: PL 7,121).

O sofrimento e a dor que abrem a história em prosa do justo Jó, atingido por quatro terríveis desgraças, constituem, certamente, a ocasião para que Jó se interrogue sobre Deus. Com as palavras de Tomás de Aquino, "se houvesse Deus, não encontraríamos no mundo nenhum mal; o mal, porém, encontra-se no mundo; por isso, Deus não existe"[63]; Tomás responde a essa objeção com Agostinho, ou seja, que Deus permite o mal para poder tirar também dele o bem, porque a onipotência do criador quer somente o bem. Todavia, o homem continua a sofrer. O enigma de Epicuro, acima referido, continua a nos provocar.

A dor é, portanto, um eterno problema da humanidade ao qual as religiões do Oriente antigo, assim como na Bíblia, procuraram oferecer as mais variadas respostas: como conciliar a existência de divindades boas e amigas do homem com a realidade da dor[64]?

---

62. DE PURY, R., *Job ou l'homme revolte*, Genebra, Labor et Fides, 1982, 29.
63. "Si ergo Deus esset, nullum malum inveniretur. Invenitur autem malum in mundo: ergo Deus non est" (*STh* I, q. 2, a. 3).
64. Cf. RAVASI, *Giobbe*, 73-97, para uma boa panorâmica das soluções oferecidas pela sabedoria do Próximo Oriente antigo; cf. também VON RAD, *La sapienza in Israele*, capítulo XII, 1-2 (espec.

O sentido do sofrimento é o mistério mesmo de Deus, não se encontra numa solução doutrinal abstrata, nem numa resposta emotiva ou de consolação. Revela-se somente na experiência pessoal, viva, de Deus [...]. Jó nos ensina não a nos libertar *da* dor, mas como ser livre e crente *na* dor. Ele nos indica o caminho de uma experiência ou de um encontro pessoal com Deus[65].

O tema capital, tanto da lenda de Jó, que serve de pista narrativa, quanto do poema em si é o da existência dolorosa do homem. Não se trata das perguntas em torno da origem, na base e na legitimidade do sofrimento, mas da pergunta em torno da atitude que deve adotar o homem diante dele. O problema existencial é a pergunta em torno da atitude adequada diante do sofrimento[66].

Para os três amigos, Deus é um objeto sobre o qual discutir, uma ideologia a ser defendida; para Jó, porém, Deus é um mistério que nos interpela; Jó não encontra resposta para o *porquê* da dor, mas encontra o contato pessoal com Deus (cf. mais uma vez Jó 42,5). A solução de Jó não é, portanto, uma solução ao problema da dor, mas a afirmação de que não são importantes nem as respostas nem a consciência de não poder dá-las. O verdadeiro problema é Deus, como já se disse: o sábio encontra-se diante de uma realidade mutável e ambígua, que pode ter um sentido somente numa correta relação com Deus. Também nesse caso Jó se mostra um sábio; as perguntas sobre a dor e sobre Deus escondido nascem, com efeito, da experiência de uma realidade muitas vezes ambígua e contraditória.

No livro de Jó, Deus não explica de modo algum ao protagonista sofredor o porquê do mal, mas põe-se ao lado dele. Deus está do lado do "pobre" Jó e, ao mesmo tempo, leva a sério o seu grito de sofredor. É esse, no fundo, o caminho que levará à cruz de Cristo.

> Não; crer na Páscoa não é
> fé certa:
> estás muito bem na Páscoa!
>
> Fé verdadeira
> está na Sexta-Feira Santa,
> quando Tu não estavas
> lá em cima!

---

o n. 2 sobre a solução sapiencial do problema da dor), e, para o livro de Jó, capítulo XIII, 3. Mais crítica é a posição de CRENSHAW, J.L., *Defending God. Biblical Responses to the Problem of Evil*, Oxford-Nova York, Oxford University Press, 2005.

65. BONORA, A. *Giobbe*, Reggio Emilia, Ed. San Lorenzo, 1996, 61-62.
66. FOHRER, G. *Das Buch Iob*, Gütersloh, Gütersloher Verlag, 1963, 549.

> Quando nenhum eco
> responde
> a seu alto grito
> e, com dificuldade, o Nada
> dá forma
> à Tua ausência.
> (D.M. Turoldo)

5.3. Uma crise resolvida

Diversos estudiosos afirmaram que, com o livro de Jó (e, depois dele, com o livro do Coélet), a sabedoria de Israel celebra a sua derrota. Na realidade, não é assim; o livro de Jó nasce da triste experiência do exílio babilônio, quando a fé de Israel se embate com uma realidade duríssima que a põe à prova. Jó é um dos frutos mais maduros desse encontro (ou, se preferirmos, desse desencontro) entre a fé no Deus de Israel e a experiência da dor.

"Convosco morrerá a sabedoria!", diz Jó aos três amigos (Jó 12,2) que o acusam de pretender ser o único sábio (Jó 15,8-9) e que pretendem ensinar-lhe a sabedoria (Eliú em Jó 33,33); mas nenhum deles é sábio para Jó (Jó 17,10). Encontramo-nos, realmente, diante de um debate sobre o que é a verdadeira sabedoria; um debate conduzido no fio de um dos problemas mais graves da humanidade, o do sofrimento do inocente posto em confronto com a fé em Deus. E desse debate é Jó que sai vencedor.

Todavia, Jó é a obra de um sábio que continua a argumentar com base na própria experiência e não com base em posições dogmáticas e preconcebidas; um sábio que continua a procurar Deus a partir do homem e buscando salvar; Jó, afinal, encontra Deus porque o procurou e porque o próprio Deus se faz encontrar, caminhando com sua sabedoria ao encontro do homem (cf. Jó 28). Os discursos finais de Deus (Jó 38-41) nos mostraram que o lugar onde Jó se encontra com Deus é justamente o da criação, ou seja, algo que o homem pode experimentar porque dele faz parte. Deus deixa que seja a criação a falar dele e, deslocando o acento para a criação, ajuda Jó, o sofredor, a se reconciliar com a perspectiva certa: não é mais Jó o centro do mundo. Por isso, é na experiência do viver cotidiano que o homem pode encontrá-lo, e também nesse caso nos encontramos numa dimensão plenamente sapiencial. Ter descoberto Deus não leva Jó às alturas do paraíso, mas o repõe sobre a Terra, com a família e os amigos, numa luz diferente, onde a felicidade pode existir, apesar da dor.

Decerto, nem tudo se resolve; as perguntas de Jó não obtiveram uma resposta racional, e o problema da dor continua envolto em mistério; mas a sabedoria do livro dos Provérbios já tem bem claro que o conhecimento humano é limitado no tempo e no espaço. O hino do capítulo 28 nos lembra que o homem, com todo o seu saber, não chega a compreender o sentido da realidade se exclui Deus do seu horizonte.

Decerto, ao final desta leitura, é sobretudo Deus que nos aparece como um deus livre das formulações convencionais, do utilitarismo da piedade e da moral, um deus não criado à imagem e por necessidade do homem. As tentativas de justificar a sua conduta segundo esquemas muito "lógicos" não fazem senão rebaixar a divindade a um ideal humano e simplificado de justiça. Nasce, então, uma verdadeira forma intelectual de idolatria[67].

6. Jó e o Novo Testamento: pistas para uma leitura cristã

E, de fato, Jó, sem que o saiba, aproximou-se de Javé: mas faltava-lhe a força de enfrentar definitivamente o escândalo e de dizer a Deus um sim incondicional. Por isso, Deus se apresenta diante de seu servidor. Então, confortado na sua liberdade de homem, pois Deus o põe diante dele como parceiro, Jó aceita entrar pela fé na lógica do amor criador [...]. Mas, para permitir assim o mistério de Deus na sua vida, Jó deve se despojar da sua sabedoria e cessar de ver no homem a norma última do mundo e da história. Renunciando a esse secreto exagero, mais pecador do que qualquer pecado de que toma consciência na luz da teofania, Jó começa a chegar até a verdade toda, e no ato da sua cura descobre aquilo de que devia se curar. Ao se perder, encontra-se segundo Deus. Para Jó, a vida retoma, plena, se Deus assim o quer. No entanto, embora Deus, de novo, tenha decidido se calar, o seu silêncio mudou agora de significado. Certamente, será necessário esperar a nova aliança, Getsêmani, a Cruz e a sua glória revirada para que os crentes descubram que maravilhosa aposta Deus fez sobre o homem, desde sempre. Contudo, cinco séculos antes dessa revelação definitiva, Jó, ou seja, o homem de Deus que se oculta por trás dele, soube ter pressentimento de um dos maiores paradoxos da salvação. Ele compreendeu que a ferida aberta em nós pelo silêncio de Deus não é senão a esperança; e dessa ferida ele aceitou não se curar[68].

Jó não freia a sua língua, mas leva a sério a dor do inocente e, por isso, não hesita em apelar ao próprio Deus. Quem não é capaz de fazer isso é, para Jó, um "consolador molesto", um homem que diz somente palavras feitas de vento (Jó 16,2). Jó é, assim, o homem que faz perguntas a Deus, que procura

---

67. Ravasi, *Giobbe*, 835.
68. Lévêque, J. *Job, le livre et le message*, Paris, Gabalda, 1970, 62.

e espera de Deus uma resposta. É o fiel que sabe passar do escândalo à adoração, mas que jamais põe em questão a existência de Deus e a possibilidade de um seu relacionamento com o homem. É o israelita que sabe que YHWH, o Deus de Israel, está acima de todo possível discurso que os homens — incluindo os três amigos teólogos — podem fazer a respeito dele. Há de se considerar também o fato de que os três amigos não demonstram nenhuma piedade em relação ao Jó sofredor; Deus, porém, aceita discutir com ele. O cristão encontrará nos evangelhos a figura do Filho de Deus que se faz carne justamente para partilhar a vida e a experiência dos pobres.

E, ainda, Jó não amaldiçoa Deus, não foge nem se rebela, mas o interpela com todo tipo de linguagem possível e, assim agindo, derrota Satanás, que queria justamente isso. Em toda essa questão, Jó é realmente uma antecipação do crente em Cristo, que, nas provas da própria vida, prolonga e confirma a vitória de Cristo na cruz. O difícil texto de Colossenses 1,24 ("completo na minha carne o que falta aos sofrimentos de Cristo") adquire um significado mais completo também à luz das provas de Jó. Mas há mais: a experiência de Jó anuncia, para o cristão, a cruz de Cristo, na qual Deus é arrastado para o drama e a dor humana, e, ao mesmo tempo, o drama e a dor humana são levados por Cristo a Deus. Se é verdade que onde há cruz aí está Deus, a experiência de Jó, para o cristão, ilumina a do Cristo "feito obediente até a morte e morte de cruz" (Fl 2,8). Desse modo, a verdadeira resposta ao problema da dor é para o cristão, como para Jó, o encontro com Deus. Esse encontro, porém, passa para o cristão mediante a cruz de Cristo, a respeito da qual a pergunta sobre o "porquê" do mal se dissolve, assumida pelo grito de Jesus: "Meu Deus, meu Deus, por que me abandonaste?". Desse ponto de vista, nem mesmo os cristãos têm respostas definitivas para o problema do mal, e eles ficam, em muitos aspectos, numa situação análoga à de Jó: "a incompreensibilidade da dor é um fragmento da incompreensibilidade divina"[69]. É assim uma profunda verdade o que os Padres conciliares, bem no final do Vaticano II, escreviam em sua mensagem aos doentes: "Cristo não aboliu o sofrimento; tampouco quis nos desvendar inteiramente o mistério; tomou-o sobre si, e isso é suficiente para que avaliemos todo o seu valor".

---

69. RAHNER, K. Perché Dio ci lascia soffrire?, in: ID., *Sollecitudine per la Chiesa* (Nuovi Saggi VII), Roma, Ed. Paoline, 1982, 542-564, espec. 559.

Agora a terra está avermelhada de sangue,
uma esposa vestida para núpcias;
o sol se levantou sobre a casa de todos
desde quando Jó parou de chorar,
e jamais Jesus cessa de morrer por nós.

Agora nenhum nascimento mais ocorre sem música,
nenhum túmulo sem lanterna,
desde quando tu, Jó, disseste:
"Eu o verei, eu mesmo: estes
olhos o verão, e não outros;
como último, se erguerá do pó".

Então renovar-se-á toda carne humilhada
e iremos a seu encontro com ramos novos:
uma selva só — a terra — de mãos.

D.M. TUROLDO
(*Mie notti con Qohelet*, Milão: Garzanti, 1992, 86)

Para prosseguir no estudo

A bibliografia sobre Jó é imensa; limitamo-nos aqui a assinalar as obras mais significativas e mais úteis para quem inicia o estudo do livro de Jó.

COMENTÁRIOS ESCOLHIDOS

Um bom comentário italiano a Jó, muito útil para os estudantes que enfrentam o estudo exegético de Jó pela primeira vez é ainda, depois de mais de trinta anos, o de RAVASI, G. *Giobbe*. Roma: Borla, 1979 (por assinalar de modo particular uma ampla introdução), junto do ótimo comentário científico de ALONSO SCHÖKEL, L; SICRE DIAZ, J.L. *Giobbe. Commento teologico e letterario*. trad. it. Roma: Borla, 1985.

Assinalamos outros comentários de caráter científico: LÉVÊQUE, J. *Job et son Dieu. Essai d'exégèse et de thèologie biblique*. 2 vol. Paris: Gabalda, 1970; POPE, M.H. *Job* (Anchor Bible 15). Nova York: Doubleday, 1973; WEISER, A. *Giobbe*. trad. it. Brescia: Paideia, 1975; HABEL, N.C. *The Book of Job* (OTL). Filadélfia, Westminster Press, 1985 (talvez o melhor comentário científico hoje disponível); CLINES, D.J.A. *Job 1-20* (WBC 17). Dallas: Word Books, 1989.

Entre os comentários de alta divulgação, assinalamos os de GROSS, H. *Giobbe*. Brescia: Morcelliana, 2002; JANZEN, J.G. *Giobbe*. Turim: Claudiana, 2003; ATTINGER, D. *Parlare di Dio o parlare con lui? Il libro di Giobbe. Commento esegetico-spirituale*. Magnano: Bose, 2004; VIRGULIN, S. *Giobbe. Nuovissima versione della Bibbia 17*. Roma: San Paolo, 1979.

COMENTÁRIOS E INTRODUÇÕES DE CARÁTER DE DIVULGAÇÃO E ESPIRITUAL

Recordamos, antes de tudo, o monumental comentário patrístico de GREGORIO MAGNO. *Commento morale a Giobbe*. 2 vol. Roma: Città Nuova, 1991-1994. Uma boa antologia de textos patrísticos sobre Jó encontra-se em SIMONETTI, M.; CONTI, M. (edd.). *La Bibbia commentata dai Padri. Antico Testamento, 6: Giobbe*. Roma: Città Nuova, 2009.

Entre os muitos comentários e as introduções de caráter de mais divulgação e/ou de corte exegético-espiritual, assinalamos BONORA, A. *Il contestatore di Dio*. Turim: Marietti, 1978 (do mesmo autor: *Giobbe*. Reggio Emilia: Ed. San Lorenzo, 1996); LÉVÊQUE, J. *Job, le livre et le message* (Cahiers Evangile 53). Paris: Cerf, 1985; MAGGIONI, B. *Giobbe e Qohelet. La contestazione sapienziale nella Bibbia*. Assis: Cittadela, 1989; MARTINI, C.M. *Avete perseverato con me nelle mie prove. Riflessioni su Giobbe*. Milão-Casale Monferrato: Centro ambrosiano di documentazione, Piemme, 1990; *Il libro di Giobbe*. Introdução de TREVI, M., tradução e organização de LUZZATO, A. Milão: Feltrinelli, 1994; CHIEREGATTI, A. *Giobbe: lettura spirituale*. Bolonha: EDB, 1995; VOGELS, W. *Giobbe. L'uomo che ha parlato bene di Dio*. Cinisello Balsamo: San Paolo, 2001; RIZZI, A. *Giobbe. Un libro polifonico*. Villa Verucchio: Pazzini, 2008.

OUTROS ESTUDOS ÚTEIS

Um artigo interessante é o de PERANI, M. Crisi della sapienza e ricerca di Dio nel libro di Giobbe. *RivBibIt*, 28 (1980) 157-184. Uma importante coleção de estudos de caráter científico está no livro de BEUKEN, W.A.M. (ed.). *The Book of Job* (BEThL 114). Lovaina: Peeters, 1994. Muito estimulante é a obra de BORGONOVO, G. *La notte e il suo sole. Luce e tenebre nel libro di Giobbe. Analisi simbolica* (AnBib 135). Roma: PIB, 1995.

De alta divulgação são os trabalhos de POMA, A. *Avranno fine le parole vane? Una lettura del libro di Giobbe*. Cinisello Balsamo, San Paolo, 1998; RADERMAKERS, J. *Il libro di Giobbe. Dio, l'uomo e la sapienza*. Bolonha:

EDB, 1999. Assinalamos, enfim, a obra de um importante estudioso judeu: GORDIS, R. *The Book of God and Man: A Study of Job*. Chicago-Londres: University of Chicago Press, 1978.

O livro de Jó foi muitas vezes relido não somente por biblistas e teólogos, mas por filósofos e estudiosos tanto crentes quanto não crentes. Parece-nos oportuno assinalar alguns importantes livros que se ocuparam das muitas releituras das quais Jó foi objeto.

DUQUOC, C. (ed.). Giobbe e il silenzio di Dio. *Concilium*, 9 (1983); CIAMPA, M. (ed.). *Domande a Giobbe. Interviste sul problema del male*. Roma: Borla, 1989; EISEMBERG J.; WIESEL, E. *Giobbe, o Dio nella tempesta*. Turim: Claudiana, 1989; PIERETTI, A. (ed.). *Giobbe: il problema del male nel pensiero contemporaneo. Atti del Seminario di Studio, 23-26 novembre 1995, Assisi*. Assis: Pro civitate christiana, 1996; MARCONI, G.; TERMINI, C. (edd.). *I volti di Giobbe. Percorsi interdisciplinari*. Bolonha: EDB, 2002; NEMO, P. *Giobbe e l'eccesso del male*. trad. it. Roma: Città Nuova, 2009.

Assinalamos ainda a tradução poética de todo o livro organizado por CERONETTI, G. *Il libro di Giobbe*. Milão: Einaudi, 1972; a obra de GUTIERREZ, G. *Parlare di Dio a partire dalla sofferenza dell'innocente. Una riflessione sul libro di Giobbe*. Brescia: Queriniana, 1992, constitui uma interessante e provocativa releitura a partir da teologia da libertação. Lembramos, enfim, DI MICHELE, G. *Il no di Giobbe. Disubbidire?* Roma: Gaffi, 2005.

Muito úteis no âmbito pastoral são as *fichas* para a catequese dos adultos preparadas em 2005 pelo departamento catequético da arquidiocese de Florença, organizadas por S. Noceti, com o comentário ao livro de Jó organizado por L. Mazzinghi. Dessas fichas foi tirado muito do material que utilizei.

O livro do Coélet

> *Mas para ti até o mais infeliz de nós*
> *encontra morada no Grande Livro,*
> *ó trovador da virtude inútil,*
> *profanador de mitos indestrutíveis,*
> *ó Coélet.*
> D.M. Turoldo
> (*Mie notti con Cohelet*, Milão: Garzanti, 1992, 38)

1. O enigma do livro e do autor

1.1. Um livro misterioso

O livro do Coélet é, com frequência, conhecido apenas por seu tradicional refrão "vaidade das vaidades", que, como tal, o Coélet jamais pronunciou, como veremos.

As opiniões que, durante o decurso dos séculos, foram dadas a respeito desse livro são as mais disparatadas: "Esse é o juízo dado pelo Coélet sobre a vida mais bela que tenha havido. Ele a considera falida [...]; a vida não traz real proveito [...]; não é digna de ser vivida"; assim se expressava, por exemplo, no início deste século Emile Podechard, sacerdote católico francês, um dos primeiros grandes comentaristas do Coélet, que bruscamente concluía: "Coélet é, evidentemente, um pessimista"[1]. Sem dúvida, o juízo de Podechard é um juízo ainda hoje muito difundido, não distante do de Jerônimo, cuja interpretação substancialmente pessimista pesou muito sobre os comentaristas antigos e modernos. Para muitos comentaristas desse livro, o fato de Coélet ser um pessimista não é sequer objeto de discussão: "Estamos convencidos — escreve primorosamente G. Ravasi — de que Coélet é um livro desconcertante, livre, original, crítico, pessimista, surpreendente na trajetória da revelação bíblica", e dizia, em algumas páginas antes, que o Coélet "está convencido de que a ação divina é impenetrável e, por isso, é irrealizável toda procura de sentido, todo consolo religioso e filosófico. O mistério absoluto de Deus envolve a incompreensibilidade do ser"[2].

Se não era pessimista, o Coélet era, sem dúvida, pelo menos, um cético; o abalizado juízo de G. von Rad é impiedoso, a respeito: para o Coélet, uma análise racional da vida não chega a encontrar nela um sentido; tudo é vaidade. O Coélet sabe, todavia, que cada coisa é determinada por Deus, mas o homem não consegue conhecer a obra de Deus no mundo. As consequências desse enfoque são, segundo von Rad, catastróficas: embora seja governado por Deus, o mundo tornou-se mudo; a pergunta que Jó se fazia — "Esse Deus é ainda o meu Deus?" — o Coélet não a faz mais[3]. Na sua célebre *Teologia do Antigo Testamento*, von Rad podia escrever, a propósito do ceticismo em Israel, que ele aparece com força inaudita precisamente no Coélet, um ceticismo que é relativo não tanto à existência de Deus quanto, como se disse há pouco, à possibilidade de reconhecer a sua ação no mundo[4]. Com mais perspicácia, o carmelita R.E. Murphy escreve que o ceticismo do Coélet não toca nunca a sua fé; por isso, pode-se falar com razão do "cético fiel"[5]!

Nessa linha, os juízos sobre nosso livro foram bem além: Deus, para o Coélet, não seria mais um problema, e o seu "temor de Deus" não seria senão pura e simples resignação[6]. Para L. Gorssen, o Coélet radicalizou ao extremo a teologia de Israel, tanto que o Deus de quem ele fala não é mais passível de

---

1. Cf. Podechard, E., *L'Ecclésiaste*, Paris, Gabalda, 1912, 269 e 193.
2. Ravasi, G., *Qohelet*, Milão, Ed. Paoline, 1988, 43 e 39.
3. Cf. Von Rad, G., *La sapienza in Israele*, Turim, Marietti, 1975 [or. al. 1970], 205-214.
4. Cf. Von Rad, G., *Teologia dell'Antico Testamento*, II, trad. it., Brescia, Paideia, 1974, 509-515.
5. Cf. Murphy, R.E., *L'albero della vita. Un'esplorazione della letteratura sapienziale biblica*, Brescia, Queriniana, 1993 [or. ingl. 1990], 73-90; a expressão "cético fiel" encontra-se, na realidade, no seu estudo "Qohélet el escéptico", *Concilium*, 119 (1976) 358.
6. Cf. o estudo de Müller, H.P., Wie sprach Qohälät von Gott?, *VT*, 18 (1968) 507-522.

ser encontrado realmente⁷. Tampouco faltaram os que tacharam o Coélet de agnosticismo ("Coélet não é ateu, mas o seu Deus não é mais o Deus da fé israelita")⁸; até mesmo um grande poeta religioso italiano chega a um juízo surpreendente, provocador e, decerto, totalmente inusitado:

> Esse é o livro do Coélet: um autor, talvez o único, que teria sido, entre todos, um verdadeiro ateu. Sua religiosidade é, a meu ver, [...] de total comportamento estratégico [...]. Coélet é, portanto, alguém que combate de dentro, com carga total, o que qualquer pessimista da Terra jamais sonhou ou sonhará⁹.

Uma linha de juízo diferente foi escolhida por M. Fox: ele propõe de nos aproximarmos do Coélet como nos aproximaríamos de um personagem rico em contradições, as quais constituem sua verdadeira chave de leitura, e afirma que é necessário aceitar como tais, sem pretender resolvê-las a todo custo¹⁰. De resto, se, de fato, o Coélet deve ser considerado um sábio israelita, atitudes provocatórias e até contraditórias ou ambíguas não podem, decerto, nos causar espanto; o livro de Jó nos ensinou isso.

Depois de tantos juízos negativos, cabe esperar por alguém que tenha sentido necessidade de defender o Coélet¹¹. Assim, o Coélet pessimista, cético, cínico e até epicurista, agnóstico e desiludido transforma-se, para o comentarista judeu-americano R. Gordis, num judeu ancião culto e celibatário, que gozou a vida na juventude e agora anseia também pela justiça e pela verdade; portanto, o Coélet é "acima de tudo" o livro que tem o feitio "de um observador original, um sábio, um amante da vida, sem temor (*a fearless lover of life*)"¹².

Quem é, realmente, então, o Coélet e qual é a sua mensagem? Enfrentamos essa espinhosa questão partindo da conclusão do livro (Ecl 12,9-14).

1.2. O epílogo (Ecl 12,9-14)

Encontramo-nos diante de um acréscimo de um ou, mais provavelmente, de dois diferentes discípulos. O primeiro, autor de Coélet 12,9-11, descreve o

---

7. Cf. GORSSEN, L., La cohérence de la conception de Dieu dans l'Ecclésiaste, *ETL* 46 (1970) 282-324, espec. 313-314.
8. Assim LAUHA, A., *Kohelet* (BKAT 19), Neukirchen-Vluyn, Neukirchener Vrlg., 1978, 17.
9. TUROLDO, *Mie notti con Qohelet*, 21.
10. Veja-se o próprio título do primeiro livro de Fox, M., *Qohelet and His Contradictions* (JSOT Supp. 71), Sheffield, Sheffield Academic Press, 1989, e sobretudo o seu *excursus* nas páginas 19-28.
11. Cf. VÍLCHEZ LÍNDEZ, J., *Qoèlet*, trad. it., Roma, Borla, 1997, 31-38 (espec. 31-34: "difesa del Qoèlet"; Vílchez mantém sobre o Coélet posições muito equilibradas).
12. GORDIS, R., *Kohelet, the Man and His World*, Nova York, Schoken, 1978, 58.

seu mestre como um *ḥakam*, ou seja, como um "sábio" que ensina o povo (v. 9), inserindo-o, assim, nos cânones da sabedoria tradicional de Israel; Coélet é, pois, um mestre. De onde provém sua sabedoria?

Ele, diz o v. 9, "ouviu e indagou"; como todos os sábios de Israel, o Coélet tira fruto da experiência da realidade: ouve e reflete. O terceiro verbo de Coélet 12,9 (o hebraico *tqn*) deve ser traduzido, contrariamente à Bíblia CEI 2008 ("compôs"), por *"corrigiu"* muitos provérbios (*mešalîm*)"; o Coélet mostra-se, então, também como um crítico da sabedoria por ele recebida, capaz de endireitar, ou seja, de corrigir a tradição recebida.

Ao mesmo tempo, afirma-se, no v. 11, que as suas palavras de sabedoria, como todas as palavras dos sábios, provêm "de um só pastor": seria uma referência ao rei Salomão, considerado pela tradição o autor do livro? Mas a sabedoria de Salomão vem, como se sabe, de Deus (cf. 1Rs 3,12). Ou seria uma referência ao próprio Deus? Em todo caso, esse indício parece ser o que os teólogos poderiam definir como "consciência canônica". Quem compôs o epílogo está consciente de que as palavras do Coélet provêm, de certo modo, do próprio Deus.

Em Coélet 12,12, provavelmente um segundo epilogador acrescentou outra advertência, dirigida contra os muitos livros que se escrevem mas que não merecem ser lidos. A atmosfera parece ser a da Jerusalém do século II a.C., e se tem aqui o eco de um provável debate em torno de quais textos deviam constituir a bagagem dos jovens alunos de Jerusalém da época, futuros funcionários públicos.

Em Coélet 12,13-14, o anônimo segundo epilogador parece querer resumir o tema do livro inteiro: "Teme a Deus e observa os seus preceitos, porque Deus levará a juízo todas as coisas". Ora, temer a Deus é certamente um dos temas de fundo do livro (cf. mais adiante); todavia, jamais o Coélet fala em "observar os mandamentos", os quais, ao contrário, parecem não ter, para ele, muita importância, nem evoca nunca, de modo explícito, em todo o seu livro, um juízo futuro de Deus.

O segundo epílogo tem, certamente, um tom defensivo: o epilogador quer mostrar que o Coélet é um texto que faz parte plenamente da tradição e da fé de Israel (eis a alusão ao temer a Deus e à observância dos preceitos) e que, portanto, não se trata de uma obra perigosa, mas que pode ser lida pelos estudantes. Todavia, justamente esses três versículos finais (12,12-14) atestam as muitas dificuldades que o livro deve ter encontrado desde o início.

1.3. Quem é o Coélet?

O nome do livro, em hebraico *haqqohelet*, remete a um nome de função (em hebraico, está no feminino, e com o artigo), não tanto a um nome próprio. O *qohelet* lembra logo o termo hebraico *qahal*, com o qual se indica geralmente a "assembleia" do povo de Israel.

A tradição cristã antiga, a partir de Jerônimo, entendeu esse nome como *ecclesiastes*, ou seja, o *concionator*, o pregador que reúne a assembleia litúrgica[13]. Na realidade, o texto de Coélet 12,9 aqui citado remete-nos mais a um contexto de escola: o Coélet, "homem da assembleia", parece um mestre que se dirige a seus discípulos. O Coélet pertence, assim, ao mesmo grupo de "sábios" que nos transmitiram os Provérbios e Jó, um homem pertencente às classes mais cultas e, sem dúvida, mais abastadas da população (cf. a sua autobiografia fictícia dada no capítulo 2). Ele é descrito no título de Coélet 1,1 como "filho de Davi, rei de Jerusalém"; apresenta-se, assim, com a máscara do rei Salomão, que, todavia, não é explicitamente nomeado. E como "Salomão" ele será entendido pela tradição antiga, quer judaica, quer cristã, até a época moderna, quando a atribuição salomônica será posta em dúvida e, afinal, rejeitada como impossível.

1.4. Coélet como livro sagrado: a voz da tradição e da liturgia

No judaísmo, o livro do Coélet encontrou alguma dificuldade a respeito da aceitação como livro sagrado; a oposição por parte da tradição rabínica, sobretudo entre os séculos I a.C. e I d.C., é bem atestada por passagens relativamente antigas da *Mishna*. As objeções movidas contra o fato de o livro "não sujar as mãos", ou seja, não ser um livro inspirado, estão ligadas à ideia de uma origem apenas humana (cf. *Tosefta Yad.* 2,14) e, como é previsível, à presença de contradições internas, ou, pior ainda, de passagens que, pelo menos na aparência, contradizem a própria Torá[14]. As dificuldades encontradas pelo Coélet, como, de resto, pelo Cântico dos Cânticos, não foram, porém, capazes de excluí-lo da relação dos livros sagrados; os melhores argumentos de defesa do nosso texto foram, em particular, a atribuição salomônica, a suposta antiguidade do livro e a conclusão do epílogo (Ecl 12,13), conforme a Torá (cf. *Talmud bab.*, *Shab.* 30b). O critério da tradição e acreditada autenticidade

---

13. Cf. JERÔNIMO, *Comment. in Eccl.*: *PL* 23,1063.
14. Cf., por exemplo, Coélet 2,2 e 8,15; 4,2 e 9,4; 11,9, que contradizem Números 15,39. "Os sábios queriam esconder o livro do Qohelet porque as suas palavras se contradizem" (*Talmud b.*, *Shab.* 30b).

salomônica foi, sem dúvida, determinante no acolhimento do livro pelo judaísmo, juntamente aos outros livros inspirados.

No cânone da Bíblia hebraica, o Coélet pertence ao que é comumente chamado de *m^eghillôt*, ou seja, os cinco "rótulos": o Cântico dos Cânticos, Rute, as Lamentações, o Coélet e Ester, textos reunidos por razões essencialmente litúrgicas. Pelo menos a partir do século XII d.C., consta, de fato, com suficiente certeza, o uso do Coélet nas sinagogas, lido por inteiro durante a festa de *Sukkôt*, a Festa das Cabanas, um uso que, todavia, deve ser, sem dúvida, mais antigo, ligado, provavelmente, aos convites à alegria contidos no livro do Coélet, que condizem bem com a festa, que, no calendário hebraico, talvez seja a mais animada do ano (cf. Dt 16,13-15)[15].

A eventual presença de citações ou de alusões ao Coélet no Novo Testamento jamais atraiu o interesse dos estudiosos; geralmente, fica-se apenas na afirmação de que o Novo Testamento não cita nunca, explicitamente, o Coélet[16]. No que se refere, porém, à aceitação do livro no cânone cristão, os primeiros testemunhos patrísticos, de Milito de Sardes (por volta de 190) a Orígenes (cerca de 250) até o uso feito pelos Padres, não deixam dúvidas a respeito do fato de o Coélet ter sido aceito sem problemas no cânone eclesiástico, com a única exceção, totalmente isolada, de Teodoro de Mopsuéstia.

> A liturgia católica é, sem dúvida, um espelho evidente das dificuldades ainda hoje encontradas pela Igreja no uso desse livro; a utilização litúrgica é, de fato, muito escassa: no ciclo ferial, o Coélet é lido só parcialmente a cada dois anos em apenas três dias (vigésima quinta semana do Tempo Comum, anos pares), e, no ciclo festivo, é proclamado somente em pequeníssimo trecho (Ecl 1,2;2,21-23) no XVIII domingo do T. Comum (ano C), em chave moralista, posto em relação com o texto evangélico de Lucas 12,13-21, o episódio do homem rico.

---

15. Cf. SANDBERG, R.N., *Rabbinic Views of Qohelet*, Lewiston-Queenston-Lampeter, Mellen Biblical Press, 1999, 26-27.

16. Poderíamos, porém, aproximar, ao menos em nível temático, Coélet 1,2 e Romanos 8,20; Coélet 5,15 e 1 Timóteo 6,7; Coélet 7,9 e Tiago 1,19; Coélet 7,20 e Romanos 3,10-12; Coélet 11,5 e João 3,8; Coélet 12,14 e 2 Coríntios 5,10.

2. Problemas literários

2.1. Unidade do livro

O livro do Coélet apresenta internamente muitas contradições, como já se disse: Coélet 2,15-16 mancha o valor da sabedoria, que, porém, é afirmado por Coélet 2,13; 7,11.19; 9,16-18; o Coélet diz odiar a vida (Ecl 2,17), mas diz também que a vida é bela (Ecl 11,7) e que, todavia, é melhor ser cão vivo do que leão morto (cf. Ecl 9,4). A alegria, diz ainda o Coélet, é inútil (Ecl 2,2-3.10-11), mas, pelo menos por três vezes ao longo do livro, o nosso sábio a louva como dom de Deus (Ecl 2,24-26; 3,14; 5,17); em 11,9, o Coélet parece falar de um juízo de Deus, que alhures (Ecl 8,10-14), ele nega com vigor.

Os Padres resolviam essas contradições com a teoria do *diálogo fictício* ou do *monólogo interior*. Essas hipóteses foram introduzidas por um discípulo de Orígenes — Gregório, o Taumaturgo — e retomadas por muitos Padres (Dídimo, o Cego; Nilo de Ancira; Gregório de Nissa; Gregório Magno).

Na época moderna, fez escola, por muito tempo, a hipótese *plurifontista*, inaugurada por Siegried, em 1898 (que pensava em nove diferentes autores) e aperfeiçoada por E. Podechard, que vislumbrava no Coélet quatro autores diferentes: o autor principal (o Coélet), o discípulo epilogador, o pio, que corrige as partes teologicamente mais discutíveis, e o sábio, ao qual Podechard atribui as partes mais candentes[17].

Como veremos adiante, o estilo do livro testemunha, na realidade, a favor da unidade de autor; quanto às contradições, elas devem ser lidas como um aspecto peculiar do pensamento do Coélet e não resolvidas, atribuindo-as, um pouco simplesmente, a diferentes autores.

2.2. O uso de citações implícitas

Uma possível resposta à presença de contradições internas ao livro é a teoria das citações implícitas. Quando o Coélet parece se contradizer, está citando, na realidade, temas da sabedoria tradicional, para negá-los ou relativizá-los; veja-se, por exemplo, Coélet 8,2 e Provérbios 24,21; Coélet 5,11 e Provérbios 13,8. O nosso sábio utiliza, assim, temas da sabedoria tradicional,

---

17. Cf. SIEGFRIED, D.C., *Prediger und Höhelied*, Göttingen, Vandenhoeck & Ruprecht, 1898, espec. 3-4; PODECHARD, *L'Ecclésiaste*, 156-170. Uma boa síntese das tentativas plurifontais está em DI FONZO, L., *Ecclesiaste*, Turim, Marietti, 1967, 27-35; Di Fonzo aceita com muita moderação a existência de glosas dos epilogadores, do sábio e (com mais cautela) do piedoso.

posicionando-se a partir de seu ponto de vista. Como já acontece no livro dos Provérbios (cf. Pr 26,4-5), o Coélet contrapõe dois *mešalîm* antitéticos, para mostrar os limites e a contradição; um caso típico é representado por Coélet 4,5-6. O Coélet posiciona-se, assim, como crítico da sabedoria tradicional (cf. ainda Ecl 12,9, "corrigiu muitos provérbios").

> Essa teoria, proposta por R. Gordis[18], apresenta, decerto, o problema de identificar supostas citações da sabedoria tradicional[19]. Todavia, em alguns casos, parece ser uma solução plausível; um bom exemplo é representado pelo texto de Coélet 8,11-14.
>
>> [11]Como uma sentença contra uma ação má não é logo executada,
>> por isso o coração dos filhos do homem está cheio neles
>> (de vontade/de presunção) de fazer o mal,
>> [12]porque o pecador faz o mal cem (vezes) e vive por muito tempo,
>> embora saiba também que as coisas vão bem para os que temem a Deus,
>> os quais têm temor diante dele,
>> [13]mas não irão bem para o mau
>> nem prolongará os seus dias como a sombra,
>> porque não tem temor diante de Deus.
>> [14]Há alguma coisa que acontece sobre a terra, e é um sopro,
>> ou seja, que há justos aos quais acontece coisas como se tivessem agido como maus
>> e há maus aos quais acontece coisas como se tivessem agido como justos.
>> Eu digo que também isso é um sopro.
>
> Em 8,11, o Coélet afirma que não há uma condenação pronta das ações más e que o pecador comete o mal cem vezes e vive por muito tempo (Ecl 8,12a); o Coélet sabe muito bem que a tradição de Israel afirma mais o contrário (Ecl 8,12b-13); todavia, a experiência demonstra que há justos aos quais toca a sorte dos maus e vice-versa (Ecl 8,14); tudo, então, é *hebel*, ou seja, um sopro, um absurdo. A contradição presente no texto entre os vv. 11-12a.14, de um lado, e os vv. 12b-13, de outro, reflete, na realidade, a contradição inerente à ideia mesma da retribuição, sobre a qual se baseia a

---

18. Cf. GORDIS, R., Quotations in Wisdom Literature, in: CRENSHAW, J.L. (ed.), *Studies in Ancient Israelite Wisdom*, Nova York, Ktav, 1976, 220-244.
19. Cf. os critérios indicados por WHYBRAY, R.N., The Identification and Use of Quotations in Ecclesiastes, in: EMERTON, J.A. (ed.), *Congress Volume (Wien 1980)* (Supp. VT 33), Leiden, Brill, 1981, 435-451.

tradição sapiencial e cujos limites o Coélet quer ressaltar. De outra parte, é possível ler o texto também como não contraditório: se, com efeito, pomos o acento no "temer a Deus" e lemos Coélet 8,12b-13 como a expressão da convicção do próprio Coélet a respeito do valor "absoluto" de um tal temor, o nosso sábio entra, como veremos, em discussão com uma ética tradicional baseada na "justiça" entendida como observância da Lei; mas sobre esse aspecto voltaremos mais adiante[20].

Outro exemplo interessante é representado por Coélet 7,23-28, normalmente entendido em sentido exclusivamente misógino, mas radicalmente modificado a seguir a essa intuição. O texto de Coélet 7,26 parece ser, desse ponto de vista, a citação de um modo de ver tradicional, segundo o qual a mulher é vista somente de um modo negativo, um modo de ver que é criticado pelo Coélet.

2.3. Estrutura e gênero literário

Não nos detemos muito no problema da estrutura literária do livro; com efeito, é um tema sobre o qual não existe nenhum consenso. De grande interesse a respeito, todavia, parece ser o trabalho de Vittoria d'Alario, que combina a análise da estrutura literária com o método próprio da análise retórica. As conclusões são, em síntese, que o livro do Coélet não deve ser considerado, de modo algum, um aglomerado de sentenças, que existe um plano orgânico da obra, subdivisível em duas grandes partes (Ecl 1,3-6,9 e 7,1-11,6), tendo no centro o importante texto de Coélet 6,10-12, partes dentro das quais o autor volta não raramente aos mesmos temas, abordados, porém, com perspectivas diferentes; com frequência, pois, a análise de cada perícope revela a dificuldade de fazer cesuras nítidas dentro do texto[21]. A análise formal, sozinha, não é suficiente para explicar a descontinuidade lógica presente no livro: assim, D'Alario põe lado a lado a análise da estrutura literária e a análise retórica. Essa última revela no Coélet a presença de numerosas figuras retóricas, entre as quais emerge de modo especial a da repetição, "mediante a qual Coélet quis exprimir a sua concepção da natureza e da história; assim, existe

---

20. Cf. MAZZINGHI, L. Esegesi ed ermeneutica di un libro difficile: l'esempio di Qo 8-11,14, in: ALETTI, J.-N.; SKA, J.-L. (ed.), *Biblical Exegesis in Progress. Old and New Testament Essays* (AnBib 176), Roma, PIB, 2009, 173-207.

21. Cf. D'ALARIO, V., *Il libro del Qohelet; struttura letteraria e retorica*, Bolonha, EDB, 1992, 176-181.

uma estreita relação entre a estrutura formal da obra e a *Weltanschauung* que nela se exprime"[22].

Também para o *gênero literário* do livro parece não haver consenso entre os autores. Alguns procuraram, assim, identificar no Coélet o gênero literário do "testamento real", típico da literatura do Oriente Próximo antigo[23], mas isso pode ser verdadeiro somente para a primeira parte do livro, pelo menos até Coélet 3,15, quando o Coélet se esconde por trás da sombra do rei Salomão.

Maior sucesso teve, porém, a tentativa de aproximar o Coélet do gênero literário da diatribe, tentativa feita pela primeira vez pelo comentarista judeu L. Levy e defendida, a seguir, com vigor, por S. Ausejo: o caráter dialógico do livro dependeria, segundo Levy, da sua profunda relação com a diatribe cínico-estoica[24]. O conteúdo da diatribe é de caráter ético e diz respeito, em geral, ao comportamento cotidiano do homem; uma característica peculiar da diatribe é o diálogo entre o escritor e o seu interlocutor, real ou fictício. A aproximação do Coélet à diatribe[25] põe em questão o problema da relação entre o Coélet e o mundo grego: em que medida o nosso sábio foi por ele influenciado, se até utiliza um dos gêneros literários mais difundidos de sua época?

2.4. O estilo do Coélet

Pode-se discutir se o estilo do Coélet é de caráter simples e popular ou se nos encontramos diante de um verdadeiro criador de linguagem, de um estilo culto e refinado. Em todo caso, temos de admitir que o Coélet é, sem dúvida, um texto original[26]. Limitamo-nos aqui a relacionar alguns usos estilísticos próprios do nosso sábio.

Antes de tudo, o Coélet se caracteriza pelo que foi definido como "narração-eu", ou seja, o uso constante da primeira pessoa do singular; por bem 29 vezes aparece o pronome pessoal "eu", que não é de uso tão comum na

---

22. D'Alario, *Il libro del Qohelet*, 235.
23. Cf. Von Rad, *Teologia dell'Antico Testamento*, I, 511.
24. Cf. Levy, L., *Das Buch Qohelet. Ein Beitrag zur Geschichte des Sadduzaismus*, Leipzig, Hinrich's, 1912, 59; Ausejo, S., El género literario del Eclesiastés, *EstBib*, 7 (1948) 369-406.
25. Cf. uma síntese recente da discussão em Mazzinghi, L., *"Ho cercato e ho splorato". Studi sul Qohelet*, Bolonha, ²2009, 47-50.
26. "É *simples e popular* o estilo de Coélet, vivo e palpitante na sua proximidade de expressão, enriquecido somente dos espontâneos elementos descritivos e pequenos artifícios retóricos, já vistos, que mais facilmente comportavam, como próprios componentes naturais, a profundidade e a perspicácia dos pensamentos" (Di Fonzo, *Ecclesiaste*, 19; cf., ao contrário, Gordis, *Kohelet*, 94).

Bíblia hebraica; trata-se de um "eu" fictício, o eu do Coélet/Salomão; mas é mesmo singular o fato de o protagonista do livro não falar nem em nome de Deus nem em nome de uma tradição recebida, mas, sim, à luz da própria experiência.

O Coélet utiliza, aliás, a técnica da repetição, ou, com mais exatidão, algo que poderíamos chamar de *imitatio sui*, ou seja, a retomada de expressões já utilizadas e o recurso a verdadeiros refrãos, como o célebre "tudo é um sopro / um seguir o vento" (cf. mais adiante).

Em Coélet 12,9-11, o epilogador afirma que o Coélet escrevera muitos $m^e\check{s}alîm$, ou seja, que utilizara na sua obra a forma literária típica da literatura sapiencial.

> Não é de estranhar, portanto, que se encontre em nosso autor uma série de recursos estilísticos bem conhecidos do leitor dos Provérbios, como o paralelismo ou o uso de técnicas poéticas como a paronomásia (Ecl 7,1a: *šem-šemen*; nome-óleo; 7,5b.6a: *šîr-sirîm-sîr*; canto, espinheiros e panela) ou o duplo sentido; vejam-se Coélet 2,15 (duplo sentido de *yôter*, como substantivo "proveito" e como advérbio "muito"); Coélet 7,26 (provável duplo sentido de *mar*, "amargo" e "forte"); Coélet 7,29 (jogo de palavras com *'iššebonôt*, "resultados", "complicações", "máquinas de guerra"); Coélet 10,1 (duplo sentido de *yaqar*, "ser importante" e, em sentido irônico, "ser valioso"). Um caso interessante está em Coélet 12,1, $bôr^e\hat{e}ka$, o "teu criador", um possível jogo de palavras sobre termos homófonos, como b^er, "poço", e *bôr*, "fossa".
>
> Destacamos, em particular, o uso dos chamados "provérbios-melhor"; bem 16 textos nos quais encontramos a fórmula comparativa *ṭôb [...] min*, "melhor... do que": trata-se de Coélet 4,3.6.9.13 (cf. também o v. 17); Coélet 5,4; 6,3.9; Coélet 7, 1a(bis).2.3.5.8a; Coélet 9,4.16.18. É preciso acrescentar quatro textos em que aparece a forma *'ên ṭôb*, ou seja, Coélet 2,24; 3,12.22; 8,15, sempre em relação ao tema da alegria. No plano formal, os ditos-*ṭôb* servem no livro de Coélet para introduzir ou para concluir uma argumentação; o Coélet, mais uma vez, contesta os valores tradicionais e propõe novos critérios de avaliação. Tais ditos, especialmente os quatro expressos na forma *'ên ṭôb*, constituem, além disso, uma resposta positiva à pergunta "Que proveito há para o homem?", posta (cf. a seguir) por oito vezes na primeira parte do livro. Nem tudo, então, é negativo para o Coélet, e há sempre um "melhor" para o homem, e que o homem pode aceitar e viver. Assim, num mundo em que cada qual parece ser contra o outro,

> há um melhor para o homem na amizade e no amor: "É melhor ser dois do que um só" (cf. todo o trecho de Ecl 4,9-12). Nem tudo na vida, pois, é apenas "um sopro".

A *ambiguidade* parece ser um recurso de estilo característico de nosso autor; se levarmos isso em consideração, poderão ser resolvidos muitos aparentes problemas do texto; ela pode ser considerada expressão, no plano literário, do procedimento de caráter dialético utilizado pelo nosso sábio, que poderia querer refletir a estrutura ambígua da própria realidade que ele descobrira.

Além da ambiguidade, o Coélet recorre com muita frequência à *ironia*[27], já conhecida pelos sábios de Israel, mas, decerto, bem mais usada pela filosofia da época helenística. Em primeiro lugar, existe no livro uma evidente atitude irônica em relação à sociedade da época e à corrida à riqueza (Ecl 5,7-8; 5,14; 8,9-10; 10,5-7); aqui, a ironia acaba em sarcasmo. A ironia pode se situar no nível do estilo usado pelo autor ou pode ser uma ironia de caráter alusivo, ou, melhor ainda, uma ironia de caráter linguístico, ou seja, o Coélet cita enunciados tradicionais revirando seu significado. Assim acontece em Coélet 3,2-8, onde o Coélet *parece* querer utilizar um poema sapiencial sobre os "momentos oportunos", utilizando, porém, o contrário. A descoberta de tal alcance irônico no livro do Coélet poderia ser uma ulterior confirmação da teoria das citações; muitas alusões que o nosso sábio faz a temas e textos próprios da sabedoria tradicional são, assim, de caráter irônico.

Uma ironia pode assumir no livro um alcance mais amplo, como acontece na ficção real inteira (Ecl 1,12-3,15), onde a identificação do autor com o rei "Salomão" assume um aspecto, sem dúvida, irônico: o mais sábio e o mais rico rei que Israel jamais tenha tido não foi capaz de gozar a vida. Desse ponto de vista, todo o livro, posto sob a ficção salomônica, adquire o caráter de uma paródia da verdadeira *síndrome real*[28], a atitude de "Salomão", que gostaria de ter tudo e saber tudo.

Em síntese, o uso da ironia serve a Coélet para uma vasta série de objetivos: antes de tudo, com ironia, ele consegue criticar as pretensões da sabedoria tradicional (cf. de novo Ecl 3,2-8, mas também Ecl 9,2-3). Por sua vez, a ironia serve para que o nosso sábio estigmatize a tentativa do homem de sua época de imitar "Salomão", acreditando encontrar sozinho a própria

---

27. VIGNOLO, R., La poetica ironica di Qohelet. Contributo allo sviluppo di un orientamento critico, *Teologia*, 25 (2000), 217-240.
28. Cf. ibidem, 237.

felicidade; contra esse estilo de vida de suposta autossuficiência, a ironia do Coélet torna-se feroz. Por outro lado, a ironia não tem apenas o objetivo de atingir e de ferir o interlocutor; combinada com o uso retórico da pergunta, ela adquire um real valor epistemológico, levando o homem a refletir sobre a realidade e a não dar nada como certo; assim ocorre, de modo particular, na constante repetição de que "tudo é sopro"; sob os golpes do Coélet, toda a vida do homem é posta em discussão: a ironia caminha, *pari passu*, com o desenvolvimento do senso crítico. É muito importante observar, aqui, que o uso da ironia por parte do nosso sábio parece ausente em três casos: quando o Coélet fala da figura de Deus e do seu agir, quando fala do temor de Deus e da alegria por ele concedida ao homem; a ironia do Coélet, portanto, não é uma ironia corrosiva e destruidora, mas, sim, um instrumento epistemológico que serve para filtrar e dar fundamento somente às realidades que tenham um sentido na vida: Deus e as duas coisas que o homem pode viver em relação a esse Deus, o temor e a alegria.

É importante no Coélet o recurso à negação e, ao mesmo tempo, à pergunta[29]. No que se refere à negação, em muitos casos, o Coélet põe-se em relação crítica com a tradição de Israel; vejam-se os textos de Coélet 1,9 em relação à tradição profética; Coélet 1,11; 5,19; 9,15, em relação à possibilidade da lembrança; Coélet 9,11, em relação à doutrina da retribuição. Em outros textos, como Coélet 3,11; 4,17; 8,9.17; 9,1.5.12; 10,14; 11,5.6, o Coélet reage contra o que foi definido como otimismo epistemológico dos sábios, contra uma concepção demasiadamente otimista de um saber que não consegue perceber os próprios limites. Outra esfera na qual o nosso sábio usa a negação é a do agir humano, que não consegue mudar a realidade das coisas e se choca contra limites intransponíveis (cf. Ecl 1,15; 2,11; 10,8-11).

O caráter dialético da obra reflete-se também no constante recurso ao questionamento. A maior parte das perguntas presentes no livro concentra-se nos capítulos 2–3 e 7–8, e estas podem ser resumidas em duas questões centrais: qual proveito? Quem pode conhecer? A primeira pergunta ocorre de modo explícito por bem oito vezes (Ecl 1,3; 2,22; 3,9; 5,10.15; 6,8ab.11) e é feita em dois níveis: de um lado, a resposta mais óbvia é que "não há nenhum proveito para o homem em seu trabalho"; de outro, o Coélet leva os seus interlocutores a se perguntar onde está, então, o "proveito" que o homem vai procurando e se há, de fato, algum proveito. Qual é, então, o sentido do agir humano?

---

29. Cf. D'Alario, *Il libro del Qohelet*, 186-192; 199-202; 214-218.

A segunda pergunta, relativa ao conhecimento, ocorre explicitamente em Coélet 2,19; 3,21; 6,12; 8,1 na forma *mî-yôdea'*, "quem sabe?"; à luz dos textos de Coélet 1,13 e 3,11 e de toda a epistemologia do Coélet, a pergunta revela um real desejo de conhecer.

2.5. O texto e a língua do Coélet

O texto massorético do Coélet, como conservado pelo Códice de Leningrado e editado agora na nova edição da *Biblia hebraica Stuttgartensia* (Stuttgart ⁵2004), está, sem dúvida, bem conservado. Existem também dois manuscritos de Qumran que referem algumas partes do texto do Coélet (4QQoh^a [metade do século II a.C.] = Ecl 5,13-17; 6,1(?).3-8.12; 7,1-10.19-20 e 4QQoh^b = Ecl 1,10-16), mas nenhuma das variantes documentadas em Qumran parece realmente se impor sobre o texto massorético. De certo interesse para a crítica textual é a versão grega do Coélet, que, todavia, é tardia (século II a.C.) e apresenta algumas correções de caráter teológico. A versão latina (*Vulgata*) é abordada por Jerônimo, em 398, depois de já ter sido publicada a versão oferecida no *Comentário* a todo o livro, escrita por volta de 389. Jerônimo submete o texto a uma releitura escatológica e cristológica, ao mesmo tempo: *Ecclesiastes noster est Christus*[30].

> Uma questão por muito tempo estudada foi a relativa à língua utilizada pelo Coélet; ela parece ser um hebraico popular, espelho da língua falada por volta do século III (daí a abundância de aramaísmos), um hebraico que marca a passagem do hebraico bíblico para o da *Mishna*[31].

3. O ambiente histórico do Coélet

3.1. Época e datação

A tradição judaica antiga atribuía o Coélet ao rei Salomão, já envelhecido, que havia escrito, na juventude, o Cântico dos Cânticos e, como adulto, o livro dos Provérbios (cf. p. 81-82). Foi somente na era moderna que a atribuição

---

30. JERÔNIMO, *Comm. in Eccl.*: PL 23, 1013.
31. Cf., agora, os dois livros fundamentais de SCHOORS, A., *The Preacher Sought to Find Pleasing Words; a Study of the Language of Qoheleth* (OrLov Anal 41; 143), 2 vol., Lovaina, Peeters, 1992-2004.

tradicional entrou em crise. É mais provável que a época de composição tenha sido por volta do século III a.C., provavelmente em meados do século; trata-se de uma datação que se impõe por razões quer de linguagem, quer de conteúdo.

O século III a.C. assiste, após a conquista de Alexandre Magno, à estabilização do domínio dos ptolomeus também na região da Judeia; trata-se de um tempo de relativa paz e de crescente desenvolvimento econômico; nasce na Judeia uma aristocracia de donos de terras e se difunde igualmente o uso do dinheiro como meio corrente de pagamento. Uma nova classe de burocratas reportava-se à monarquia ptolemaica de Alexandria (cf. o texto irônico de Ecl 5,7-10). Os chamados *papiros de Zenão*, funcionário do fisco ptolemaico que nos deixou a documentação da sua visita na região siro-palestina, atestam, em meados do século III, a realidade econômica e fiscal dessa área geográfica. Esses relatórios de natureza fiscal mostram a existência de classes ricas, abertas aos comércios internacionais. Não é por acaso que o termo "proveito" (em hebraico, *yitrôn*), um termo nitidamente comercial, esteja no centro das perguntas do Coélet: "Que proveito há para o homem?" (cf. Ecl 1,3; 3,9). Sobre esse pano de fundo econômico-social é possível compreender textos irônicos, como Coélet 10,4-7, mas também mais trágicos, como Coélet 4,1-2 (as injustiças dos poderosos). Como conclui muito bem P. Sacchi, "se a fisionomia do século III a.C. não é suficiente sozinha para indicar essa data para o livro do Coélet, é certo que sobre esse pano de fundo o seu pensamento é perfeitamente compreensível"[32].

3.2. As fontes do Coélet

Examinemos agora, brevemente, quais são as relações que o Coélet mostra ter com o ambiente cultural no qual nasceu. Segundo alguns autores, seria evidente no Coélet a influência da literatura sapiencial babilônica. Foram estudados, em particular, os possíveis contatos que o Coélet demonstraria ter com o célebre *poema de Ghilgamesh*[33]. É possível que o nosso sábio tenha

---

32. SACCHI, P., *Qohelet*, Roma, Ed. Paoline, 1971, 22. Uma sintética panorâmica relativa à situação da Judeia no século III é oferecida por Vílchez Líndez em dois apêndices, aos quais remeto para uma primeira aproximação do problema e para ulteriores informações bibliográficas (cf. VÍLCHEZ LÍNDEZ, *Qoèlet*, 483-504).

33. Veja-se, em particular, YEONG-SIK PAHK, J., *Il canto della gioia in Dio. L'itinerario sapienziale espresso dall'unità letteraria in Qohelet 8,16-9,10 e o paralelo di Ghilgamesh Me. III*, Nápolis, Istituto univ. orientale, 1996.

conseguido conhecer um poema tão famoso, afinal; veja-se, por exemplo, o conceito da vida entendida como "sopro", unido a uma visão pelo menos aparentemente pessimista da existência; veja-se também o grande tema da justiça de Deus. Mas esses contatos não parecem decisivos; mais interessante, porém, é a pista aberta por um possível confronto com o mundo helenístico, que tinha começado a aparecer também na Judeia.

Utilizo aqui o termo "helenismo" no sentido mais amplo e genérico possível, em referência ao período histórico-cultural que tradicionalmente se abre com a morte de Alexandre Magno (323 a.C.) e que se estende até o início do Império Romano. No que se refere à relação do Coélet com o helenismo, deve-se reconhecer, mais uma vez, a falta de acordo entre os estudiosos: a situação está bem refletida hoje nas palavras de R.E. Murphy: "No momento, o veredito sobre Coélet e o helenismo ainda não é possível. O juízo geral é que ele seria um sábio judaico influenciado pelo espírito helenístico da sua época, mas é difícil estabelecer os detalhes precisos a favor dessa posição"[34].

Todavia, certa influência do helenismo sobre o Coélet parece inegável; o problema fundamental do livro, em particular, é o de responder, *como judeu*, à pergunta *tipicamente grega* sobre o ser do homem dentro de um universo agora por demais amplo: "O que é bom para o homem?" (cf. Ecl 6,12)[35]. A essa pergunta o Coélet oferece uma resposta *tipicamente judaica*: por sete vezes (cf. adiante) proclamará a possibilidade de uma alegria entendida como dom de Deus. De sabor grego são também a pergunta sobre o valor da sabedoria, uma visão desencantada e, para muitos, cética da realidade, o problema da conexão entre felicidade e prazer material, a crítica social, uma posição moderada e até crítica em relação à teologia e ao culto.

O Coélet apresenta, sem dúvida, alguns pontos de contato com os filósofos itinerantes de sua época, em particular com os de ambiente cínico-histórico; a sua afirmação fundamental, "tudo é sopro", não é, pois, muito diferente do *slogan* cético "tudo é fumaça". A contestação dos valores tradicionais e a crítica do que *os outros* consideram sabedoria põem em comum ainda o Coélet e a diatribe cínico-histórica. Mas para os filósofos gregos o homem é um peão de xadrez nas mãos do destino; para o judeu Coélet, porém, o homem deve se confrontar com a presença contínua de um deus pessoal. E, em todo caso (veja mais adiante), o Coélet permanece apoiado na tradição bíblica

---

34. Murphy, *L'albero della vita*, 222.
35. Braun, R., *Kohelet und die frühellenistiche popularphilosophie* (BZAW 130), Berlim-Nova York, De Gruyter, 1973, 170.

precisamente quando a critica; por essa razão, foi apenas definido como *uma resposta hebraica a perguntas gregas*.

> Existe, sem dúvida, a possibilidade de um judeu culto de Jerusalém, em meados do século III a.C., ter algum conhecimento de algumas ideias fundamentais provenientes da filosofia e do mundo grego. O texto de Coélet 7,15-18 parece-nos emblemático a esse respeito[36]: quem se atém ao antigo *ethos*, baseado na observância da Lei, fica arruinado. Eis o texto de Coélet 7,15-18:
>> [15]Tudo isso eu vi nos dias da minha vida fugaz:
>> há justos que perecem, apesar de sua justiça
>> e há malvados que têm vida longa, apesar de sua maldade.
>> [16]Não sejas por demais justo,
>> não sejas excessivamente sábio!
>> Por que queres te destruir?
>> [17]Não sejas por demais malvado,
>> não sejas imbecil!
>> Por que queres morrer antes da tua hora?
>> [18]É bom que te apegues a isso
>> e que não largues mão daquilo:
>> mas quem teme a Deus
>> evitará ambas as coisas[37].
>
> Em Coélet 7,15-18, o nosso sábio *não* aconselha uma via média, ou seja, uma ética da moderação entre dois extremos; não sugere, pois, ser um pouco sábio, mas também não ser sábio em demasia, e de não exagerar na maldade (como se um pouco mau se pudesse realmente ser), procurando, ao mesmo tempo, não ser estúpido. Diante da crise dos valores tradicionais, o Coélet demonstra seguir uma terceira via, que é, na realidade, de modo paradoxal, ainda mais tradicional, pelo menos na sua formulação, e que, para o Coélet, parece a única praticável: a do "temer a Deus". Somente nessa óptica é que a procura da felicidade tem um sentido.
>
> Também para o Coélet, como para Aristóteles na sua *Ética a Nicômaco*, há ações e comportamentos (como a estupidez) que devem ser

---

36. MAZZINGHI, L. Qohelet tra giudaismo ed ellenismo: un'indagine a partire dalla Qo 7,15-18, in: BELLIA, G.; PASSARO, A. (ed.), *Il libro del Qohelet. Tradizione, redazione, teologia*, Milão, Ed. Paoline, 2001, 90-116.

37. A expressão hebraica *"yeṣe' 'et kullam"* pode ser também traduzida como "cumprirá o seu dever".

radicalmente excluídos e para os quais o "justo meio" não é aplicável. Também para o Coélet o "temer a Deus" não é, na realidade, o ponto de equilibrio entre dois comportamentos opostos, mas a melhor atitude possível, ou seja, a "ótima", na linguagem aristotélica. Existe, todavia, uma diferença fundamental entre o Coélet e Aristóteles: para esse último, o "justo meio" deverá ser procurado, cada vez, pelo sábio, pois não é dado uma vez por todas (cf. *Ética a Nicômaco* 1109ab), ao passo que para o Coélet o "justo meio" é algo bem definido, não tanto a justiça ou a sabedoria (virtudes centrais nos livros V e VI da *Ética* aristotélica), mas, antes, a ideia profundamente judaica do "temer a Deus". Uma diferença mais profunda parece ser de natureza metodológica: o ponto de partida é, para o Coélet, não um princípio metafísico, mas a constatação da própria experiência; a experiência de viver é para ele tão importante que no crivo dela o nosso sábio filtra também o convite aristotélico à "mediania", não tanto o μηδὲν ἄγαν délfico e teognídeo, o clássico *ne quid nimis* ou a horaciana *aurea mediocritas*, doutrinas que também o Coélet demonstra conhecer.

A ética tradicional de Israel, em que o comportamento do justo, do sábio e do temente a Deus se resume na observância da Lei, é posta em crise pelas condições sociais modificadas do primeiro helenismo; as amargas descrições da sociedade da época, onde os maus parecem prevalecer, são refletidas por muitos textos do Coélet (Ecl 3,16; 4,1; 5,7); esses textos mostram que, diante do novo mundo, as respostas antigas não bastam mais; nem a bíblica da retribuição nem a grega da moderação. O caminho escolhido pelo Coélet retoma, na realidade, ambas as perspectivas: a noção profundamente bíblica do "temor de Deus" é relida à luz das sugestões da filosofia grega, em particular a aristotélica[38], e, mais provavelmente, a filosofia popular do primeiro helenismo; ao mesmo tempo, a resposta tradicionalmente grega da moderação é modificada não apenas na linha do "caráter médio" aristotélico, mas, sobretudo, à luz do bíblico "temor de Deus". Em Coélet 7,15-18, o convite à moderação é, assim, apenas aparente; o Coélet dá a impressão de conhecer essa ética do "justo meio" (que, de resto, é bem atestada também fora do mundo grego), mas, no momento em que parece utilizá-la, muda, improvisadamente, de rota: o acento não cai, com efeito, sobre evitar os dois extremos, mantendo-se no justo meio entre uma excessiva justiça e uma excessiva maldade; o Coélet propõe um terceiro critério,

---

38. Cf. ANNAS, J. *La morale della felicità in Aristotele e nei filosofi dell'età ellenistica*, Milão, Vita e Pensiero, 1997.

que não é a moderação, mas o temor de Deus, recuperando, assim, uma ideia profundamente bíblica. No mesmo momento, pondo-se o problema da felicidade do homem, o Coélet se confronta com o que certamente constitui o centro de toda a ética filosófica helenística, a partir de Aristóteles, e, ao mesmo tempo, entra em discussão com toda a tradição sapiencial de Israel.

Na óptica do "temer a Deus" é possível encontrar, embora de modo muito simples, a alegria da vida cotidiana e responder, assim, como judeu, à pergunta posta pelo novo mundo helenístico. O Coélet quer deixar claro que nem a justiça nem a sabedoria (afinal, a própria Torá mosaica) conseguem sozinhas garantir ao homem a possibilidade de ser feliz. A alegria pode vir apenas do "temer a Deus", entendido, de um lado, como aceitação da vontade divina (Ecl 7,13-14), inclusive os simples dons que Deus faz ao homem, como "comer" e "beber" e, de outro, entendido como plena consciência dos limites do conhecimento humano. Somente assim o homem "evitará ambas as coisas" (Ecl 7,18), ou seja, conseguirá evitar a estultice e uma excessiva maldade (parece até que para o Coélet *um pouco de maldade é inevitável!*), mas será capaz também de evitar o risco de uma "superjustiça" e de uma sabedoria que tudo pretende conhecer; como se lê em Coélet 8,17, "mesmo que um sábio dissesse saber, não poderia encontrar!". Emerge, desse modo, a singularidade do Coélet, que, enquanto critica a tradição de Israel à luz das sugestões provenientes do mundo grego, mostra *não* querer aceitar suas soluções, no momento mesmo em que aceita, porém, suas provocações. Ele permanece, apesar de tudo, apoiado na mesma sabedoria cujos limites quer mostrar, e, ao fazer isso, consegue fazê-la crescer.

3.3. *O Coélet e a tradição bíblica*

É possível que o Coélet tenha sido influenciado pela literatura sapiencial mesopotâmica; é verossímil, como se disse anteriormente, que tenha sido pelo primeiro helenismo. Mas a mais autêntica raiz do Coélet deve ser buscada na sua relação com a tradição de Israel. Muitas vezes, o Coélet demonstra aceitar a visão do homem proposta no Gênesis 1-3 — o homem é pó (Gn 2,6) —, e o decreto de Gênesis 3,19 parece encontrar um eco em Eclesiaste 3,20; 12,7; Deus, para o Coélet, fez "belas" todas as coisas a seu tempo (Ecl 3,11), parafraseando assim, embora de modo diferente, o refrão do Gênesis 1: mas precisamente sobre esse ponto damo-nos conta de que a relação com as tradições genesíacas é, na realidade, ambígua. De um lado, com efeito, o nosso sábio aceita a visão do homem proposta por Gênesis 1–3, mas, de outro, sua pessoal visão do mundo, bem expressa no poema inicial de Coélet 1,4-11, parece radicalmente diferente da que é proposta pelo capítulo inicial do Gênesis; para o Coélet, nem parece perceptível alguma "história da salvação": "Não há nada de novo sob o sol" (Ecl 1,9). Um confronto atento com o Gênesis pode nos revelar, sem dúvida, muitas surpresas: o Coélet tanto se mostra enraizado na tradição quanto se revela um crítico destemido da própria tradição que está usando.

O problema da relação entre o Coélet e a sabedoria de Israel é abordado pelos estudiosos a partir da ideia que geralmente se tem da tradição sapiencial mais antiga, muitas vezes, com base numa ênfase, sem dúvida injustificada, posta na chamada "teologia da retribuição". É agora claro que a ideia da retribuição presente nos Provérbios não deve ser considerada como um mecanismo que funciona de modo automático (cf. p. 60-62.95-97); os sábios de Israel sabem muito bem que existe, todavia, um conflito entre fé e experiência que impede de se ler nessa chave a ideia de uma retribuição terrena, que eles, todavia, repetidamente afirmam (cr. Pr 5,21-22; 14,26-27 etc.). A ideia da retribuição nasce, antes, como já vimos, da certeza de que toda causa produz o seu efeito (Pr 17,5.15; 22,22-23; 30,33 etc.); não se trata de uma visão simplista da realidade, mas da confiança de que existe uma ordem das coisas que o sábio é capaz de compreender e de que Deus é o fiador dessa ordem. Pode-se falar, sem dúvida, de *otimismo epistemológico*, embora os sábios autores das coletâneas contidas no atual livro dos Provérbios pareçam bem conscientes dos limites do próprio conhecimento (Pr 16,2; 21,30-31; 26,12); é precisamente esse aspecto do *limite* próprio de toda sabedoria que o Coélet aprofunda e radicaliza, chegando, paradoxalmente, a uma conclusão que, pela redação conclusiva do livro dos Provérbios, constitui, porém, o início de toda sabedoria humana: o temor de Deus (Pr 1,7; 9,10); mas o "temer a Deus" de que nos fala o Coélet é, ao mesmo tempo, igual e muito diferente do "temor de Deus" descrito em Provérbios 1–9, como veremos mais adiante. Por isso, é preciso levar bem a sério a descrição do Coélet nos oferece o primeiro epilogador (Ecl 12,9): seu mestre foi realmente um "sábio", inserido na tradição de Israel, mas também foi mais que um sábio.

3.4. O Coélet e a crítica à tradição apocalíptica[39]

Provavelmente, já por volta do fim do século V a.C. ou do início do século IV a.C., começa a se desenvolver em Israel o germe de uma tradição que foi, depois, chamada de "apocalíptica". Trata-se de uma particular visão do mundo bem refletida nas partes mais antigas do *Livro de Henoc*, em especial no chamado *Livro dos vigilantes* (*1Hen* 1-37). Nos escritos canônicos, vestígios desse novo modo de pensar já estão presentes na primeira parte do livro de Zacarias (Zc 1–8).

Diante de um judaísmo centrado no valor da lei mosaica entendida como instrumento de salvação, o movimento henóquico sente sua insuficiência e se põe com vigor o problema do mal. Ele não deriva de uma falta de observância da lei divina, por parte do homem (por exemplo, o enfoque típico de Gn 3), mas provém de uma culpa angélica. Os "vigilantes", ou seja, os anjos (assim chamados porque são os que nunca dormem), desobedeceram a Deus, desvirtuando a ordem da criação. Assim, o mal não é responsabilidade divina, nem sequer humana. O mundo está irremediavelmente corrompido, e a salvação poderá vir somente de uma extraordinária intervenção divina, que salvará os seus eleitos e destruirá o reino do mal. A espera da salvação futura liga-se, assim, a uma visão dualista e determinista da realidade (cf. especialmente 1Hen 6-16); o que acontece sobre a terra é reflexo do que já aconteceu no céu.

Henoc, além disso (o patriarca pré-diluviano citado em Gênesis 5,21-24), é imaginado como um revelador celeste que oferece somente aos eleitos uma mensagem de salvação. Desse modo, o henoquismo, como, a seguir, a apocalíptica, tende a um conhecimento global da história e da realidade que escapa ao homem normal e, ao mesmo tempo, revela a ansiedade do tempo por um tipo de conhecimento que se torne, de certo modo, universal.

Também para o Coélet, o problema do mal e da salvação é certamente um problema central: o nosso sábio rejeita a perspectiva de retribuição típica da corrente deuteronomista, negando assim pela raiz os fundamentos mesmos de uma teologia da aliança; de outra parte, o nosso sábio não conhece nem mesmo um "mundo do meio", seres angélicos ou demoníacos aos quais poder atribuir a responsabilidade do mal presente no mundo ou no homem; o mal é para ele um mistério insondável e constitui, junto com a morte, um

---

39. Cf. Rosso Ubigli, L., Qohelet di fronte all'apocalittica, *Henoch*, 5 (1986), 209-233. Mazzinghi, L. Qohelet and Enochism: a Critical Relationship, in: The Origins of Enochic Judaism, Proceedings of the First Enoch Seminar, Univ. of Michigan, Sesto Fiorentino (Italy) June 19-23, 2001, *Henoch*, 24, 1-2 (2002), 157-168.

dos maiores absurdos da vida. A salvação não pode vir para o Coélet nem da observância da Lei (cf. Ecl 9,1-2) nem, como pensavam os apocalípticos, de uma futura intervenção de Deus num mundo irremediavelmente mau.

Em relação à questão do conhecimento, o Coélet sente também, como os apocalípticos, a tensão para um tipo de saber que abrace a globalidade das coisas; mas está consciente dos limites de todo conhecimento humano: existe, sem dúvida, um "mistério do tempo", que, todavia, escapa ao homem (Ecl 3,11), e todo o seu discurso fica, assim, no meio (cf. Ecl 1,8, "todas as palavras se cansam"). Justamente o interesse pela questão do conhecimento revela a estreita relação entre o Coélet e a primeira tradição henoquiana, embora em chave polêmica: como já acontece no livro de Jó, também o nosso sábio nega todo valor a um tipo de conhecimento que faça apelo a supostas visões ou revelações (Ecl 5,6; cf. também 6,9). O único instrumento cognoscitivo que o Coélet aceita é a própria razão humana, e, mais em geral, a experiência de viver. Muitas vezes, o nosso sábio reflete sobre os limites do conhecimento humano; a sabedoria é certamente um valor, mas não pode ultrapassar o limite imposto pela própria natureza humana, nem, muito menos, pode chegar a conhecer — parafraseando o Coélet — o que está "acima do Sol": "Deus está no céu, e tu, sobre a terra" (Ecl 5,1). Ao contrário do henoquismo, para o Coélet os dois planos são claramente distintos. Também no modo de conceber a história, o Coélet revela-se em antítese com o henoquismo: para ele, o passado não é melhor do que o presente (Ecl 7,10), tampouco o presente é novo em relação ao passado (Ecl 1,10), nem o futuro pode reservar melhores surpresas (Ecl 3,22; 6,12; 7,14; 8,7); a única coisa que interessa é o presente, que se pode experimentar e verificar.

4. Uma interpretação difícil: breve história da hermenêutica do Coélet[40]

Mais que qualquer outro livro, para o livro do Coélet revela-se de vital importância conhecer, pelo menos em grandes linhas, a história da interpretação, para compreender melhor as dificuldades que esse livro causou aos seus intérpretes e para conseguir, assim, encontrar uma via que ofereça para o nosso livro um sentido pelo menos plausível.

---

40. Cf. MAZZINGHI, Esegesi ed ermeneutica di un libro difficile: l'esempio di Qo 8,11-14.

4.1. A exegese dos Padres

Os Padres já encontravam muitas dificuldades para ler um texto que, muitas vezes, parece oferecer uma visão niilista da vida, se não — em alguns casos — epicurista (cf. os insistentes convites à alegria); o problema, como já se disse, era resolvido, com frequência, mediante a teoria do diálogo fictício. O princípio patrístico da *utilitas* e do *defectus Litterae* leva os Padres a interpretar o livro do Coélet, em geral, segundo o método alegórico. Para Orígenes, o Coélet constitui o segundo degrau de um percurso espiritual aberto pelos Provérbios e prosseguido pelo Cântico dos Cânticos; em particular, o Coélet é o livro que ensina à alma abandonar as coisas sensíveis para se elevar a Deus; o aparente ceticismo do Coélet era assim usado em chave platonizante como um sinal do desapego das coisas terrenas.

As *Homilias sobre o Eclesiastes*, de Gregório de Nissa, nascem da preocupação de encontrar no Coélet um significado "útil" para os cristãos: "O objetivo desse livro é, com efeito, elevar o intelecto acima dos sentidos, fazer com que a alma, abandonando tudo o que parece importante e belo neste mundo, se volte para as realidades que os sentidos não podem perceber e anseie pelos bens que os sentidos não podem perseguir"[41].

Todavia, Jerônimo é o comentarista que mais defendeu uma clara hermenêutica cristológica do texto, emprestada de Orígenes: *Ecclesiastes noster est Christus!*[42]. Desse modo, se a exegese rabínica tentou tornar o Coélet adequado à leitura sinagogal, Jerônimo se esforçou por torná-lo adequado à leitura na Igreja dos cristãos. Na hermenêutica de Jerônimo, o livro do Coélet torna-se, assim, uma verdadeira *praeparatio negativa* ao evangelho, um convite à *fuga* e ao *contemptus mundi* regulado pelo refrão que percorre o texto, refrão que justamente Jerônimo tornou célebre com esta forma: *vanitas vanitatum et omnia vanitas*; "*tandiu omnia vana sunt, donec veniat quod perfectum est*"[43]. O objetivo do livro é, portanto, não o "de provocar o desejo e a luxúria, mas, ao contrário, fazer com que sejam consideradas vãs todas as coisas que vemos no mundo"[44]; na esteira de Jerônimo, é suficiente reler o célebre início da *Imitação de Cristo*:

---

41. Gregorio di Nissa, *Hom. in Eccl.* 1,2: PG 44,620B.
42. Jerônimo, *Comm. in Eccl.:* PL 23,1013. Cf. Orígenes, *Comm. in Cant.*, Prol. 4,17, onde Salomão é claramente indicado como tipo do Cristo ("*non puto dubitandum*").
43. Ibidem: PL 23,1066.
44. Ibidem: PL 23,1014.

Si scires totam Bibliam exterius, et omnium philosophorum dicta: quid totum prodesset sine caritate Dei et gratia? Vanitas vanitatum et omnia vanitas; praeter amare Deum et illi soli servire. Ista est summa sapientia, per contemptum mundi tendere ad regna coelestia (I,1,3).

Ao final de um atento exame da exegese dos Padres, o juízo de S. Leanza é, sem dúvida, muito duro, mas dificilmente contestável:

[...] tanto esforço para dar um fundamento racional a uma hipótese interpretativa absolutamente insustentável faz-nos também compreender que a exegese antiga, unicamente preocupada por salvaguardar a ortodoxia ética e doutrinal do Eclesiastes, tivesse se fechado à possibilidade de perceber o verdadeiro sentido do ensinamento desse livro[45].

4.2. Coélet cético, pessimista e ateu

"Esse é o juízo que faz Coélet sobre a vida mais bela que jamais foi vivida. E a considera como falida. A vida não traz verdadeiro proveito [...], não é digna de ser vivida [...]. Coélet é, evidentemente, pessimista." Esse juízo, já citado, de E. Podechard[46] segue, no fundo, a esteira da leitura de Jerônimo; o Coélet pode se tornar, como se viu, uma *praeparatio negativa* ao evangelho, uma exortação à *fuga mundi* (veja-se o que ainda escreve, na sua introdução ao Coélet, a *Bíblia de Jerusalém*). Para G. Ravasi também, o Coélet "está convencido de que a ação divina é impenetrável e, por isso, não é proponível qualquer procura de sentido, qualquer consolo religioso e filosófico. O mistério absoluto de Deus envolve a incompreensibilidade do ser"[47].

Da interpretação do Coélet como pessimista até a ideia de um Coélet cético e, para alguns, até ateu, o passo é, realmente, pequeno; já lembramos o juízo de von Rad (cf. p. 188-189); o Coélet não se faz mais as perguntas de Jó sobre Deus, e até a criação permanece muda. Deus é ainda um tu? A solução que o Coélet dá à questão do viver é puramente prática; ele perdeu a confiança. Trata-se de uma linha interpretativa bem comum e, para muitos, até óbvia, como já tivemos oportunidade de observar.

---

45. Leanza, S. I condizionamenti dell'esegesi patristica: un caso sintomatico: l'interpretazione di Qohelet, *RStB*, 2 (1990) 25-49 (cit. p. 49).
46. Podechard, *L'Ecclésiaste*, 193.
47. Ravasi, *Qohelet*, 39.

4.3. Coélet, ou a alegria (e o cansaço) de viver

Há muitas outras leituras do Coélet que poderiam ser lembradas; limitamo-nos aqui àqueles autores que dão uma visão positiva a respeito. Já nos lembramos do uso judaico de ler o Coélet durante a festa de *Sukkôt*, a Festa das Cabanas, em relação aos convites à alegria contidos no livro. Entre os modernos, parece que Lutero é o primeiro a oferecer uma visão positiva do livro; referimos, por ora, o texto latino, que não cria grandes dificuldades de leitura:

> *Est ergo [...] status et consilium huius libelli erudire nos, ut cum gratiarum actione utamur rebus praesentis et creaturis Dei quae nobis Dei benedictione largiter dantur et donatae sunt, sine solicitudine futurorum, tantum et tranquillum et quietum cor habeamus et animum gaudii plenum, contenti scilicet verbo et opere Dei*[48].

Será preciso, porém, aguardar o início do século XX para encontrar um primeiro estudo que enfrente o livro sob essa óptica; quem o fez foi D. Buzy, que, em 1934, chamou a atenção dos leitores para esse aspecto, na *Révue biblique*; o Coélet, segundo Buzy, crê na alegria, considera-a realizável e a vê realizada; declara-a acessível a todos e convida os seus leitores a dela se aproximar de maneira estável e permanente. O Coélet seria um texto de natureza filosófica cuja tese fundamental é a felicidade na vida do homem[49].

R. Gordis delineia o itinerário espiritual do Coélet: homem amante da vida, mais ainda, porém, da justiça e da verdade, ele descobre no mundo a falência e a inatingibilidade desses valores. Uma visão crítica da realidade faz aparecer a vida como absurda e a sabedoria como inútil. Mas, apesar de tudo isso, é possível descobrir na vida a alegria, dom de Deus e sinal de sua presença:

> Alegria, prazer, gozo, riso são valores humanos que nem Israel nem Cristo quiseram negar: Coélet os viu como a sorte reservada aos homens. Essa valorização das alegrias cotidianas deveria estimular o cristão e subtraí-lo a todo possível vício espiritualista. O que diz ele: "não há coisa melhor para o homem do que comer, beber e gozar a vida", não é uma "máxima de cor epicurista oferecida como argumento numa polêmica" (como observa a *Bíblia de Jerusalém*),

---

48. LUTERO, M. *Eccl. Salomonis cum annotationibus*, 1532; cf. *Luthers Werke*, Weimar, 1957, 1-10 e 13.

49. Cf. BUZY, D., La notion du bonheur dans l'Ecclésiaste, *RB*, 43 (1934) 494-512. Nessa linha está o comentário de GORDIS, R., *Kohelet, the Mand and His World*. Essa intuição foi retomada por WHYBRAY, R.N. Qohelet, Preacher of Joy, *JSOT*, 23 (1982) 87-98, que analisa os sete textos do Coélet sobre a alegria considerando-os como um verdadeiro *leitmotiv* do livro. Assim também LOHFINK, N. (cf. o seu *Kohelet*, Wutzburg, 1980; trad. it. *Qohelet*, Brescia, Queriniana, 1997) e na Itália o comentário de A. Bonora (1987 e 1992).

mas é um texto vigoroso, franco e sincero, profundamente sapiencial. Estejamos atentos a saltar as realidades penúltimas, não gostando delas ou não as medindo em seus limites, porque, então, como poderemos acreditar nas realidades últimas e desejá-las?[50].

Nascem, por isso, algumas perguntas intrigantes: qual é, então, o tema fundamental do Coélet? Sua abordagem da realidade é positiva ou negativa? Deus tem lugar em seu livro? E que lugar? Os textos sobre a alegria estão no centro da sua mensagem, ou se trata simplesmente de um convite a esquecer, por um instante, o vazio da existência? Procuremos agora mostrar que o Coélet oferece uma verdadeira antropologia teológica e que os grandes temas por ele enfrentados formam uma mensagem, afinal, coerente e eficaz.

5. Temas e teologia do Coélet

5.1. A epistemologia do Coélet

O ponto de partida do Coélet é expresso no texto de Coélet 1,13-18; como todos os sábios de Israel, o Coélet parte da experiência: "Procurei e sondei com sabedoria tudo o que se faz sob o céu" (Ecl 1,13). Mas logo descobrimos, no mesmo versículo, que "isso é uma árdua tarefa que Deus confiou aos homens, para que com ela se angustiem". Já é um paradoxo: Deus quer que os homens procurem e explorem o sentido da realidade "sob o céu"; mas se trata de uma ocupação penosa: por qual razão?

A sabedoria é para o Coélet um valor, sem dúvida, limitado, que causa ao homem dor e aborrecimento (cf. Ecl 1,18) e que não pode ser considerada uma garantia automática de sucesso (cf. Ecl 9,11); o homem, com efeito, ignora tudo da sua vida e, em particular, do seu futuro (Ecl 9,12), e até o sábio pode perder facilmente a sua sabedoria. Por exemplo, por causa de uma... propina! Veja-se o sarcástico texto de Coélet 7,7. Várias vezes o Coélet ressalta que o homem não é capaz de saber nada a respeito do seu futuro; o homem ignora o destino (se é que realmente existe) do seu sopro vital depois da morte (cf. Ecl 3,21); o homem não sabe o que é melhor para ele nos dias contados da sua vida, porque "quem poderá contar ao homem o que, depois, ocorrerá sob o sol?" (Ecl 6,12). O mesmo tema, o limite da sabedoria, reaparece em Eclesisastes 8,7 e com mais força em Coélet 8,16-17, texto que vale a pena lembrar por extenso:

---

50. BIANCHI, E., *Lontano da chi, lontano da dove?*, Turim, Gribaudi, 1977, 166-167.

Quando me apliquei a conhecer a sabedoria
e a ver as cansativas ocupações
com que [o homem] está empenhado na terra
— porque nem de dia nem de noite os seus olhos veem o sono —
vi também toda a obra de Deus:
sim, o homem não pode encontrar [o sentido]
de tudo o que se passa sob o sol;
todavia, o homem se angustia a procurar,
mas sem encontrar.

A sabedoria tem nesse texto um caráter intelectual e experiencial, ao mesmo tempo; essa última característica é aclarada pelo verbo "ver", típico do Coélet (37 ocorrências no livro), que tem como objeto quer a obra do homem, quer a obra de Deus. A obra de Deus continua, aliás, imperscrutável (cf. também Ecl 3,11; 7,13-14; 11,5); aqui está o verdadeiro limite e o paradoxo da sabedoria: procurar sempre, mas sem encontrar. A sabedoria é, todavia, um valor (cf. Ecl 2,13; 6,8; cf. também a parábola narrada em Ecl 9,13-18), desde que não pretenda ultrapassar seus próprios limites.

"Vi", "procurei e perscrutei"[51]: o Coélet não se põe, como acontece com os gregos, o problema da verdade da experiência; o que eu vi é, *de per si*, verdade. Sob esse ponto de vista, o livro do Coélet constitui uma ulterior resposta à crise do otimismo epistemológico dos sábios, mas numa linha bem diferente da de Provérbios 1–9 e para além da resposta contida no livro de Jó. O saber do Coélet baseia-se, antes de tudo, na experiência pessoal da realidade, à qual, repetidamente, se apela, seja na linha teórica (Ecl 1,13-18; 3,10-15; 7,23-25.27; 8,16), seja no plano das observações concretas feitas por várias vezes pelo nosso autor (cf., por exemplo, Ecl 4,1-2; 5,12-13; 6,1-2; 7,15-16). Essa experiência é aceita como verdadeira e é depois submetida à avaliação racional (cf. o uso da expressão *ntn lb*, "dar o coração", ou seja, aplicar a mente, refletir). É esse, portanto, o duplo ponto de partida, próprio da epistemologia do Coélet: ver e refletir; fazer experiência da realidade e refletir depois sobre tal experiência.

A procura do Coélet limita-se a "tudo o que acontece sob o sol" (cf. Ecl 1,14; ou "sob o céu", Ecl 1,13); ou seja, o Coélet não se propõe a questionar sobre o mundo divino, mas limita sua procura a esse mundo. Nessa atitude há,

---

51. Cf. MAZZINGHI, L., The Verbs *mṣ'* 'to Find' and *bqš* 'to Search' in the Language of Qohelet. An Exegetical Study, in: BERLEJUNG, A.; VAN HECKE, P., *The Language of Qohelet in Its Context. Fs A. Schoors*, Lovaina-Paris-Dudley, Peeters, 2007, 91-120.

decerto, uma ponta de polêmica dirigida ao henoquismo, que punha no centro de sua mensagem um revelador celeste, saído do céu e descido para trazer aos homens um conhecimento reservado somente aos eleitos. O Coélet está consciente de que a experiência humana está limitada a este mundo: quem jamais poderá contar ao homem o que depois ocorrerá sob o sol? (cf. Ecl 6,12; 7,14; 8,7). O nosso sábio aceita assim apenas o que vê e não julga possível ultrapassar os limites impostos à razão humana da experiência, tampouco julga possível conhecer o que está *acima* do sol, o mundo de Deus.

Concluindo, pode-se continuar a falar, a propósito da epistemologia do Coélet, de *ceticismo epistemológico*, mas unicamente no sentido de que o nosso autor critica o otimismo dos sábios e a confiança deles em descobrir, com a sabedoria, o sentido das coisas e a ordem da realidade; ele critica também a ideia de que a sabedoria seja alguma coisa plenamente acessível ao homem, talvez a figura da dona Sabedoria, unida com o próprio Deus e apresentada em Provérbios 1–9. Precisamente Deus, ou melhor, sua obra no mundo, constitui para o Coélet o verdadeiro limite de toda sabedoria humana; a sabedoria é assim um valor para o homem, mas não pode penetrar o mistério da obra de Deus. Nem esse limite epistemológico tira, porém, do Coélet a vontade de procurar, de prosseguir na tarefa que o próprio Deus confiou ao homem: procurar e questionar (cf. os dois textos importantes de Ecl 1,13; 3,10-11); uma tarefa cansativa e até "horrível", como já se viu (Ecl 1,13). Todavia, o campo inteiro da experiência humana "sob o sol" está aberto à procura da sabedoria: essa não é, na verdade, a atitude de um cético!

No poema que abre o livro, Eclesisastes 1,4-11, o nosso sábio lança seu olhar sobre o mundo; em polêmica com a visão profético-apocalíptica da história, a criação parece substancialmente imóvel; há um contraste entre as gerações que passam e a terra que continua sempre a mesma; não há nenhuma novidade aparentemente visível na história (Ecl 1,9-10). Todavia, tudo parece determinado por Deus, como afirma o poema dos tempos (Ecl 3,1-9): a atividade humana, no seu conjunto, parece absurda; toda ação tem, com efeito, o seu possível contrário, e não há nenhum proveito para quem age (Ecl 3,9).

O texto de Coélet 1,13 (a "horrível tarefa" confiada por Deus ao homem) é retomado em Coélet 3,10-11; há no homem um desejo real de compreender a realidade, posto nele pelo próprio Deus.

[10]Considerei a ocupação
que Deus deu aos homens para que nela se esforcem:

> ¹¹Ele fez belas todas as coisas no tempo oportuno;
> pôs também no coração deles o mistério do tempo,
> sem que eles, porém, consigam compreender
> a obra que Deus realizou, de cima a baixo.

O texto de Coélet 3,11 é intrigante: Deus pôs no coração do homem *'et-ha'olam*, ou seja, trata-se de uma discutida expressão que certamente diz respeito à noção do tempo, da "duração dos tempos" (BCei), mas que, ao mesmo tempo, constitui um jogo de palavras sobre *'elem*, "mistério". Ou seja, Deus pôs no coração do homem "o mistério do tempo". Existe, por isso, uma lógica do tempo, cuja existência o próprio Deus faz o homem intuir; mas o homem pode concretamente experimentar o tempo apenas como *'et*, como cada momento oportuno (cf. Ecl 3,1). É por isso que, apesar da intuição da existência de um tal *'olam*, o homem continua a não compreender, na sua totalidade, a obra de Deus. O esforço de procurar e explorar, que está na base do método do Coélet, parece assim levar a um aparente xadrez da experiência e da razão humana: a obra de Deus continua incognoscível; quanto ao mais, tudo parece *hebel*, um sopro.

5.2. Hebel habalîm: *tudo é um sopro*

O célebre refrão do Coélet, que conhecemos muito bem do latim *vanitas vanitatum et omnia vanitas*, abre e fecha o livro (Ecl 1,2 e 12,8); o vocábulo hebraico que na realidade o Coélet utiliza, *hebel*, encontra-se 38 vezes no livro, num total de 73 ocorrências na Bíblia hebraica. Em Coélet 2,11.17.26, o vocábulo *hebel* é posto em paralelo com a expressão "seguir o vento"; a tradução mais óbvia de *hebel* é a de "sopro". Observe-se, de passagem, que a nova Bíblia CEI 2008 perdeu uma oportunidade, insistindo na tradicional "vaidade".

> Na maior parte dos textos bíblicos em que ocorre, *hebel* é usado, em geral, em chave metafórica; assim acontece em relação ao homem e a seus dias, e também nesses casos o sentido de "sopro", que remete à fugacidade da vida humana; cf. Jó 7,16; veja ainda Provérbios 21,6; Salmo 39,6-7; 78,33; Sirácida 41,11; cf. Salmos 62,10, em paralelo com a mentira; *hebel* pode ser usado em relação à atividade humana (Is 49,4; Jó 9,29/ Sl 94,11); em todos esses casos o sentido de *hebel* é, todavia, o de alguma coisa efêmera, transitória, algo que passa de modo veloz porque é fugaz ou inconsistente, como é, precisamente, um sopro. Usado no aspecto adverbial, *hebel*

indica uma realidade vazia, ineficaz (cf. Jó 21,34; Is 30,7; Lm 4,17; Zc 10,2; Pr 31,30); com frequência, o termo *hebel* é usado em referência aos ídolos, que devem, por isso, ser considerados ineficazes, efêmeros, vazios e, afinal, inúteis e falsos: vejam-se os textos de Deuteronômio 32,21; Jeremias 2,5; 14,22; Jonas 2,9; Sirácida-Eclesiástico 49,2b. Nem sempre, enfim, nos lembramos de que *hebel*, na Bíblia hebraica, é também um nome próprio, é o Abel de Gênesis 4; trata-se de uma observação não desprovida de importância para a interpretação do livro.

De modo particular, é bom lembrar uma série de textos, quase todos sálmicos, que utilizam o termo *hebel* em relação à vida do homem:

Salmos 39,6: *'ak kol-hebel kol-'adam*; "decerto, todo homem é apenas um sopro".
Salmos 39,7: "por um sopro [*hebel*], ele se agita [...]".
Salmos 39,12: *'ak hebel kol-'adam*; "decerto, todo homem é sopro".
Salmos 62,10: *'ak hebel bᵉnê-'adam*; "decerto, todo filho do homem é um sopro".
Salmos 144, 44: *'adam lahebel dammah*; "todo homem é comparável a um sopro".
Jó 7,16: *kî-hebel yamay*; "são um sopro os meus dias".

Essas reflexões dos salmistas sobre a brevidade e sobre a transitoriedade da vida humana constituem, sem dúvida, o fundo principal do qual o nosso sábio retira o termo *hebel*. Nos textos citados, a imagem do "sopro" serve para ressaltar quão realmente efêmera, passageira e exposta à morte é a vida do homem. Não nos esqueçamos, porém, de que no texto do Salmo 39 (mas também nos Salmos 62 e 144) a consciência da transitoriedade do viver está fortemente ligada ao tema do pecado do homem.

No Coélet, o uso de *hebel* é radicalizado: tudo, sob o sol, é um sopro, não apenas o breve espaço temporal da vida humana. De outra parte, o nosso sábio rejeita ligar tal experiência a uma motivação ética qualquer, como parece evidente nos textos sálmicos; o Coélet não consegue ver a transitoriedade da vida humana como a consequência de um comportamento eticamente errôneo.

O que pretende dizer, realmente, o Coélet, ao afirmar que "tudo é um sopro"? Os LXX, ao traduzir com o grego ματαιότης, abriram caminho à tradução latina *vanitas*. Na realidade, o sentido de *hebel* não é para ser explicado no plano ético, na linha do *contemptus mundi*. A maior parte dos autores modernos continua a ver em *hebel* um sentido negativo; alguns insistem no aspecto objetivo: a realidade é um "vazio", "uma radical perversão da existência e do ser para o *nonsense* e para o nada"[52], algo efêmero e inconsistente.

O Coélet não quer nos oferecer um juízo de caráter moral sobre a "vaidade" de tudo, nem sequer ontológico sobre a *essência* da realidade como vazio, inconsistência, absurdo. Mediante o uso simbólico de *hebel*, ele quer mais nos dizer como o real *se mostra* ao homem. E eis que aparece ao homem a totalidade da realidade por ele experimentada "sob o sol": a vida do homem é precisamente como um sopro; efêmera e fugaz (Ecl 6,12; 7,15; 9,9; 11,8.10), como efêmeros são os frutos do seu trabalho e de toda a sua fadiga (Ecl 1,14; cf., em particular, Ecl 2,11.17.19.21.23.26; cf. ainda Ecl 4,4.7.8.16); efêmera é também a alegria que deveria provir da procura do *yitrôn*, do proveito (Ecl 2,1; 6,9) e, sobretudo, efêmero e fugaz é o proveito mesmo, inutilmente buscado pelo homem (Ecl 5,9; 6,2). Assim, o termo *hebel* é posto em relação com o seguir o vento, o pó (Ecl 3,20), os sonhos (Ecl 5,6), a sombra (Ecl 6,12). Mas há mais: não raramente *hebel* é posto pelo Coélet em relação com a raiz *r'*, "mal" (cf. Ecl 9,1-3; 2,21; 4,8; 6,2); desse modo, o termo *hebel* pode adquirir também a nuança de "absurdo", que alguns ligam ao conceito de *hebel*.

A realidade não é apenas um sopro; parece também horrível, cruel, absurda, ou seja, como não deveria ser, se é verdade que Deus fez belas todas as coisas, próprias de cada momento (Ecl 3,11). Dizer que alguma coisa é um sopro pode significar a declaração implícita de que não deveria ser assim: não deveria, por exemplo, ser um sopro a sabedoria, quando com muita frequência o é (cf. Ecl 2,15; 6,11; 7,7), como bem descreve a amarga parábola do pobre sábio que salva toda uma cidade (Ecl 9,13-18). Não deveria existir a injustiça, a qual, porém, domina o mundo (cf. os atualíssimos textos de Ecl 5,7-8; 10,5-7).

É, todavia, a morte que revela aos homens o absurdo do viver e o fim de toda ilusão; a ausência aparente de toda retribuição, seja nesta vida, seja em uma outra vida ilusoriamente imaginada por alguém, e a ausência aparente de qualquer justiça divina aguçam essa expressão (cf. Ecl 3,19; 6,4; 8,10-14): "Ah! Como é possível que o sábio morra do mesmo modo que o estúpido?" (Ec. 2,16).

O *hebel* mais radical é assim, sem dúvida, precisamente a morte, diante da qual o homem não pode dizer nem fazer nada: cf. a duríssima passagem de Coélet 3,18-21, em forte polêmica contra a nascente apocalíptica.

---

52. RAVASI, *Qohelet*, 24.

¹⁸Tenho pensado, a propósito dos filhos do homem,
que Deus os submete à prova [ou os distingue]⁵³,
para lhes fazer ver que eles, *de per si*, não são mais que animais.
¹⁹Com efeito, a sorte dos filhos do homem é como a sorte dos animais;
há uma mesma sorte para eles:
como morrem aqueles, morrem também estes;
igual para todos é o sopro vital.
²⁰Não há superioridade do homem sobre os animais
porque tudo é um sopro.
Todos vão para o mesmo lugar:
*do pó tudo veio
e ao pó tudo volta.*
²¹E quem é que sabe se o sopro vital dos homens vai para o alto,
ao passo que o sopro vital dos animais desce para a terra?

Depois da morte há somente pó, segundo a concepção tradicional de Gênesis 2,17 e 3,19, que são citados no v. 20, e ninguém pode defender a tese de alguma hipótese além. Os massoretas sentiram esse texto tão distante de seu modo de pensar que vocalizaram o v. 21 de modo a transformar a pergunta numa afirmação sobre a imortalidade. Mas a comparação com os animais não deixa escapatória: a morte é para o Coélet o fim de toda falsa ilusão (Ecl 9,2-6); nos infernos não existe mais nada. O Coélet parece, às vezes, dar a impressão de que a morte é uma realidade positiva: cf. Coélet 2,17 e 4,2-3. Mas também essa é uma ilusão; a morte é a única certeza da vida (Ecl 8,8) e é sempre profundamente injusta (cf. também Ecl 2,16).

Se, todavia, por sete vezes aparece no livro o refrão-*hegel* (Ecl 1,14; 2,11.17.26; 4,4.16; 6,9), por outras sete (cf. abaixo) aparece o refrão da alegria. Entre as afirmações sobre o *Hegel* e as afirmações sobre a alegria, evidentemente antitéticas e até contraditórias, cria-se, desse modo, uma fratura que deve ser preenchida; é precisamente essa fratura que constitui a causa da dramaticidade e da força que animam o livro do Coélet. Para preencher

---

53. O verbo hebraico *brr* pode significar "pôr à prova"; nesse caso, a "prova" do homem consiste na própria morte. Mas, se lermos o verbo no sentido de "distinguir", veremos que talvez o Coélet esteja ironizando sobre a antropologia de Gênesis 1: Deus certamente fez distinções entre os homens... Mostrando-lhes que eles são apenas feras! Para a primeira leitura, cf. BIANCHI, F., C'è una 'teologia della prova' in Qohelet? Osservazioni filologiche e bibliche su Qo 3,18, in: FABRIS, R. (ed.), *Initium Sapientiae. Scritti in onore di Franco Festorazzi nel suo 70° compleanno*, Bolonha, 2000, 163-178. Para a segunda proposta, porém, cf. BACKHAUS, F., *"Es gibt nichts Besseres für den Menschen". Studien zur Komposition und zur Weisheitskritik im Buch Qohelet* (BBB 121), Bodenheim, A. Hein, 1998.

essa *gap*, o Coélet faz descer em campo a única verdadeira autoridade: Deus. Tudo é realmente um sopro, exceto temer a Deus e acolher os dons que provêm dele.

5.3. A alegria como dom de Deus

Por dezessete vezes aparece no Coélet a raiz hebraica *śmḥ*, "alegrar-se". Em particular, aparecem no livro sete verdadeiros refrãos sobre a alegria, todos depois de um desenvolvimento negativo: Coélet 2,24-25; 3,12-13; 3,22; 5,17-19; 8,15; 9,7-9; 11,9-12,1. Em todos esses casos, a alegria é vista numa dimensão muito material e concreta: trata-se de comer, de beber e de gozar a vida, tudo no quadro do "trabalho difícil" (*'amal*) que o homem é chamado, todos os dias, a desenvolver; desse trabalho, a alegria é o fruto mais evidente:

— "Não há nada melhor para o homem do que comer e beber" (2,24).
— "Mas todo homem, que come e que bebe [...]" (3,13).
— "Eis o que considero bom e belo: comer, beber [...]" (5,17).
— "Não há nada melhor para o homem sob o sol do que comer, beber [...]" (8,15).
— "Vamos! Come com alegria o teu pão, bebe com animação o teu vinho [...]" (9,7).

Para não poucos comentaristas, os reiterados convites à alegria feitos pelo Coélet soam como uma tentativa, inútil, no fundo, de gozar o prazer antes que seja por demais tarde, porque nada sobrevive à morte; os convites do Coélet seriam o espelho de uma profunda crise dentro do círculo dos sábios. No entanto, de forma radical, escreve Ravasi a respeito:

> Para o Eclesiastes [...] além de impossível (6,3-6), a felicidade é cega e não tem sentido. [...] No universo despedaçado e descentralizado em que está aprisionado, o homem, com muito realismo, deve saber aproveitar as pequenas alegrias que Deus dissemina. Não é certamente uma proposta global de vida, à moda da solução epicurista; é apenas um modesto convite a não perder os únicos bocados de paz e de alegria que se entrelaçam à muita dor e ao fundamental *non-sense* da existência [...][54].

Mas a alegria não pode ser considerada uma espécie de anestésico dado ao homem por um Deus particularmente cruel; nem simplesmente reduzida a um convite — embora sobriamente sapiencial —, a uma espécie de *carpe*

---

54. RAVASI, *Qohelet*, 53.

diem, embora evitando excessivas ênfases como as de N. Whybray, que chega a definir o Coélet como "um pregador da alegria"[55].

A pergunta fundamental do livro, "o que é bom para o homem?" (Ecl 6,12), deve ser lida à luz do próprio horizonte grego e hebraico no qual o Coélet acaso vive. O que é a felicidade? O Coélet responde de forma polêmica com a sabedoria tradicional de Israel; a felicidade não pode ser encontrada nos valores então reconhecidos como tais: riqueza, longevidade etc., mas é, principalmente, uma *experiência de felicidade*. Em que se fundamenta a felicidade?[56] A felicidade não nasce dos próprios esforços, mas deve ser cultivada como dom de Deus. Nessa sua resposta, o Coélet reinterpreta, assim, a antropologia genesíaca à luz da filosofia helenística e, ao mesmo tempo, oferece, também neste caso, uma resposta judaica a uma questão tipicamente helenística.

Um termo importante do vocabulário do Coélet sobre a alegria é o hebraico *ḥeleq*, presente em Coélet 2,21; 3,22; 5,17.18; 9,6.9.

Veja-se como único exemplo o texto de Coélet 5,17-19:

> [17]Eis o que considero bom e belo:
> comer, beber e gozar do fruto do próprio trabalho penoso
> pelo qual se sofre a fadiga sob o sol,
> nos dias contados da própria vida
> que Deus concede ao homem:
> é essa, com efeito, a parte que lhe cabe.
> [18]Aliás, todo homem, ao qual Deus tenha dado riqueza e posses
> e o poder de disso se servir,
> de tomar a própria parte e se alegrar com a própria fadiga...
> tudo isso é dom de Deus.
> [19]Para que o homem não pense muito quanto é breve a sua vida,
> Deus o mantém ocupado [*ou*: lhe responde] com a alegria do seu coração.

O termo *ḥeleq* significa "parte", "porção", e é amplamente empregado nos textos deuteronomistas, especialmente em relação à terra de Israel, parte destinada por Deus ao povo (cf. Js 15,13; 19,9), ou ao próprio Senhor, "porção" do seu povo; cf. Deuteronômio 10,9; 12,12; Josué 18,7 a propósito dos filhos de Levi e ainda nos textos de Jeremias 10,16; Salmo 16,5 etc. O termo *ḥeleq* está, pois, carregado de ressonâncias positivas: serve para indicar a terra dada

---

55. Cf. nota 49.
56. Para essa pergunta como questão básica do Coélet, cf. Schwienhorst-Schönberger, L., *"Nicht im Menschen gründet das Glück" (Koh 2,24). Kohelet im Spannungsfeld jüdischer Weisheit und hellenistischer Philosophie*, Friburgo-Basel-Viena-Barcelona-Roma-Nova York, Herder, 1994.

por Deus a Israel e, como se viu, serve para descrever o próprio Senhor como herança, porção do seu povo. A terra, como a Lei, a aliança, o templo, fazem parte de realidades que para o Coélet não têm grande importância; o Deus em quem ele crê torna-se presente em coisas bem mais simples e concretas, como a alegria experimentada no comer, no beber e no gozar a vida. Todavia, se há um "proveito" (*yitrôn*) para o homem (cf. Ecl 1,3; 3,9), há, todavia, para ele uma "parte" (*ḥeleq*); o verdadeiro contraste está, portanto, em viver a vida como posse, ou vivê-la como dom. Nesse sentido, a alegria é, verdadeiramente, para o Coélet, "dom de Deus" (Ecl 3,13; cf. também Ecl 2,26; 5,17-18,8,15), um dom que é, todavia, fruto de um agir soberanamente livre de Deus, desligado de qualquer forma de retribuição (cf. Ecl 2,26, mas também Ecl 9,2-3).

O tema da alegria deve ser, desse modo, inserido na perspectiva global do livro, no cerne da qual, além da alegria, há a clara afirmação de que tudo é radicalmente *hebel*, que a realidade é um sopro e que parece com muita frequência transitória, inatingível e até absurda. Os lados obscuros da vida não são nunca eliminados, e a busca da alegria, sozinha, não é capaz de aclarar o sentido da existência. A sombra da morte se estende sobre o homem, mas a alegria não cessa de ser algo autêntico; a relação entre *hebel* e alegria é, portanto, de natureza dialética; *o hebel relativiza a alegria, mas a alegria oferece um sentido positivo num mundo em que tudo parece* hebel.

Concluindo, a alegria é para o Coélet um dom que Deus dá ao homem, permitindo, assim, que ele encontre uma "parte" na vida, um "bem" para o qual valha a pena continuar a viver. A alegria é um dom, não uma conquista, e isso vai contra a mentalidade grega; não deve ser vista como uma consequência do comportamento eticamente correto; esse conceito gera uma polêmica em relação ao mundo judaico. Justamente porque é um dom, a alegria não pode deixar de ser vivida se não pela óptica do "temor de Deus", pelo menos por meio do reconhecimento de que o agir de Deus escapa aos critérios nos quais o homem gostaria de inseri-lo. A alegria proposta pelo Coélet é uma alegria humana e limitada, que não pode ser considerada uma proposta global de vida; todavia, é também uma alegria autêntica e real, que é "aprovada" pelo Coélet no belo texto de Coélet 8,15:

> Então eu aprovo a alegria
> porque não há nada melhor para o homem, sob o sol,
> senão comer e beber e se entregar à alegria,
> e esse é o bem que o acompanha nas suas fadigas,
> nos dias de vida que Deus lhe concede, sob o sol.

Aprovada pelo homem, mas também pelo próprio Deus, a alegria torna-se, assim, um verdadeiro imperativo (cf. Ecl 11,8.9); o livro do Coélet torna-se, desse modo, um sadio antídoto contra toda pretensa "fuga escatológica", subtraindo especialmente o leitor cristão a qualquer tentação espiritualista:

> Vamos, come com alegria o teu pão,
> bebe com ânimo o teu vinho,
> porque Deus já se agradou de tuas obras! (Ecl 9,7).

O poema final sobre a velhice (Ecl 11,7-12,8) é um esplêndido exemplo de como o Coélet entrelaça com uma sábia ironia o convite à alegria com a perspectiva do *hebel* e da morte: trata-se de aceitar até o fim o dom da vida, antes que seja muito tarde para o fazer. Vale a pena rever o poema por inteiro:

> ^{11,7}É doce a luz,
> e bela para os olhos
> a vista do sol!
> ⁸Sim, se o homem vive muitos anos,
> se os goza todos,
> e se se lembra que os dias escuros
> serão também eles muitos,
> todo o futuro é um sopro!
>
> ⁹Alegra-te, rapaz, na tua juventude,
> deixa que se alegre o teu coração
> nos dias da tua juventude;
> segue os impulsos do teu coração
> e o encanto dos teus olhos,
> e sabe que sobre tudo isso
> Deus te levará a juízo.
> ¹⁰Afasta, pois, as preocupações do teu coração,
> mantém distante do teu corpo o mal,
> porque a juventude e a aurora da vida
> são um sopro.
>
> ^{12,1}E lembra-te do teu Criador,
> nos dias da tua juventude,
> antes que venham os dias tristes
> e se aproximem os anos em que deverá dizer:
> "Não sinto mais gosto nisso!".
> ²Antes que se escureçam o sol e a luz,

a lua e as estrelas,
e, depois da chuva, retornem as nuvens.
³Naqueles dias, tremerão os guardas da casa,
Curvar-se-ão os homens robustos
e se prenderão as moedoras, porque restaram poucas;
ficarão no escuro as que olham pela janela,
⁴e se fecharão os dois batentes sobre a praça,
enquanto cessará o rumor da mó;
levantar-se-á [*ou* levantar-se-á ao] o canto do pássaro,
mas se acalmarão todas as melodias.
⁵Também dos terraços se terá medo,
haverá terrores pelos caminhos;
florirá [*ou* causará desgosto] a amendoeira,
mas tornar-se-á aborrecido o gafanhoto
enquanto a alcaparra será improdutiva,
porque o homem vai embora para sua casa onde não há tempo,
enquanto se chora sobre ele pela praça...
⁶Antes que se parta o fio de prata
e se rompa a lâmpada de ouro
e se quebre o jarro na fonte
e rebente a roldana no poço
⁷e retorne o pó à terra, como era antes,
e o sopro vital volte a Deus, que o deu.

⁸Absoluto sopro,
diz Coélet,
tudo é sopro.

 A estrutura em três estrofes de Coélet 11,7-12,8 joga luz sobre o modo como a introdução ao poema (Ecl 1,7-8) evolui para um claro convite à alegria (Ecl 11,9-10), a que segue, como uma cascata, uma reflexão sobre a velhice e sobre a morte, que parece, pelo menos num primeiro momento, contradizer tal convite (Ecl 12,1-7). O poema mostra ter uma evidente relação com o texto inicial do livro (Ecl 1,4-11): a natureza e a história revelam a existência de um movimento, de uma lógica que escapa à plena compreensão do homem. A tal movimento o Coélet contrapõe aqui uma descrição da vida humana que cai na escuridão e na morte. Para o sol, o vento, a água, a natureza existe um "retorno"; para o homem há somente a morte, que consiste, todavia, também ela num "retorno" a Deus do "espírito" pelo mesmo Deus recebido. Deus estava ausente no poema inicial, mas está extremamente presente na conclusão do livro; a reflexão do Coélet, seja em 1,4-11, seja em 11,7-12,8, nasce de uma releitura profunda e original dos textos genesíacos: o homem volta a seu Criador!

O tema geral do poema é certamente a velhice e, de modo particular, a descrição da *tua* morte. O texto se abre de maneira positiva, mas, na exortação inicial à alegria, a morte se insinua cada vez mais; trata-se, precisamente, do *teu* fim (veja o imperativo "lembra-te!"). Nasce assim no texto um singular estado de suspensão; não se sabe mais qual dos dois elementos prevalece, se a alegria ou a morte. No início, parecia que a exortação para se alegrar fosse dirigida a todos indistintamente (Ecl 11,7-8), em todos os períodos da vida; em Coélet 11,9-10 e, sobretudo, a partir de Coélet 12,1, a exortação parece limitada apenas aos jovens e ao breve período da juventude deles: enquanto não ressoa o termo "Deus", já introduzido em Coélet 11,9c e lembrado de novo como "teu criador", em 12,1a. Apenas em relação a esse Deus, a alegria se torna possível; Deus está distante, mas, como criador, torna-se presente na alegria de viver até no pensamento da morte.

A partir de Coélet 11,9-10 e sobretudo em Coélet 12,1-7, a alegria parece subordinada à lembrança da avassaladora velhice e da morte inevitável e trágica. "O ensinamento do Coélet é [...] que cada um deva se alegrar em cada momento, se lhe é dado se alegrar, e deve fazê-lo precisamente em vista da morte"[57]; a plenitude da alegria pressupõe a plena consciência da morte (veja os dois imperativos, "regozija-te" e "lembra", juntos desde Ecl 11,8). Em vista de um possível equívoco por parte do mundo grego, ou dos judeus que quisessem ver a vida como os gregos (cuja visão do mundo parece ecoar, talvez de propósito, em Ecl 11,7-8, precisamente no início do poema), o Coélet entoa um canto que parece ser condescendente com a mentalidade grega, para depois interrompê-lo e disfarçar, assim, a sua voz.

Há ainda uma dimensão que não deve ser subestimada; a terceira seção do poema (Ecl 12,1-7) insiste muito numa atmosfera de medo: o dia escuro (vv. 1b-2), o dia em que se treme (v. 3a), em que cessam as atividades domésticas (vv. 3b-4a), em que o terror alcança apenas os saídos de casa (v. 5a), em que o homem vai a caminho da morte e é chorado pelos caminhos (v. 5c). É certo que o texto utiliza aqui imagens de caráter escatológico e apocalíptico, invertendo, porém, seu significado: o que as

---

57. LOHFINK, *Qohelet*, 139.

tradições henoquiana e apocalíptica esperavam para o futuro do mundo, o Coélet transfere para o presente do homem, para o momento de sua morte. A morte é o fim radical de tudo, nem se deve esperar outra coisa para o depois senão o retorno do pó à terra e do espírito vital do homem àquele Deus que o deu. Retorna assim, no fim do livro, um dos temas que o dominaram: a morte, entendida como a mais radical demonstração de que "tudo é sopro". Todavia, o pensamento do fim não elimina a alegria, embora essa seja relativizada. Nem a lembrança do fim elimina a realidade da ação de Deus; tudo é sopro, é verdade, mas a alegria, embora seja limitada, não é menos real; tudo é sopro, exceto a ação de Deus, que é incompreensível ao homem, mas nem por isso menos autêntica.

5.4. O Deus do Coélet

Muitos comentaristas não se preocupam em estudar as "presenças" de Deus no livro do Coélet, mas preferem ressaltar as ausências dele. Com efeito, o elenco é certamente impressionante e até muito fácil de montar. Não apenas está ausente do livro o tetragrama YHWH como também Deus jamais é descrito nos modos usuais a que o leitor da Bíblia hebraica está habituado: o Deus dos pais, o Deus de Abraão, de Isaac e de Jacó, o Deus da bênção, da aliança, da Lei; esse vocabulário, em relação a Deus, é totalmente ignorado pelo Coélet, bem como são ignorados por ele os grandes eventos da história de Israel: o êxodo, o deserto, o Sinai, a conquista da terra. Está ausente no livro também a fé num Deus que retribui os homens segundo suas obras, e está ausente, de modo particular, o vocabulário da salvação e do amor; o texto de Coélet 4,1 parece polemizar a respeito da ideia de um deus "consolador", como é proposto por Isaías 40-55[58]. Além disso, com a única exceção de Coélet 12,1, o Deus do Coélet não é nunca um "tu", mas sempre "ele", de quem muito se fala, mas que está perenemente calado. Está ausente também o vocabulário do culto, com a única exceção de Coélet 4,17-5,6, um texto em que o Coélet acentua ao máximo a transcendência divina, ainda que em chave antiapocalíptica (cf. ainda Ecl 5,2: "Deus está no céu, e tu, na terra").

---

58. Cf. MAZZINGHI, L. The Divine Violence in the Book of Qohelet, *Bib*, 90 (2009), 545-558; cf. também BIANCHI, F., 'Essi non hanno chi li consoli' (Qo 4,1), *RivBiblt*, 40 (1992) 299-307; PASSARO, A., 'Non c'è chi li consoli'. La violenza nei libri sapienziali, in: MAZZINGHI, L. (ed.), La violenza nella Bibbia, *RStB*, 20, 1-2 (2008) 95-110.

À luz dessas observações, falou-se com frequência, a respeito do Coélet, de um verdadeiro *deus absconditus*, de um deus bem diferente do deus da fé de Israel, de um deus distante e arbitrário, até ciumento e violento, de um deus mudo e incompreensível; sobre esse último ponto, já vimos, lembrando a epistemologia do Coélet, que o problema não é tanto Deus, mas, realmente, a incapacidade do homem de compreendê-lo plenamente; o problema não é, pois, Deus, mas o discurso do homem sobre ele.

Deus, lembrado sempre no livro do Coélet com o termo 'elohîm, com exceção de Coélet 12,1 ("criador") e jamais com o tetragrama YHWH, aparece, todavia, mencionado por cerca de quarenta vezes em nosso texto, sempre na terceira pessoa, com exceção ainda de Coélet 12,1 ("o teu criador"); à parte as duas recorrências no epílogo (Ecl 12,13.14), o termo 'elohîm aparece, assim, 38 vezes, tanto quanto *hebel*.

Uma observação de grande interesse, que vai além do simples dado estatístico, é que por bem onze vezes Deus aparece como sujeito do verbo *ntn*, "dar", ao passo que por sete vezes o é do verbo *'śh*, "fazer".

Deus dá ao homem a vida, determinando sua duração tão breve (Ecl 5,17; 8,15; 9,7); é ele que deu ao homem o "espírito vital" (Ecl 12,7: é a afirmação final do livro; cf. também Ecl 11,5). Deus deu também aos homens a tarefa fatigosa, mas necessária, de procurar um sentido nesta vida tão fugaz (Ecl 1,13; 3,10-11); enfim, Deus é aquele que dá ao homem a alegria (Ecl 2,24.26; 5,18-19; cf. Ecl 6,2). Trata-se, todavia, de um "dar" absolutamente livre e realmente incompreensível para o homem, um dar não vinculado a nenhum tipo de esquema de retribuição.

Retomando o texto de Gênesis 1, o Coélet fala, a seguir, de Deus que "faz tudo belo [ou, conveniente] no momento oportuno" (cf. Ecl 3,11) e o faz "para que os homens o temam" (Ecl 3,14). O agir de Deus é como o seu dar, soberanamente livre, a ponto de parecer totalmente incompreensível ao homem (cf., em particular, Ecl 7,13-14 e 8,17). Deus, todavia, "fez o homem reto" (Ecl 7,29) e, portanto, se há um defeito, isso não deve ser buscado em Deus, mas no homem. No fim do livro (Ecl 11,5), retorna uma nova reflexão sobre o agir de Deus, que "faz tudo", dando ao homem a vida; a comparação é muito sugestiva, e é relativa à mulher que fica grávida sem que possa compreender de que modo uma nova vida se está formando dentro dela.

Em dois casos, o Coélet fala do *juízo* de Deus; em Coélet 3,17, certamente em sentido irônico (não existe um juízo de Deus no além), mas também em Coélet 11,9, em sentido real (Deus julgará todo homem sobre os bens por ele oferecidos e pelo homem não gozados durante a sua vida); cf.

também Coélet 5,4 e, no epílogo, 12,14. O homem não pode escapar a esse Deus, mas está "nas suas mãos": cf. Coélet 9,1; nisso, precisamente, está o "juízo" de Deus, não no fato de o homem ser capaz de descobrir regras de comportamento divino às quais possa eventualmente se conformar para obter seu favor.

Enfim, estão no livro as passagens em que se introduz a ideia do *temer* a Deus; em particular, é preciso destacar Coélet 3,14, no coração de uma seção (Ecl 3,10-15) que lembra *'elohîm* por bem seis vezes, e Coélet 5,6, no fim de uma segunda seção que poderíamos também, neste caso, definir como "teológica" (Ecl 4,17–5,6), que menciona Deus outras cinco vezes em relação à oração, aos sacrifícios, aos votos; para o "temor de Deus" acrescentem-se ainda os textos de Coélet 7,18; 8,12-13 e, no epílogo, 12,13.

Um bom ponto de partida, para falar do temor a Deus, no Coélet, é a já lembrada passagem de Coélet 8,11-14 (cf. p. 193), onde parece evidente que a questão do temor está inserida numa precisa referência à sabedoria tradicional que o Coélet põe em dúvida, submetendo-a a uma crítica radical. Temos de prestar atenção: o que o Coélet rejeita nesse texto não é, como pode parecer à primeira vista, o princípio do temor a Deus, mas a aplicação tradicional dessa atitude, feita segundo os cânones da doutrina da retribuição, cujos pressupostos são citados pelo Coélet nos vv. 12b-13 e criticados à luz da experiência (vv. 11-12a e 14). Podemos, por isso, ler Coélet 8,12b-13, como já observamos, como uma citação de uma doutrina tradicional que, depois, o Coélet contestaria; ele se revela em nosso texto justamente como um sábio crítico em relação a uma sabedoria (a dos Provérbios, especialmente a de Provérbios 1–9) que tende a ligar o sucesso ou o insucesso do homem às suas ações justas ou más. Para o Coélet, como para Jó, a experiência põe a fé em crise, ou melhor, põe em crise o otimismo epistemológico que nasce da confiança dos sábios em querer descobrir uma ordem e um sentido da realidade. Já observamos que a ironia típica do Coélet nos impede de descartar *a priori* essa leitura: entre Coélet 8,12a e 8,12b, com efeito, existe uma fratura da qual o autor está consciente, um *gap* que envolve o papel do leitor, deixando aberta essa possibilidade interpretativa.

Contudo, se pusermos o acento sobre o "temor a Deus" e interpretarmos Coélet 8,12b-13 como a expressão da convicção do próprio Coélet sobre o valor "absoluto" de tal temor, veremos que o nosso sábio entra, também nesse caso, em discussão com uma ética tradicional baseada na "justiça" entendida como observância da Lei, mas também como uma concepção tradicional do "temor a Deus" ligada a prêmios e recompensas (cf., depois do Coélet, a posição mais tranquilizadora de Ben Sira). O Coélet, à luz da própria experiência, que sugere que tudo parece *hebel*, descobre que, diante de Deus, não há outra possibilidade senão temê-lo, sem alegar méritos ou esperar recompensas, aceitando como "parte" os simples dons que Deus oferece a quem quer, na sua mais completa liberdade.

No contexto de Coélet 3,10-15, o temor a Deus, introduzido no v. 14, está estreitamente ligado à ação divina que cria todas as coisas belas no momento oportuno, conveniente e adequado a seu objetivo. Deus age de tal modo para que seja temido; ao homem escapa o "mistério do tempo" (Ecl 3,11), o sentido global do agir divino; temer a Deus significa, por isso, para ele, aceitar a impossibilidade de compreender profundamente o que Deus opera no mundo e, ao mesmo tempo, dispor-se a acolher como um dom de Deus as simples alegrias da vida que lhe são oferecidas (cf. Ecl 3,12-13). O temor a Deus tem, assim, uma função cognoscitiva, como, aliás, também alhures no restante da Bíblia hebraica[59], e é o reconhecimento, em negativo, de um preciso limite epistemológico do homem, mas, ao mesmo tempo, está ligado à alegria, e nisso adquire um valor positivo: o temor a Deus preenche aquela fratura dramática entre a descoberta do *hebel* do viver e a certeza que existe a possibilidade de ter uma "parte" de alegria dada por Deus.

Em Coélet 5,6, o convite a temer a Deus aparece na conclusão do trecho dedicado ao culto (Ecl 4,17-5,6). Diante de uma vida religiosa baseada no templo e nos costumes culturais (sacrifícios e votos), o Coélet propõe, diante de Deus, o silêncio ("sejam poucas as tuas palavras") e a escuta (cf. Ecl 4,17); perante as tentações do henoquismo e da apocalíptica, o nosso sábio confirma o temor a Deus como a única atitude religiosa a ele possível, atitude na qual se condensa a autêntica religiosidade do homem, contra toda tentativa de instrumentalizar a relação com Deus e dobrá-lo aos fins do próprio sucesso. Também nesse caso, o temor a Deus exprime a procura de uma relação diferente com ele; o culto tradicional revela-se, com efeito, insuficiente.

No texto de Coélet 7,15-18 (cf. supra, p. 203-204), enfim, o temor a Deus aparece como a única possível resposta *ética* do homem diante da

---

59. "Israel atribui ao temor a Deus, à fé nele, uma função essencial para o conhecimento humano" (VON RAD, *La sapienza in Israele*, 69).

vontade de ser "muito justo", ou, vice-versa, "muito mau", ou ainda, diante da ilusão de se salvar mediante a prática escrupulosa da Lei, ou, ao contrário, diante da outra ilusão, ainda mais perigosa, de poder ignorá-la totalmente, entregando-se, assim, à maldade e à estultice. Diante da incapacidade do homem de conhecer com profundidade o próprio comportamento e, portanto, de saber avaliá-lo, o Coélet não recomenda o "justo meio", mas, precisamente, o temor a Deus. Para o nosso sábio, isso se torna o verdadeiro princípio regulador da ética, apenas no momento, porém, em que é desligado da relação com a observância da Lei. Se, porém, o Deus que deu a Lei a Israel não basta mais para a salvação, o temor a Deus exprime no livro do Coélet alguma coisa gratuita que projeta o homem para a espera de um deus diferente, ainda a ser totalmente descoberto. Tudo isso é verdade, apesar da leitura operada pelo segundo epilogador, que, em Coélet 12,13, verá justamente no temor a Deus, unido, porém, à observância da Lei, a verdadeira síntese da mensagem do seu mestre, atenuando assim o perigo de se encaminhar para uma ladeira, decerto, muito perigosa.

Esse breve panorama da questão do "temor a Deus" no Coélet parece confirmar que o problema posto pelo nosso sábio seja compreensível apenas no quadro de um debate interno ao judaísmo do seu tempo, relativo ao valor da Lei como garantia de felicidade. A nova concepção do "temor a Deus" proposta pelo Coélet é plenamente compreensível, assim, somente dentro de uma precisa situação histórica e cultural, como é a do encontro de Israel com o mundo grego. O novo ou o diferente da teologia do Coélet não é representado tanto por uma diferente imagem de Deus quanto pela tentativa de repropor a fé no Deus de Israel dentro de uma situação histórica em rápida transformação. Nesse sentido, o temor a Deus proposto pelo Coélet é uma atitude que responde a precisas exigências postas pelo contexto histórico-cultural da sua época e que, ao mesmo tempo, projeta Israel para uma nova compreensão da fé no seu Deus e para uma visão talvez mais intuída do que explicada, na qual a relação do homem com Deus deve estar ligada a uma dimensão de absoluta gratuidade.

Para concluir, Deus não aparece nunca ligado, no livro do Coélet, ao tema do *hebel*. Jamais o Coélet nos diz que Deus é um sopro ou que é um sopro o agir divino. O que se mostra como *hebel* é, antes, o fato de que o homem não consegue compreender o sentido de tal agir, como é dito em Coélet 2,26, ou no já lembrado texto de Coélet 8,11-14; em Coélet 6,2, o homem não consegue gozar plenamente dos dons de Deus, sem, todavia, entender seu motivo.

O Coélet aprendeu que Deus não pode ser modelado sobre conceitos humanos; ele é "outro", como já havia intuído Jó, e, por isso, é incompreensível, embora absolutamente presente. O problema vem da parte do homem, não da parte de Deus; esse limite do homem é expresso pela consciência de que tudo é *hebel*. Tudo, exceto Deus! Somente duas certezas restam ao homem, dado que corre o risco de não compreender mais nem mesmo a própria vida: o temor a Deus, antes de tudo, como prelúdio de um novo modo de se referir a ele. Há, ainda, uma segunda certeza que daí provém: é vontade de Deus que o homem encontre a alegria em seu viver cotidiano; nessa alegria e no respeito do mistério divino, o homem pode ainda continuar a viver e a buscar.

O Coélet, nessa sua atitude, não se demonstra nem ateu nem cético nem agnóstico, mas, antes, profundamente fiel. Desse ponto de vista, é possível considerar o Coélet como a antítese do *'adam* de Gênesis 2-3, como o homem sábio que rejeita colher o fruto da árvore do conhecimento do bem e do mal e que sabe acolher, porém, a vida, assim como Deus a oferece ao homem, no bem e no mal (cf., por exemplo, Ecl 7,13-14):

> [13]Vê a obra de Deus:
> quem pode endireitar o que ele fez curvo?
> [14]No dia feliz, sê feliz,
> e no dia triste, vê:
> Deus fez isto como aquilo
> para que o homem não possa encontrar nada do que será depois dele.

Da fatigosa busca que Deus confiou ao homem, ele experimenta, sem dúvida, o lado obscuro de Deus, mas descobre também, ao mesmo tempo, que no "temer" a Deus pode ser descoberto o "comer e beber", as alegrias cotidianas da vida, como seu dom (cf. Ecl 3,14). Para o Coélet, o absurdo do mal é uma demonstração da incapacidade de o homem decifrar a vontade de Deus, que é insondável e inacessível. Existe, certamente, no livro do Coélet uma tensão não resolvida entre a experiência da vida, que leva o nosso sábio a refletir sobre o absurdo da violência, e a fé no Deus bíblico, que deveria, ao contrário, se propor como consolador dessa mesma violência. O que torna ainda hoje apaixonante e, em muitos aspectos, moderno o livro do Coélet é ter conseguido manter com vigor ambas as posições: de um lado, a experiência da própria humanidade e, de outro, o temor a Deus, ou seja, a fé nele, que permite ao homem recuperar as pequenas alegrias do viver cotidiano, que são limitadas, mas reais sinais da sua presença.

6. Coélet no contexto da revelação

6.1. Continuidade e ruptura com a tradição bíblica

Apesar dos contatos com o mundo grego e mesopotâmico, o Coélet é, como já se disse, um judeu profundamente enraizado na tradição. Os temas de um Deus criador (cf. as frequentes referências feitas pelo Coélet a Gênesis 1-4), sumamente transcendente, do homem nascido do pó... são todos temas bíblicos tradicionais. Também a ausência de toda perspectiva ultraterrena faz parte dos cânones tradicionais da fé israelita. Inclusive a profunda convicção a respeito da absoluta soberania e da liberdade de Deus e a necessidade relativa ao "temor a Deus" fazem do Coélet um livro plenamente hebraico. Todavia, o Coélet entra em discussão com a tradição recebida: contra o otimismo epistemológico dos sábios autores do livro dos Provérbios, o Coélet dá ênfase, até beirar a dúvida, à realidade do mal e da morte, e descobre que nessa perspectiva toda a vida humana é um sopro; nisso, é ainda mais radical que Jó. Mas, nessa sua procura (cf. Ecl 1,13-18), o Coélet continua apoiado no método dos sábios, a experiência crítica da realidade:

> Enfim, o Coélet não indica ter penetrado o segredo no sentido da vida. Tampouco o fez o autor de Jó [...]. Porém eles fizeram mais. Demonstraram que é possível para o homem superar [...] os sofrimentos da condição humana, se consegue cultivar um sentido de reverência pelo mistério de Deus e o milagre da vida[60].

A fé, vivida pelo Coélet na óptica do temor a Deus, torna-se assim a espera de um deus diferente, ou, mais profundamente, a aceitação do mistério de Deus.

6.2. Para uma leitura cristã do Coélet

O Novo Testamento parece que jamais cita o Coélet, nem mesmo indiretamente. Sobre a possibilidade de uma leitura cristã do Coélet, limito-me aqui a repropor uma afirmação de N. Lohfink que pode ser facilmente compartilhada: "Coélet deve ser visto [...] como instância crítica contra os perigos latentes no discurso cristão"[61].

Dentro de uma óptica de fé cristã para a qual o Coélet e o evangelho fazem parte da mesma revelação divina, o Coélet pode adquirir um sentido

---

60. GORDIS, *Kohelet, the Man and His World*, 120.
61. LOHFINK, *Qohelet*, 28. Vejam-se também as reflexões de BONORA, A., *Qohelet, la gioia e la fatica di vivere* (LoB 1.15), Brescia, Queriniana, 1987, 142-151.

positivo, como referência aos problemas radicais da existência levantados pela experiência do viver e muito facilmente resolvidos por cristãos otimistas. Ao mesmo tempo, o Coélet é um convite a levar a sério a vida cotidiana. A consciência dessa diferença, mas também dessa relação de continuidade existente entre o Coélet e Jesus, deve estar sempre presente para o leitor cristão. O Coélet está ainda ali a nos lembrar isso; como Jesus, o nosso sábio é um mestre que indaga o sentido da vida e convida o homem a procurar. Coélet, porém, não tem mais a indicar ao homem senão a sua própria experiência de viver e de temer a Deus; Jesus, porém, indica a si mesmo.

> *Chove e a noite é sombria, Coélet.*
> *Amigo das verdades supremas,*
> *eu sei por que não te mataste,*
> *até mesmo morrer era em vão.*
>
> *Também a ti é negado conhecer*
> *o sentido verdadeiro do Nada que persegues:*
> *um Nada que não sabes se é nada,*
> *ou sonho, ou visão, ou vento, ou ainda*
> *sopro quente da vida.*
> *Não há morte nem vida por si separadas.*
>
> *Assim é. Sob o sol. Mas e além?*
> *Ó Coélet.*
>
> D.M. TUROLDO
> (*Mie notti com Qohelet*, 27)

6.3. Atualidade do Coélet

Que valor pode ter o Coélet nos dias de hoje? Limito-me, também neste caso, a algumas sugestões: esse livro nos pede, antes de tudo, que tenhamos um olhar crítico sobre a realidade, que saibamos valorizar e avaliar a experiência da vida, que, também para os cristãos, é o lugar comum a todos os homens no qual Deus se revela.

O Coélet continua a nos lembrar que tudo é um sopro, especialmente quando pretendemos ter entendido tudo e, pior ainda, quando gostaríamos de transformar a nossa vida numa inútil procura de um vão proveito; isso vale especialmente para um mundo no qual até os próprios crentes são tentados a reduzir tudo à dimensão econômica. Se a nossa sociedade ocidental tem a ilusão de se salvar pelo poder da economia, a pergunta do Coélet ressoa com maior força: que proveito há para o homem, em todo o seu afã?

Podemos assim recuperar o Coélet como aquela sentinela crítica da realidade que nos avisa quando pisamos em falso, ou quando caminhamos por trilhas perigosas e sem saída; um livro salutar para o nosso mundo. O esplendor da verdade consiste, para o Coélet, na cotidiana fadiga de procurar, uma tarefa que o próprio Deus atribuiu ao homem e ao qual não é possível se subtrair. O mundo está dominado pelo absurdo do mal, pela violência, pela injustiça e pela estupidez dos homens e, sobretudo, pela morte, que torna efêmera qualquer pretensa conquista humana; contudo, o sábio não pode desistir de procurar; isso é verdade também para os cristãos, até a luz da ressurreição de Jesus, que, embora sendo já a resposta definitiva de Deus e o penhor do seu reino, não elimina ainda, no presente, o lado obscuro da vida.

Mas o livro do Coélet não se exaure aqui; a procura do nosso sábio desemboca, com efeito, em uma certeza: alegrar-se com a vida de cada dia como dom do Deus que o Coélet nos convida a temer. O Deus do Coélet é incompreensível, mas não cessa de estar presente e operante no mundo, e o homem não pode prescindir de ter de lidar com ele se realmente quer viver. Desse modo, o livro do Coélet pode ser hoje relido, antes de tudo, como um apelo ao primado da fé. É evidente, no livro do Coélet, a tensão para uma nova face de Deus, que, de certo modo, seja capaz de responder às interrogações que o homem faz. O temor a Deus é, para o Coélet, também a disponibilidade a aceitar uma face de Deus que escape às nossas expectativas, mas que, sem dúvida, pelo menos num caso, se torne presente, ou seja, quando Deus dá ao homem a alegria.

A alegria da qual o Coélet nos fala é também efêmera e modesta; nem o homem pode compreender como é possível que a alguns ela seja dada e a outros, negada; os critérios divinos são imperscrutáveis. A mensagem do Coélet compreende, todavia, dois pontos positivos que podem ser recuperados para o dia de hoje: a alegria existe de verdade, e é preciso saber percebê-la nos fatos concretos do viver; ou seja, é preciso saber recuperar aquelas simples alegrias humanas das quais um falso ascetismo e um ainda mais perigoso espiritualismo cristão muitas vezes nos afastaram. É também mediante as simples alegrias da vida, observando os aspectos positivos da criação, que o homem consegue encontrar Deus, quando descobre que sua vida, embora marcada pela dor e pela morte, é, todavia, digna de ser vivida. O Coélet torna o homem livre da exigência do proveito a todo custo e lhe sugere que a sua vida efêmera e absurda pode, *apesar de tudo*, ser também uma vida livre e feliz, desde que vivida pela óptica do dom. Tudo isso é possível, com efeito, se as pequenas alegrias da vida são aceitas como dom de Deus; quem procura o proveito não o encontra; quem recebe a alegria como dom de Deus, porém, consegue encontrá-la. A aparente arbitrariedade dos dons divinos transforma-se, assim, em gratuidade: temer a Deus significa estar disposto a aceitá-lo como ele é, a acolher os dons sem nenhuma pretensão por parte do homem. No fim do discurso, volta-se ainda ao convite contido no poema conclusivo: *lembra-te do teu Criador*!

> Seria necessário também um paciente esforço de educação para aprender, ou para reaprender, a saborear simplesmente as múltiplas alegrias humanas que o Criador já põe em nosso caminho: alegria exultante da existência e da vida; alegria do amor casto e santificado; alegria pacificadora da natureza e do silêncio; alegria às vezes austera do trabalho cuidadoso; alegria e satisfação do dever cumprido; alegria transparente da pureza, do serviço, da participação; alegria exigente do sacrifício. O cristão poderá purificá-las, completá-las, sublimá-las: não pode desprezá-las. A alegria cristã supõe um homem capaz de alegrias naturais. Com muita frequência, partindo delas, o Cristo anunciou o reino de Deus (PAULO VI, *Gaudete in Domino*, exortação apostólica para o jubileu de 1975).

Para prosseguir no estudo

Para um atualizado *status quaestionis* e uma mais ampla bibliografia sobre o livro do Coélet, cf. a primeira parte do volume de MAZZINGHI, L. *"Ho cercato e ho esplorato". Studi sul Qohelet*. Bolonha: ²2009, cujas páginas que se seguem formam uma ampla síntese; permito-me remeter a esse meu texto para mais informações sobre um livro bíblico tão fascinante.

COMENTÁRIOS ESCOLHIDOS[62]

Os dois mais importantes comentários científicos ao livro do Coélet disponíveis em língua italiana são o antigo mas sempre válido texto de DI FONZO, L. *Ecclesiaste*. Turim: Marietti, 1967, e o belo comentário de VÍLCHEZ LÍNDEZ, J. *Eclesiastés o Qohelet*. Navarra: Estella, 1994 (*Qoèlet*. trad. it. Roma: Borla, 1997)]. Entre os principais comentários científicos ao Coélet destacamos, de modo particular, os quatro seguintes: GORDIS, R. *Kohelet, the Man and His World*. Nova York: Schoken, 1978; MURPHY,

---

62. "No plano puramente exegético, um bom comentário a Coélet pode ser considerado válido se consegue encontrar uma chave de leitura em relação à qual grande parte do texto seja, de algum modo, eficaz, dado que é quase impossível enquadrar toda a obra numa perspectiva unitária e coerente" (PRATO, G.L., rec. em RAVASI, G., *Qohelet, RivBiblt*, 28 [1990] 99).

R.E. *Ecclesiastes* (WBC 23A). Dallas: Word Books, 1992; Seow, C.L. *Ecclesiastes* (Anchor Bible 18C). Nova York: Doubleday, 1998; Fox, M. *A Time to Tear Down and a Time to Build Up. A Rereading of Ecclesiastes*. Grand Rapids: Eerdmans, 1999; Schoors, A. *Ecclesiastes*. Lovaina-Paris-Walpole, MA: Peeters, 2013.

Entre os comentários de alta divulgação merece uma menção particular o de Sacchi, P. *Qohelet*. Roma: Ed. Paoline, 1971. Lembramos ainda Ravasi, G. *Qohelet*. Milão: Ed. Paoline, 1988 e Lohfink, N. *Qohelet*. trad. it. Brescia: Queriniana, 1997.

Outros estudos

O trabalho de D'Alario, V. *Il libro del Qohelet; strutura letteraria e retorica* (RivB Supp. 27). Bolonha: EDB, 1992, é uma importante contribuição ao estudo da estrutura e do estilo do livro. O texto de Bellia, G.; Passaro, A. (ed.). *Il libro del Qohelet. Tradizione, redazione, teologia*. Milão: Ed. Paoline, 2001, contém uma coletânea de interessantes estudos e obras de diversos autores. Um texto análogo é o de Rambaldi, E.I.; Pozzi, P. (ed.). *Qohelet: letture e prospettive*. Milão: Franco Angeli, 2006.

Um estudo em que se detaca a história da hermenêutica do Coélet por meio de um exemplo de exegese é o de Mazzinghi, L. Esegesi ed ermeneutica di un libro difficile: l'esempio di Qo 8,11-14. In: Aletti, J.-N.; Ska, J.-L. (edd.). *Biblical Exegesis in Progress. Old and New Testament Essays* (AnBib 176). Roma: PIB, 2009, 173-207. Do mesmo autor, cf. The Divine Violence in the Book of Qohelet. *Bib*, 90 (2009) 545-558. Para o texto grego do Coélet, cf. Id. Ἐκκλησιαστής. *Ecclesiaste. Introduzione, traduzione e note*. In: Martone, C. (ed.). *La Bibbia dei Settanta, III. Libri poetici*. Brescia: Morcelliana, 2013, 619-676. Veja-se também Piotti, F. *Qohelet. La ricerca del senso della vita*. Brescia: Morcelliana, 2012.

Assinalamos alguns estudos interessantes que se situam num nível de alta divulgação: Bonora, A. *Qohelet, la gioia e la fatica di vivere* (LoB 115). Brescia: Queriniana, 1987 (Bonora coloca bem em destaque o tema da alegria); Bicherman, E. *Quattro libri stravaganti della Bibbia*. trad. it. Bolonha: Pàtron, 1979 (o estudioso hebraico oferece uma leitura original do Coélet); Lavatori, R.; Sole, L. *Qohelet, l'uomo dal cuore libero, Bibbia e spiritualità*. Bolonha: EDB, 1997; Schoors, A. L'ambiguità del piacere. *Concilium*, 34, 4 (2000) 50-58 (leitura oposta à de Bonora, obra de um grande estudioso do Coélet); Luzzato, A. *Chi era Qohelet?* Brescia:

Morcelliana, 2011 (Intrigante leitura hebraica; o Coélet era uma mulher?); STEFANI, P. (ed.). *Qohelet*. Milão: Garzanti, 2014.

COMENTÁRIOS E INTRODUÇÕES DE CARÁTER DE DIVULGAÇÃO E ESPIRITUAL

Destacamos o belo livro de BIANCHI, E. *Lontano da chi, lontano da dove?* Turim: Gribaudi, 1977, 147-190, e BONORA, A. *Il libro di Qohelet*. Roma: Città Nuova, 1992; cf. também SCIPPA, V. *Qoèlet. L'"arcano progetto di Dio e la gioa della vita"*. Pádua: Il Messagero, 2010.

COÉLET ENTRE POESIA, LITERATURA, FILOSOFIA

Como no caso de Jó, também o Coélet foi lido e relido por muitos autores, também não crentes; destacamos, em particular, as três seguintes obras: MELCHIORRE, V. *Qohelet o della serenità del vivere*. Brescia: Morcelliana, 2006 (leitura de cunho filosófico); NEHER, A. *Qohelet*. trad. it. Turim: Gribaudi, 2006 [or. fr. 1951], leitura oferecida por um notável autor judeu; NICCOLI, E.; SALVARANI, B. *In difesa di "Giobbe e Salomon" — Leopardi e la Bibbia*. Reggio Emilia: Ed. San Lorenzo, 1998.

Assinalamos também as duas releituras poéticas de TUROLDO, D.M. *Mie notti con Qohelet*. Milão: Garzanti, 1992, e CERONETTI, G. *Qohelet. Colui che prende la parola. Versione e commenti*. Milão: Adelphi, 2001. Acrescentamos as releituras oferecidas por SALVARANI, B. *C'era una volta un re... Salomone, che scrisse il Qohelet*. Milão: Ed. Paoline, 1998; VIOLANTE, L. *Secondo Qoèlet. Dialogo fra gli uomini e Dio*. Casale Monferrato, Piemme, 2004.

COÉLET NA TRADIÇÃO HEBRAICA E CRISTÃ

No que diz respeito à interpretação hebraica antiga, faça-se referência a MANCUSO, M. *Qohelet Rabbah. Midraš sul libro dell'Ecclesiaste*. Florença: Giuntina, 2004. Um ótimo estudo sobre a interpretação patrística é o de LEANZA, S. *L'Ecclesiaste nell'interpretazione dell'antico cristianesimo*. Messina: EDAS, 1978.

O livro do Sirácida (ou Ben Sira)

Disse, uma vez, Rabbi Bunam:
"se eu quisesse dar engenhosas interpretações da Escritura,
poderia contar muitas delas.
Mas o estulto diz o que sabe,
ao passo que o sábio sabe o que diz".
M. BUBER
(*I racconti dei hassidim*, Parma: Ugo Guanda, 1992, 511)

O livro de Ben Sira é o mais longo dos livros sapienciais e também um dos mais longos de toda a Bíblia. Por muito tempo na marginalidade entre os leitores da Bíblia (Ben Sira "não pode ser chamado de um autor de sorte"!)[1], é hoje cada vez mais descoberto como um livro original e rico de temas interessantes, e não só de caráter ético. Ben Sira, como bom sábio radicado na tradição de Israel, ocupa-se de todos os campos da vida humana, do trabalho à família, da vida em sociedade à educação dos jovens; todavia, ocupa-se também, e talvez sobretudo, de temas ligados à fé em Deus e da observância da Lei, e enfrenta os não fáceis problemas teológicos da liberdade, do mal, da justiça divina, já propostos pela tradição sapiencial que o precedeu e à qual ele

---

1. BOCCACCINI, G., *Il medio giudaismo*, Gênova, Marietti, 1993, 51.

se sente devedor. Cultor devoto das tradições do seu povo e intérprete atento das suas Escrituras, Ben Sira não se fecha, todavia, diante dos estímulos provenientes do mundo grego no qual ele por acaso vive, e é capaz de ideias realmente inovadoras. Homem equilibrado e aberto — com exceção, pelo menos do nosso ponto de vista, da sua posição sobre as mulheres —, Ben Sira nos oferece um texto ainda hoje utilizável por quem quer que deseje uma vida ao mesmo tempo realista e otimista da vida.

Com o livro do Sirácida, enfim, abandonamos decididamente os protestos de Jó e do Coélet e a forte crítica deles em relação à tradição recebida para entrar num clima, sem dúvida, mais tranquilizador, embora a obra de Ben Sira não deixe de ter novidades, como se disse anteriormente, e pareça marcada pela atenção em relação a um ambiente cultural modificado, o de um Israel que se encontra agora em contato com o mundo helenístico.

1. Autor e datação

1.1. O autor

Os códices gregos têm o título de "sabedoria de Sira", ou "sabedoria de Jesus filho de Sira"; os modernos preferem a expressão hebraica "livro de Ben Sira ("filho de Sira")", ou "Sirácida". A tradução latina de Jerônimo, porém, fala de *Ecclesiasticus* (*liber*), e com o título de *Eclesiástico* o livro é ainda muitas vezes citado. Segundo Rufio, tal definição é devida ao fato de o Sirácida, embora ser usado na Igreja, não ser canônico, mas, sim, "eclesiástico", por causa do seu uso didático na pregação cristã[2].

Talvez o livro do Sirácida seja o primeiro caso de um livro "assinado" na Bíblia. O nome do autor, Jesus, nós o conhecemos pelo epílogo (Sr 50,27) e também pelo prólogo do tradutor grego, que, aliás, é seu neto (v. 7)[3]: "Jesus, filho de Sira, filho de Eleazar, de Jerusalém"; o texto hebraico de Sirácida 50,27 diz, porém, "Simeão, filho de Jesus, filho de Eleazar, filho de Sira"; veja-se também o texto hebraico de Sirácida 51,30 (cf. a nota da BJ). O autor provém, portanto, de Jerusalém, apresenta-se como um homem culto e aberto ao mundo, provavelmente como um mestre que ensina numa verdadeira escola,

---

2. *Il simbolo degli apostoli* 38: PL 21, 374-375.

3. De agora em diante seguimos, nas citações do Sirácida, a numeração dos versículos feita segundo o texto da *Bibbia di Gerusalemme*, edição 2008; ao lado da citação aparece a sigla "hebr", se a própria citação se refere ao texto hebraico do Sirácida, e não ao grego (cf. mais adiante, para verificar essa questão); lembramos que o texto hebraico, que é diferente do grego, é oferecido, com muita frequência, pelas notas da *Bíblia de Jerusalém*.

ou seja, a *bet midraš*, ao pé da letra, "casa da procura", lembrada em Sirácida 51,23 hebr., embora seja difícil pensar numa "escola" no sentido moderno do termo. Provavelmente, Ben Sira é um escriba, segundo a descrição entusiástica que do próprio escriba o autor nos oferece em Sirácida 38,34b-39,11. A sua predileção em relação ao sacerdócio saduceu que então detinha o poder em Jerusalém faz dele um personagem próximo ao ambiente da época, talvez um escriba do próprio templo, uma instituição que no início da época helenística já havia se tornado o verdadeiro centro administrativo, econômico, político e religioso de Jerusalém. Ben Sira era, certamente, um homem rico, ou, pelo menos, abastado, com escravos a seu serviço (cf., por exemplo, Sr 7, 20-21); em Sirácida 39,4, ele dá a entender ter sido conselheiro dos governantes.

Pode-se facilmente pensar que o seu público fosse constituído pelos jovens filhos da aristocracia de Jerusalém, que constituíam a elite social e cultural do seu tempo. Ele, todavia, é um educador que, utilizando a metáfora paterna, como já nos Provérbios, pretende transmitir aos jovens a sabedoria que considera ter adquirido. O "se queres" com o qual Ben Sira se dirige a seus discípulos (cf. Sr 2,1; 6,32) ressalta o clima de liberdade que ele pressupõe e cultiva nos próprios discípulos; entre o sábio e o discípulo desenvolve-se, assim, uma relação profundamente pessoal[4].

No seu livro, Ben Sira fala de si mesmo como de um continuador da obra dos sábios (Sr 33,16-18), mas também como de um dos que "perscrutam" a Lei (Sr 32,15), ou a Torá mosaica, que na sua época já existia como *corpus* escrito. Ao mesmo tempo, Ben Sira está consciente de ser também um continuador dos profetas (Sr 24,30-34). O prólogo do neto confirma esse modo de proceder; na base do trabalho do Sirácida há, com efeito, um estudo atento das Escrituras de Israel (cf. Prólogo 7-10), das quais o próprio texto de Ben Sira se aproxima significativamente; o neto menciona, de fato, o livro do avô junto com a "Lei, os profetas e o resto dos livros" (Prólogo 23-24). Ben Sira se apresenta, portanto, como um homem plenamente inserido na tradição dos sábios de Israel; como os que o precederam, também ele baseia a própria reflexão na fé transmitida pela tradição (cf. ainda Sr 24,30), mas, ao mesmo tempo, sobre a própria experiência pessoal (veja-se o trecho sobre as viagens por ele feitas: Sr 34,9-13).

Mestre de sabedoria ("um homem sábio instrui o seu povo" [Sr 37,23]), homem profundamente religioso, admirador fervoroso do sacerdócio saduceu

---

4. Cf. CALDUCH-BENAGES, N., La relazione maestro-discepolo in Ben Sira, *PSV*, 61 (2010) 55-66.

(Sr 45,25-26 hebr.; 50,24 hebr.), Ben Sira nos oferece uma visão, sem dúvida, muito mais tradicional da sabedoria, pelo menos se comparado a Jó e a Coélet, mas nem por isso menos desprovido de fascínio.

> No que se refere a possíveis fontes utilizadas por Ben Sira, mais que a presença de influências da sabedoria extrabíblica — ainda que não seja improvável certa influência da literatura egípcia —, é decisiva a relação que ele mostra ter com o mundo grego, mas, em particular, o enraizamento que Ben Sira revela ter com os textos das Escrituras de Israel. Ben Sira se inspira, sobretudo, no livro dos Provérbios, mas também em Jó; tem, porém com o Coélet uma relação dialética, embora mais positiva do que se pensa; alude muitas vezes aos Salmos, e não faltam numerosas referências aos textos do Pentateuco (em particular, Gn 1–11; cf. Sr 24) e aos escritos "históricos" de Israel (cf. o elogio dos Pais em Sr 44–50); não faltam sequer alusões aos textos proféticos.
>
> As Escrituras são para Ben Sira normativas; todavia, o uso que ele faz delas demonstra uma notável liberdade e criatividade; trata-se, muitas vezes, de verdadeiras releituras feitas à luz de um contexto histórico e cultural modificado. Em Ben Sira assistimos, por isso, a um fenômeno interessante: a escritura humana, com todos os seus valores culturais, relê a Escritura divina e se torna, ela própria, sagrada Escritura, revelando assim todas as suas potencialidades "sagradas"; de tudo isso Ben Sira parece estar consciente; vejam-se, em particular, Sirácida 24,33 e 39,6, textos nos quais Ben Sira fala de si mesmo como de um verdadeiro autor inspirado que assume a tarefa de reler um patrimônio que já era considerado como inspirado. No epílogo do livro, em Sirácida 50,28 hebr., a bem-aventurança que Sirácida 14,21 hebr. aplica a quem medita a sabedoria é aplicada, porém, a quem medita sobre o livro do próprio Ben Sira, que Sirácida 50,29 aproxima do "temor do Senhor"[5].

---

5. Cf. PRATO, G.L., Scrittura divina e scrittura umana in Ben Sira: dal fenomeno grafico al testo sacro, in: MANICARDI, E.; PITTA, A. (ed.), Spirito di Dio e sacre Scritture nell'autotestimonianza della Bibbia, XXXV Settimana biblica nazionale, *RStB*, 12, 1-2 (2000) 75-97; MAZZINGHI, L., Parole dei saggi e i loro scritti: gli epiloghi del Qohelet e di Ben Sira, *PSV*, 43 (2001) 87-98.

1.2. A data de composição e a época de Ben Sira

A data de composição do livro deve ser posta, sem nenhuma dúvida, no decurso do século II a.C.; o lugar, como já dissemos, é Jerusalém. No prólogo do livro fala, portanto, o neto de Ben Sira, que afirma ter traduzido para o grego o livro do avô ("meu avô Jesus"), em Alexandria do Egito no ano 38 do rei Evergetes (Prólogo 27-28), ou rei Ptolomeu VIII Evergetes II, o que corresponde a 132 a.C.

A obra do avô parece ser posterior à morte do sumo sacerdote Simão II, sobre o qual Ben Sira teceu amplo elogio em Sirácida 50,1-21; a morte de Simão II situa-se, decerto, depois de 198 a.C. (talvez, em 187). Ben Sira não parece conhecer nem a revolta dos macabeus nem os eventos a ele ligados, a partir do reino de Antíoco IV Epifanes; nem sabe que em 172 a descendência do sumo sacerdote Simão perdera tal cargo (cf. Sr 50,24 hebr.); naqueles anos começaram a nascer grandes contrastes justamente com o cargo de sumo sacerdote, problemas dos quais Ben Sira não parece ter nenhuma consciência. Provavelmente, por todas essas razões, a primeira redação do livro deve se situar, portanto, nos anos em torno de 185 a.C., quando Ben Sira devia já ser um ancião, ou, pelo menos, um homem maduro.

Se a tradução do neto deve ser colocada no âmbito da cultura alexandrina, à qual acenaremos de modo mais profundo a propósito do livro da Sabedoria, o texto do avô nasce, porém, na Judeia, numa época na qual o helenismo havia começado a aparecer lentamente. Mas é claro o fato de que, quando Ben Sira escreve, a helenização não parece algo de que se deve ter medo, como ocorreria pouco mais tarde na época dos macabeus.

Do ponto de vista político, o período compreendido entre 223 e 187 a.C. vê a Judeia disputada entre a dinastia do ptolomeus, que governam o Egito, e a dos selêucidas, que, porém, governam a Síria. Esses últimos conseguem arrancar a Judeia do Egito, por volta de 198, sob o reino de Antíoco III ("o reino passa de um povo a outro, por causa das violências, das injustiças, das riquezas" [cf. Sr 10,8]). Antíoco III foi duramente derrotado pelos romanos em 190 a.C., em Magnésia, sofrendo a imposição de condições duríssimas que o levaram a mudar até a sua política, inicialmente favorável em relação aos judeus e a seu tempo; concedem-se isenções fiscais e até a possibilidade, para Israel, de regular-se segundo a própria lei. Antíoco III morre em 187; talvez tenha sido precisamente nessa situação que Ben Sira começara a escrever; a oração de Sirácida 36,1-19 alude, talvez, a essa morte e à esperança que dela nasceu para a Judeia de ficar finalmente livre de toda dominação estrangeira.

Encontramo-nos, pois, provavelmente, sob o reino de Seleuco IV Filopátor, que logo seria suplantado pelo jovem irmão Antíoco IV, sob cujo reino começaria a revolta dos macabeus. Mas os tempos de Ben Sira parecem ainda razoavelmente tranquilos.

No plano do pensamento e das ideias, nesse período histórico, parece entrar em crise aquela dialética tão característica do judaísmo mais antigo, que conseguia conciliar a confiança no pacto de Deus com os homens (com Israel, em particular) — e, portanto, nas possibilidades de o homem observar a Lei — com a confiança igualmente forte numa promessa divina que, sozinha, pode garantir ao homem a salvação. Trata-se, em substância, das duas almas que formam o atual Pentateuco, ou seja, a teologia deuteronomista, fundada no pacto e na Lei, e a sacerdotal, fundada na promessa e, portanto, no culto[6].

A tradição apocalíptica, que começou a se desenvolver desde o século IV a.C., com o livro de Henoc, como vimos a propósito do Coélet, colocara a sua esperança apenas numa intervenção radical, futura, de Deus, num mundo radicalmente mau, saindo, pois, de ambos os esquemas, seja do pacto, seja da promessa. A tradição sapiencial, desde o Coélet, deveria se confrontar com essa nova visão, que colocava em crise a responsabilidade mesma do homem; Jó e o Coélet parecem querer pôr em discussão ambas as perspectivas teológicas tradicionais, o pacto e a promessa, rejeitando, todavia, também a nova visão apocalíptica da história.

Sem jamais negar a confiança na intervenção de Deus e sem minimizar o valor do culto, Ben Sira conseguirá se inserir nesse debate, próprio dos sábios de Israel, recuperando o valor da liberdade do homem e, portanto, também o grande tema da observância da lei de Deus, sem, todavia, se nivelar com ela. O Sirácida nos parece assim uma feliz tentativa de síntese entre as perspectivas tradicionais de Israel (o pacto e a promessa) e, ao mesmo tempo, a aproximação sapiencial à realidade (a experiência da vida), sem jamais tomar o mesmo caminho proposto pela apocalíptica.

> Esse juízo sobre Ben Sira não é partilhado por todos; há quem insista mais sobre a admiração sem fim de Ben Sira pelo sacerdócio saduceu e pela Lei, da qual ele é defensor; adversário tenaz da corrente henóquica e um revisionista atento da tradição sapiencial mais crítica que o precedeu,

---

6. Sobre a "teologia do pacto" e a "teologia da promessa" cf. SACCHI, P., *Storia del socondo tempio*, Turim, SEI, 1994, espec. 9-12; mas a ideia percorre toda a sua obra.

"Ben Sira não está aberto à possibilidade de existir uma resposta diferente das próprias 'verdades'; a sua procura está voltada unicamente a dar uma razão delas. A inteligência humana e as refinadas técnicas da procura sapiencial são usadas não para pôr em discussão ou criticar, mas para provar a exatidão da revelação mosaica. Deve existir sempre uma explicação, mesmo quando o homem é incapaz de encontrá-la imediatamente e todos os indícios pareceriam levar a uma diferente conclusão"[7].

Que em Ben Sira certa dureza seja perceptível, isso pode-se ver especialmente a propósito de temas como a contraposição entre misericórdia e cólera divina, a propósito da ideia de retribuição, ou sobre temas antropológicos, como o papel da mulher (cf. a polêmica de Sr 50,25-26 contra os povos vizinhos). Todavia, Ben Sira consegue se mostrar um homem aberto às instâncias do seu tempo (veja-se a sua relação com o helenismo) e capaz de atenção aos problemas mais urgentes da sociedade na qual lhe coube viver.

1.3. Ben Sira entre judaísmo e helenismo

Ele era *sôfer* [escriba] judeu, conservador no campo religioso, fiel à Torá e de sentimentos nacionalistas, que se julgava obrigado à fidelidade em relação à tradição dos pais, mas era também, mais do que ele mesmo acreditava, imbuído do espírito do seu tempo, ou seja, das categorias helenísticas[8].

O juízo de M. Hengel é particularmente iluminador; Ben Sira se apresenta como um homem que, embora profundamente inserido na tradição judaica, não rejeita se abrir às instâncias de uma cultura totalmente nova, a helenística; como observa Hengel, às vezes, sem sequer estar, talvez, totalmente consciente disso.

O ponto da discussão sobre a relação entre Ben Sira e o helenismo foi magistralmente feito por M. Gilbert no seu artigo sobre o Sirácida, publicado em 1996, no *Dictionnaire de la Bible. Supplément* (cf. adiante, p. 284). Dois célebres estudiosos, Tcherikover e o já lembrado Hengel, pintaram Ben Sira como o campeão do judaísmo diante do mundo grego; para

---

7. BOCCACCINI, G. *I giudaismi del secondo tempio. Da Ezechiele a Daniele*, Brescia, Morcelliana, 2008, 168. Veja-se, porém, toda a seção que vai das páginas 159 a 179, para uma tentativa de colocar Ben Sira no quadro do judaísmo (dos judaísmos, segundo Boccaccini) do seu tempo.

8. HENGEL, M., *Ebrei, greci e barbari*, trad. it., Brescia, Paideia, 1981, 200.

Hengel, Ben Sira é um conservador e um nacionalista que manifesta um caráter polêmico e apologético diante dos aristocráticos imbuídos de helenismo, pelo qual, todavia, Ben Sira é mais influenciado do que ele mesmo pensava (cf. acima); para Tcherikover, mais radicalmente, o nosso sábio teria combatido contra o espírito grego por toda a sua vida. Com mais moderação, Di Lella pensa, porém, que o coração da mensagem de Ben Sira continue a ser a sabedoria bíblica. De outra parte, as teses de Middentorp, o qual descobre em Ben Sira uma maciça dependência da cultura grega, revelaram-se dificilmente sustentáveis. Nem Hengel nem Tcherikover, porém, negam a existência de uma relação entre Ben Sira e o mundo helenístico; que, por exemplo, Ben Sira tivesse podido conhecer e ler o poeta grego Teognides é coisa hoje admitida pela maior parte dos estudiosos; e não se trataria de uma realidade tão surpreendente, dado que o próprio Teognides, como Ben Sira, é também ele coletor de uma tradição sapiencial da qual o poeta se faz, de algum modo, defensor (bibliografia na p. 247).

O livro de Ben Sira revela uma real dependência do mundo grego, e jamais se encontra no livro uma polêmica anti-helenística como tal. O estudo de textos até agora um tanto negligenciados, como aqueles nos quais Ben Sira se ocupa com boas maneiras à mesa (Sr 31,12–32,13, de modo particular), faz-nos descobrir, até em detalhes, à primeira vista menos importantes, que o nosso sábio não teria particulares problemas em aceitar usos tipicamente helenísticos, como era, precisamente, o modo de se comportar nos *simpósios*, onde as pessoas não se limitavam a comer, mas onde se ouvia música, se conversava e onde se fazia do banquete a ocasião de um encontro em sociedade. Também a longa seção de Sirácida 41,14–42,8, que no manuscrito hebraico B tem o título de "instruções referentes à vergonha", revela uma perspectiva tipicamente helenística, ou seja, a atenção à vergonha e à honra, valores típicos do mundo grego; ao mesmo tempo, porém (cf. Sr 42,2), a primeira realidade da qual ninguém deve se envergonhar é, segundo Ben Sira, a Lei do Altíssimo. Trata-se de um texto revelador, no qual se descobre a tentativa de Ben Sira de adaptar as novas categorias culturais helenísticas aos valores da fé judaica.

Há muito, a longa seção final dedicada ao elogio dos Pais (Sr 44–50) foi comparada pelos estudiosos ao gênero literário do encômio, como a forma que melhor consegue explicar sua origem. Todavia, dentro do elogio dos Pais, composto, portanto, com base num gênero literário tipicamente grego, o último da lista, antes do elogio de Simão II, é Neemias (Sr 49,13), o qual é elogiado por ter reconstruído os muros de Jerusalém, ou seja, por ter restabelecido os limites da tradição judaica[9].

Ben Sira mostra conhecer algumas ideias de proveniência estoica, como veremos mais adiante em relação à sua teodiceia; a sua surpreendente definição de Deus em Sirácida 43,27 — "Ele é o tudo" — tem um sabor estoico, embora em Ben Sira não possa estar certamente carregada de um sentido panteísta, uma vez que ele distingue com cuidado o Criador da criatura.

Acrescente-se ainda o fato de o Sirácida não falar de temas tipicamente judaicos, como o jejum (exceto em Sr 34,31), ou a circuncisão (exceto em Sr 44,20); surpreende também a ausência de referências explícitas à observância ao sábado ou à polêmica contra a idolatria e os matrimônios mistos, ou contra os alimentos proibidos pela Lei.

E, ainda, o fato de ter reunido em torno de si discípulos com os quais enfrentar o estudo da lei mosaica constitui certamente uma novidade para os habitantes de Jerusalém. Se a *paideia* grega — ou seja, a educação dada aos jovens — começava com o estudo de Homero, o ensinamento de Ben Sira começa e se fundamenta com o ensinamento da Lei de Moisés: a Lei é para ele a *paideia* da sabedoria (veja-se o texto grego de Sr 6,18.37; cf. também a seção de Sr 32,14–33,6; v. igualmente mais adiante). Decerto, Elias Bickerman tem razão ao afirmar que a ideia da instrução baseada num livro de texto é, na realidade, tipicamente grega e que o estudo da lei mosaica por parte de leigos, como Ben Sira, deve ser considerado uma inovação de cunho helenístico nascida em Jerusalém. "Se o sábio de Ben Sira ora a Deus para obter a sabedoria, o sábio estoico faz o mesmo: o dom da graça é pedido antes que um ou outro possa atingir o reto conhecimento"[10].

> Um exemplo menos estudado, mas igualmente revelador da mentalidade de Ben Sira em relação à cultura do seu tempo, é a passagem na qual Ben Sira se ocupa do médico (Sr 38,1-15). Desde o início da sua reflexão ("faze do médico teu amigo, pois foi o Senhor também quem o criou", como diz o texto hebraico), Ben Sira não tem medo de ir contra toda a tradição, a bíblica, que sempre viu os médicos com certa suspeita: "Eu sou o teu médico", diz, com efeito, o Senhor de Israel (Ex 15,26). O médico, como,

---

9. Cf. VERMEYLEN, J. Pourqoi fallait-il édifier des remparts? Le Siracide et Néhémie, in: CALDUCH-BENAGES, N.; VERMEYLEN, J. (ed.), *Treasures of Wisdom. Studies in Ben Sira and the Book of Wisdom, FS M. Gilbert*, Lovaina, Peeters, 1999, 195-214.

10. BICKERMAN, E., *Gli ebrei in età greca*, trad. it., Bolonha, Il Mulino, 1981, 229-231.

de resto, os medicamentos, faz parte, porém, para Ben Sira, de um mundo criado por Deus, cuja ordem o médico conhece e sabe utilizar para o bem dos seus pacientes. É evidente aqui a influência da medicina grega, mas, ao mesmo tempo, a tentativa de inserir essas novas concepções do mundo dentro da perspectiva bíblica: médico e medicamentos, com efeito, foi o Senhor quem os criou; o texto de Sirácida 38,5 justifica as afirmações dos vv. 2-4 com um episódio tirado dos prodígios do Êxodo (Ex 15,23-25).

O médico age, segundo Ben Sira, como um verdadeiro cooperador de Deus (cf. os vv. 6-8). Os vv. 9-12 são ainda mais significativos: antes de fazer o médico passar pela casa do paciente, é necessário orar e, sobretudo, abandonar os próprios erros e pecados (v. 10); Ben Sira acredita ainda na conexão tipicamente bíblica entre culpa e pena, entre doença e pecado. Todavia, para ele, há espaço também para o médico (v. 12) e há ocasiões nas quais ele pode ter sucesso (vv. 13-14), dado que também o médico ora ao Senhor.

O texto hebraico do v. 15 oferece-nos uma interessante conclusão: "Peca diante do próprio Criador quem age como arrogante diante do médico": o valor do médico é assim dirigido de novo à fé de Israel; o texto grego apresenta, porém, uma visão mais tradicional, ligada à relação doença-pecado: "Quem peca contra o próprio Criador, que caia nas mãos do médico".

Ben Sira recupera o valor que os gregos atribuíam à medicina, mediante sua teologia da criação, profundamente sapiencial e hebraica. Tal fundamento próprio de criatura constitui a verdadeira novidade que permite a Ben Sira aceitar, pelo menos em parte, a ciência grega sem renunciar jamais à fé de Israel[11].

De outra parte, embora imerso num contexto que apreciava a chegada da cultura helenística, Ben Sira é profundamente judeu; ele afirma com vigor o valor da sabedoria de Israel, por ele comparada à Torá; veja-se a forte maldição para quem não a observa: Sirácida 41,8-9. Ben Sira mostra-se um verdadeiro apaixonado pelo culto de Israel, e os capítulos 44–50 são, como já se disse, uma exaltação dos grandes homens de Israel. Os seus destinatários são os judeus de língua hebraica, habitantes de Jerusalém, e jamais Ben Sira parece querer se dirigir explicitamente aos pagãos. Há, portanto, nele uma

---

11. Cf. MAZZINGHI, L. Poi fa' posto al medico perché ti è necessario (Sir 38,1-15), *PSV*, 40 (1999) 65-74; FASCE, S., *La lode del medico nel libro biblico del Siracide*, Gênova, ECIG, 2009.

tensão entre judaísmo e helenismo que o próprio Ben Sira não parece querer ou saber resolver. Ele se apresenta, todavia, como o homem do equilíbrio, um sábio para o qual o helenismo não constitui um espantalho e que se mostra no seu todo muito distante das visões, mais rigoristas, sem dúvida, expressas nos livros de Esdras e de Neemias (e, depois dele, nos livros dos Macabeus). Ben Sira consegue oferecer aos próprios discípulos uma via média que, sem jamais se separar da fé judaica e da própria raiz bíblica, não deixa de oferecer um caminho educativo aberto às sugestões da cultura helenística.

> **Para prosseguir no estudo**
>
> Para a época de Ben Sira, faça-se referência ao texto de HENGEL, M. *Ebrei, greci e barbari*. trad. it. Brescia: Paideia, 1981, espec. 197-200, e, sobretudo, às páginas iluminantes de SACCHI, P. *Storia del secondo tempio.* Turim: SEI, 1994, espec. 189-224; cf. também 385-395.
>
> Para aprofundar a relação entre Ben Sira e o helenismo, cf. DI LELLA, A.A. Conservative and Progressive Theology: Sirach and Wisdom. *CBQ*, 28 (1966) 140-142; MIDDENTORP, T. *Die Stellung Jesu Ben Siras zwischen Judentum und Hellenismus*. Leiden: Brill, 1973, 7-34; TCHERIKOVER, V.A. *Hellenistic Civilization and the Jews*. Filadélfia: The Jewish Publications Society of America, 1979, 141-142; HENGEL, M. *Giudaismo ed ellenismo*. trad. it. Brescia: Paideia, 2001 [or. al. ³1988], 276-313; COLLINS, J.J. *Jewish Wisdom in Hellenistic Age* (OTL). Louisville, Westminster John Knox, 1997, 23-111.

2. O problema textual

2.1. O intrincado problema textual

Um dos aspectos mais singulares do livro do Sirácida, que corre o risco de passar despercebido ao leitor menos atento, é a sua intrincada situação textual. Até 1896, o livro de Ben Sira era por nós conhecido apenas por meio do texto grego, ou seja, mediante a tradução feita pelo neto, a nós transmitida em duas diferentes formas textuais que chamamos hoje de Grego I e Grego II. A primeira forma, mais breve, é a usada em geral nas traduções modernas; a segunda, mais longa (conta 135 versos a mais), serviu de base para a antiga tradução latina. Esta última não é obra de Jerônimo, o qual se recusou a traduzir Ben Sira, que ele não considerava canônico, mas o é a versão latina mais antiga, chamada *Vetus Latina*, surgida por volta do século II d.C., versão que no caso do livro do Sirácida confluiu depois para a *Vulgata*. O texto Grego I parece ser a tradução original, obra do neto de Ben Sira, que, como ele mesmo confessa no prólogo do livro, nem sempre parece bem-sucedida e totalmente fiel ao hebraico (Prólogo, 15-26). Não raramente, a tradução grega reflete concepções teológicas modificadas e comporta verdadeiras correções do texto hebraico original. O texto Grego II (texto longo) pode ser, porém, considerado uma revisão editorial seguinte, com verdadeiros acréscimos de caráter teológico[12].

> Um exemplo de um possível erro de tradução encontra-se em Sirácida 24,27, onde o tradutor grego parece confundir o termo hebraico *ye'or*, "rio", pelo termo *'or*, "luz"; o termo "rio" seria, com efeito, mais pertinente ao contexto, que nos vv. 26-27 menciona apenas quatro rios.
>
> A tradução de Sirácida 48,11c parece ser uma releitura de caráter escatológico (cf. a nota da BJ e v., além disso, p. 277-278).
>
> Outro exemplo de acréscimo de caráter escatológico feito pelo Grego II é o que está em Sirácida 19,18-19: "Quem faz o que lhe [a Deus] agrada, colhe os frutos da árvore da imortalidade". Veja-se também o acréscimo a Sirácida 16,15-16, surgido sob a influência da teologia alexandrina: "O Senhor endureceu o faraó para que não o reconhecesse, a fim de que fossem conhecidas as suas obras sob o céu. Sua misericórdia manifesta-se a toda a criação, e ele distribuiu a luz e as trevas aos homens". Veja-se, enfim, o longo acréscimo sobre a mulher contido em Sirácida 26,19-27, de caráter decididamente misógino.
>
> A versão latina contém também glosas de indubitável caráter cristão; cf., como único exemplo, Sirácida 24,18 (v. a nota da BJ).

Em 1896, foram descobertos na *genizah* da sinagoga do Cairo — o lugar onde se guardam os manuscritos bíblicos não mais em uso — quatro manuscritos com amplos trechos do Sirácida hebraico; em particular, o manuscrito A, que contém Sirácida 3,6-16,26 e o manuscrito B, com Sirácida 30,11-51,30. A seguir, outras descobertas (1931, ainda no Cairo, num total de seis

---

12. A edição crítica do texto grego de Ben Sira é hoje a organizada por ZIEGLER, J. *Sapientia Iesu Filii Sirach* (Septuaginta XII/2), Göttingen, Vandenhoeck & Ruprecht, ²1980. Para os acréscimos do Grego II cf. o texto de BUSSINO, S. *Le aggiunte in greco nel libro di Ben Sira*, no prelo (tese defendida pelo Pontifício Instituto Bíblico em março de 2011).

manuscritos; 1952-1955, três manuscritos em Qumran; 1965, um manuscrito em Masada) restituíram-nos cerca de 1.098 versículos do texto hebraico, num total de 1.616; faltam, infelizmente, os textos de Sirácida 1–2 e toda a seção de Sirácida 17–29; essas descobertas confirmam, todavia, que estamos diante não de uma retroversão, mas do texto hebraico original. Também o texto hebraico se apresenta, todavia, em duas diferentes recensões, Hebraico I e Hebraico II; veja-se o longo acréscimo de Hebreus II inserido depois de Sirácida 51,12: trata-se de um salmo de louvor análogo ao Salmo 136 (veja-se a nota da BJ). Provavelmente, as duas recensões hebraicas são correspondentes a uma primeira e a uma segunda edição do livro. Falta ainda uma edição crítica completa do texto hebraico do Sirácida[13].

> A descoberta dos manuscritos hebraicos do Cairo permitiu-nos reconstruir a ordem original dos capítulos 31–36 de Ben Sira, que no texto grego estavam em ordem diferente: 34,35,36,31,32,33; a nova ordem é a seguida também pela BJ. O Hebraico II é de proveniência e de datação incertas, mas constitui um evidente remanejamento do original hebraico de Ben Sira, de provável matriz essênia, para alguns (uma hipótese que hoje parece ser a mais convincente), e, para outros, uma segunda edição do texto.
>
> Para complicar as coisas, existe também uma versão siríaca que remonta a cerca de 300 d.C., que apresenta outro tipo de texto, próximo ao Hebraico II, traduzido por um cristão, dependente, em geral, da recensão grega longa. Veja-se o belo exemplo do acréscimo a Sirácida 1,22, que prolonga em chave escatológica as reflexões de Ben Sira sobre a relação entre a sabedoria e o temor de Deus (cf. o texto siríaco oferecido em tradução italiana na nota da BJ a Sirácida 1,22).

2.2. Qual versão do Sirácida? O problema da canonicidade[14]

A complexidade do problema textual de Ben Sira torna evidente o fato de que é muito difícil privilegiar um texto desprezando o outro. A tendência atual nos comentários e nas traduções em línguas modernas é privilegiar o

---

13. A edição mais recente do texto hebraico é a de BEENTJIES, P.C., *The Book of Ben Sira in Hebrew. A Text Edition of All Extant Manuscripts & a Synopsis of All Parallel Hebrew Ben Sira Texts* (VTS 68), Leiden, Brill, 1997.
14. Para aprofundar, cf. GILBERT, M., Siracide, in: *Dictionnaire de la Bible* (Supplément), Paris, 1996, XIII, 1413-1420.

texto hebraico, que, todavia, é incompleto e, também, tem duas formas textuais, como acabamos de dizer. É oportuno, portanto, fazer sempre referência ao tipo de texto que se está utilizando, conscientes de que a mensagem de Ben Sira não coincide exatamente com a dos seus tradutores ou dos seus editores.

Para os crentes, a questão textual complica-se ainda mais por uma questão teológica não indiferente. O livro de Ben Sira nunca foi considerado pelo judaísmo como parte das Escrituras, ainda que a tradição judaica antiga tenha feito amplo uso dele; em particular, Ben Sira aparece utilizado no bem conhecido tratado dos *Ditos dos pais* (*Pirqê Abôt*), que abre o Talmud. Não está ainda bem claro o motivo que levou os mestres judeus a excluir do cânone das Escrituras, desde o fim do século I d.C., o livro do Sirácida; veja-se o texto de *Talmud b. Yad.* 2,13, que é, todavia, de interpretação controversa: não se compreende bem, com efeito, se Ben Sira tinha sido excluído dos livros sagrados porque era considerado "sectário" ou porque era utilizado pelos cristãos. Já lembramos que no prólogo parece evidente o fato de que o neto compara o livro do avô às outras Escrituras inspiradas, pondo-o ao lado da Lei, dos Profetas e de outros escritos (Prólogo, 24-26).

O Novo Testamento não parece citar nunca, de modo expresso, Ben Sira, embora seja provável que o autor do quarto evangelho o tenha conhecido e utilizado, bem como o da Carta de Tiago. Em particular, aparece em Tiago 1,2-3 o tema da prova, que lembra Sirácida 2,1 e, logo depois, o da tentação (Tg 1,13), que lembra Sirácida 15,11; mas os contatos entre Tiago e Ben Sira são frequentes[15].

No que diz respeito aos Padres, não existe nenhum comentário patrístico completo ao livro do Sirácida até o início da Idade Média, embora os Padres tenham conhecido e usado muito Ben Sira (Jerônimo sabia que existia uma versão hebraica dele), especialmente lendo-o em chave moral. A canonicidade do Sirácida foi aceita por Orígenes, que, depois de hesitações iniciais, cita em diversas ocasiões o livro de Ben Sira, considerando-o como Escritura. A canonicidade de Ben Sira foi, todavia, explicitamente negada por Melito de Sardes, Cirilo de Jerusalém, Atanásio, Epifânio e, sobretudo no Ocidente, por Jerônimo, junto à do livro da Sabedoria: "*Ut scire valeamus quidquid extra hos est, inter apocrypha ponendum. Igitur Sapientia [...] et Jesu filii Sirach liber [...] non sunt in canone*"[16]; todavia, Jerônimo não rejeita totalmente seu uso. Rufino admite sua leitura como "livro útil".

---

15. Cf. JOHNSON, L.T., *The Letter of James* (AB 37A), Nova York, Doubleday, 1995, 33-34.
16. PL, 28, 556.

O Sirácida entrara no cânone graças, sobretudo, à defesa dele feita por Agostinho (*"quoniam in auctoritatem recipi meruerunt, inter proféticos numerandi sunt"*)[17], confirmada pelo papa Inocêncio IV, em 405[18]. Todavia, as hesitações continuaram, ao longo de toda a Idade Média, até a aceitação definitiva ocorrida somente por ocasião do concílio de Trento, em 1545 (cf. *DS* 1504). Logo depois, as igrejas nascidas da Reforma escolheram, como se sabe, o cânone hebraico, excluindo assim Ben Sira do elenco dos livros considerados inspirados. As Igrejas da ortodoxia nunca tomaram posição definitiva a respeito; o Sirácida continua, assim, sendo um texto canônico apenas para a Igreja Católica.

> Embora considerando Sirácida um livro canônico, nem mesmo a Igreja Católica assumiu uma posição oficial sobre a escolha do texto: grego ou hebraico (que, de outra parte, é uma descoberta muito recente), texto longo ou texto breve? Enquanto a versão litúrgica latina da *Neovulgata* que substituiu a *Vulgata*, em 1986, retoma — embora de modo muitas vezes acrítico e realmente bem eclético — o texto da *Vetus latina*, a nova revisão da Bíblia CEI 2008 opta por ir contra o uso mais difundido, traduzindo o texto Grego II (interpretado com base na edição crítica de Ziegler), texto que é a base da *Vetus latina* e, portanto, da *Vulgata*, e que a Igreja tem sempre seguido para o uso litúrgico. Decidiu-se indicar, utilizando o cursivo, os acréscimos do Grego II em relação ao Grego I, que baseava a tradução CEI, de 1974. Nas notas ao texto foram indicadas as divergências mais importantes em relação ao texto hebraico e à *Neovulgata*. Leia-se bem, a respeito, a pormenorizada nota introdutiva que a Bíblia CEI 2008 põe no início da tradução do Sirácida.

Como conclusão, ao enfrentar a questão sobre qual texto de Ben Sira traduzir, é preciso ter hoje uma concepção bem ampla da inspiração. Para além do problema textual, sem dúvida complexo, a Igreja Católica — na ausência de qualquer decisão a respeito — parece considerar, pois, como inspirado também o texto longo *grego* de Ben Sira, mas, talvez, seja até possível considerar como inspirada toda a tradição textual que nos foi transmitida[19].

---

17. PL, 34, 41.
18. *Lettera al vescovo di Tolosa*; cf. DS 213.
19. O estudo de referência é agora o de GILBERT, M., L'Ecclésiastique. Quel texte? Quelle autorité?, *RB*, 94 (1987) 233-250, estudo do qual tiro essas conclusões.

O uso litúrgico do livro do Sirácida é bastante amplo, embora, proporcionalmente, cubra apenas uma parte limitada do livro e muitos textos, até significativos, sejam excluídos; para nos limitarmos somente aos lecionários festivos e feriais no rito romano atual, lembramos, antes de tudo, os textos de Sirácida 3,2-6.12-14 lidos na festa da Sagrada Família (ano A); Sirácida 3,17-20,28-29, no XXII domingo do T.C. (ano C); Sirácida 24,1-2.8-12, no II domingo do tempo do Natal (em conexão com o prólogo de João); Sirácida 24,4-7, no VIII domingo do T.C. (ano C); Sirácida 27,30-28,7, no XXIV domingo do T.C. (ano A); Sirácida 35,15b-17 e 20-22a, no XXX domingo do T.C. (ano C). Uma pista interessante poderia ser estudar a união com os textos evangélicos.

No ciclo ferial, amplos os trechos do Sirácida são lidos no decorrer de toda a VII e VIII semana do T.C. (anos ímpares); acrescentem-se ainda Sirácida 47,2-13, na sexta-feira da IV semana do T.C. (anos pares); Sirácida 48,1-4.9-11, no sábado da II semana do Advento; Sirácida 48,1-14, na quinta-feira da XI semana do T.C. (anos pares); Sirácida 44,1.10-15, na festa dos santos Joaquim e Ana. Acrescente-se, depois, a presença da oração de Sirácida 36,1-5,10-13 no Breviário Romano (laudes matutinas, quinta-feira da II semana).

Observemos que todas as citações dos textos litúrgicos seguem o texto da *Neovulgata*; isso pode criar, como se viu, alguns problemas, visto que nem sempre a *Neovulgata* de Ben Sira é confiável do ponto de vista das escolhas textuais.

3. Características literárias do Sirácida

3.1. Formas literárias e usos estilísticos

A forma literária utilizada por Ben Sira, bem evidente, de modo especial, no texto hebraico, é a que já conhecemos pelo *mašal*, com a sua bem conhecida característica do uso do paralelismo. Os diversos $m^e šalîm$ são reagrupados no livro de Ben Sira em unidades temáticas mais amplas, muitas vezes, segundo um mesmo assunto, e não aparecem isolados, como ocorre, porém, na parte central do livro dos Provérbios. É muito frequente, pois, que Ben Sira reagrupe os $m^e šalîm$ no quadro das mais amplas instruções sapienciais, não por demais dessemelhantes das encontradas em Provérbios 1–9 (cf., por exemplo, Sr 10,26–11,9; 12,1-7; 13,8-13; 31,12-24).

Como no livro dos Provérbios, o uso constante de uma linguagem figurada, de jogos de palavras e de ironia tornam os *mᵉšalîm* expressões provocadoras e vivas que convidam quem as ouve a refletir e a compreender melhor o sentido da realidade. É impossível apresentar aqui um panorama, mesmo que seja apenas parcial, dos usos estilísticos e das formas literárias presentes em Ben Sira[20]. Veja-se, por exemplo, o uso do jogo de palavras em Sirácida 11,25; 21,26; 31,3-4; provérbios numéricos em Sirácida 25,1.2.7-10; 26,5-9; 40,18-26; 50,25-26; o macarismo presente em Sirácida 26,1; 28,19; a fórmula "não digas" que serve de introdução a uma controvérsia (Sr 5,3.6; 7,9; 15,11 etc.); as perguntas retóricas (cf. Sr 10,29; 13,17; 17,31, etc.); o uso de imagens particularmente fortes e, decerto, realmente muito eficazes: o preguiçoso, em Sirácida 22,1-2; a mulher, em Sirácida 25,16; o eunuco, em Sirácida 20,4; o uso das similitudes é particularmente frequente no livro[21].

Não faltam os hinos (Sr 1,1-10; 18,1-7; 39,12-35; 42,15–43,33; 50,22-24; 51,1-12) e nem as orações (22,27–23,6; 36,1-22); textos como Sirácida 24,30-34; 33,16-18; 51,13-22 ressentem-se, além disso, do uso da narração autobiográfica. Um caso à parte é constituído pelo já lembrado elogio dos Pais, que fecha o livro em Sirácida 44–50, uma seção que, como se disse, pode ser comparada, segundo muitos autores, ao gênero literário grego do encômio, embora esses capítulos se apresentem como um poema épico particularmente inovador que não pode ser, na realidade, identificado com nenhum gênero literário conhecido[22].

3.2. Estrutura literária

Dentro do livro, a ordem dos diferentes grupos de *mᵉšalîm* parece quase insistente, como ocorre também na parte central dos Provérbios. Todavia, como acabamos de dizer, Sirácida reagrupa os provérbios segundo temas precisos: veja-se em Sirácida 3,1–4,10, várias reflexões sobre a justiça; no mesmo livro, em 7,1-36, a humildade; em 1-,18, o bom governo; em 10,19–11,6, a verdadeira felicidade; em 15,11–16,14 e ainda em 16,17–18,7, duas amplas discussões sobre a responsabilidade moral e sobre o perdão divino; em Sirácida

---

20. Veja-se um elenco mais completo em MINISSALE, A., *Siracide* (Nuovissima versione della Bibbia 23), Roma, Ed. Paoline, 1980, 25-28, e também em MORLA ASENSIO, V., *Libri sapienziali e altri scritti*, Brescia, Paideia, 1997 [or. esp. 1994], 181-186.
21. Veja-se uma lista a respeito em MINISSALE, *Siracide*, 77-79.
22. Cf. MACK, B.L., *Wisdom and the Hebrew Epic. Ben Sira's Hymn in Praise of the Fathers*, Chicago, University of Chicago, 1985, 136.

25,1–26,18 (+ Sr 26,19-27 Gr II), mulher e matrimônio; em 29,1-20, o bom uso do dinheiro; em 31,12–32,13, os banquetes etc. Portanto, são raros no livro os provérbios isolados, embora, em seu conjunto, a obra pareça evidentemente composta e uma sucessão lógica dos diversos temas não pareça perceptível. Discute-se até o fato de o livro de Ben Sira ter nascido de uma única redação ou, como parece cada vez mais verossímil, em etapas editoriais sucessivas por obra do próprio Ben Sira; vejam-se alguns possíveis acréscimos em Sirácida 24,34; 33,16-18; 49,14-16; 50,27-29. De resto, um livro tão longo não se escreve, decerto, numa penada; mas se trata de uma questão ainda longe de ser resolvida.

No livro, é possível, todavia, descobrir facilmente a presença de quatro hinos que cadenciam seu pensamento. Temos, pelo menos, uma macroestrutura suficientemente clara, da qual se destaca a centralidade da figura da sabedoria que se encontra no início, no centro e no fim do livro. O capítulo 24, em particular, enquadra duas grandes seções relativas às normas de comportamento na vida cotidiana; destaca-se, igualmente, a importância da relação entre sabedoria, cosmos e história presente na parte final da obra. Temos, assim, o quadro que segue:

— Hino introdutivo à sabedoria: Sirácida 1,1-10; todo o resto de Sirácida 1,1-2,18 é, na realidade, dedicado à sabedoria.

— Primeira parte: Sirácida 3-23; primeira coleção sapiencial (temas sapienciais diversos).

— Hino com a sabedoria personificada como protagonista: Sirácida 24,1-29; em 24,30-34 é a própria sabedoria que se apresenta.

— Segunda parte: Sirácida 25,1-42,14; nova coletânea de temas sapienciais diversos.

— Hino a Deus pela sua criação: Sirácida 42,15-43,33.

— Terceira parte: Sirácida 44-50; o elogio dos Pais.

— Hino conclusivo: Sirácida 51; salmo e poema conclusivo sobre o dom da sabedoria.

É possível que o texto de Sirácida 51-1-12 (um agradecimento do sábio depois da prova) deva ser posto em comparação com Sirácida 2,1-18 (o sábio deve se preparar para a prova), enquanto Sirácida 51,13-30 (Ben Sira pediu e conseguiu a sabedoria) deva se pôr em relação ao texto inicial sobre a sabedoria (Sr 1,1-30). Desse modo, a macroestrutura do livro receberia ulterior confirmação.

4. O ensinamento de Ben Sira[23]

4.1. A sabedoria

O tema central do livro é, sem dúvida alguma, o da sabedoria: "Toda sabedoria vem do Senhor e com ele permanece para sempre" (Sr 1,1); é esse o programa da obra toda, exposto com clareza desde o versículo inicial, e é também a sua conclusão (cf. Sr 50,27-29). Clara é também a conexão entre sabedoria e vida, já presente desde o livro dos Provérbios, uma conexão à qual Ben Sira acrescenta o tema da alegria: "Quem ama a sabedoria ama a vida, / quem a procura desde a madrugada ficará cheio de alegria" (Sr 4,12).

Como já ocorre em Provérbios 8,1–9,6, texto no qual o Sirácida se inspira (como também no poema de Jó 28), a sabedoria é personificada, apresentada como uma realidade inacessível aos homens que se encontra junto a Deus, mas que não se identifica com ele porque é por ele próprio criada e comunicada a todos aqueles que o temem (Sr 1,9-10)[24]. A essa temática é consagrado todo o poema inicial de Sirácida 1,1-10, cujo texto hebraico infelizmente não temos. Ben Sira joga em dois planos nesse texto; de um lado há a sabedoria entendida como realidade disponível aos homens, porque presente no mundo:

> O próprio Senhor criou a sabedoria,
> viu-a e mediu-a,
> efundiu-a sobre todas as suas obras,
> a todo mortal concedeu-a com generosidade (Sr 1,9-10a).

Nesse caso, Ben Sira se inspira no texto profético de Joel 3,1, comparando assim, implicitamente, a sabedoria ao Espírito, um tema que encontraremos mais adiante a propósito do livro da Sabedoria. Ao mesmo tempo, encontramos a sabedoria entendida como criatura de Deus ("antes de todas as coisas, foi criada a sabedoria / e a inteligência prudente existe desde sempre" [Sr 1,4]) e, portanto, como dom divino, que, todavia, deve ser procurado pelo homem. É, na realidade, dessa segunda ideia de sabedoria que, contrariamente a seus predecessores, Ben Sira começa; somente Deus é para ele o verdadeiro sábio ("um só é o sábio, e incute temor / sentado em seu trono" [Sr 1,8]).

---

23. Uma ótima introdução, na forma de uma verdadeira *lectio cursiva* do livro inteiro, é a oferecida por GILBERT, M., *La sapienza del cielo*, Cinisello Balsamo, San Paolo, 2005 [or. fr. 2003], 147-208, um texto ao qual remeto, limitando-me aqui a uma síntese dos temas mais importantes oferecidos por Ben Sira.

24. Observe-se que no v. 10 "aqueles que o temem" é leitura preferida a "aqueles que o amam"; cf. também Sirácida 1,13-14.

A composição sapiencial de Sirácida 6,18-37[25], um poema alfabético, é inteiramente dedicada à necessidade de que o discípulo, chamado aqui de "filho", se dedique à busca apaixonada da sabedoria, que assume traços quase esponsais (cf. Sr 6,27-28), enquanto em Sirácida 4,11-19 a sabedoria já tinha sido apresentada por meio da metáfora materna. A introdução do discurso (Sr 6,18) menciona a *paideia*, ou seja, a educação, a instrução que a sabedoria oferece, que outra coisa não é senão a própria lei mosaica (cf. adiante). O tom utilizado por Ben Sira é, na verdade, caloroso e persuasivo; o jovem é convidado a se submeter ao jugo da sabedoria (Sr 6,23-25; cf. a imagem do jugo retomada por Jesus e Mt 11,29); a sabedoria deve ser procurada com paciência (cf. Sr 6,27) e depende em grande parte da vontade do jovem e da sua livre aceitação: "Filho, se queres, tornar-te-ás sábio" (Sr 6,32). Nos vv. 34-36, é claro que a sabedoria é também uma questão de experiência; ela se aprende, com efeito, com os anciãos, com os que são mais sábios do que nós, com o saber se colocar na escola de verdadeiros mestres. E o primeiro desses mestres é o próprio Deus, como se exprime o versículo conclusivo do poema, em que o movimento horizontal (a sabedoria como experiência) cruza com o vertical (a sabedoria como dom):

> Presta atenção no temor do Altíssimo[26],
> medita sempre em seus mandamentos;
> ele fortificará o teu coração,
> e a sabedoria que desejas te será dada (Sr 6,37).

E ainda: a sabedoria se obtém mediante a oração (Sr 39,5-6) e mediante o estudo atento das Escrituras (Sr 38,34c-39,1). A sabedoria é também, para Ben Sira, a arte de perceber o καιρός, ou seja, o "momento oportuno", que é precisamente o que o Coélet acreditava não poder encontrar; o texto de Sirácida 39,21.34 poderia ser assim uma resposta ao poema dos tempos em Coélet 3,1-8. O sábio é para Ben Sira realmente capaz de reconhecer o tempo oportuno: cf. também Sirácida 4,20 ("considera o momento oportuno"); 51,30. Todavia, não falta a Ben Sira o sentido do limite; o texto de Sirácida 3,21-24 deve ser entendido como uma polêmica dirigida contra a nascente influência da filosofia grega e, talvez ainda, como uma resposta à atitude de procura típica do Coélet, na esteira de uma atitude de humildade semelhante à proposta no Salmo 131, que parece repetido precisamente em Sirácida 3,21. Em Sirácida 3,19 hebr., Ben

---

25. GILBERT, M., La sequela della Sapienza. Lettura di Sir 6,23-31, *PSV*, 2 (1981), 53-70.
26. Assim, segundo o texto hebraico e o siríaco; o texto grego tem, porém, "reflete sobre os preceitos do Senhor".

Sira nos lembrou que "Deus revela aos homens o seu mistério"[27]. A visão que Ben Sira nos oferece em relação à sabedoria é, afinal, muito otimista e estimulada por muita confiança e esperança; a sabedoria torna o homem capaz de discernir o bem até em situações aparentemente opostas: portanto, até a morte pode ser bem-vinda, pelo menos para o doente ou para um idoso já sem forças (Sr 41,1-2); também a esterilidade pode ter um aspecto positivo se os filhos forem ímpios (Sr 16,3b). Deus pôs, assim, na criação um sentido que o homem é convidado a descobrir: "Se não procuras, não encontras", como afirma Sirácida 11,10b hebr. Para nosso sábio, as coisas são, com muita frequência, diferentes do que parecem se vistas superficialmente; a sabedoria é, desse modo, para ele a arte de escolher o bem oculto por Deus no mundo.

4.2. O temor do Senhor

Embora a categoria do "temor do Senhor" não esteja, decerto, ausente da literatura sapiencial anterior, uma característica peculiar de Ben Sira é pôr a sabedoria numa relação realmente muito estreita e explícita com tal ideia. Todo o texto de Sirácida 1,11-30 serve para mostrar essa profunda conexão entre sabedoria e temor do Senhor; como em Provérbios 1,7 e 9,10, também Ben Sira (cf. Sr 1,14.16.18.20) repete com quatro diferentes imagens que o temor do Senhor é a base da sabedoria: "O princípio da sabedoria é temer o Senhor" (1,14); "Plenitude de sabedoria é temer o Senhor" (1,16); "A coroa da sabedoria é temer o Senhor" (1,18); "A raiz da sabedoria é temer o Senhor" (1,20); o uso da anáfora reforça a mensagem lançada pelo autor. O texto de Sirácida 1,11-30 é, assim, complementar ao início do livro (1,1-10): é verdade que a sabedoria é inacessível e é possível recebê-la apenas como dom de Deus; mas é também verdade que o temor do Senhor é a resposta necessária ao homem, a atitude que o homem é chamado a assumir para receber como dom essa sabedoria.

O temor ao Senhor é concebido por Ben Sira como uma realidade bem ligada precisamente com a sabedoria e com a formação que ela oferece ("o temor do Senhor é sabedoria e instrução" [1,27]; é descrito como fonte de alegria e de bênção (1,11-13), como enraizado na humildade (1,30) e na observância dos mandamentos (1,25-26), como fonte de esperança (2,7-10); é até comparado ao amor, evitando, assim, cair no legalismo (2,15-17); vejam-se também os textos de Sirácida 25,7-12 e 40,20-27.

---

27. Cf. MILANI, M., *Rivelazione dei 'misteri' e delle 'realtà nascoste' in Ben Sira*, in: CORSATTO, C. (ed.), *Sul sentiero dei sacramenti, FS R. Tura*, Pádua, Messaggero, 2007, 113-134.

O texto de Sirácida 2 é um bom exemplo da teologia do temor do Senhor que o nosso sábio nos oferece. Todo o capítulo é dominado pelo tema da prova (Sr 2,1.4-5), da qual o justo pode ser libertado por causa de sua fidelidade e, precisamente, devido a seu temor a Deus (cf. o uso da anáfora em Sirácida 2,7-9.15-17). Por trás de tudo isso surge o tema da misericórdia de Deus, que jamais abandona os seus fiéis (Sr 2,7a.12), ao contrário dos pecadores (Sr 12,12-14). A fidelidade do discípulo ao mestre de sabedoria que o está instruindo torna-se, assim, fidelidade ao próprio Senhor e à sua palavra; ao discípulo fiel o Senhor responde com a sua misericórdia, livrando-o da prova: "Caiamos nas mãos do Senhor e não nas mãos dos homens, porque, assim como é a sua grandeza, tal é a sua misericórdia" (Sirácida 2,18, que é um eco da história de Davi em 2Sm 24,14).

O ensinamento do sábio tem um duplo fundamento: a tradição e o testemunho pessoal. O exemplo emblemático do passado é atualizado na experiência viva e próxima do presente. Fidelidade ao Deus de Israel não é o equivalente a uma mentalidade fechada e empobrecida diante das novas correntes helenísticas, que vão se infiltrando nas instituições judaicas. O discípulo experiente sabe avaliar com lucidez as novas ideias. Estas — embora não atentem contra a essência mesma da religião dos antigos — favorecem o enriquecimento pessoal. Em concreto, procurar a sabedoria é agarrar-se ao Senhor com abertura serena e equilibrada, sem preconceitos. E esse é, nem mais nem menos, o programa que Ben Sira tentou realizar pessoalmente, durante toda a vida, como sábio e como escriba. Com o coração fixo no Senhor, o discípulo aprende com o passado e com o presente e, assim, dá a própria contribuição para a construção de um mundo melhor para si e para as gerações futuras[28].

Ao falar do temor ao Senhor, Ben Sira pretende descrever a atitude fundamental que o homem deve ter diante de Deus. Ben Sira não quer identificar a sabedoria com o temor ao Senhor (embora um texto como Sirácida 1,27 pareça ir nessa direção), mas pretende mostrar que é justamente da atitude do homem diante de Deus (ou seja, o "temor") que depende a própria sabedoria; há para ele uma sinergia entre temor a Deus, sabedoria e lei, sinergia que é reveladora da relação dialógica que Ben Sira pretende estabelecer entre o homem e Deus. O temor ao Senhor fundamenta a procura da sabedoria e torna

---

28. CALDUCH-BENAGES, N. *Un gioiello di sapienza. Leggendo Siracide 2*, Milão, San Paolo, 2001, 165.

possível sua obtenção; se, em Sirácida 1,1-10, Ben Sira parte do alto (a sabedoria como dom de Deus), em Sirácida 1,11-30 retorna ao homem, ressaltando sua tarefa. Paradoxalmente, para Ben Sira, "é melhor ser um homem de pouca inteligência, mas temente [a Deus] / do que um muito inteligente, mas transgressor da Lei" (Sr 19,24).

> Temos de nos perguntar, para concluir, por que tanta insistência, por parte do Sirácida, sobre o temor de Deus. Trata-se, provavelmente, de revitalizar um conceito que corria o risco de ter se tornado um tanto desgastado[29]. A insistência sobre o temor a Deus indica, igualmente, a clara direção na qual se move o projeto educativo de Ben Sira: o seu ideal é o homem religioso. Ben Sira, unindo estreitamente a sabedoria ao temor a Deus e à Lei (cf. também abaixo), oferece, portanto, uma visão do temor a Deus bem diferente da do Coélet, para quem o "temer a Deus" nasce precisamente da consciência do limite da sabedoria. É interessante, pois, toda a passagem de Sirácida10,19-11,6, na qual o temor do Senhor se torna o único critério possível de avaliação de um homem, para além da sua condição social: "O rico, o nobre, o pobre: o orgulho deles é o temor do Senhor" (Sr 10,22); desse modo, Ben Sira sugere implicitamente uma crítica à ordem social do tempo, em que os ricos governam sobre os pobres (cf. também Sirácida 10,31 e 11,1), uma crítica que se desenvolve precisamente à luz da sua teologia do "temer a Deus".

4.3. Sabedoria e Lei

Na tradição sapiencial anterior, a que está expressa no livro dos Provérbios, o tema da Lei — Torá mosaica — não parece ter nunca uma grande importância; no livro de Jó, parece ter ainda menos, enquanto no Coélet se tem algo como a ideia de que obedecer à Torá não seja realmente importante para garantir ao homem a felicidade. Ben Sira é o primeiro sábio de Israel que une estreitamente entre si sabedoria e Torá, e o faz justamente por meio da ideia do temor ao Senhor (cf. Sr 1,25-26); cf., em particular, o texto de Sirácida 19,20: "Toda sabedoria é temor do Senhor / e toda sabedoria é a prática da Lei".

Esse vínculo é particularmente importante e deve ser, sem dúvida, aprofundado: se a lei é entendida por Ben Sira não apenas como o conjunto dos

---

29. Cf. VON RAD, G., *La sapienza in Israele*, Turim, Marietti, 1975 [or. al. 1970], 203-204 e 219.

preceitos divinos, mas também como toda revelação da vontade de Deus, unindo-a estreitamente à sabedoria, ele quer afirmar que toda a sabedoria recebida da tradição, baseada na experiência da realidade, fundada na busca humana não é sequer logicamente separável da revelação divina. Aproximando a sabedoria à lei, Ben Sira pretende atingir também outro objetivo, de caráter apologético: mostrar que o patrimônio religioso de Israel é capaz de se situar de forma autônoma diante da sabedoria grega.

Para compreender mais a fundo o valor que a sabedoria tem para Ben Sira e a relação que ele põe entre sabedoria e lei, é necessário dedicar, então, um pouco de espaço ao texto de Sirácida 24, onde, de novo, nos encontramos diante de uma personificação da sabedoria que a tradição sapiencial de Israel já nos tinha oferecido desde Provérbios 1–9.

Sirácida 24,1-22: o autoelogio da sabedoria[30]

Quase no centro do livro, encontramos esse discurso da sabedoria personificada que ecoa, desde o início, o discurso da sabedoria de Provérbios 8. O discurso propriamente dito se estende do v. 2 ao v. 22; segue-se em Sirácida 24,22-29 a interpretação de Ben Sira, enquanto Sirácida 24,30-34 descreve a obra que Ben Sira considera dever realizar. Aparecem aqui os temas centrais do livro: em particular, a relação estreita que Ben Sira estabelece entre sabedoria e criação e, em Sirácida 24,23, entre sabedoria e lei.

Observemos que desse texto falta o hebraico, ao passo que o grego existe nas duas versões, a curta e a longa, cujos acréscimos a Bíblia CEI 2008 indica em cursivo, como já dissemos; é a essa tradução que remetemos aqui.

A *estrutura literária* do discurso da sabedoria é muito simples de entender, pelo menos em suas linhas gerais. É suficiente lembrar o esquema que segue:

— vv. 1-2: introdução ao discurso da sabedoria
— vv. 3-8: primeira estrofe; a sabedoria, do céu à terra, até Israel
— v. 9: cesura
— vv: 10-17: segunda estrofe; crescimento da sabedoria e seu papel litúrgico
— vv. 18-22: terceira estrofe: o banquete da sabedoria

---

30. Cf. o comentário de GILBERT, M., L'éloge de la Sagesse (Siracide 24), *RTL*, 5 (1974) 326-348; sintetizado em GILBERT, M.; ALETTI, J.-N., *La sapienza e Gesù Cristo*, ed. it., Turim, Gribaudi, 1987.

Se, em Provérbios 8,1-3, a sabedoria falava num lugar público, às portas da cidade, em Sirácida 24,1-2 a introdução ao elogio propriamente dito, a sabedoria fala "na assembleia do Altíssimo" (ἐν ἐκκλησίᾳ ὑψίστου). Embora alguns pensem na assembleia celeste de Deus, é preferível pensar aqui que o texto se refira à assembleia litúrgica reunida no templo de Jerusalém, onde o próprio Senhor está presente junto a seu povo.

A *primeira estrofe* (Sr 24,3-8) descreve o movimento da sabedoria de Deus e do céu, de onde ela provém, até a terra e o povo de Israel: "Entre todos eles, procurei um lugar de repouso, / em cujo território eu pudesse habitar". Um movimento descendente que parte da boca de Deus (v. 3), o que faz pensar numa comparação da sabedoria com a palavra mesma de Deus. Como Ben Sira já havia afirmado em Sirácida 1,4, a sabedoria é a primeira de todas as coisas; portanto, precede também a própria Lei, que, como veremos no v. 23, constitui sua encarnação histórica.

No v. 3b, a sabedoria é comparada a uma nuvem, ou seja, a uma presença vivificadora e fecundante. Há aqui três possíveis referências contidas no texto: à nuvem do êxodo (cf. Sr 43,22), antes de tudo, mas também à presença do Espírito descrito em Gênesis 1,2 e, além disso, ao texto de Gênesis 2,6, relido com base no *Targum* palestino, no qual vemos escrito que "uma nuvem de glória desceu do trono de glória, foi preenchida com a água do oceano e, depois, subiu da terra e fez cair a chuva e irrigou toda a superfície do solo". À luz de todas essas referências, é possível concluir que Ben Sira atribua à sabedoria um papel fecundante. Mas a possível referência também à nuvem do êxodo (cf. Ex 13, 21-22; 14, 19-24), que é a nuvem que cobre a tenda no deserto (Ex 40,36-37), faz com que as alusões à criação se unam às feitas à história de Israel, pondo, desse modo, as bases de uma relação entre criação e história, sobre a qual retornaremos.

Observemos ainda que a concentração que Ben Sira descreve do movimento da sabedoria sobre Israel ("Estabelece a tenda em Jacó e toma como herança Israel" [Sr 24,8]) contrasta com o universalismo próprio de Provérbios 8 e com a visão expressa por outros textos do mesmo Sirácida, como 10,14-17 e 16,12-13; tal movimento prepara a aproximação que Ben Sira fará ao v. 23 entre sabedoria e Lei.

> Observe-se nos vv. 4 e 8 a presença do verbo κατασκηνόω (traduzido pela BCei por "fixar morada" no v. 4 e "armar a tenda" no v. 8, que parece ser tradução mais correta). O verbo, composto pela preposição κατά,

ressalta esse movimento de descida da sabedoria a Israel. A esse verbo e, portanto, a esse texto alude muito provavelmente o bem conhecido texto de João 1,14, com a significativa variante σκηνόω + ἐν, "armar a tenda em": καὶ ὁ λόγος σάρξ ἐγένετο καὶ ἐσκήνωσεν ἐν ἡμῖν. O prólogo de João abre-se com movimento análogo ao de Sirácida 24,2-8: do céu à terra, até Israel; cf. também a relação com Sirácida 24,9: do "princípio" até a história. Jesus Cristo leva a cumprimento, na óptica joanina, esse movimento de descida e de mediação que é, na realidade, para todos os homens, e não mais reservado apenas a Israel[31].

O v. 9 constitui uma cesura; do espaço passa-se ao tempo, a sabedoria preexiste à criação (v. 9a; cf. Pr 8,22-23), mas também não haverá mais fim (v. 9b).

Na *segunda estrofe* (vv. 10-17), a sabedoria é posta numa relação ainda mais estreita com o templo (a "tenda santa"), em Jerusalém, "em meio a um povo glorioso" (vv. 10-12). O verbo "oficiei" (em grego, λειτουργέω; v. 10a) remete a um papel litúrgico da própria sabedoria, que estava ausente do discurso da sabedoria em Provérbios 8. Nos vv. 13-14 é descrito o crescimento simbólico da sabedoria que se estende a todo o Israel: do Norte (o Líbano e o monte Hermon) a Leste (Ein Gedi, um oásis junto ao Mar Morto; cf. Ct 7,8) e a Oeste (a planície ao longo das margens do Mediterrâneo). Ao mesmo tempo, a exuberância da sabedoria é comparada a seis das mais belas árvores da terra de Israel (vv. 13-14).

No v. 15, a comparação com os melhores perfumes serve para ressaltar novamente o papel litúrgico da sabedoria; ela é comparada ao bálsamo da unção sacerdotal, que permite aos sacerdotes se aproximar do altar (Ex 30,23-25), e ao incenso (Ex 30,34-36), que se torna símbolo de oração (cf. Sl 141,2; Ap 4,8). Desse modo, a sabedoria é descrita como uma realidade que serve de intermediária entre Deus e o homem.

Nos vv. 16-17, a sabedoria é descrita ainda com os símbolos vegetais do terebinto e da videira. O terebinto é, em Isaías 6,13, imagem do povo de Israel, embora, antes do exílio, fosse a planta característica dos lugares sagrados pagãos (cf. Gn 35,4; Js 24,26; Is 1,30). A videira é um símbolo bem conhecido do povo de Israel (Is 5,1-7). Assim, a sabedoria, realidade divina, é, também, imagem do próprio povo; seus benefícios, com efeito, estendem-se a todo o Israel.

---

31. Para aprofundar esses aspectos, cf. o já lembrado texto de GILBERT; ALETTI, *La sapienza e Gesù Cristo*.

> Deve-se observar que o texto Grego II acrescenta um versículo, o de n. 18: "Eu sou a mãe do belo amor e do temor, do conhecimento e da santa esperança; eterna, fui dada a todos os meus filhos, aos que foram escolhidos por ele". Aqui, a sabedoria aparece como a mãe dos bens que ela própria gera: entre esses bens, observe-se que o temor (de Deus) caminha, *pari passu*, com o amor. Para o autor desse acréscimo, o temor de Deus não é mais, como o é para Ben Sira, a condição para receber a sabedoria, mas é, antes, seu fruto privilegiado. A menção do conhecimento de Deus unido à "santa esperança" joga luz também sobre a ideia relativa à vida eterna, que, muito provavelmente, o autor desse acréscimo tinha então amadurecido.
>
> Note-se também o acréscimo de inspiração cristã presente no texto latino: "Em mim há toda a graça de caminho e de verdade; em mim toda esperança de vida e de força", uma glosa inspirada, talvez, em João 14,6.

Na *terceira estrofe* (Sr 24,19-22) aparece o tema do banquete da sabedoria; o Sirácida retoma aqui a ideia presente já no discurso da dona sabedoria em Provérbios 9,1-6. Um banquete no qual... o apetite é comido! Veja-se, em particular, o v. 21, a ser comparado, no Novo Testamento, com os textos de João 6,35 e 7,37-38. Nesse banquete, o alimento é a própria sabedoria: "os que se nutrem *de mim*". "Comer" a sabedoria é algo mais do que o que se diz em Provérbios 9, 1-6; aqui a sabedoria personificada é como metáfora da própria palavra de Deus. Esse banquete em que o alimento é a sabedoria, análogo ao realizado no Sinai, descrito em Êxodo 24,11, é, pois, a própria comunhão com Deus, justamente por meio de sua sabedoria. Essa sabedoria adquire nesse texto traços quase messiânicos: numa época em que o messianismo real parece ter desaparecido, a esperança de Israel é projetada então na figura da sabedoria personificada.

O texto de Sirácida 24,23, quando Ben Sira volta a falar, abandonando a voz da sabedoria personificada, oferece-nos a chave interpretativa de todo o poema:

> Tudo isso é o livro da aliança do Deus altíssimo,
> a lei que Moisés nos prescreveu,
> herança para as assembleias de Jacó.

Aqui, Ben Sira cita Deuteronômio 33,4, um texto que se encontra na conclusão do Pentateuco. A sabedoria é, desse modo, explicitamente comparada à Torá mosaica; essa aproximação não é totalmente nova, e já havia sido preparada por textos como Deuteronômio 4,6-9 e o Salmo 19; também Baruc 4,1 segue essa linha.

Os versículos que seguem (Sr 24,25-27; o v. 24 é um acréscimo do texto Grego II) descrevem como a lei derrama a sabedoria com grande abundância; os quatro rios mencionados lembram os do Jardim do Éden (Gn 2,10-14). Dessa sabedoria, o conhecimento parece inexaurível (vv. 28-29); Ben Sira sabe muito bem que não há fim para essa pesquisa. Nos vv. 30-34, Ben Sira conclui todo o poema, apresentando a si mesmo a tarefa que o espera, que é expressa com uma terminologia de caráter profético. Ben Sira está bem consciente da própria inspiração e do trabalho que ele não desempenha tanto para si mesmo quanto para as gerações futuras (cf. o v. 33).

A reconciliação entre sabedoria e lei

Qual é, pois, o sentido dessa aproximação entre lei e sabedoria? As duas realidades não são explicitamente identificadas, como pode parecer à primeira vista a partir do texto de Sirácida 24,23. A história da sabedoria, concluída no templo de Jerusalém, supera, com efeito, em Sirácida 24,1-23, os limites do Pentateuco, o qual termina *fora* da terra prometida, com a morte de Moisés para além do Jordão (Dt 34); ao mesmo tempo, as referências feitas à história de Israel excluem qualquer aceno ao pecado ou às rebeliões do povo. Os vv. 28-29 mostram, além disso, que a sabedoria é alguma coisa bem maior que os preceitos da lei. Não é, portanto, a sabedoria que cresce à sombra da onipotente Torá, mas, ao contrário, é Ben Sira que se esforça por legitimar e interpretar a Torá com base nas perspectivas abertas pelo pensamento sapiencial[32]. A Lei torna-se, assim, para Ben Sira,

> a melhor expressão do desígnio da sabedoria. É ela mesma a presença que, a partir do Templo, difunde-se no meio do povo. [...]. Exprimindo-se nesses termos, Ben Sira pretende afirmar com grande vigor a validade da revelação bíblica na época em que o helenismo está invadindo pouco a pouco o país, arriscando passar falsos valores à juventude[33].

A relação entre sabedoria e lei que o Sirácida descreve é, na realidade, ainda mais complexa e profunda: o interesse de Ben Sira é certamente sobre a sabedoria, mais que sobre a lei. Com essa aproximação, ele supera a descontinuidade entre sabedoria e lei, própria da tradição sapiencial anterior e, assim, acaba com a fratura existente entre a sabedoria entendida como realidade humana e a sabedoria vista como dom de Deus:

---

32. Cf. VON RAD, *La sapienza in Israele*, 221.
33. GILBERT, *La sapienza del cielo*, 186.

Torá e sabedoria não são [...] como duas cidades separadas e contrapostas; tampouco Israel e o mundo. A experiência religiosa de Israel não o fecha (apesar de suas tentações!) num mundo isolado, distinto e separado do mundo da experiência não crente. O âmbito da sabedoria e da Torá é extenso como o âmbito da experiência do mundo e, portanto, da história do homem. Procurar a sabedoria não é apenas procurar o sentido do mundo, mas é procurar Deus; observar a Torá não é somente obedecer a uma revelação, mas viver a experiência humana, obedecendo a Deus. Entre Torá e sabedoria não existe nem separação nem sucessão ou desdobramento, mas inclusão. A sabedoria transcendente por sua origem divina, mas imanente e operante na criação como "união" entre Deus e o mundo (Pr 8), fixou morada em Israel; "encarnando-se" na Torá (Sr 24) e agindo na história de Israel como dom divino (Sb 9), é acessível à liberdade humana praticada religiosa e eticamente (Jó 28 e Sr 1)[34].

A forte ênfase dada por Ben Sira ao papel litúrgico da sabedoria faz dela, enfim, um símbolo da presença mesma de Deus no meio do seu povo. A sabedoria torna-se, assim, de certo modo, o dom que Deus faz de si mesmo ao homem e que permite ao homem entrar em comunhão com ele; a ambientação litúrgica que está por trás de Sirácida 24 é, porém, como já referimos, uma correção necessária contra o risco do legalismo. É a oportunidade para nos deter um pouco mais na relação entre Ben Sira e o culto.

4.4. *O culto e a oração*

Ben Sira, embora não fosse um sacerdote, parece muito interessado no culto de Israel. O elogio dos Pais, o espaço dedicado a Aarão (Sr 45,6-22), é bem mais amplo do que o dedicado a Moisés (Sr 45,1-5); o próprio elogio termina com a exaltação do sumo sacerdote Simão (Sr 50,1-21). Apesar do entusiasmo demonstrado pela beleza das celebrações cultuais (veja-se a descrição atenta dos paramentos sacerdotais oferecida em Sirácida 45,8-13; 50,11), o interesse de Ben Sira pela liturgia não é apenas esteticamente superficial. Alguns aspectos da descrição do sacerdote Simão (cf., em particular,

---

34. BONORA, A., Il binomio sapienza-Tôrah nell'ermeneutica e nella genesi dei testi sapienziali (Gb 28; Pr 8; Sir 1,24; Sap 9), in: *Sapienza e Tôrah. Atti XXIX Settimana biblica italiana*, Bolonha, EDB, 1987, 48. Mas aconselha-se consultar o livro inteiro; cf. também PRATO, G.L., Sapienza e Tôrah in Ben Sira: meccanismi comparativi culturali e conseguenze ideologico-religiose, in: FABRIS, R. (ed.), Il confronto tra le diverse culture nella Bibbia da Esdra a Paolo, XXXIV Settimana biblica nazionale, *RStB*, 10, 1-2 (1998) 129-151. Veja-se ainda a longa introdução dedicada a Ben Sira em: BOCCACCINI, *Il medio giudaismo*, 51-86; Boccaccini coloca a discussão de Ben Sira sobre sabedoria e lei, dentro do debate da época, entre a sabedoria de Jó e do Coélet e a nova visão oferecida pela nascente tradição apocalíptica.

Sr 50,9-12) lembram o aspecto da sabedoria apresentada em Sirácida 24,13-15; desse modo, a ação litúrgica realizada por Simão adquire um papel cósmico e encarna, de certo modo, a ação mesma da sabedoria no mundo. Na linha dos profetas, Ben Sira insiste, aliás, na necessidade de uma vida moral que seja coerente com o culto celebrado (cf. a longa perícope de Sirácida 34,21-35,26)[35]. De resto, é tarefa do sacerdote Aarão transmitir a observância da Lei (cf. Sr 45,17, coerente com Dt 33,10) e, portanto, garantir um culto eticamente correto.

Um notável espaço é dedicado pelo Sirácida à oração[36]; Ben Sira contém três: Sirácida 22,27-23,6, para o controle da palavra e dos instintos sexuais; 36,1-19, uma oração de todo Israel pela libertação de Jerusalém[37]; 51,1-12, uma ação de graças depois de uma prova. Tal presença de orações no livro é, certamente, uma novidade em relação à tradição sapiencial anterior. Segundo o Sirácida, todo ensaio pode adquirir o seu saber mesmo por meio da oração, pondo-se, assim, diante da presença do Senhor. Dessa forma se exprime o texto de Sirácida 39,6, a propósito do sábio:

> Se o Senhor, que é grande, quiser,
> ele será coberto de espírito de inteligência:
> como chuva, derramará as palavras da sua sabedoria
> e, na oração, louvará o Senhor.

Não nos esqueçamos do papel cultual com o qual a sabedoria é apresentada em Sirácida 24 (cf. acima); o sábio, pleno de sabedoria e quase identificado com ela (cf. as comparações de Sr 39,13-14 com as da sabedoria em Sr 24,14-15), exerce na oração uma liturgia não tão distante da celebrada pelos sacerdotes.

A ideia que Ben Sira tem da oração é muito rica. Por três vezes, no elogio dos Pais, Ben Sira evoca figuras de grandes intercessores: Josué (Sr 46,5), Samuel (Sr 46,16), Ezequias, junto com o profeta Isaías (Sr 48,20), todos personagens que oraram por seu povo. Por quatro vezes, o Sirácida aconselha orar para obter o perdão dos pecados (Sr 21,1; 28,2-4; 34,30-31; 39,5); em Sirácida 38,9-10 aconselha-se a oração na doença, enquanto em Sirácida 37,15 se ora

---

35. Veja-se a respeito o detalhado estudo de DE ZAN, R., *Il culto che Dio gradisce. Studio de "Trattato sulle offerte" di Sir^{Gr} 34,21-35,20* (AnBib 190), Roma, PIB, 2011; cf. também GILBERT, M., La Sapienza e il culto secondo Ben Sira, *Rivista di scienze religiose*, 20 (2006) 23-40.

36. Cf. CALDUCH-BENAGES, N.; YEONG-SIK PAHK, J., *La preghiera dei saggi. La preghiera nel Pentateuco sapienziale*, Roma, ADP, 2004, 95-129.

37. Cf. PALMISANO, M.C. *"Salvaci, o Dio dell'universo!". Studio dell'eucologia di Sir 36H,1-17* (AnBib 163), Roma, PIB, 2006.

para obter discernimento e em Sirácida 51,13-14 (texto grego) se ora para obter a sabedoria. Em Sirácida 21,5 e em 35,16-22a, lê-se que o Senhor ouve a oração do pobre (cf., em particular, os vv. 21-22: "a oração do humilde penetra as nuvens e não sossega enquanto não tiver chegado"). O texto de Sirácida 34,29-31, bem como de Sirácida 15,9-10, exclui qualquer possível relação entre oração e pecado; a oração do pecador não pode, com efeito, ser acolhida por Deus.

Quanto à oração de louvor, em Sirácida 17,10-9 (*sic!*), o próprio louvor é visto como a verdadeira vocação do homem: "Louvarão o seu santo nome para narrar a grandeza das suas obras"; veja-se também o louvor ao Criador para o qual Ben Sira convida em Sirácida 39,14-15; 43,30. Somente nesse último caso, o do louvor, é que a oração se transforma num verdadeiro ato coletivo (cf. também a oração de Sirácida 36,1-19), enquanto no resto do livro a oração se apresenta mais como um ato, em geral, individual.

Enfim, o texto de Sirácida 7,14b aconselha não desperdiçar muitas palavras na oração (cf. Mt 6,7): também nessa situação, Ben Sira se mostra um sábio, ou seja, um realista.

4.5. *A teodiceia*

Ben Sira aborda também, com certa dose de coragem, o grande problema posto por Jó e pelo Coélet: como poder conciliar a existência de um deus pessoal, bom e providente com a presença do mal e da morte no mundo? Portanto, como conciliar a onipotência e a onisciência divina com a liberdade de escolha própria do homem?

Ben Sira está plenamente consciente da misericórdia divina, da qual ele não duvida sequer por um instante; veja-se, a respeito, o belo texto de Sirácida 18,5.8-14; a misericórdia divina nasce da consideração da pequenez e da miséria do homem:

> [11]Por isso, o Senhor é paciente com eles
> e derrama sobre eles a sua misericórdia.
> [12]Vê e sabe que a sorte deles é penosa,
> por isso, é generoso no perdão.

De outra parte, Ben Sira continua a descrever a sorte dos ímpios segundo os cânones tradicionais da retribuição (Sr 16,5-10; 41,5-13), que se torna até a medida para julgar um homem no momento da sua morte (Sr 11,26.28). Ben Sira convida, portanto, o homem à conversão (Sr 17,25-32) sem que ele deva correr o risco de abusar do perdão e da misericórdia de Deus (Sr 5,5-7).

Todavia, Ben Sira não deixa de enfrentar a questão da teodiceia por uma óptica totalmente nova: ele afirma, com certa clareza, a existência de uma polaridade na criação (Sr 33,14-15):

> ¹⁴Diante do mal está o bem,
> Diante da morte está a vida[38];
> assim, diante do homem piedoso está o pecador.
> ¹⁵Considera, por isso, todas as obras do Altíssimo:
> duas a duas, uma diante da outra.

Bem e mal estão um diante do outro, como a luz diante das trevas (texto hebr.), mas ambos fazem parte de uma ordem almejada por Deus; poderíamos falar a esse respeito de uma verdadeira doutrina dos opostos. Há, portanto, em Ben Sira a ideia de um equilíbrio fundamental da criação; veja-se ainda toda a passagem de Sirácida 39,16-35, caracterizada por uma forma literária de caráter hínico. Ben Sira tenta dar aqui uma resposta à ambivalência que o homem descobre na criação: o texto começa com um convite ao louvor (Sr 39,12-15) e prossegue (Sr 39,16-20), afirmando a bondade substancial da criação: "As obras do Senhor são todas boas" (Sr 39,16a hebr.; cf. 39,33a). Nos vv. 21-27, o tema do hino desloca-se para a questão específica da teodiceia: toda obra de Deus tem uma função precisa, no tempo oportuno, mas também de acordo com o uso que dela fazem os homens (cf. os vv. 26-27). O hino prossegue relacionando nove elementos da criação dos quais Deus se serve para punir os maus (vv. 28-31) e se fecha com um novo convite ao louvor (Sr 39,32-35).

Outro texto no qual o Sirácida aborda a questão da teodiceia é o de 42,24-25, onde se afirma que na criação não há nada incompleto. O texto de Sirácida 42,24 hebr. diz com clareza que "todas as coisas são diferentes umas das outras; ele [Deus] não faz nenhuma em vão" (o texto grego diz: "todas as coisas são uma dupla, uma diante da outra"). Tudo o que Deus criou tem, pois, um sentido.

> A influência do estoicismo sobre os textos de Ben Sira é, em casos como esses, muito evidente; escreve o estoico Crisipo: "Certamente nada é mais tolo do que pensar que possam existir os bens se não houvesse também os males. Ora, como os bens são contrários aos males, deverão existir, necessariamente, uns como outros, em recíproca oposição, e podem

---

38. O hebraico e o siríaco acrescentam: "e diante da luz, as trevas".

> subsistir somente graças a um esforço, eu ousaria dizer, mútuo e contrário, ao mesmo tempo"; a dualidade e uma qualidade inata das coisas[39].

Essa ideia — o mundo concebido como um todo bem ordenado, no qual também o mal parece ter a sua lógica — não está, portanto, desprovida de influências provenientes da filosofia estoica; pensemos, em particular, na já lembrada definição de Deus, dada em Sirácida 43,27: "Ele é tudo". Ben Sira não se preocupa tanto em explicar por que há o mal, mas, com muito realismo e com uma boa dose de otimismo, ambas características típicas dos sábios de Israel, tenta encontrar também para o mal um lugar na ordem da criação; é uma tentativa que, no fundo, estava, de certo modo, implícita nos discursos de Deus que encerram o livro de Jó. Poderíamos chegar a dizer que para o Sirácida o mal não existe senão como a outra face do bem, numa espécie de *coincidentia oppositorum* que rejeita ao mal densidade ontológica e resolve, assim, a oposição mal/bem dentro do mistério da vontade divina. Por essa razão, trata-se de algo que é possível compreender somente dentro de uma visão claramente religiosa do cosmo; somente o homem religioso, com efeito, tem plena consciência da criação e do seu criador:

> [31]Quem o viu e pode descrevê-lo?
> Quem pode louvá-lo como ele é?
> [32 hebr.] Além disso, há ainda muita coisa oculta;
> eu vi somente um pouco das suas obras.
> [33]O Senhor, com efeito, criou todas as coisas
> e deu a sabedoria a seus fiéis (Sr 43,31-33).

A criação, considerada na óptica própria de Ben Sira, permite o conhecimento do criador, embora não a esgote (cf. também Sr 43,28.32), e esse conhecimento desemboca na admiração e no louvor, que constituem o motivo fundamental da apresentação da criação feita em todo o capítulo 43: "Ao glorificar o Senhor, exaltai-o quanto puderdes, porque jamais será demasiado" (Sr 43,30). É, portanto, apenas nessa óptica de fé que também a presença do mal pode adquirir um sentido. Nas palavras de um dos mais autorizados estudiosos de Ben Sira, G.L. Prato, o livro do Sirácida

> tenta dar uma solução, procurando uma conciliação que explique ambos os aspectos [o bem e o mal, *ndr*] sem diminuir sua incidência concreta na vida [...]. Ben Sira não diz nada, na realidade, sobre a origem do mal, limitando-

---

39. *SVF* II, 1169 (= Radice, 947).

se apenas a afirmar a liberdade e a responsabilidade humana. O mal, que, de fato, existe no homem revela, porém, uma aplicação específica dos elementos criados e, por isso, em certo sentido, também uma ordem original, do mesmo modo como toda outra realidade revela uma atitude divina em relação a Israel e aos homens[40].

Em conexão com essa questão da teodiceia, Ben Sira aborda com grande equilíbrio também outra grande questão que o judaísmo da época começava a sentir de modo muito forte: como conseguir conciliar a misericórdia de Deus com a sua justiça? Essa pergunta está bem-posta no texto apócrifo de 2 Baruc 48,11-18 (século I a.C.): o autor contesta a Deus o exercício da sua ira contra a criatura miserável e indefesa, necessitada apenas de misericórdia: "Não te irrites contra o homem, pois não é nada, e não te preocupes com nossas obras; nós, quem somos? [...]. Que força temos para suportar a tua cólera e quem somos para poder suportar o teu julgamento? Mas tu, protege-nos com a tua misericórdia e ajuda-nos com a tua compaixão!". O livro da Sabedoria abordará essa questão em Sabedoria 11,15-12,27, resolvendo-a a favor da misericórdia de Deus, que, para o autor do livro, não constitui, de modo algum, uma negação da sua onipotência.

O Sirácida afirma, de preferência, ambas as coisas: Deus é rico de misericórdia (cf. Sr 2,11; 18,12), mas também de ira: leia-se todo o interessantíssimo texto de Sirácida 16,11-12:

> [11]Nele [em Deus] há misericórdia e ira;
> poderoso quando perdoa e quando derrama a sua ira.
> [12]Tão grande é a sua misericórdia
> quanto é grande a sua censura.

Também em toda a passagem de Sirácida 35,14-26 o tema da misericórdia de Deus (e, portanto, da oração que Deus escuta) liga-se estreitamente com o da justiça: diante da oração do pobre, "o Senhor, decerto, não tardará" (Sr 35,22b), "até que tenha feito justiça a seu povo e o tenha alegrado com a sua misericórdia" (Sr 35,25).

Ben Sira não parece perceber nenhum contraste real entre esses dois aspectos da face de Deus: misericórdia e justiça (vista também sob o aspecto da cólera). O bem faz parte da ordem da criação, como a misericórdia divina, que é a sua raiz; mas também o mal não é de modo algum estranho ao projeto de Deus, pelo menos no sentido de que a cólera divina faz parte do mesmo

---

40. PRATO, G.L., *Il problema della teodicea in Ben Sira* (AnBib 65), Roma, PIB, 1975, 381-386.

projeto, como punição do mal que o homem livremente comete. Tudo isso nos remete diretamente para o tema seguinte, relativo à antropologia do Sirácida.

> **Para prosseguir no estudo**
>
> Além da já lembrada (cf. nota 40) e fundamental obra de PRATO, G.L. *Il problema della teodicea in Ben Sira* (AnBib 65). Roma: PIB, 1975, veja-se também o interessante estudo de D'ALARIO, V. Non dire: 'Da Dio proviene il mio peccato' (Sir 15,11 ebr.). Dio all'origine del male. In: CARDELLINI, I. Origine e fenomenologia del male: le vie della catarsi veterotestamentaria, Atti del XIV convegno di studi veterotertamentari (Sassone-Ciampino-Roma, 5-7 settembre 2005). *RStB*, 19, 1 (2007) 101-134; num âmbito de maior divulgação, veja-se CALDUCH-BENAGES, N. Il bene e il male sono nelle mani di Dio (Sir 39,12-35). *PSV*, 59 (2009) 95-108.

4.6. A antropologia de Ben Sira

Como em toda a tradição sapiencial de Israel, também no Sirácida o interesse antropológico é predominante; o homem é, para Ben Sira, livre e responsável, mas pode usar mal a sua liberdade, para pecar. Por essa razão, Ben Sira pode afirmar a respeito do homem duas verdades só aparentemente contraditórias:

> Que estirpe é digna de honra? A estirpe do homem.
> Que estirpe é digna de honra? A dos que temem o Senhor.
> Que estirpe não é digna de honra? A estirpe do homem.
> Que estirpe não é digna de honra? A dos que transgridem os mandamentos (Sr 10,19).

Toda a passagem de Sirácida 15,11-16,14 está inteiramente dedicada ao tema da liberdade do homem, que, em 15,14, está fundamentada no projeto criador de Deus ("desde o início, Deus criou o homem e o deixou à mercê de sua própria vontade") e, ao mesmo tempo, numa explícita referência a Deuteronômio 30,15-17 ("diante do homem estão a vida e a morte" [Sr 15,17]) e, portanto, à Lei, que o homem é chamado a observar. Trata-se de uma passagem realmente importante, na qual o tema do livre-arbítrio é abordado, talvez pela primeira vez no judaísmo, com tal clareza. Nos vv. 14-17, fica claro que todo o comportamento do homem depende da sua livre escolha: note-se o "se queres" repetido três vezes (cf. 15,15a.16b.17b); é por essa razão que ele traz consigo a responsabilidade das próprias ações (cf. Sr 15,16-17): "Cada qual receberá conforme suas obras" (Sr 16,14).

> Observemos ainda que Sirácida 15,11 apresenta a hipótese de um deus considerado causa do pecado do homem: "Não digas 'De Deus provém o meu pecado'"; assim, segundo o texto hebraico. Mas tal hipótese é logo descartada por Ben Sira, bem como, mais adiante (Sr 16,17), ele descarta também a ideia de que Deus seja indiferente diante do mal.
>
> Notemos ainda que na passagem de Sirácida 15,14, que acabamos de lembrar ("desde o início, Deus criou o homem e o deixou à mercê de sua própria vontade"), o texto hebraico utiliza o termo *yeṣer*, que indica, *de per si*, a "inclinação", que é, em si, neutra; essa inclinação pode ser boa ou má, conforme o homem recuse o mal ou o escolha. Ben Sira parece aludir a Gênesis 6,5 e 8,21; o tradutor grego utiliza aqui o termo διαβούλιον, "capacidade de decidir". Pode-se deduzir daí que "a lei é, então, idêntica ao dom da liberdade e da decisão responsável que o homem recebe de Deus como criatura"[41].
>
> No judaísmo que se seguiu a Ben Sira (tanto em Qumran como no judaísmo rabínico), o tema da "inclinação" tende a evoluir negativamente, ou seja, para a "má inclinação", que, em Qumran, caracteriza a própria natureza humana. A ambivalência que caracteriza o homem não implica, porém, para Ben Sira, uma corrupção da natureza humana, como acontece na tradição henóquico-apocalíptica, mas exprime, antes, sua capacidade de escolha; veja-se como outro exemplo também a passagem sobre a vergonha em Sirácida 4,20-22; há uma vergonha que leva ao bem e uma que, porém, leva ao mal.
>
> Ao longo de todo o texto de Sirácida 15,11-16,14, servindo-se de elementos próprios do mundo grego e, em particular, de sugestões provenientes do estoicismo, Ben Sira pretende abordar a relação entre onipotência divina e liberdade do homem e, ao mesmo tempo, responder ao problema do mal (v. também o item dedicado à teodiceia). Ao mesmo tempo, propondo uma visão realista mas, no conjunto, serena do homem, Ben Sira se contrapõe, também nesse caso, ao pessimismo típico das correntes henóquico-apocalípticas já difundidas em sua época[42].

---

41. PRATO, *Il problema della teodicea*, 298.
42. Para Ben Sira como opositor do enoquismo veja-se BOCCACCINI, *Il medio giudaismo*, 51-86 (cf. n. 31).

Na passagem que segue a seção de Sirácida 15,11–16,14, de que acabamos de falar, ou seja, em Sirácida 16,17–18,14, Ben Sira aborda mais diretamente a questão da relação entre a responsabilidade do homem e a misericórdia de Deus; nesse contexto está inserida a reflexão antropológica de Sirácida 17,1-14, diretamente fundada nas narrativas genesíacas[43]; a vida humana é, certamente, efêmera, mas o Senhor dotou os homens de inteligência (Sr 17,7a), de discernimento moral (Sr 17,7b) e de fé ("pôs o temor dele em seus corações" [Sr 17,8a]; cf. a sucessiva referência ao louvor como vocação do homem) e resumiu tudo ao dar ao homem a Lei. À Lei alude o v. 12, mediante o tema da "aliança eterna', centrada, como se lê no v. 14, na atenção que cada um deve dar ao próximo. Deus, portanto, deu aos homens tudo o que a eles podia servir para viver em paz. Por essa razão, de 17,15 a 18,14, Ben Sira desloca a atenção para o agir de Deus em relação aos homens; diante da pequenez e da miséria da vida humana, Deus revela a grandeza da sua misericórdia (cf., em particular, Sirácida 18,8-14; v. também acima).

Como confirmação desse enfoque típico do Sirácida, lembramos ainda o texto de Sirácida 21,27, no qual lemos que, "quando um ímpio amaldiçoa *Satanás*, amaldiçoa o próprio ânimo [ou seja, a si mesmo]"; em outras palavras, o homem não pode descarregar sobre *Satanás* — entendido aqui como adversário do homem, segundo o sentido que o termo *satan* tem em hebraico — a responsabilidade do próprio pecado.

A antropologia de Ben Sira fundamenta-se, além disso, numa sólida teologia da criação e, portanto, na própria obra de Deus, e é por essa razão que se trata de uma antropologia inteiramente *positiva*. Toda a passagem de Sirácida 42,15-43,33 mostra, de modo muito lírico, a convicção própria de Ben Sira de que o homem vive, afinal, num cosmos belo e bem ordenado (cf. também acima), uma ordem que é o produto direto da vontade de Deus. Várias vezes, Ben Sira insiste no fato de que os elementos do cosmos passados em resenha pelo poema "obedecem" à vontade divina (cf. Sr 42,23; 43,10.13...)[44].

Tal insistência por parte de Ben Sira é mais bem compreendida, também nesse caso, como reação à tradição expressa no livro de Henoc, segundo o qual todo o mal que está no mundo depende do fato de que a ordem cósmica está irremediavelmente perturbada e não poderá senão ser restaurada

---

43. Cf. GILBERT, M., Ben Sira, Reader of Genesis 1-11, in: CORLEY, J.; SKEMP, V. (ed.), *Intertextual Studies in Ben Sira and Tobit, FS A.A. Di Lella* (CBQ Mon.S. 38), Washington, The Catholic Biblical Association of America, 2005, 89-99.

44. Veja-se CALDUCH-BENAGES, N., L'inno al creato in Ben Sira, *PSV*, 44 (2001) 51-66.

por Deus num futuro escatológico. Para Ben Sira não é assim; a única perturbação que existe no cosmos é causada não por um suposto pecado angélico, como afirma o livro de Henoc (cf., a propósito, Sirácida 21,27, que parece polemizar a distância com *1Henoc* 10,8): "Toda a terra se corrompeu por ter aprendido as obras de Azazel [o demônio], e atribui a ele todo o pecado"), mas tudo depende do pecado dos homens, que pressupõe, portanto, a plena liberdade deles, além da ausência de toda visão determinista da realidade.

O Sirácida afirma com clareza o livre-arbítrio, ainda que nem sempre pareça conseguir conciliá-lo plenamente com a onipotência divina, que é, diversas vezes, reafirmada por Ben Sira (cf. 8,28-30; 9,10-21; 11,33-36). Na realidade, o fato de ter inserido o homem no desígnio divino da criação é alguma coisa particularmente significativa; um texto como Sirácida 33,10-13, se o considerarmos à parte, parece ser, à primeira vista, uma grave afirmação de determinismo ("abençoou e exaltou alguns [...] outros, amaldiçoou e humilhou"); mas o v. 14 ("diante do mal está o bem; diante da morte está a vida; assim, diante do homem piedoso está o pecador") revela-nos que Ben Sira exclui, de fato, toda visão determinista da realidade, voltando, mais uma vez, ao tema da liberdade do homem, da qual ele está plenamente convencido. O mal nasce assim de um mau uso de tal liberdade. Ao contrário do essenismo e da teologia qumrânica, para Ben Sira é realmente consolador saber que Deus criou o homem dotado de livre-arbítrio. Por essa razão, o nosso sábio pode afirmar que, mesmo quando as aparências enganam, "estupendas são as obras do Senhor, mas elas são ocultas aos homens" (Sr 11,4cd).

Às inevitáveis objeções que podem nascer dessa posição, sem dúvida, parcial (por exemplo, a objeção de que a realidade é, com frequência, bem diferente do quadro ideal oferecido por nosso sábio), Ben Sira responde, ressaltando positivamente, como observamos acima, a grandeza da obra divina, que o homem não é capaz de questionar e compreender de modo pleno (cf. ainda o louvor ao criador em Sirácida 42,15-43,33). De modo negativo, Ben Sira ressalta a presença das aflições que pesam sobre a vida humana, junto ao pensamento da morte (cf. os textos de Sr 40,1-17; 41,1-13), limitando-se a afirmar que a dor e a morte constituem fronteiras além das quais o homem não é capaz de ir[45]. Tudo isso nos leva então a considerar a posição que Ben Sira tem em relação à vida futura; antes, porém, é útil lançar um olhar sobre o texto de Sirácida 44-50, o elogio dos Pais, que nos abre uma janela sobre a visão que Ben Sira mostra ter sobre a história.

---

45. Sobre tudo isso, cf. então todo o estudo de PRATO, *Il problema della teodicea in Ben Sira*.

4.7. O elogio dos Padres: Ben Sira e a história (Sr 44–50)

Nos capítulos conclusivos da sua obra, Ben Sira nos põe diante de um elogio dos Pais de Israel, de Adão até o sacerdote Simão, que Ben Sira provavelmente conheceu pessoalmente. O projeto de Ben Sira, elogiar os antepassados ilustres de Israel que permaneceram fiéis a Deus, é apresentado com clareza na introdução do próprio elogio (Sr 44,1-15). Há algum tempo, os estudiosos dedicaram mais atenção a um texto que foi por muito tempo negligenciado; muitos problemas devem ser ainda resolvidos, como o do gênero literário (v. acima) e da estrutura interna, não claramente identificável.

No elogio dos Pais são apresentados o patriarca pré-diluviano Henoc (44,16), Noé (44,17-18), Abraão (44,19-21), Isaac e Jacó (44,22-23), Moisés (44,27–45,5) e Aarão (que tem, como já observado, um espaço excepcionalmente mais amplo com relação ao dedicado a Moisés; 45,6-22); a Aarão segue o elogio de outro sacerdote bíblico, Fineias (45,23-26). Passa-se depois a Josué (46,1-6a); a Caleb (46,6b-10); aos juízes em geral (46,11-12); a Samuel (46,13-20); a Natã (47,1); ao rei Davi (47,2-11); a Salomão (47,12-22); a Jeroboão e Roboão (47,23-25); ao profeta Elias (48,1-11) e a seu sucessor Eliseu (48,12-14). Depois de uma breve reflexão sobre a infidelidade do povo (48,15-16) mencionam-se o piedoso rei Ezequias (48,17-20ab) e o profeta Isaías (48,20cd-25) e, enfim, outro rei piedoso, Josias (49,1-3); um juízo substancialmente negativo sobre a monarquia segue em 49,4-10. Passa-se, depois, ao retorno do exílio, elogiando Zorobabel e Josué (49,11-12) e Neemias (49,13); os vv. 14 e 16 concluem o elogio, lembrando a glória de Adão (de cujo pecado não se faz menção alguma). O elogio, na realidade, prolonga-se no elogio do sumo sacerdote Simão II, em 50,1-21; aos sacerdotes refere-se a bênção dos vv. 22-24 (cf. adiante); o elogio dos Pais encerra-se com uma surpreendente e dura maldição, em relação aos povos vizinhos (50,25-26).

Já observamos o interesse que Ben Sira demonstra ter pelo culto e pelas figuras sacerdotais; o elogio dos Pais culmina, com efeito, no elogio do sacerdote Simão (Sr 50,1-21). Acrescentamos agora o fato de que os capítulos 44–50 seguem imediatamente o louvor do Criador (Sr 41,15–43,33); como já referimos, Ben Sira abre, assim, caminho para afirmações que encontraremos no livro da Sabedoria: o Deus criador é também, pois, o Deus salvador que se revela na história de Israel. Mediante essa galeria de retratos dos Pais fundadores, Ben Sira demonstra também ser o primeiro sábio de Israel que revela ter um forte interesse pela história, como, depois, ocorrerá no livro da Sabedoria; o objetivo do louvor dos Pais é glorificar as grandes obras de Deus realizadas na história de Israel.

O louvor dos Pais revela também um claro interesse apologético, uma atitude bem frequente no judaísmo da época helenística; Ben Sira pretende exortar os próprios contemporâneos a continuar fiéis ao Deus de Israel, embora vivendo num contexto cultural muito diferente, como o novo mundo oferecido pelo helenismo. Como Deus esteve presente no passado de Israel, guiando e protegendo aqueles que lhe eram fiéis, assim o mesmo Deus protegerá ainda o povo (cf. Sr 47,22, a propósito de Davi) diante das seduções de uma visão do mundo muito diferente da oferecida pelas Escrituras, mas também diante do poder de novos dominadores, como os soberanos selêucidas.

Para prosseguir no estudo

Uma bibliografia completa e atualizada encontra-se em GILBERT, M. The Review of History in Ben Sira 44–50 and Wisdom 10–19. In: CORLEY, J.; VAN GROL, H. (ed.). *Rewriting Biblical History, FS P.C. Beentjes*, Berlim-Nova York: De Gruyter, 2011, 319-334. O elogio dos Pais começa a ser um texto cada vez mais estudado: destacamos apenas WHYBRAY, R.N. Ben Sira and History. In: CALDUCH-BENAGES, N.; VERMEYLEN, J. (ed.). *Treasures of Wisdom* (BETL 143). Lovaina: 1999, 137-145; DI LELLA, A.A. Ben Sira's Praise of the Ancestors of Old (Sir 44-50). The History of Israel as Parenetic Apologetics. In: CALDUCH-BENAGES, N.; LIESEN, J. (ed.). *History and Identity. How Israel's Later Authors Viewed Its Earlier History*. Berlim: De Gruyter, 2006, 151-170; NICCACCI, A. La lode dei Padri. Ben Sira tra passato e futuro. In: FABRIS, R. (ed.). *Initium Sapientiae, FS F. Festorazzi* (Supp*RivBibIt* 36). Bolonha: EDB, 2000, 199-225.

4.8. A escatologia e o messianismo de Ben Sira[46]

Ben Sira, na visão que nos oferece da vida além da morte, não se distancia da tradição judaica mais antiga e não parece ser nisso muito diferente da perspectiva que caracteriza o Coélet: salvação e punição dos homens realizam-se, com efeito, somente nesta vida; veja-se Sirácida 2,9, onde o tema da "felicidade eterna" não deve ser entendido no sentido de uma felicidade ultraterrena, mas como uma alegria duradoura, que não cessa durante o decurso da vida.

---

46. Cf. MILANI, M., *La correlazione tra morte e vita in Ben Sira. Dimensione antropologica, cosmica e teologica dell'antitesi*, no prelo.

Vejam-se também Sirácida 1,13; 11,26: a própria morte é a retribuição do homem. A morte leva todos para o mesmo *she'ôl*, aos infernos tradicionalmente concebidos como a morada comum dos mortos, onde não há mais vida (os textos a respeito são numerosos: Sirácida 14,16; 18,22.24; 21,10; 41,4; 51,5-8); o texto hebraico de Sirácida 7,17 é lapidar: "A esperança do homem são os vermes!". Como no Coélet, também Ben Sira alerta contra qualquer possível especulação de caráter apocalíptico; veja-se a já lembrada passagem de Sirácida 3,21-24. Depois da morte, todavia, resta a possibilidade da lembrança e da memória do "nome" do justo, coisa que o Coélet tinha negado; vejam-se Sirácida 41,12-13, mas também 39,9-11 a propósito do escriba.

Parece ausente do Sirácida toda forma de messianismo explícito, embora não falte a esperança numa salvação nacional. No bojo do elogio dos Pais, a figura de Henoc levado embora ("arrebatado"; "assunto") por Deus, antes da morte (Sr 44,16; 49,14), e a do profeta Elias, arrebatado também ao céu (Sr 48,1-11; cf. o v. 9), deixam transparecer pelo menos a possibilidade de alguma coisa que continua também depois da morte. A bênção conclusiva, no final do elogio dos Pais, é realmente muito bonita, mas fica toda ela no âmbito terreno (Sr 50,22-24; cf. *Evangelii Gaudium*, n. 4):

> [22]E agora bendiz o Deus do universo,
> que realiza em toda parte grandes coisas,
> que faz crescer os nossos dias desde o seio materno
> e age conosco segundo a sua misericórdia.
> [23]Conceda-nos a alegria do coração,
> e haja paz em nossos dias
> em Israel, agora e sempre.
> [24]A sua misericórdia esteja fielmente conosco,
> e nos resgate em nossos dias[47].

A tradução grega do neto e, sobretudo, os acréscimos do texto grego longo (cf. acima) demonstram que, em seguida e, provavelmente, já para o próprio neto de Ben Sira, a esperança numa vida futura torna-se, pouco a pouco, cada vez mais clara. Lembremo-nos, a respeito disso, do texto grego de Sirácida 48,11, que, a propósito de Elias, refere a frase "porque é certo que também nós viveremos", enquanto o hebraico tem, provavelmente: "Feliz quem te vir antes de morrer / porque tu restituirás a vida e ele reviverá"[48].

---

47. O hebraico tem aqui um texto diferente e refere esse versículo ao sacerdócio; cf. a nota da BJ a 50,24.
48. Cf. PUECH, E., *La croyance des esséniens en la vie future: immortalité, résurrection, vie éternele. Histoire d'une croyance dans le judaïsme ancien* (EB 21), Paris, Gabalda, 1993, I, 74-76,

Vejam-se ainda algumas adições do grego longo; lembramos aqui apenas o acréscimo de Sirácida 19,19b: "Quem faz o que é do agrado dele colhe os frutos da árvore da imortalidade".

4.9. A ética de Ben Sira

Como ocorre no livro dos Provérbios, também o Sirácida se ocupa com todos os possíveis aspectos da vida humana[49]; o seu interesse é claramente de caráter pedagógico: ele pretende educar o homem para a vida, em todos os aspectos, "para que possamos sempre progredir na vida de maneira conforme a Lei", como escreve o neto (Prólogo, 14). E, todavia, como já observamos a propósito da relação entre sabedoria e Lei, a ética de Ben Sira não se torna nunca legalista, mas é profundamente sapiencial; Ben Sira, com efeito, aconselha e exorta, antes de prescrever. O nosso sábio está convencido de que é da consciência do homem, iluminada por Deus, e não de fora — nem mesmo da Lei — que parte um caminho de verdadeira moralidade:

> [13]Segue o conselho do teu coração,
> porque ninguém te é mais fiel.
> [14]Com efeito, a própria alma[50] costuma advertir,
> melhor do que sete sentinelas, lá no alto, a vigiar.
> [15]Por todas essas coisas, invoca o Altíssimo,
> para que guie a tua vida segundo a verdade (Sr 37,13-15).

O homem diante de si mesmo

Ben Sira ocupa-se, antes de tudo, com o homem posto diante de si mesmo: o sábio é um homem paciente, que evita a cólera e as brigas; a paciência é posta por Ben Sira em primeiro lugar entre as virtudes humanas e, em Sirácida 1,22-24, segue logo a virtude da sabedoria, louvada bem no início do livro (Sr 1,1-10), e a do temor ao Senhor (Sr 1,11-21). Ao contrário, a cólera prejudica a saúde (Sr 30,24) e impede que se peça a Deus o perdão (Sr 28,3-7).

---

324. A proposta de Puech permanece, no entanto, discutível, uma vez que o texto hebraico está, na realidade, mutilado.

49. Seguimos aqui a síntese proposta por Minissale, *Siracide*, 55-73; cf. também o elenco dos temas éticos propostos por Ben Sira contido em Murphy, R.E., *L'albero della vita. Un'esplorazione della letteratura sapienziale biblica*, Brescia, Queriniana, 1993 [or. ingl. 1990], 101-102.

50. O texto hebraico (manuscrito D) interpreta "o coração do homem", isto é, o equivalente do que chamamos de "consciência".

Grande importância — e não isento, nisso, de influências provenientes da filosofia estoica — tem para Ben Sira o tema da vergonha; o homem deve saber discernir em si mesmo as coisas de que se envergonhar (dezenove realidades relacionadas em Sr 41,17-27) e de que não se envergonhar (quinze realidades relacionadas em Sr 42,1-8).

O tema da língua, como já no livro dos Provérbios, é particularmente importante; lembremos a oração para a guarda da língua, de Sirácida 22,7, uma língua que em Sirácida 28,14 é descrita com um tríplice poder (a "terceira língua", diz literalmente o texto grego; cf. nota BJ): o de destruir quem é caluniado (Sr 28,14-15), quem ouve as calúnias (Sr 28,16-18) e a própria pessoa do caluniador (Sr 28,19-21). Mas o tema da língua — vista em toda a sua duplicidade — não é mais que um epifenômeno do que é o homem (cf. acima): um homem livre e responsável, que pode se voltar para o mal, mas também para o bem. E, como em toda a tradição sapiencial de Israel, também para Ben Sira o homem sábio sabe se calar no momento oportuno (Sr 1,21; 20,5-7); o sábio sabe se calar, sobretudo diante dos segredos que os amigos lhe revelam (cf. Sr 19,7-12). A mentira e a calúnia são os exemplos mais deletérios de um mau uso da língua (cf. Sr 5,14-6,1; 7,12-13).

Ben Sira tem da vida uma visão, no conjunto, otimista e, com muita frequência, fala de alegria: cf. Sirácida 6, 28; 15,8 e toda a passagem de Sirácida 30,21-25; um coração feliz é para ele o maior dos bens possíveis para o homem (cf. Sr 30,15-16); Sirácida 30,21a recomenda não se deixar vencer pela tristeza; em Sirácida 14,14-16, Ben Sira adverte — num estilo não muito distante do do Coélet! — que não se deve perder essa alegria, ainda que pequena, que a vida pode dar aos homens: "Não te prives de um dia feliz, não te escape nada de um legítimo desejo […]. Presenteia e aceita presentes; diverte-te! Porque nos infernos não se procura a alegria".

Ao final do livro, como já se viu, Ben Sira ora ao Senhor para que ele "nos conceda a alegria do coração e haja paz em nossos dias, em Israel, agora e sempre" (Sr 50,23). Nessa alegria, Ben Sira não se esquece de incluir — e parece também nisso falar de acordo com o Coélet — o prazer de uma boa mesa, desde que seja com moderação, como também ele afirma, com sadio realismo, no caso do vinho (cf. Sr 31,27-28); vejam-se, em particular, os trechos dedicados aos banquetes em Sirácida 31,12-24 e 32,1-13, que Ben Sira imagina, como se disse, segundo o uso grego; à mesa, não apenas se come como também se ouve a música e se conversa; os jovens devem saber se moderar, ao falar, e respeitar os mais velhos (Sr 32,7-10), os quais, por sua vez, são gentilmente convidados a "não perturbar a música", ou seja, a deixar aos jovens o legítimo espaço de divertimento deles (Sr 32,3-6)⁵¹. E, por fim, lembremos um dito que é sinal do humanismo religioso típico de Ben Sira. O nosso sábio dirige-se, provavelmente, a um seu jovem discípulo que deseja participar de um banquete:

> Lá, diverte-te e faz o que te agrada,
> mas não peques com palavras arrogantes.
> Por tudo isso, abençoa quem te criou,
> quem te cumula de seus benefícios (Sr 32,12-13).

O homem e a sua família

Ben Sira ocupa-se, depois, do homem visto dentro de sua família; a relação com os pais, já anciãos, é para ele particularmente importante, uma vez que os destinatários da sua obra são filhos já adultos; veja-se o belo texto de Sirácida 3,1-16, onde se reflete o ensinamento do decálogo, "honra o pai e a mãe" (Ex 20,12; Dt 5,16) — embora para o Sirácida o pai pareça ter uma importância maior do que a mãe —, uma importância que não diminui nem mesmo com a velhice e com a perda de juízo por parte dos genitores.

Dentro da família — uma família abastada, a que Ben Sira tem em mente — há também escravos, cf. Sirácida 33,25-30; todavia, "se tens um escravo, que seja como tu mesmo […], trata-o como teu irmão" (Sr 33,31; cf. também 7,21); mas, sobretudo, há os filhos.

Ben Sira dedica uma atenção especial ao tema da educação dos filhos; veja-se toda a passagem de Sirácida 30,1-13. Segundo uma pedagogia já própria da tradição sapiencial mais antiga (cf. o livro dos Provérbios), a educação é acompanhada do rigor e da disciplina; o texto de Sirácida 30,7-12 exalta a severidade e o uso dos castigos corporais na educação dos filhos; todavia a advertência de Sirácida 7,23, ainda que num contexto análogo, conserva o seu valor: "Tens filhos? Educa-os!". Ben Sira não faz tanto um apelo ao afeto dos pais pelos filhos quanto à honra do pai (Sr 30,2.3.6; cf., para a desonra causada pelas filhas, os textos de Sr 22,3; 42,11).

Às filhas, o Sirácida dedica, em particular, o texto de Sirácida 42,9-14: parece que a principal preocupação de um pai era que a filha chegasse virgem ao matrimônio; um texto como esse, que surpreende com desagrado o leitor contemporâneo, leva-nos a uma necessária reflexão sobre o tema da mulher.

---

51. Cf. GILBERT, M., N'empêche pas la musique!, in: MIES, F. (ed.), *Toute la sagesse du monde. Hommage à Maurice Gilbert*, Namur, Lessius, 1999, 699-704.

Ben Sira e a mulher

A mentalidade com a qual Ben Sira aborda a questão da mulher é, certamente, a dos israelitas de sua época, portanto, nesse contexto, deve então ser examinada e, eventualmente, julgada; às mulheres é dedicado o longo texto de Sirácida 25,12-26,18 (ainda mais longo no texto Grego II; cf. os vv. 19-27 em BCei); Ben Sira tenta fazer seus discípulos compreenderem em que consiste a boa esposa e em que consiste a má; em Sirácida 26,6a, parece que a bigamia ainda era admitida. Com a mentalidade do homem do seu tempo, preocupa-se mais com os deveres das esposas em relação aos maridos do que com o contrário.

É difícil absolver totalmente Ben Sira da acusação de certa dose de misoginia (acusação que, de resto, lhe é movida pelos próprios rabinos, os quais, eles mesmos, não raramente não estavam dela isentos!). Veja-se, como exemplo, o texto — na verdade, de gosto quase vulgar — de Sirácida 26,12: a mulher "senta-se diante de qualquer pau e a qualquer flecha abre a sua aljava". Leia-se também o texto de Sirácida 42,12-14, no qual, de modo lapidar, Ben Sira afirma que "é melhor a maldade de um homem do que a bondade de uma mulher" (hebr.). Sirácida 25,24 já nos recordara que "da mulher [ou seja, de Eva] teve início o pecado e por sua causa todos morremos". E também impressiona negativamente o leitor moderno a absoluta falta de protagonistas femininas na galeria dos antepassados elogiados em Sirácida 44-50; também nisso, Ben Sira se revela um homem do seu tempo[52].

Um texto de Fílon ajuda-nos a compreender melhor posições como as de Ben Sira, situando-as dentro de uma mentalidade muito difundida no judaísmo da época (e não somente):

> A praça pública, o conselho, os tribunais, as fraternidades, as reuniões muito frequentes e a vida passada a céu aberto com discursos e muita conversa sobre a paz e sobre a guerra, tudo isso é próprio dos homens, ao passo que às mulheres convém cuidar da casa, nela ficarem separadas [...], assim a mulher não ficará ocupada de modo algum com negócios estranhos à vida doméstica, mas procurará a solidão na sua casa, não andará pelos caminhos como uma nômade, sob os olhares das pessoas, exceto para ir ao Templo (*De specialibus legibus* III, 169-170).

---

52. Sobre esse último aspecto cf. CALDUCH-BENAGES, N., The Absence of Named Women from Ben Sira's Praise of Ancestors, in: CORLEY; VAN GROL (ed.), *Rewriting Biblical History*, 301-318 (cf. p. 276). Mais em geral, cf. GILBERT, M., Ben Sira et la femme, *RTL*, 7 (1976) 426-442.

Na vida pública, a mulher não tem nenhum espaço, e mesmo no âmbito da família continua a ter um papel, sem dúvida, subordinado.

O homem na sociedade

Ben Sira ocupa-se depois do homem considerado dentro da sociedade na qual ele está vivendo. O Sirácida, pertencente às classes mais elevadas da sociedade, não faz críticas explícitas ao sistema social do seu tempo, embora denuncie suas injustiças. O nosso sábio, por exemplo, considera, sem dúvida, justo gozar da riqueza honesta (Sr 14,3-7.9.11-16), embora não a considere nunca um valor absoluto (cf. Sr 5,1-3.8; 31,3-4; 8,1-3; 13,3-7; 31,1-7). O realista retrato do rico, oferecido em Sirácida 13, 3-7, e a relação muitas vezes dura e injusta que o rico tem com o pobre, descrito em Sirácida 13,20-23, poderiam ser repropostos com eficácia ainda hoje e mostram que, na realidade, o Sirácida não fica insensível diante dos problemas da sociedade da sua época, embora os julgue do ponto de vista de um abastado.

Diante do problema da pobreza, Ben Sira convida repetidamente à esmola; cf. Sirácida 3,30; 4,3-31; 7,10; 29,1-20, um texto, esse último, no qual Ben Sira recomenda também o valor do empréstimo. O Sirácida convida também a assumir atitudes de benevolência que têm sua raiz na grandeza mesma de Deus (Sr 18,1-14); o rico deve se preocupar com o pobre (Sr 21,5); quem dá esmolas não perderá a sua recompensa (Sr 16,14; 17,22-23; 7,32; 40,17). No texto de Sirácida 34,24-27, roubar o operário e negar ao pobre a alimentação são atos equiparados com grande força retórica a um verdadeiro homicídio. Grande atenção é assim reservada aos problemas relativos à pobreza, evidentemente muito difundida na sua época, perante a qual se é chamado a dar prova de justiça (cf. Sr 4,1-10); a generosidade que está na base da esmola é, para Ben Sira, um dos valores cardeais da vida do sábio.

Todavia, parece permanecer em Ben Sira uma evidente tensão entre pragmatismo e humanismo: "Faz doações ao homem piedoso e não dês ajuda ao pecador; faz o bem ao pobre e não does ao ímpio" (Sr 12,3-4); veja-se, em particular, todo o texto de Sirácida 12,1-7 e 33,25.27-28, a propósito do escravo, onde, ao lado de uma visão humanitária, transparece também certa severidade e até alguma dureza. Também o empréstimo a quem tem necessidade é boa coisa, mas tem seus riscos se não é restituído (cf. Sr 29,14-20). Observemos que tudo isso é não somente o fruto da condição social fácil na qual Ben Sira vive como também um reflexo psicológico da não totalmente resolvida situação entre misericórdia e cólera de Deus (v. supra).

Ben Sira dedica grande atenção também ao valor da amizade (Sr 6,5-13; 12,8-18; 22,19-26; 37,1-5); existem falsos amigos que se afastam no momento da necessidade; com os estranhos é preciso se comportar com muita prudência (Sr 11,29-34). Todavia, a amizade é um valor para Ben Sira realmente muito importante e até vital: "Um amigo fiel é refúgio seguro; quem o encontra, encontra um tesouro" (Sr 6,14); o amigo torna-se alguém como um verdadeiro irmão, e com ele a reconciliação é sempre possível (Sr 22,21-22); também nessa alta consideração da amizade não está totalmente ausente de Ben Sira a influência do helenismo[53].

Grande consideração, enfim, reserva Ben Sira às diversas profissões dentro da sociedade, com alguma distância aristocrática em relação aos trabalhos manuais, os quais, contudo, são por ele considerados necessários para construir a cidade (Sr 38,24-34), mas devem dar espaço, em ordem de importância, à vocação do escriba (Sr 38,34b-39,11). A sociedade descrita nas páginas de Ben Sira reflete muito bem a do primeiro período helenístico na Judeia, também no que se refere às normas de comportamento; vejam-se, por exemplo, os já citados textos relativos aos banquetes.

Como conclusão, a ética proposta por Ben Sira, embora retrate em grande parte a época em que ele vive — e, de resto, não poderia ser de outro modo —, não tem nada a ver, portanto, com uma ética moralista ou legalista. Ben Sira pretende oferecer a seus discípulos um caminho educativo atraente e, de fato, praticável que os possa conduzir a uma vida autêntica e vivida na plenitude, uma ética que não é nunca desvinculada da fé: "O temor do Senhor alegra o coração; dá alegria, prazer e longa vida" (Sr 1,10).

> A mensagem do Sirácida mais bonita para nós é, sobretudo, essa capacidade de se ver solidário com toda a sociedade, com o próprio povo, com a sua tradição e com a construção do seu destino histórico. Mesmo que ele não pense ainda na outra vida, como, de resto, em geral, no Antigo Testamento, o seu ensinamento revela um grande empenho em obedecer ao projeto de Deus agora e aqui, para uma vida humana mais plena e mais feliz. [...] O modo como o próprio Novo Testamento o assume pelos aspectos práticos do seu ensinamento é um índice de como ele pode ser integrado numa concepção mais dinâmica da história e mais aberta à espera do Senhor ressuscitado[54].

---

53. Cf. CORLEY, J., *Ben Sira's Teaching on Friendship*, Providence, Brown Univ., 2002.
54. MINISSALE, *Siracide*, 90-91.

*Interroguei a terra e ela me respondeu: "Não sou eu",
o mesmo fizeram todas as coisas que nela se encontram [...].*

Interroguei o mar e todos os seus abismos e os répteis com almas vivas e me responderam:

"Não somos nós o teu Deus; procura acima de nós".

Interroguei o sopro dos ares e todo o universo aéreo, com os seus habitantes, e me responderam:

"Erra Anaximenes; eu não sou Deus".

Interroguei o céu, o Sol, a Lua e as estrelas: "Tampouco somos nós o Deus que tu procuras", responderam.

E eu disse a todas as coisas que circundam as portas do meu corpo: "Falai do meu Deus; se não sois vós, dizei-me algo sobre ele!". E responderam em alta voz: "Foi Ele quem nos fez!".

As minhas perguntas eram a contemplação delas, as minhas respostas, a beleza delas.

(AGOSTINHO, Conf. X, 6).

Para prosseguir no estudo

INTRODUÇÃO AO LIVRO INTEIRO

Somente nos últimos vinte anos é que se começou a estudar o livro de Ben Sira de modo cada vez mais aprofundado; todavia, falta ainda um comentário científico para o livro todo em língua italiana. A melhor introdução disponível é a organizada por GILBERT, M. Siracide. In: *Dictionnarire de la Bible. Supplément.* Paris: 1996, XIII, 1389-1437. Do mesmo autor, veja-se também Où en sont les études sur le Siracide? *Bib*, 92, 2 (2011) 161-181, um ótimo ponto da situação atual dos estudos sobre Sirácida, com atualizada bibliografia. Uma coletânea completa dos trabalhos de M. Gilbert está agora em GILBERT, M. *Ben Sira.* Recueil d'études — Collected essays, BETL 264. Lovaina: Peeters, 2014.

Num nível de alta divulgação situa-se a introdução organizada por FESTORAZZI, F. Siracide. In: *Il messaggio della salvezza.* Leumann: ElleDiCi, 1985, 157-181. Do mesmo autor assinalamos também *Siracide* (LoB 1.17). Brescia: Queriniana, 1988; uma boa e simples introdução geral ao livro inteiro. Mais recente, embora bem sintética, é a boa introdução de PRATO, G.L. Siracide. In: PENNA, R.; PEREGO, G.; RAVASI, G. *Temi teologici della*

Bibbia. Cinisello Balsamo, San Paolo, 2010, 1320-1327. Destacamos também PETRAGLIO, R. *Il libro che contamina le mani. Ben Sira rilegge la storia d'Israele*. Palermo: Augustinus, 1993 e RYBOLDT, J. *Siracide*. Brescia: Queriniana, 1997.

De cunho de maior divulgação é, entretanto, NICCACCI, A. *Siracide o Ecclesiastico. Scuola di vita per il popolo di Dio* (La Bibbia nelle nostre mani 27). Cinisello Balsamo: San Paolo, 2000.

COMENTÁRIOS ESCOLHIDOS

Talvez o melhor comentário hoje disponível seja o de SKEHAN, P.W.; DI LELLA, A.A. *The Wisdom of Ben Sira* (AB 39). Nova York: Doubleday, 1987. Em italiano está disponível MINISSALE, A. *Siracide* (Nuovissima versione della Bibbia 23). Roma: Ed. Paoline, 1980; um essencial comentário ao texto, com cunho de alta divulgação.

Lembramos também BARSOTTI, D. *Meditazioni sul libro del Siracide*. Brescia, Queriniana, 1984, um comentário de caráter essencialmente espiritual.

OUTROS ESTUDOS

PRATO, G.L. *Il problema della teodicea in Ben Sira* (AnBib 65). Roma: PIB, 1975, talvez seja o estudo mais rico e completo sobre esse aspecto fundamental da teologia de Ben Sira; BOCCACCINI, G. Ben Sira, tra Qohelet e l'apocalittica. Un momento di svolta nella storia del pensiero giudaico. In: ID. *Il medio giudaismo*. Gênova: Marietti, 1993, 51-86, sintética, porém estimulante introdução ao pensamento de Ben Sira visto no seu contexto histórico; MINISSALE, A. *La versione greca del Siracide. Confronto con il testo ebraico alla luce dell'attività midrascica e del metodo targumico* (AnBib 133). Roma: PIB, 1995, importante ponto de partida para o estudo do texto de Ben Sira, de alto nível científico; PRATO, G.L. Sapienza e Tôrah in Ben Sira: meccanismi comparativi culturali e conseguenze ideologico-religiose. In: FABRIS, R. (ed.). Il confronto tra le diverse culture nella Bibbia da Esdra a Paolo, XXXIV Settimana biblica nazionale. *RStB*, 10, 1-2 (1998) 129-151, importante trabalho sobre um dos temas centrais do livro de Ben Sira; CALDUCH-BENAGES, N. *Un gioiello di sapienza. Leggendo Siracide 2*. Milão: San Paolo, 2001, introdução ao texto de Sirácida 2 e — por meio do estudo deste capítulo — a boa parte da teologia de Ben Sira em geral; MAZZINGHI, L. Siracide e Sapienza: due esempi biblici dell'incontro del giudaismo con il mondo ellenistico. In: *Due grandi sapienze: Bibbia ed ellenismo. Atti del seminario invernale, San Martino al Cimino, 25-28 gennaio 2001.* Settimello: Biblia, 2002, 157-184, introdução de cunho de mais divulgação sobre o tema da relação com o mundo grego; PASSARO, A.; BELLIA, G. (ed.). *The Wisdom of Ben Sira. Studies on Tradition, Redaction, Theology* (DCLS 1). Berlim-Nova York: De Gruyter, 2008, ótima coletânea de estudos de diversos autores, fruto de um congresso organizado pela Facoltà teologica di Palermo; DE ZAN, R. *Il culto che Dio gradisce. Studio del "Trattato sulle offerte" di Sir^{Gr} 34,21-35,20* (AnBib 190). Roma: PIB, 2011, importante trabalho científico sobre o tema do culto em Ben Sira.

O livro da sabedoria
ou a sabedoria de Salomão

A sabedoria é radiosa e indefectível,
facilmente contemplada por quem a ama,
encontrada por qualquer um que a procure.
(Sb 6,12)

Composto diretamente em grego, o livro da Sabedoria apresenta outras características de novidade que o tornam uma obra realmente singular: encontramo-nos diante de um texto escrito por um judeu alexandrino versado no conhecimento da Bíblia e fiel à tradição de Israel, mas, ao mesmo tempo, voltado para o mundo grego no qual ele vive. Ponte ideal entre a Bíblia hebraica e a cristã, o livro da Sabedoria é, assim, ponto de contato também entre o mundo bíblico e o vasto mundo do helenismo com o qual o desconhecido autor do livro está em constante diálogo.

O livro apresenta-se como um texto rico em novidades, inclusive no que diz respeito ao conteúdo: a ampla perspectiva escatológica, aberta pelos primeiros seis capítulos da obra, dedicados à sorte futura dos justos e dos maus, une-se com uma visão do passado de Israel ao qual se refere a parte final (Sb 10–19); no cerne do livro está o elogio da sabedoria (Sb 7–9), mediadora entre Deus e o homem, garantia da salvação oferecida por Deus ao homem, salvação que passa pelo cosmos e pela história, as duas realidades nas quais a própria sabedoria está presente e se faz encontrar pelos homens.

1. Texto e versões[1]

O livro é conhecido nos manuscritos gregos que o contêm como ΣΟΦΙΑ ΣΑΛΟΜΩΝΟΣ, "Sabedoria de Salomão"; nos códices da antiga versão latina (a *Vetus Latina*) aparece, porém, a inscrição *Liber sapientiae Salomonis*. O texto, todavia, entrou, primeiro, na versão latina da *Vulgata* e, depois — nas traduções modernas —, mais simplesmente como "livro da Sabedoria". Devido ao fato de, especialmente na parte central do livro (Sb 7–9), o autor se identificar com o rei Salomão, não é improvável que tenha sido ele mesmo a chamar o próprio texto de "Sabedoria de Salomão", segundo um uso não certamente raro e frequente na tradição judaica, que tendia, como já se viu, a colocar sob a pena de Salomão boa parte do *corpus* sapiencial: Provérbios, Coélet, Cântico dos Cânticos. Já desde a época patrística era claro, todavia, que a atribuição salomônica era de caráter pseudoepigráfico; reconhecem isso, entre outros, Orígenes, Agostinho e Jerônimo.

O texto grego do livro da Sabedoria foi-nos transmitido em bom estado nos três mais importantes manuscritos gregos chamados unciais — o Vaticano (códice B), o Sinaítico (S) e o Alexandrino (A); alguns fragmentos do livro da Sabedoria existem também em papiro. A ótima edição crítica organizada por Ziegler[2] resolveu a maior parte dos problemas do texto, que se apresenta, assim, como um dos mais acessíveis do Antigo Testamento. Hoje, deve-se considerar superada a opinião dos que supunham o livro da Sabedoria originalmente escrito em hebraico (ou, segundo uma hipótese mais recente, em aramaico) e depois traduzido para o grego. Essa última língua é hoje considerada, de forma unânime, a original, ou seja, a língua na qual o texto foi escrito.

Entre as versões antigas, destaca-se em especial a *Vetus latina*, que surgiu no Norte da África, provavelmente por volta do fim do século II, e que passou

---

1. Para os problemas do texto e da língua original do livro, cf. VÍLCHEZ LÍNDEZ, J., *Sapienza*, Roma, Borla, 1990, 12-15 e, sobretudo, GILBERT, M., Sagesse de Salomon, in: *Dictionnaire de la Bible. Supplément X*, Paris, 1986, XI, col. 57-114, 58-65.

2. ZIEGLER, J., *Sapientia Salomonis* (Vetus Testamentum Graecum, XII, 1), Göttingen, Vandenhoeck & Ruprecht, 1962. Atenção: sigo o texto de Ziegler para a numeração dos versículos do livro da Sabedoria, que em alguns casos (cf. 17,16-21) não corresponde exatamente à usada pela Bíblia CEI 2008.

a fazer parte, enfim, da mais célebre *Vulgata* de Jerônimo, por volta do século V; Jerônimo, com efeito, não traduziu o livro da Sabedoria, por não o considerar canônico, como fez também com Ben Sira. A tradução latina é anterior, em pelo menos dois séculos, ao mais antigo manuscrito grego à nossa disposição (o códice B), e é, portanto, muito útil para a reconstrução de passagens particularmente difíceis.

2. Problemas literários

2.1. Estrutura literária

A maior parte dos autores subdivide o livro da Sabedoria em três grandes partes, Sabedoria 1–6; 7–9; 10–19. Seguindo essa subdivisão, temos o seguinte quadro geral:

— Sabedoria 1–6: o "livro da escatologia". Os primeiros seis capítulos do livro estão dedicados ao anúncio do projeto de Deus para a vida futura dos justos, negado pelo projeto antitético dos ímpios, que, todavia, fracassa;

— Sabedoria 7–9: "o livro da sabedoria" propriamente dito. Depois do elogio da sabedoria, garantia da imortalidade, o coração do livro é a oração para obter o dom da sabedoria (c. 9);

— Sabedoria 10–19: o "livro da história" está centrado numa reflexão relativa à presença da sabedoria no passado de Israel, que se abre no capítulo 10 e prossegue com sete antíteses, em 11–19; a história torna-se fundamento da escatologia.

A estrutura literária do livro está marcada por múltiplas inclusões, palavras-chave, estruturas de caráter concêntrico, e revela um projeto bem cuidadoso, com precisas finalidades teológicas[3]. A subdivisão geral do livro não segue uma ordem lógica; nesse caso, a parte relativa ao futuro deveria ter sido deslocada para o último lugar. O livro abre-se, porém, com o anúncio triunfal da salvação que espera o justo (especialmente Sabedoria 3–4); o leitor é convidado desde o início a se abrir a um futuro repleto de esperança. Tal futuro está ligado à aceitação do dom da sabedoria (Sb 7–9), mas é, por sua vez, garantido pela certeza das intervenções divinas no passado de Israel (Sb 10–19). No nível da macroestrutura, pois, passado, presente e futuro já se tocam numa síntese

---

3. Para aprofundar, cf. GILBERT, Sagesse, 65-67 e, especialmente, BIZZETI, P., *Il libro della Sapienza*, Brescia, Paideia, 1984.

genial; a esperança no futuro é o motor da vida do justo, mas, ao mesmo tempo, é a história passada que garante tal esperança; a aliança entre passado e futuro é a sabedoria, dada por Deus ao homem no presente da história.

Oferecemos, a seguir, uma visão mais detalhada da estrutura literária do livro da Sabedoria, indispensável, pelo menos neste caso, para melhor compreender a mensagem do texto.

I – Primeira parte (Sb 1,1–6,21 + 6,22-25): o "livro da escatologia"

A – Exortação inicial (Sb 1,1-15): a perícope é identificada por uma inclusão com a repetição de "justiça" (δικαιοσύνη) no início e no fim da passagem (vv. 1.15). O livro abre-se com um apelo à escuta dirigido aos "governantes", para que acolham a justiça e a sabedoria.

B – Projeto de vida dos ímpios (Sb 1,16–2,24): cf. a inclusão "pertencer à morte", expressão que aparece em 1,16 e em 2,24, ressaltada pela repetição do termo μερίς, "parte/partido", em 1,16 e 2,24, únicas ocorrências do termo em todo o livro da Sabedoria (junto com Sabedoria 2,9, no centro do trecho). Sabedoria 2,1-20 apresenta o raciocínio dos ímpios, ou seja, dos que rejeitam acolher a justiça e a sabedoria; com grande dramaticidade, o raciocínio dos ímpios é expresso mediante a própria boca deles, circundado pelo juízo negativo do autor em 1,16 e 2, 21-24, que lembra, ao mesmo tempo, o projeto de Deus sobre a criação (cf. Sb. 1,13-15).

C – O trecho de Sabedoria 3,1-4,20 encontra-se no centro da primeira parte do livro e contém *quatro dípticos antitéticos que põem em relevo a diferente sorte do justo e do ímpio*:

C1) à felicidade eterna do justo junto a Deus (Sb 3,1-9) é contraposta a infelicidade do ímpio (Sb 3,10-12); a palavra-chave "esperança" (ἐλπίς), nos vv. 4 e 11, liga as duas partes da passagem;

C2) à felicidade da mulher estéril, mas virtuosa, e do eunuco, também ele virtuoso, o texto contrapõe a infelicidade dos filhos dos adultérios (Sb 3,13-19);

C3) a mulher estéril sem filhos vale mais do que muitos filhos sem virtude (Sb 4,1-6);

C4) a morte prematura do justo é para ele, na realidade, passagem para a vida eterna (Sb 4,7-16; observar a inclusão sobre o termo γέρας, "velhice", nos vv. 8 e 16), ao passo que a infelicidade dos ímpios é garantida, embora eles vivessem por muito tempo (Sb 4,14-20).

B' – <u>Balanço final dos ímpios</u> (Sb 5,1-23); o pensamento do autor está exposto na moldura, representada pelos vv. 1-3 e 14-23; o v. 14 e o v. 23 caracterizam-se pela repetição do raro vocábulo λαῖλαψ, "furacão", presente aqui apenas no livro da Sabedoria; essa moldura enquadra um segundo discurso dos ímpios (Sb 5,4-13), análogo ao do capítulo 2, mas relativo, desta vez, à infeliz sorte final deles no momento do juízo.

A' – <u>Exortação conclusiva dirigida aos "governantes" para que sigam a sabedoria</u> (Sb 6,1-21). Um bom exemplo de palavra-gancho é "toda a terra" (πᾶσα ἡ γῆ), que liga Sabedoria 5,23 a 6,1. Duas inclusões no início do livro, "indagar" (ἐξέτασις, Sb 1,9 e ἐξετάσει, Sb 6,3) e "procurar" (verbo ζητέω em Sb 1,1 e 6,12.16), ligam essa última exortação à inicial (Sb 1,1-15).

O texto de Sabedoria 6,22-25 constitui a conclusão da primeira parte e, ao mesmo tempo, o anúncio da segunda. O autor prepara-se para falar da sabedoria, da sua natureza, da sua origem, da sua história; os termos "sabedoria" (Sb 6,21 e 22) e o verbo παιδεύω, "educar" (Sb 6,11 e 25), ligam a introdução à seção anterior.

Pode-se observar que a primeira parte do livro está estruturada segundo um esquema de caráter concêntrico. No cerne da primeira parte colocam-se, com efeito, as quatro antíteses dos capítulos 3 e 4, a mensagem que o nosso autor quer nos comunicar em relação à diferente sorte dos justos, que, ao contrário dos ímpios, obterão a vida eterna. Com grande habilidade, o projeto dos ímpios é expresso na moldura interna do texto (cc. 2 e 5) por meio das palavras dos protagonistas, os ímpios que exprimem sua visão oposta à visão do projeto de Deus (c. 2) e, no momento do juízo, reconhecem seu fracasso total (c. 5). Duas exortações a seguir, sabedoria e justiça, ambas dirigidas aos "governantes", abrem e fecham a primeira parte do livro, constituindo sua moldura externa; quem procura a justiça e a sabedoria obterá a imortalidade anunciada nos capítulos 3 e 4.

II – <u>Segunda parte</u> *(Sb 7–9): o "livro da sabedoria"*
<u>Primeira seção (Sb 7,1–8,21): o elogio da sabedoria</u>

Também neste caso é possível descobrir uma refinada estrutura concêntrica que põe no coração do texto a descrição da sabedoria e, na moldura, as motivações pelas quais ela deve ser preferida, acima de qualquer outro bem: o estreito vínculo existente entre Deus e a sabedoria, a superioridade da sabedoria sobre os bens materiais e culturais (B-B'), a fraqueza do homem que o torna incapaz de viver sem a sabedoria (A-A').

A – Sabedoria 7,1-6(7): fraqueza de Salomão; o nascimento de Salomão é o de todos os homens; por isso, a sabedoria é necessária a todos; a seção é identificada pela inclusão "como todos", v. 1 e "do mesmo modo", v. 6: ἴσος ἅπασιν (...) πάντων ἴση. O v. 7 já introduz o tema da oração que encerrará a seção. O v. 7 faz, assim, de ponte com a seção que segue.

B – Sabedoria 7,7-12; os bens que derivam da sabedoria; os bens que derivam da sabedoria são descritos em sete versos (vv. 8-10b); a sabedoria é "mãe" (γενέτις, v. 12) de todo bem. A seção é marcada pela inclusão entre Sabedoria 7,7 e 7, 11.12, "veio a mim" (ἦλθέν μοι), "a sabedoria" (σοφία).

C – Sabedoria 7,13-22a: Deus comunica a Salomão a sua sabedoria, "artífice" (τεχνῖτις) de todas as coisas; uma inclusão encontra-se entre ἀποκρύπτομαι no v. 13b e κρυπτά, no v. 21. Uma pequena subunidade é representada pelos vv. 15-17a, sete versos que enumeram o que a sabedoria concedeu a Salomão; cf., além disso, os vv. 17b-20, que numa série de catorze elementos relacionam o saber conquistado pelo rei por meio da sabedoria.

D – Sabedoria 7,22b-8,1: natureza e origem da sabedoria; Sabedoria 7,22b-23, os 21 atributos da sabedoria. O texto de Sabedoria 7,24-8,1 constitui uma segunda unidade, marcada pela inclusão sobre o tema do "governar" e do "tudo": πάσης — διήκει — πάντων (Sb 7,24) e διοικεῖ — πάντα (Sb 8,1b). Cinco metáforas relativas à sabedoria (7,25-26).

C' – Sabedoria 8,2-9: a sabedoria esposa, amiga e conselheira. A seção de Sabedoria 8,2-9 está entre a inclusão presente nos vv. 3 e 9, sobre "conduzir" (ἀγάγεσθαι) e "companheira de vida" (συμβίωσις).

B' – Sabedoria 8,10-16 é um discurso interior de Salomão sobre a aquisição da sabedoria. No centro está o v. 13, que une sabedoria e imortalidade. Graças à sabedoria, Salomão terá êxito na sua missão de governar.

A' – Sabedoria 8,17-21: a seção se encerra lembrando ainda a fraqueza de Salomão, que torna ainda mais necessário o dom da sabedoria; o trecho joga sobre a inclusão "coração", presente nos vv. 17 e 21 (ἐν καρδίᾳ μου — τῆς καρδίας μου). Salomão deve orar para obter a sabedoria.

Segunda seção (Sb 9)

Trata-se da bem conhecida oração de Salomão para obter a sabedoria. O capítulo 9 constitui o centro literário de todo o livro da Sabedoria. Palavra-gancho com a seção anterior é "Senhor" (κύριος) em Sb 8,21 e 9,1.

III – Terceira parte (Sb 10,1–19,22): o "livro da história"

A terceira parte do livro caracteriza-se pela presença de sete dípticos antitéticos que apresentam ao leitor uma reflexão sobre os fatos do êxodo em que à punição sofrida pelos egípcios (os ímpios) contrapõem-se os benefícios obtidos pelos israelitas (os justos). A série dos dípticos é interrompida pela presença de duas importantes digressões, a primeira sobre a filantropia divina (Sb 11,15–12,27), a segunda sobre a idolatria (Sb 13–15).

O capítulo 10 introduz a terceira parte, apresentando a sabedoria salvadora (cf. Sb 9,18c) em ação na história mediante a lembrança de oito homens ilustres: Adão (vv. 1-2), Abel (v. 3), Noé (v. 4), Abraão (v. 5), Lot (vv. 6-9), Jacó (vv. 10-12), José (vv. 13-14), Moisés (vv. 15-21).

Os vv. 20-21 constituem um texto-chave que introduz toda a terceira parte do livro: trata-se da única ocorrência, junto com Sabedoria 19,9, do verbo αἰνέω, "louvar". Desse modo, toda a terceira parte do livro da Sabedoria mostra-se caracterizada por uma importante inclusão sobre o tema do louvor[4].

Introdução aos sete dípticos (Sb 11,1-5): a sabedoria fez ter êxito os empreendimentos do povo; o princípio animador dos sucessivos dípticos é expresso pelo v. 5; a criação é um instrumento na mão de Deus para abençoar os justos e punir os maus.

Primeira antítese (Sb 11,6-14): às águas do Nilo transformadas em sangue corresponde o dom da água rochosa dado a Israel; a palavra "sede", presente nos vv. 4 (δίψη), 8 (διψους) e 14 (διψήσαντες), constitui, ao mesmo tempo, a palavra-gancho com Sabedoria 11,1-5 e delimita, mediante a técnica da inclusão, toda a antítese.

Primeira digressão (Sb 11,15–22,27): a filantropia de Deus. Ao refletir sobre a punição sofrida pelos ímpios, o livro da Sabedoria abre outra reflexão sobre o tema da moderação divina: Deus não destruiu os maus, porque é o "Senhor que ama a vida". A digressão divide-se, por sua vez, em três partes:

---

4. GILBERT, M., L'adresse à Dieu dans l'anamnèse hymnique de l'Exode (Sg 10-19), in: COLLADO, V.; ZURRO, E. (ed.), *El mistero de la palabra. Homenaje de sus alumnos al professor D. Luis Alonso Schökel*, Valência-Madri, Cristiandad, 1983, 207-225 (trad. it. I modi di rivolgersi a Dio nell'anamnesi dell'Esodo (Sap 10-19), in: GILBERT, M., *La Sapienza di Salomone*, Roma, ADP, 1994, I, 191-218.

- Sabedoria 11,15-12,2: moderação divina em relação ao Egito (Sb 11,15-20) e razões de tal moderação (Sb 11,21–12,2). A inclusão sobre o verbo "pecar" (ἁμαρτάνω, Sb 11,16; 12,2) enfatiza os limites da perícope;
- Sabedoria 12,3-21: moderação divina em relação a Canaã (Sb 12,3-12) e razões de tal moderação; consequências para Israel (Sb 12,12-21);
- Sabedoria 12,22-27: conclusão e anúncio do desenvolvimento seguinte sobre a idolatria.

Segunda digressão (Sb 13–15): a crítica à idolatria. O autor faz uma crítica da idolatria que caracteriza as religiões pagãs; depois de ter julgado, na realidade, de modo mais benévolo, a procura religiosa feitas pelos filósofos gregos (Sb 13,1-9), dedica-se, na maior parte do texto, à crítica da idolatria (Sb 13,10–15,13); a acusação violenta ao culto egípcio dos animais fecha a seção (Sb 15,14-19). A seção pode ser ainda subdividida em três partes:

- Sabedoria 13,1-9: crítica do culto da natureza; o conhecimento natural de Deus e a procura religiosa dos filósofos. Inclusão: "conseguiram reconhecer" (ἴσχυσαν εἰδέναι), vv. 1 e 9;
- Sabedoria 13,10-15,3: crítica aos ídolos, seção estruturada, por sua vez, de forma concêntrica, de modo a fazer sobressair a perversão da idolatria (C), contraposta, na moldura interna (B-B'), à presença salvífica de Deus; o autor tenta também uma reflexão sobre as causas que deram origem à idolatria (A-A'):

    A – Sabedoria 13,10-19: nascimento do ídolo (inclusão: ἔργα χειρῶν, v. 10b; χειρὸς ἔργον, v. 10e; ἐργασίας, χειρῶν, χερσίν, v. 19);

    B – Sabedoria 14,1-10: invocação dirigida a Deus que somente salva; alusão à arca de Noé;

    C – Sabedoria 14,11-31: trecho central; origem e consequência da idolatria; perversão moral expressa mediante uma lista de 22 vícios (Sb 14,23-26). Condenação radical da idolatria

    B' – Sabedoria 15,1-6: nova invocação a Deus; alusão ao bezerro de ouro;

    A' – Sabedoria 15,7-13: estultice da idolatria;

- Sabedoria 15,14-19: a perversão maior; a zoolatria egípcia. A menção das feras permite voltar ao tema principal (v. a segunda antítese).

Segunda antítese (Sb 16,1-4): às rãs que atormentaram os egípcios contrapõe-se o dom das codornizes feito a Israel; clara inclusão sobre o verbo "atormentar" (βασανίζω, vv. 1 e 4).

Terceira antítese (Sb 16,5-14): a punição dos gafanhotos e das mutucas contraposta ao dom da serpente de bronze que salva os israelitas da morte; este terceiro díptico está muito bem construído:

a – v. 5: tormento dos egípcios;

b – vv. 6-8: tormento "medicinal" dos israelitas; aparece o verbo "salvar" v. 7; cf. σωτηρίας em 6b, ἐσῴζετω em 7a, σωτῆρα em 7b;

a' – v. 9: ainda o tormento dos egípcios;

b' – vv. 10-13: cura dos israelitas; retorna o verbo "salvar" (διασῴζω no v. 11);

c – vv. 14-15: conclusão; Deus senhor da vida e da morte.

Quarta antítese (Sb 16,15-29): o granizo que cai sobre o Egito (Sb 16,15-19) contrapõe-se ao maná dado a Israel (Sb 16,20-29). Essa antítese constitui o díptico central, estreitamente ligado à parte final do livro: Sabedoria 16,24 e 19,6 são as únicas ocorrências em Sabedoria do verbo ὑπηρετέω, "servir"; cf. também as relações existentes entre Sabedoria 19,5 e 16,17 e 16,22.

ρ

Quinta antítese (Sb 17,1–18,4): as trevas que caíram sobre o Egito estão em antítese com a luz que resplandece para o mundo inteiro, a luz da lei dada a Israel. A inclusão "prisioneiros nas trevas" (σκότος... κατακλεισθέντες/ σκότει... κατακλείστους; Sb 17,1; 18,4) delimita todo o díptico:

– 17,1-6: a noite infernal dos egípcios;

– 17,7-11: a impotência das artes mágicas e a má consciência dos maus;

– 17,12-15: a descrição do medo; inclusão "medo-traição-imprevisto" (φόβος, προδοσία, προσδοκία; ἀπροσδόκητος, φόβος, vv. 12 e 15);

– 17,16-21: ainda sobre a noite terrível e o medo dos egípcios; palavra-gancho "luz" em Sb 17,20 e 18,1. A última palavra da seção é "trevas", no fim do v. 21;

– 18,1-4: para Israel brilha a luz da Lei. Inclusão "luz", vv. 1 e 4.

Sexta antítese (Sb 18,5-25): a morte dos primogênitos do Egito contrapõe-se à noite de Páscoa celebrada por Israel; o díptico compreende quatro partes:

18,6-9: a noite de Páscoa dos israelitas (inclusão "pais", vv. 6.9);
18,10-13: os lamentos dos egípcios pela morte dos primogênitos;
18,14-19: a palavra de Deus desce no meio da noite;
18,20-25: Aarão prende o exterminador (inclusão "prova"-"ira", πεῖρα — ὀργή).

Sétima antítese (Sb 19,1-12): os egípcios afogados no Mar Vermelho são contrapostos aos israelitas salvos no Mar Vermelho; Sabedoria 19,9 lembra Sabedoria 10,21 por meio das únicas ocorrências do verbo αἰνέω no livro.

Observemos, a esta altura, que os capítulos 16–19 formam, em pormenor, outra estrutura concêntrica: ao quarto díptico corresponde, com efeito, o capítulo 19; em Sabedoria 19,21, precisamente no fim do livro, é retomado o tema do maná, símbolo da palavra de Deus e alimento de imortalidade. À noite terrível dos egípcios (Sb 17,1-21) corresponde a noite salvífica da Páscoa de Israel (Sb 18,5-25). No centro, destaca-se, assim, a perícope relativa à luz da Lei (Sb 18,1-4) dada, mediante Israel, ao mundo inteiro.

Conclusão de todo o livro (Sb 19,13-22): o tema da criação renovada conclui o livro; desse modo, a história se encerra com a escatologia, com a qual o livro se abrira. A ligação história-escatologia é garantida pela reflexão sobre o cosmos renovado, que emerge nessa seção final da obra. A parte final do livro pode ser assim subdividida, embora com certa perplexidade:
— 19,13-17: o paralelo entre os egípcios e os sodomitas permite a nosso autor retornar ao tema das trevas;
— 19,18-21: a criação renovada e o maná (v. 21);
— 19,22: consideração final: o Senhor protege o seu povo em toda parte e sempre.

2.2. O problema da unidade de composição[5]

A partir do primeiro grande comentarista moderno do livro da Sabedoria, o alemão C.L.W. Grimm, que escrevia o seu comentário em meados do século XIX[6], a questão da unidade literária do livro parece definitivamente resol-

---

5. Para um tratamento completo da questão, cf. VÍLCHEZ LÍNDEZ, *Sapienza*, 22-29 e GILBERT, Sagesse, 87-91.
6. GRIMM, C.L.W., *Das Buch der Weisheit*, Leipzig, S. Hizzel, 1860.

vida: o livro da Sabedoria é, indubitavelmente, obra de um só autor, embora algumas opiniões contrárias tenham se feito ouvir até o início do nosso século. O argumento principal a favor da unidade do livro da Sabedoria é a presença de uma bem delineada estrutura literária. Alguns autores quiseram encontrar até correspondências numéricas dentro do livro[7].

Duas outras razões a favor da unidade do autor e de composição são a descoberta dos chamados *flashback* e a presença de temas e de motivos comuns a todo o livro. J.M. Reese destaca, dentro da terceira parte do livro, a presença de referências verbais e temáticas das primeiras duas seções do livro da Sabedoria e define, precisamente, tais textos como *flashback*, ou seja, uma "breve repetição de uma palavra significativa ou grupos de palavras ou de ideias significativas em duas diferentes partes do livro"[8]. Reese observa a presença de cerca de 45 *flashbacks*, que, todavia, poderiam ser aumentados.

> Demos um só exemplo de tais *flashbacks*: o texto de Sabedoria 17,20-21 retoma Sabedoria 7,29-30. O primeiro texto está na conclusão do díptico das trevas e busca ressaltar a luz que resplandece para o mundo inteiro, ao passo que os egípcios ficam prisioneiros da escuridão da noite. O segundo texto conclui o elogio da sabedoria (Sb 7,22–8,1), descrevendo sua superioridade em relação à própria luz do sol. Os dois textos parecem abordar temas diferentes, mas têm em comum a repetição de "luz" e de "noite", do adjetivo "resplandecente" (λαμπρός) e do verbo "ir atrás"/ "receber" (διαδέχομαι); o autor joga com o duplo significado do verbo grego. Esse caso é ilustrativo do método seguido: não apenas a terceira parte do livro refere verbalmente as seções anteriores, mostrando assim a unidade, como justamente por meio de tais referências um texto ilumina o outro. A luz que resplandece sobre o mundo, no texto de Sabedoria 17,20-21, refere-se, com efeito, à luz da sabedoria de que fala Sabedoria 7,29-30; é, pois, essa luz que resplandece sobre os justos, ao passo que os maus egípcios se veem na situação tenebrosa de quem não acolheu o dom da sabedoria.

Uma análise atenta do livro da Sabedoria revela, enfim, em seu bojo, a presença de temas comuns que se repetem por toda a obra, contribuindo, assim, para reforçar a ideia de uma sólida unidade literária. Um desses temas é o

---

7. Cf. WRIGHT, A.D., Numerical Patterns in the Book of Wisdom, *CBQ*, 29 (1967) 524-538.
8. REESE, J.M., *Hellenistic Influence on the Book of Wisdom* (AnBib 43), Roma, PIB, 1970, 124.

do cosmos, ou seja, da criação, que desempenha um papel capital do início ao fim do livro. Deus criou tudo para a vida (Sb 1,13-14); a sabedoria, artífice do mundo, é o ponto de contato entre Deus e o homem, justamente por causa da sua presença no cosmos (cf. Sb 7,1.6.24.27); o próprio cosmos intervirá como instrumento ao lado de Deus para premiar os justos e punir os maus (Sb 5,17-20), como já acontecera no passado (Sb 16,17.24); o livro da Sabedoria se encerra, além disso, com a perspectiva de uma criação renovada (Sb 19,18-21).

Um segundo tema que percorre todo o livro é o da justiça, que, para alguns autores, constitui até mesmo o eixo principal de toda a obra. Nessa chave, o livro da Sabedoria poderia ser lido como um verdadeiro tratado de teologia política[9]. A sabedoria, elogiada na parte central do texto, tornar-se-á, assim, o meio à disposição dos governantes para que aprendam o que é a justiça. O juízo de Deus está pronto para atingir os injustos, os idólatras em particular (Sb 13–15), mas oferece aos justos a salvação eterna. O alcance do tema da justiça no livro da Sabedoria não deve ser subestimado, embora os destinatários do livro não sejam principalmente os governantes.

2.3. O estilo[10]

Os autores antigos já notavam que o estilo do livro da Sabedoria se ressentia da influência da cultura helenística. O tipo de grego utilizado por nosso autor é emblemático: cerca de 315 vocábulos presentes no livro não se encontram em outras partes no texto dos LXX. O grego do livro da Sabedoria é, portanto, uma língua original e refinada, não raramente de caráter poético. Estão também presentes no livro alguns *hápax legomena totius graecitatis*, ou seja, vocábulos que não aparecem alhures na literatura grega por nós conhecida, alguns dos quais poderiam ser considerados verdadeiras criações linguísticas, obra do nosso autor (cf., por exemplo, αἱρετίς em Sabedoria 8,4b, com o sentido de "aquela que discerne". Além disso, o livro da Sabedoria utiliza termos tomados de empréstimo da linguagem filosófica corrente, em especial a do estoicismo. Junto a esses vocábulos, o nosso autor se serve de termos comuns aos LXX: o livro da Sabedoria parece assim fazer, no terreno do vocabulário, um esforço deliberado para traduzir a mensagem bíblica para um contexto helenístico.

---

9. Nessa linha, encontra-se sobretudo o comentário de ALONSO SCHÖKEL, L., *Eclesiastés y Sabiduría*, Madri, Cristiandad, 1974, 71-206; cf. VÍLCHEZ LÍNDEZ, *Sapienza*, espec. 114-119.

10. Cf. REESE, *Hellenistic Influence*, 25-31.

O estilo do livro da Sabedoria ressente-se dos artifícios da retórica grega: o nosso autor quer se dirigir a seu auditório também por meio da beleza da forma literária utilizada. Não raramente, ele recorre a assonâncias e jogos de palavras, que o leitor atento do texto grego não deixará de distinguir. A atenção a tais aspectos estilísticos não é nunca um exercício final de si mesmo: o estilo bem cuidado e a proximidade da retórica e da poesia grega tornam o livro da Sabedoria sedutor para os judeus de Alexandria que se sentiam atraídos pelo mundo grego; a tradição de Israel é, assim, reproposta a esses leitores numa linguagem a eles apropriada. Além disso, como ocorre com frequência no restante da Bíblia, nem mesmo a arte da composição é fim em si mesma: os artifícios retóricos e a busca da beleza literária têm por finalidade a mensagem que o autor quer passar; forma e conteúdo estão, desse modo, inseparavelmente ligados entre si.

2.4. O gênero literário[11]

Entre os argumentos a favor da unidade do autor do livro da Sabedoria, adquiriu um peso relevante a discussão relativa ao gênero literário; depois de longos debates, os autores tendem a descobrir no livro da Sabedoria a presença de um só gênero literário. A discussão não está isenta de importância para a interpretação do texto. Descobrir o gênero literário de um livro significa, com efeito, pôr-se sob o ponto de vista do autor e compreender melhor as finalidades que baseiam a sua obra.

Segundo os cânones da retórica grega e romana, podem-se distinguir o gênero "forense", o "deliberativo" e o "demonstrativo". O gênero forense trata do passado e é usado nos tribunais para estabelecer a inocência ou a culpa do acusado. O gênero deliberativo tem em mira o futuro, o que devemos ou não devemos fazer. O gênero chamado "epidíctico" ou "demonstrativo" é descrito pelos manuais de retórica clássica, da *Retórica* de Aristóteles até os tratados sobre retórica, de Cícero e de Quintiliano, como um discurso que se move no presente e tem o objetivo de louvar uma determinada virtude ou reprovar algum vício. O gênero epidíctico tem caráter escolar e se volta principalmente para a juventude, buscando persuadir por meio da força da demonstração e, sobretudo, pelo encômio da virtude escolhida.

---

11. O debate sobre o gênero literário do livro da Sabedoria encontrou o seu ponto culminante na obra de Bizzeti, *Il libro della Sapienza*, 113-180, que retoma e aperfeiçoa as intuições de Gilbert, Sagesse, 77-87. Para uma opinião contrária, cf. Reese, *Hellenistic Influence*, 90-121, que propõe, antes, o gênero literário do "Protréptico", um convite a seguir uma determinada linha de conduta provando a validade e a bondade do que foi sugerido pelo orador.

O confronto entre encômio clássico e o livro da Sabedoria revela-nos ainda melhor o projeto do autor. O encômio se abre com um *exórdio*, no qual se exortam os ouvintes a seguir uma determinada virtude e, ao mesmo tempo, se rebatem os adversários, apresentando exemplos dos que viveram aquela mesma virtude. Assim faz a primeira parte do livro da Sabedoria (Sb 1–6), um contraponto das teses dos adversários (Sb 2 e 5) e uma série de exemplos antitéticos (a sorte dos justos e dos ímpios em Sb 3–4). O encômio prossegue, depois, com o *elogio* propriamente dito da virtude objeto do tratado, da qual se devem destacar a origem (a estirpe, o γένος), a natureza (a φύσις), as obras (a πράξις). É isso que faz a parte central do livro da Sabedoria: desde Sabedoria 6,22-25, o nosso autor anuncia que tratará da origem e da natureza da sabedoria (Sb 7–8), cujas obras são mostradas em Sabedoria 10. A parte final do encômio clássico é constituída pelo que os gregos chamavam de *synkrisis*, ou "comparação". Mediante uma série de exemplos extraídos do passado, o orador tenta convencer o público sobre a bondade da sua tese; não raramente, recorre a digressões relativas a temas parecidos com o principal. Assim faz a terceira parte da Sabedoria (Sb 10–19), conduzida na linha do confronto justos/ímpios (Israel e Egito) e animada por duas grandes digressões, sobre a filantropia de Deus (Sb 11,15–12,27) e, sobretudo, sobre a idolatria (Sb 13–15). O encômio se encerra com um *epílogo* em que o autor recapitula os seus temas e tira suas conclusões; assim ocorre no fim do livro da Sabedoria, em 19,10-22.

Uma análise atenta do texto revela, todavia, que o recurso ao gênero epidíctico não é suficiente para explicar o gênero literário do livro. O tema do encômio, no livro da Sabedoria, não é, com efeito, uma qualidade moral ou uma virtude humana, mas a sabedoria que vem de Deus; no centro do livro aparece, além disso, um texto que não encontra comparação nos encômios clássicos: a oração para obter a Sabedoria (Sb 9). Além disso, no confronto dos capítulos 11–19 ao lado dos dois antagonistas, Israel e Egito, intervém um terceiro elemento de comparação, o cosmos, porquanto o sujeito a quem o autor se dirige não é o seu público, mas Deus, muitas vezes, diretamente interpelado em segunda pessoa. Ademais, o pano de fundo do livro da Sabedoria é constantemente a Escritura, que o nosso autor continuamente relê e repropõe a seu auditório. Desse modo, o gênero literário do encômio, tipicamente grego, tem um modo de proceder característico da literatura judaica, que é conhecido com o nome de *midrash*.

É impossível, na realidade, definir o que seja *midrash*; podemos descrevê-lo como uma atitude, um modo de pensar e de escrever próprio do judaísmo que caracteriza a abordagem que ele faz da Escritura[12]: *midrash* é a "procura" do sentido da Escritura, que parte da convicção de que esta é contemporânea de seus leitores e que conserva uma perene atualidade; essa atualidade, o comentarista deve procurá-la, aplicando o texto bíblico na situação que ele vive. A percepção da unidade da Escritura e da sua perene atualidade para quem a escuta representa, por isso, o traço peculiar do comentário *midráshico*, que tem, portanto, um caráter popular e homilético, ao mesmo tempo. Nessas condições, é possível falar do caráter *midráshico* do livro da Sabedoria e, em particular, da terceira parte do livro. O objetivo do nosso autor é, com efeito, mostrar a unidade da Escritura e a sua atualidade para os leitores da sua época; toda a terceira parte do livro, por exemplo, é uma reflexão conduzida na linha dos textos do Êxodo.

O que torna o livro da Sabedoria uma obra absolutamente original é justamente essa conexão, totalmente nova, entre caráter *midráshico* e gênero literário grego. Utilizando o gênero do encômio clássico, bem conhecido da retórica grega, o nosso autor dirige-se aos judeus, que, vivendo num contexto helenístico, sentiam-se por ele atraídos a ponto de querer abandonar as próprias tradições. A genialidade do sábio alexandrino consiste em saber exprimir dessa forma um conteúdo que é tipicamente judaico. O sábio autor do livro conseguiu, desse modo, propor a seus ouvintes um texto que, embora permanecendo fiel à tradição bíblica, consegue expressá-la numa linguagem acessível a eles. Temos assim uma espécie de *midrash* grego sobre as Escrituras.

3. O livro da Sabedoria no seu contexto histórico

3.1. Datação

O autor e a época de composição do livro da Sabedoria constituíram durante muito tempo um enigma para os estudiosos; hoje, a questão pode ser considerada, em grande parte, resolvida[13]. A datação do livro da Sabedoria foi situada pelos estudiosos entre o início do século II a.C. e os anos do império de Calígula (37-41 d.C.). Os pontos mais discutidos a esse respeito são as relações existentes entre o livro da Sabedoria e o filósofo judeu-alexandrino Fílon, que viveu na primeira metade do século I d.C., e, ao mesmo tempo, os que ocorreram entre a Sabedoria e os escritos do Novo Testamento. Se

---

12. Cf. LE DÉAUT, R., A propos d'une définition du Midrash, *Bib*, 50 (1969), 395-413.
13. Cf. GILBERT, Sagesse, 91-93; VÍLCHEZ LÍNDEZ, *Sapienza*, 59-70.

admitirmos que o autor do livro da Sabedoria conheceu Fílon, o livro deve ser situado durante o império de Calígula, como, de fato, propõem D. Winston e G. Scarpat, que deslocam a época da composição do livro da Sabedoria, precisamente, para os anos entre 37 e 41 d.C.[14] Mas os contatos entre Sabedoria e Fílon poderiam ser explicados ao se recorrer simplesmente à hipótese de um comum ambiente cultural; a hipótese de que o livro da Sabedoria seja anterior a Fílon é, todavia, mais difundida; o nosso sábio não parece nunca querer entrar em discussão com o filósofo alexandrino.

Dentro do livro, é possível descobrir uma série de indícios, quer linguísticos, quer temáticos que nos levam a datá-lo durante o governo de Otaviano Augusto, ou seja, entre 30 a.C. e 14 d.C. O estudo do vocabulário revela-se de vital importância para uma aproximação correta ao problema da datação. O argumento, agora clássico, é a presença, em Sabedoria 6,3, do termo κράτησις, "soberania", termo técnico para indicar a tomada de posse do Egito por parte dos romanos, em 30 a.C., depois da batalha de Áccio[15]. Com base nisso, é possível datar o livro da Sabedoria apenas a partir de 30 a.C. Entre outros indícios que se encontram no livro e que o aproximam da época de Augusto, lembramos de Sabedoria 14,22, que poderia fazer alusão à *pax romana* proclamada por Otaviano Augusto, em 9 a.C., ao passo que toda a seção de Sabedoria 14,16-22 pode fazer referência ao culto nascente do imperador. A hostilidade demonstrada pelo livro em relação aos egípcios é, assim, um sinal da situação social modificada que se criara em Alexandria depois da chegada dos romanos e, sobretudo, do descontentamento que se difundira entre os judeus, após a instituição da *laographia*, a taxa *per capita* instituída por Roma já nos primeiros anos do império de Augusto para os que, como os judeus, não gozavam da plenitude da cidadania alexandrina; um problema desse gênero refletiu-se no texto de Sabedoria 19,13-17, onde, inspirando-se no episódio de Lot narrado em Gênesis 19, o nosso sábio considera os egípcios — os do seu tempo — bem piores do que os sodomitas, tendo eles negado

---

14. Cf. Winston, D., *The Wisdom of Solomon* (AB 43), Nova York, Doubleday, 1979, 20-25; G. Scarpat defendeu uma datação semelhante desde 1967; Scarpat, G., Ancora sull'autore del libro della Sapienza, *RivBiblt*, 15 (1967) 171-189, espec. 180-184; o mesmo Scarpat voltou ao assunto em "Ancora sulla data di composizione della Sapientia Salomonis. Il termine *diágnôsis*" (Sap 3,18; At 25,21), *RivBiblt*, 36 (1988), 363-375.

15. Cf. Gilbert, M., La vostra sovranità viene dal Signore (Sap 6,3): ambivalenza del potere politico nella tradizione sapienziale, in: Manicardi, E.; Mazzinghi, L. (ed.), Il potere politico: bisogno e rifiuto dell'autorità. Atti della XXXVIII Settimana biblica nazionale (Roma, 6-10 settembre 2004), *RStB*, 18, 1-2 (2006), 117-132.

os direitos (civis) aos judeus que demonstraram ser, em relação ao Egito, apenas benfeitores[16].

O autor é desconhecido; temos de pensar, genericamente, num anônimo judeu de língua grega, residente em Alexandria, profundo conhecedor da Escritura, com bom apoio na tradição dos Pais, mas, ao mesmo tempo, ligado ao ambiente cultural helenístico que caracterizava a cidade de Alexandria, no final do século I a.C.

3.2. O livro da Sabedoria em diálogo com o mundo helenístico[17]

Os destinatários do livro da Sabedoria são os judeus de Alexandria e, de modo especial, os jovens que o nosso autor quer revigorar na fé, preparar para as futuras responsabilidades que os esperam na comunidade judaica e, ao mesmo tempo, exortar a permanecerem fiéis à tradição dos Pais, sem ceder às tentações provenientes da cultura helenística.

Alguns autores propendem para uma grande influência do helenismo sobre o livro da Sabedoria; segundo D. Winston, o autor teria se inspirado na corrente filosófica do médio platonismo, que influencia também a obra de Fílon; passagens como Sabedoria 8,20 e 9,15 se ressentiriam da doutrina platônica da preexistência das almas[18]. Do lado oposto está um grupo de autores que, especialmente na primeira metade do século, defendeu a existência de uma influência mínima do helenismo sobre o livro da Sabedoria, acentuando, em vez disso, seu caráter hebraico. Na realidade, é fácil descobrir no livro da Sabedoria a presença de claras influências provenientes do mundo helenístico. Além do gênero literário do encômio, a influência do helenismo é muito evidente no plano do vocabulário utilizado, não raramente de matriz filosófica, sobretudo estoica. Não faltam no texto verdadeiras citações ou reminiscências de autores clássicos, a começar por Platão e pelos gregos trágicos.

---

16. Cf. MAZZINGHI, L., Sap 19,13-17 e i diritti civili dei giudei di Alessandria, in: BELLIA, G.; PASSARO, A. (ed.), Il libro della Sapienza. Tradizione, redazione, teologia, Roma, Città Nuova, 2003, 67-98.

17. O trabalho fundamental sobre esse assunto é ainda o já lembrado de REESE, Hellenistic Influence, publicado em 1970. Para uma introdução de caráter geral faça-se referência a LARCHER, C., Etudes sur le livre de la Sagesse, Paris, Gabalda, 1969, 179-236.

18. Cf. WINSTON, D., Un secolo di ricerca sul libro della Sapienza, in: BELLIA; PASSARO (ed.), Il libro della Sapienza, 21-29. Sobre a relação entre o livro da Sabedoria e a filosofia grega veja-se também MAZZINGHI, L., Law of Nature and Light of the Law in the Book of Wisdom (Wis 18.4c), in: XERAVITS, G.G.; ZSENGELLÉR, J. (ed.), Studies in the Book of Wisdom (JSJS 142), Leiden-Boston, Brill, 2010, 37-60.

O autor do livro da Sabedoria, contudo, não se limita a "falar grego", ou seja, a expor a fé judaica de modo compreensível a quem está embebido da cultura grega, como eram então, em boa parte, os judeus alexandrinos cultos. O uso que o nosso autor faz do helenismo é, com efeito, bem mais profundo. O objetivo do livro, como já se disse, é ajudar os jovens judeus alexandrinos a expressar sua fé num contexto cultural muito diferente do hebraico. Para fazer isso, o livro da Sabedoria serve-se de conceitos filosóficos, teológicos e morais de proveniência grega, não deixando de lado nem mesmo o recurso à antropologia platônica e até as concepções epicuristas (cf. o conceito de ἀφθαρσία, a "incorruptibilidade", introduzida em Sabedoria 2,23-24; v. abaixo), contanto que conseguisse lançar a fé dos Pais dentro do mundo grego, sem se fechar diante das contribuições positivas que esse mundo pode sugerir também aos judeus.

Um bom exemplo, que examinaremos mais adiante, é o texto de Sabedoria 13,1-9, centrado no conhecimento natural de Deus. A procura de Deus por parte dos filósofos gregos — os estoicos em particular, segundo o nosso sábio — não deve ser inteiramente censurada. O livro da Sabedoria reconhece, com efeito, a validade do argumento estoico-aristotélico que postula a existência de Deus mediante as realidades materiais. Além disso, o princípio lógico da analogia de proporcionalidade (v. 5), próprio da lógica platônica e estoica, é aqui aplicado, pela primeira vez, ao conhecimento de Deus. Embora rejeitando o panteísmo próprio dos estoicos, o livro da Sabedoria leva a sério a tentativa deles de procurar Deus.

No elogio da sabedoria (Sb 7–8) é fácil, além disso, descobrir um pano de fundo de caráter estoico; o nosso autor não tem nenhum problema em descrever a sabedoria de Israel (especialmente em Sb 7,22b-23) mediante o uso de atributos análogos aos do "Hino ao bem" do estoico Cleante. Assim, a aproximação, muitas vezes feita no livro, entre "sabedoria" e "espírito" (cf. Sb 1,6-7; 7,22b.24; 9,17) ressente-se da doutrina estoica do "espírito do mundo", que permeia todas as coisas. Embora renunciando vigorosamente ao panteísmo, a ideia de um "cosmos" bem ordenado, animado pelo espírito da sabedoria, trai a influência da filosofia estoica sobre o autor do nosso livro.

Outro exemplo da relação dialógica entre Sabedoria e helenismo nos vem do estudo realizado por um pequeno grupo de estudiosos em relação ao mundo dos mistérios[19]. Os cultos mistéricos constituíam uma das principais

---

19. Cf. MAZZINGHI, L., *Notte di paura e di luce. Esegesi di Sap 17,1-18,4* (AnBib 134), Roma, PIB, 1995, espec. 35-38 e, do mesmo autor, Il libro della Sapienza. Elementi culturali, in: FABRIS, R.

expressões da religiosidade do mundo helenístico; tais cultos, fundamentados na narração de um mito, em geral ligado à fertilidade, garantiam ao iniciado a felicidade presente e futura; a salvação é obtida mediante a celebração de um ritual caracterizado por um rigoroso segredo. No Egito, ao lado dos mistérios clássicos de Elêusis e Dionísio, provenientes da Grécia, eram muito vivos os cultos mistéricos de Ísis, a qual se tornaria logo uma das figuras religiosas mais representativas da época romana. Muitas vezes, em Sabedoria 7-10, a figura da sabedoria é descrita com traços tipicamente isíacos; em Sabedoria 9,18 e em todo o capítulo 10, por exemplo, a sabedoria é descrita como operadora de salvação, em analogia com o epíteto de "salvadora", mais frequentemente aplicado a Ísis; também a sabedoria de Israel, como a de Ísis, garante ao homem a felicidade nesta terra e a imortalidade na vida futura. O livro da Sabedoria, como levou a sério a procura religiosa dos filósofos gregos, também não se desinteressa sequer pela tentativa de chegar à felicidade por meio dos mistérios; ao aceitar o desafio dos devotos de Ísis, o nosso sábio alexandrino repropõe a seus ouvintes, com grande coragem, a figura da sabedoria hebraica, revestindo-a de vestes isíacas e descrevendo-a como a verdadeira salvadora do homem. Para afastar os judeus de Alexandria do fascínio dos mistérios, o nosso autor escolhe, assim, falar na linguagem deles e acolher suas instâncias e seus desejos, mostrando, porém, ao mesmo tempo, que a verdadeira resposta não está em Ísis, mas, sim, na sabedoria oferecida pelo Deus de Israel.

O livro da Sabedoria, desse modo, entra decididamente em diálogo com o próprio tempo, consciente de uma mudança cultural que exige, necessariamente, um esforço de adaptação da fé. Com as palavras de M. Gilbert, podemos, a respeito, falar de uma verdadeira e profunda tentativa de "inculturação":

> Essa inculturação é feita em paz. Jamais o autor se sente obrigado a defender o próprio modo de agir, defendendo-se, por assim dizer, de falar como os gregos. Ele procede quase com naturalidade. Assim agindo, está consciente de escrever uma obra a serviço de Deus: em Sabedoria 7,15, pede a graça de se expressar segundo os desejos mesmos de Deus. Assim, torna-se exemplar. Com sua atitude positiva, talvez ele demonstre também que a inculturação assim vivida é totalmente natural e se impõe a quem é chamado a transmitir a autêntica mensagem de fé[20].

(ed.), Il confronto tra le diverse culture nella Bibbia da Esdra a Paolo. Atti della XXXIV Settimana biblica nazionale, *RStB*, 10, 1-2 (1998), 188-197, com mais bibliografia.

20. Cf. GILBERT, M., Inculturazione, in: ID., *La Sapienza di Salomone*, Roma, ADP, 1995, II, 22.

3.3. O livro da Sabedoria e a tradição bíblica

O autor do livro continua sendo um judeu profundamente nutrido pela tradição de Israel e, em particular, bem apoiado nas Escrituras. O autor demonstra ter grande familiaridade com a Bíblia e pressupõe que seus ouvintes tenham dela profundo conhecimento. Quanto ao texto bíblico, o livro da Sabedoria segue de perto, com frequência, a tradução grega dos LXX, embora não se deva excluir completamente um recurso ao texto hebraico. O nosso autor não cita nunca de modo explícito algum texto bíblico, mas o sugere ou alude a ele, remetendo ao leitor o trabalho (mas também a alegria) da descoberta.

Na primeira parte do livro (Sb 1–6), o nosso autor tem bem presentes os questionamentos feitos em sua época por Jó e pelo Coélet sobre o problema da retribuição; onde está a justiça de Deus, se o justo sofre e morre, enquanto o ímpio parece ter sempre sucesso[21]? A resposta da Sabedoria (a felicidade eterna do justo e a triste sorte do ímpio no juízo final) nasce de uma releitura audaz do texto de Gênesis 1-3: o projeto original de Deus sobre o homem é entendido, em Sabedoria 1,14 e 2,23-24, em chave de imortalidade e incorruptibilidade. Na descrição do justo sofredor (Sb 2,10-20), o nosso autor relê, além disso, os textos do Salmos 22 e Isaías 53, o servo sofredor; no anúncio da felicidade dos justos descobre-se também a presença de textos de caráter escatológico, como o Salmo 2 e Daniel 7–12.

Na segunda parte do livro (Sb 7–9), o ponto de partida é dado pelos dois textos clássicos sobre a sabedoria de Salomão, 1 Reis 3,5-15 e 2 Coríntios 1,7-12; mas na descrição do amor de Salomão pela sabedoria utilizam-se também passagens dos Provérbios; também a descrição da sabedoria criadora se baseia no texto de Provérbios 8,22-30. A oração de Salomão em Sabedoria 9 e, sobretudo, a lista dos justos em Sabedoria 10 compõem uma coleção cuidadosa e ampla de muitas passagens bíblicas.

Na terceira parte do livro (Sb 10–19), enfim, a descrição das pragas do Egito segue de perto o livro do Êxodo, mas também a releitura já feita desses textos nos Salmos 78, 105 e 107. Na digressão de Sabedoria 13-15, o nosso autor recorre aos textos da tradição profética e sálmica que polemizam contra o culto dos ídolos[22]. Em particular, ressalta o uso dos textos do chamado Deu-

---

21. Cf. D'ALARIO, V., La réflexion sur le sens de la vie en Sg 1-5. Une réponse aux questions de Job et de Qohélet, in: CALDUCH-BENAGES, N.; VERMEYLEN, J. (ed.), *Treasures of Wisdom. Studies in Ben Sira and the Book of Wisdom, FS* M. Gilbert, Lovaina, Peeters, 1999, 313-330.

22. Cf. MANFREDI, S., A proposito di misericordia: è ipotizzabile un rapporto tra Sapienza e i profeti?, in: CALDUCH-BENAGES; VERMEYLEN (ed.), *Tresures of Wisdom*, 265-278 e, da mesma

tero-Isaías (Is 40–55). O capítulo conclusivo (Sb 19) é, em grande parte, uma ousada releitura da narrativa da criação de Gênesis 1,1–2,4a.

O livro da Sabedoria parece, assim, profundamente entrelaçado de referências aos textos bíblicos; não se trata simplesmente de um mosaico de citações postas onde poderiam ser necessárias. O nosso autor, justamente pelo fato de não citar nunca diretamente um texto, deixa ao leitor a liberdade de recolocar dentro do seu contexto original cada referência por ele feita e de conseguir, assim, penetrar, com mais profundidade ainda, no sentido do que o texto pretende lhe comunicar.

Assim como é inserido na tradição bíblica, o livro da Sabedoria também o é na tradição judaica de sua época, ou seja, o confronto com textos a ele contemporâneos, como algumas partes dos livros de Henoc e os manuscritos de Qumran, revela que o nosso sábio conhece tradições presentes nessas obras, ou, em alguns casos, talvez, até as próprias obras. O que mais surpreende num texto alexandrino como o livro da Sabedoria é a proximidade das tradições do judaísmo palestino, que conhecemos pela literatura rabínica dos séculos seguintes; especialmente na terceira parte do livro, as interpretações bíblicas próprias do livro da Sabedoria coincidem, não raramente, com as escolhas feitas pelos *Targumîm*, que, frequentemente, são testemunhas de tradições muito antigas. O livro da Sabedoria continua a estar fundado na tradição dos Pais, no momento mesmo em que se abre ao helenismo.

Mais evidentes são os contatos entre o livro da Sabedoria e a literatura judaico-alexandrina de língua grega, contatos devidos, evidentemente, ao nascimento do livro no próprio contexto cultural; o problema da relação entre Sabedoria e Fílon é, em geral, resolvido negativamente, a menos que se admita uma datação do livro posterior ao filósofo judeu-alexandrino (cf. supra); em todo caso, Sabedoria e Fílon mostram profundas diferenças; o nosso sábio, para dar apenas um exemplo, não utiliza nunca a interpretação alegórica típica de Fílon.

Para prosseguir no estudo

Para o estudo das relações entre o livro da Sabedoria e o Antigo Testamento, cf. LARCHER, C. *Etudes sur le livre de la Sagesse*. Paris: Gabalda, 1969, 85-103, e os estudos de SKEHAN, P.W., sobretudo o seu The Literary

---

autora, La prova del giusto in Sap 5,1-14 (1-7) e le tradizioni profetiche, in: BELLIA; PASSARO, *Il libro della Sapienza*, 173-192.

> Relationship of the Book of Wisdom to earlier Wisdom Writings. In: *Studies in Israelite Poetry and Wisdom* (CBQ Mon.S. 1). Washington: Catholic Biblical Association of America, 1971, 172-236; uma ótima introdução à questão é a oferecida por GILBERT, M. Wisdom of Solomon and Scripture. In: SÆBØ, M. (ed.). *Hebrew Bible/Old Testament, The History of Its Interpretation, 1: From the Beginnings to the Middle Ages (Until 1300)*. Göttingen: Vandenhoeck & Ruprecht, 2000, 606-617 (agora em ID. *La Sagesse de Salomon — The Wisdom of Solomon*. Roma: PIB, 2011, 45-64).

4. O livro da Sabedoria na tradição: a canonicidade

4.1. As relações com o Novo Testamento

O problema das relações entre o livro da Sabedoria e o Novo Testamento não encontrou ainda uma solução satisfatória; depois de um longo período de ceticismo, no qual se tendia a negar um conhecimento direto do livro da Sabedoria por parte dos autores do Novo Testamento, estudos mais recentes parecem se orientar para uma atenção maior aos possíveis indícios que poderiam testemunhar um uso do livro da Sabedoria nas Escrituras cristãs, sobretudo em Paulo e João[23]. No epistolário paulino não faltam possíveis pontos de contato com o livro da Sabedoria; um texto teologicamente importante, como Sabedoria 13,1-9, pode, sem dúvida, ser comparado a Romanos 1,18-23, sem que, aliás, se possa provar uma real dependência da Sabedoria por parte de Paulo. Segundo o juízo de S. Lyonnet, a Carta aos Romanos contém, na realidade, uma série de importantes referências ao livro da Sabedoria[24]; em particular, é possível confrontar a visão do paganismo presente em Romanos 1 com a perspectiva aberta por Sabedoria 13-15. O modo como Paulo relê os acontecimentos do Êxodo, em 1 Coríntios 10,1-4, é análogo ao método *midráshico* presente em Sabedoria 11-19. Passagens como 1 Tessalonicenses 5,1-11 demonstram a existência de muitos pontos de contato com o quinto e o sexto díptico (Sb 17,1–18,4 e 18,5-25); tais relatos encontrariam sua explicação natural ao se admitir que Paulo tenha realmente conhecido o livro da Sabedoria.

Maior atenção foi dedicada ao Evangelho de João: tanto João como o livro da Sabedoria utilizam os prodígios do Êxodo como modelo para os sinais

---

23. Cf. MAZZINGHI, *Notte di paura e di luce*, 298-304, com mais ampla discussão e bibliografia.

24. Cf. LYONNET, S., Pêché originel, in: *Dictionnaire de la Bible. Supplêment*, Paris, 1966, VII, 536.

operados pela sabedoria (em Sabedoria) e por Jesus (em João); tanto João como o livro da Sabedoria apresentam esses sinais na mesma ordem, que não é a do Êxodo: João 2,1-11, as núpcias de Caná, lembra a primeira antítese de Sabedoria 11,4-14, ressaltando o tema da sede; João 4,43-54 e 5,1-9a tem no centro o tema da cura que aparece no terceiro díptico de Sabedoria 16,4-14; o díptico do maná (Sb 16,15-28) encontra sua correspondência em João 6 (o pão da vida). Enfim, o díptico das trevas (Sb 17,1–18,4) tem relação com João 9 (o cego de nascimento), enquanto João 11, a ressurreição de Lázaro, corresponde a Sabedoria 18,5-25, a morte dos primogênitos e a salvação dos egípcios. Tanto em João como no livro da Sabedoria, enfim, os fatos históricos tornam-se simbólicos, ou seja, sinais de realidades espirituais e escatológicas; assim, as trevas dos egípcios, em Sabedoria 17,1–18,4, são o sinal das trevas do Hades que atingirão os ímpios (Sb 17,21); a cura do cego de nascimento, em João 9, é, por sua vez, o sinal da cegueira espiritual dos fariseus; a luz que ilumina o mundo (Sb 17,20) é a luz da Lei (Sb 18,4), assim como o próprio Jesus é a luz do mundo (Jo 8,12; 9,39). É possível, decerto, supor a existência de uma tradição *midráshica* comum, mas é igualmente legítimo pensar que o Evangelho de João tenha conhecido e utilizado o livro da Sabedoria.

4.2. *O problema da canonicidade: o uso do livro na tradição cristã*[25]

Os Padres da Igreja conheceram e utilizaram o livro da Sabedoria; alusões a textos da Sabedoria podem ser encontrados, desde o início do século II, nos escritos de Clemente Romano, Melito de Sardes e, depois, em Ireneu, Tertuliano e Clemente Alexandrino. O livro é utilizado do mesmo modo como outros textos bíblicos, como Escritura considerada inspirada.

A partir do fim do século III, todavia, elevam-se vozes discordantes; no Oriente, Cirilo de Jerusalém veta a leitura do livro, não considerando a Sabedoria de Salomão como um texto canônico, bem como faria Atanásio. Entre os Padres latinos, Jerônimo pronuncia-se claramente contra a canonicidade do livro; ligado à *hebraica veritas*, Jerônimo limita-se aos livros em língua hebraica do cânone palestino, excluindo a Sabedoria do cânone das Escrituras inspiradas, junto com o Sirácida. Será Agostinho que defenderá com vigor a canonicidade do livro da Sabedoria, apelando, sobretudo, à tradição da Igreja; o papa Inocêncio I, escrevendo, em 405, ao bispo de Tolosa, já se coloca numa

---

25. Cf. LARCHER, *Études*, 36-85.

posição agostiniana. O peso da autoridade de Jerônimo continua, todavia, a se fazer sentir; com efeito, não temos nenhum comentário patrístico ao livro da Sabedoria, e a discussão sobre a canonicidade ficará aberta até a decisão definitiva que o concílio de Trento tomará, em 1545, em relação a todos os livros chamados *deuterocanônicos*, entre os quais o próprio livro da Sabedoria, que serão solenemente declarados como pertencentes ao corpo das Escrituras inspiradas. No que diz respeito à Igreja ortodoxa, ela jamais se pronunciou sobre a canonicidade do livro da Sabedoria, o qual, porém, é normalmente incluído nas edições ortodoxas da Bíblia. As Igrejas da Reforma, depois da opção feita por Lutero de se limitar ao cânone hebraico, excluíram do cânone das Escrituras o livro da Sabedoria, embora o tenham circundado sempre de grande estima.

> A Igreja Católica nunca deixou de utilizar o livro da Sabedoria na liturgia: os Lecionários hoje em uso (limitando-nos aos Lecionários festivos e feriais) são testemunhas de um uso amplo do livro, com a notável exceção dos textos dos capítulos 4–5, 8,10 e de toda a seção de Sabedoria 13,10-18,4. Em particular, uma pequena antologia de textos da Sabedoria é proposta na XXXII semana do Tempo Comum (anos ímpares). No ciclo festivo, destacam-se os textos de Sabedoria 1,13-15.23-24 no XIII domingo do T.C. (ano B); Sabedoria 2,12.17-20 no XXV domingo do T.C. (ano B); Sabedoria 6,12-16 no XXXII domingo do T.C. (ano A); Sabedoria 7,7-11 no XXVIII domingo do T.C. (ano B), Sabedoria 9,13-18 no XXIII domingo do T.C. (ano C); Sabedoria 11,22–12,2 no XXXI domingo do T.C. (ano C), Sabedoria 12,13.16-19 no XVI domingo do T.C. (ano A), Sabedoria 18,6-9 no XIX domingo do T.C. (ano C); uma pista interessante poderia ser estudar sua junção com os textos evangélicos. Acrescente-se, ainda, a leitura de Sabedoria 3,1-9 na comemoração dos fiéis defuntos (terceira missa) e o uso de Sabedoria 9,1-6.9-11 nas laudes matutinas do sábado (terceira semana) e no Breviário romano.

5. A mensagem do livro da Sabedoria

Compreender a teologia do livro da Sabedoria caminha, passo a passo, com a descoberta da estrutura literária do próprio livro; percorramos brevemente todo o livro para descobrir os temas mais importantes; recomendamos ter bem presente o que observamos antes sobre a estrutura literária.

5.1. Os destinatários do livro: os governantes? (Sb 1 e 6)

Começamos por abordar a primeira parte do livro (Sb 1–6), que tem, como se disse, um andamento concêntrico. Os capítulos 1 e 6, nos extremos da moldura, estão endereçados aos "governantes da terra" (Sb 1,1), aos "reis" (Sb 6,1), com um convite a eles dirigido para que amem a justiça (Sb 1,1) e acolham a sabedoria (Sb 6,1a.20-21). A hipótese de o livro da Sabedoria se dirigir realmente aos governantes pagãos e, portanto, aos dominadores romanos não é sustentável; uma leitura atenta de todo o livro revela-nos que os destinatários a que o nosso autor se dirige são, antes de tudo, judeus.

A realeza de que se fala, um tema que reabre na parte central, a propósito das relações entre Salomão e a sabedoria (Sb 7–9), é um tema bem conhecido da filosofia estoica. Na perspectiva estoica, o verdadeiro rei é sábio, e a realeza, portanto, não é senão a que é garantida a qualquer um que aceite o dom da sabedoria. Assim, os destinatários do livro da Sabedoria são, como se disse, os jovens judeus que serão chamados a postos de responsabilidade e de serviço dentro da comunidade judaica de Alexandria, ou seja, a viver sabiamente a "realeza" deles.

> O argumento de maior peso a favor de uma identificação dos destinatários do livro da Sabedoria com os judeus de Alexandria e não com os dominadores pagãos está, sobretudo, no uso que o livro faz das Escrituras. O nosso sábio alude continuamente a fatos e a personagens bíblicos, sem, todavia, citar jamais um texto de maneira explícita; vejam-se, como exemplos, algumas alusões ao Êxodo presentes desde Sabedoria 1,2: os verbos "pôr à prova" e "manifestar-se" encontram-se juntos somente em Êxodo 17,7, o episódio das águas de Meriba, ao qual o texto, portanto, pretende remeter. Outro exemplo: o leitor versado nas Escrituras que ler o capítulo 10 reconhecerá, sem muita dificuldade, a identidade dos oito justos que são aqui lembrados, sem que, todavia, eles sejam jamais citados por nome. A terceira parte do livro (Sb 10–19), aliás, com as suas contínuas referências aos eventos do Êxodo, fica totalmente obscura a quem não conhece as Escrituras.

5.2. Criação e imortalidade (Sb 1,13-15 e 2,23-24)

O texto de Sabedoria 1,12-15 contém, precisamente no início do livro, uma das teses fundamentais do nosso sábio, que é depois retomada no fim do capítulo seguinte (Sb 2,21-24), logo depois do discurso dos ímpios.

> ¹³Porque Deus não criou a morte,
> nem tem prazer com a perdição dos vivos.
> ¹⁴Com efeito, ele criou tudo para a existência,
> portadoras de salvação são as gerações do cosmos,
> e não há nelas veneno de ruína
> nem o reino dos mortos está sobre a terra;
> ¹⁵a justiça, com efeito, é imortal.

O livro da Sabedoria relê aqui os textos de Gênesis 1–3 e afirma que as criaturas do mundo são "portadoras de salvação"; a visão sobre o mundo é, assim, totalmente positiva: Deus criou as coisas εἰς τὸ εἶναι, para o ser, para que existam, não para que sejam destruídas. Não há, além disso, "reino do Hades sobre a terra"; as potências do mal não têm, na realidade, nenhum poder (cf. Sb 17,14); a morte não faz parte do projeto de Deus sobre a criação. Sabedoria 1,14 é uma das mais importantes afirmações de princípio do nosso texto: *a salvação passa pela criação*. Aparece, pela primeira vez no livro, a propósito da justiça (de Deus), o adjetivo ἀθάνατος, "imortal", sobre o qual voltaremos daqui a pouco.

Todavia, surge uma pergunta: se Deus não criou a morte, de onde ela provém? E por que o texto imediatamente seguinte, Sabedoria 1,16, nos diz que são os ímpios que atraem a morte com suas próprias mãos? De que morte o nosso sábio está falando? Convém apresentar aqui o texto Sabedoria 2,21-24, que segue imediatamente o discurso dos ímpios em Sabedoria 2,1-20 (cf. abaixo) e contém o juízo do autor sobre eles:

> ²¹Raciocinam assim, mas se enganam;
> a maldade deles, com efeito, cegou-os;
> ²²pois não conheceram os misteriosos planos de Deus,
> nem esperaram numa recompensa por piedade
> nem previram um prêmio para as almas sem defeito:
> ²³como Deus criara o homem na incorruptibilidade,
> e o fizera à imagem da própria natureza.
> ²⁴Mas, por inveja do diabo, a morte entrou no mundo,
> e dela fazem experiência os do partido dela.

Os ímpios não sabem raciocinar, e isso os conduz a uma confusão de caráter ao mesmo tempo moral e religiosa. Os ímpios, sobretudo, são cegos: emerge aqui, com clareza, um dos motivos que caracterizou todo o capítulo segundo, a dicotomia entre aparência e realidade.

O v. 22 descreve, em particular, o que os ímpios não veem: à luz do texto dos LXX de Daniel, o termo μυστήρια pode indicar os planos, os projetos secretos de Deus conhecidos por meio de uma revelação; mas no livro da Sabedoria a sabedoria é uma realidade acessível a todos (cf. Sb 6,22-25, espec. 22b). No contexto do livro parece difícil excluir uma alusão aos cultos mistéricos, que prometiam ao iniciado a imortalidade, mediante o "conhecimento". Os projetos de Deus, que a apocalíptica reservava ao conhecimento dos videntes, aqueles mistérios que eram revelados nos diversos ritos mistéricos somente aos iniciados, estão, agora, disponíveis a todos os que são capazes de os ver, exceto os maus[26]. A segunda realidade que os ímpios não veem é a "recompensa" que cabe à "santidade", às "almas puras". Alhures, no livro (Sb 3,5.9; 4,10.15), a própria vida eterna, à qual se faz referência aqui, mostra-se mais como um dom.

Na base do v. 23 está o célebre texto de Gênesis 1,26-27. O projeto de Deus, como o nosso autor mostrou desde o início (Sb 1,13-15), não previa a morte. O que Sabedoria 1,13-15 dizia de negativo é expresso aqui de forma positiva. Ser "imagem" da natureza divina é entendido aqui, porém, em sentido mais amplo em relação a Gênesis 1,26-27; ser "imagem" diz respeito, com efeito, à participação da "natureza" de Deus, ou seja, da incorruptibilidade que lhe é própria; o texto de Gênesis 1,26-27 é assim relido à luz de Gênesis 3,22b (o homem, antes do pecado, podia comer da árvore da vida). Em outras palavras, Sabedoria 2,23 explica o tema da imagem em Gênesis 1 à luz de Gênesis 2–3; *o projeto de Deus sobre o homem permanece válido mesmo depois do pecado que causou a morte*. O homem foi criado "na incorruptibilidade", que não aparece como um dom preternatural que seria perdido com o pecado, mas como um *estado*. O homem não "tem" a imortalidade, mas é imagem da natureza de Deus e, por isso, existe *na* imortalidade. A incorruptibilidade é assim um dom da criação, mas, ao mesmo tempo, uma "recompensa" para os homens puros; entre a criação e

---

26. Sobre o tema dos "mistérios de Deus", cf. COLLINS, J.J., La reinterpretazione delle tradizioni apocalittiche nella Sapienza di Salomone, in: BELLIA; PASSARO (ed.), *Il libro della Sapienza*, 157-172; para o ponto polêmico antimistérico desse texto do livro, cf. MAZZINGHI, L., I misteri di Dio: dal libro della Sapienza all'Apocalisse, in: BOSETTI, E.; COLACRAI, A. (ed.), *Apokalypsis. Percorsi nell'Apocalisse in onore di Ugo Vanni*, Assis, Cittadella, 2005, 147-182.

a sorte final dos homens, com efeito, há "a inveja do diabo", ou seja, o pecado, que, sim, mudou a relação do homem com a morte, mas não anulou o projeto de Deus.

Observemos que o termo ἀφθαρσία, "incorruptibilidade", volta em Sabedoria 6,18.19; o adjetivo ἄφθαρτος, porém, em Sabedoria 12,1 e 18,4. Na concepção epicurista a ἀφθαρσία é uma potência positiva, própria dos deuses, capaz de manter juntos os átomos e de, assim, os preservar da corrupção; o termo é, além disso, usado por Plutarco para definir a essência da divindade; Deus é "incorruptível", no sentido de que é permanente, durável, eterno. O uso desse vocábulo é um dos elementos que sugerem que o nosso sábio, pensando na sorte dos justos, tem em mente a ressurreição dos corpos, o que ele, porém, jamais afirma explicitamente.

O texto do v. 24 continua a criar diversos problemas de interpretação. Deus, segundo o livro da Sabedoria, criou boas todas as coisas e ama tudo o que existe (Sb 11,24–12,1); de onde, portanto, provém o "diabo"? Aparece aqui uma das primeiras afirmações do διάβολος, identificado com a serpente de Gênesis 3 (cf. Ap 12,9; 20,2). O livro da Sabedoria não falará mais dele, e apenas nas tradições seguintes é que será desenvolvido o tema da inveja do diabo, apenas acenado aqui. Todavia, o nosso texto não estabelece nenhuma relação entre o pecado de Adão e o ingresso no mundo da morte (para Adão, cf. Sabedoria 10,1!). A morte é vista mais como consequência do pecado de cada um; o autor do livro da Sabedoria *não* lê Gênesis 3 à luz do Concílio de Trento. O que, segundo a Sabedoria, o homem perde não é um dom preternatural, mas a sua relação positiva com a mortalidade.

Mas de que morte se fala, enfim? A construção do v. 24 elimina a hipótese de que se trate da morte *física*; dessa, com efeito, todos fazem experiências, não somente os ímpios (cf. também Sabedoria 7,1-2!). Da morte aqui mencionada "fazem experiência" somente "aqueles que *a ela* pertencem" (cf. também Sabedoria 1,16), enquanto a morte física, evidentemente, atinge também os justos. A morte física é, portanto, uma realidade *ambígua*; não é, *de per si*, um mal, mas apenas o sinal de uma morte bem mais radical, a eterna, que será experimentada pelos ímpios. É preciso, assim, distinguir entre *a condição natural da mortalidade humana, a morte física, que é ambígua, e a morte eterna do ímpio, que deve ser vista como punição.*

Em conclusão, a morte física é realmente *ambígua*; passagem à vida eterna para os justos ("pareceu que morressem" [cf. Sb 3,2]) e, ao mesmo tempo, prelúdio à ruína eterna para os maus (cf. Sb 5); a morte *eterna* dos maus é, pois, a morte que Deus não criou; a morte física não deve ser considerada punição, mas, sim, um dado natural, sinal da "criaturalidade" do homem; o justo experimenta a morte física de modo totalmente diferente da forma de morte do ímpio.

> **Para prosseguir no estudo**
>
> Cf. o importante estudo de KOLARCIK, M. *The Ambiguity of Death in the Book of Wisdom 1-6. A Study of Literary Structure and Interpretation* (AnBib 127). Roma: PIB, 1991; MAZZINGHI, L. Non c'è regno dell'Ade sulla terra. L'inferno alla luce di alcuni testi del libro della Sapienza. *VivHo*, 6, 2 (1995) 229-256; ID. Dio non ha creato la morte (Sap 1,13). Il tema della morte alla luce del libro della Sapienza. *PSV*, 32 (1995) 62-75 e ainda ID. Morte e immortalità nel libro della Sapienza: alcune considerazioni su Sap 1,12-15; 2,21-24; 3,1-9. *VivHo*, 17, 2 (2006) 267-286, das quais retomei algumas partes. Cf. ainda DELLA CORTE, E. *Il Dio vivente, Dio dei viventi. L'immortalità nel libro della Sapienza*. Nápoles, Pont. facoltà teol. dell'Italia merid., 2003.

5.3. A figura dos ímpios (Sb 1,16–2,24 e Sb 5)

Em Sabedoria 1,16–2,24, é apresentada a figura dos ímpios, os adversários do projeto de Deus exposto no fim do capítulo 1 (cf. mais adiante); com grande habilidade retórica, o autor concede-lhes a palavra, criando, assim, um efeito muito dramático. Depois da introdução de Sabedoria 1,16, o discurso dos ímpios é oferecido em Sabedoria 2,1b-20 e compreende três etapas: os ímpios expõem, antes de tudo, sua visão da vida: a existência humana parece sem sentido; a morte indica o fim de tudo (vv. 1b-5). "Nascemos por acaso" (αὐτομάτως); a única solução, no âmbito dessa visão ateísta e desesperada da vida, é o *carpe diem* mais desenfreado (vv. 6-9); o "prado" do v. 9 (cf. a nota da BJ) é aqui imagem erótica do sexo feminino. Tal visão da vida desemboca inevitavelmente na violência e na injustiça, na força, proclamada como única lei a ser seguida (vv. 10-20); o "justo" deve ser descartado porque nos impede de viver como gostaríamos. Os ímpios são aqui judeus apóstatas (cf. a alusão à "Lei" e à "educação" em Sabedoria 2,12: trata-se da Lei mosaica e da educação sapiencial), judeus que escolheram os piores aspectos do mundo helenístico. O justo perseguido apresentado a partir de Sabedoria 2,10 é aqui imagem do Israel fiel que chegou à alegre consciência de se sentir "filho do Senhor" (Sb 2,13b), "filho de Deus" (Sb 2,18a; cf. Mt 27,43).

No capítulo 5, os ímpios são novamente apresentados, imaginados como se já estivessem mortos, como se tivessem sido colocados diante da salvação dos justos e, ao mesmo tempo, da própria ruína eterna; e, de novo, o autor lhes concede a palavra (Sb 5,4-13). Mostra-se aqui o tema do cosmos como aliado de Deus ao lado dos justos (Sb 5,17-20), tema que será desenvolvido na terceira parte do livro; o projeto de Deus envolve, com efeito, toda a criação. A salvação não é, portanto, a-histórica, fora do tempo e do mundo, mas se realiza dentro da criação e da história. A própria criação intervém, de fato, dentro desse projeto divino (cf. Sb 16,24-25), como instrumento de salvação ou de punição.

5.4. A vida eterna do justo e a triste sorte do ímpio (Sb 3–4)

Em quatro dípticos (Sb 3,1-12; 3,13-19; 4,1-6; 4,7-20), no centro literário da primeira parte do livro, o nosso sábio mostra que a verdadeira felicidade não deve ser buscada nos valores tradicionais de uma vida longa, de um sucesso terreno, da fecundidade, mas, antes, na vida eterna, que relativiza todos esses valores. Em Sabedoria 3,1-9, a sorte feliz do justo é descrita como "viver junto dele [Deus]", para aqueles que são "fiéis no amor" (cf. Sb 3,9). Em Sabedoria 3,4; 4,1 (cf. também Sb 8,13.17; 15,3) aparece o termo ἀθανασία, "imortalidade"; o termo é pouco usado na Bíblia grega; todavia, nunca é usado em sentido platônico a propósito de uma imortalidade da "alma" dos justos (cf. Sb 3,1ss: "as *almas* dos justos estão nas mãos de Deus, *eles* estão em paz"; "*eles*", ou seja, a pessoa do justo, não só a sua "alma"). No livro da Sabedoria, a originalidade consiste em ter usado um conceito tipicamente grego dentro de um pensamento tipicamente hebraico e, sobretudo, dentro de uma concepção unitária — bíblica — do homem; *a imortalidade não é uma propriedade natural da alma, mas um dom de Deus*, é uma espécie de participação da sua mesma natureza (cf. Sb 2,23-24, um estado no qual o homem foi criado).

Essas afirmações da Sabedoria sobre a sorte final do homem constituem uma das novidades teologicamente mais importantes do livro. Todavia, o livro da Sabedoria não fala jamais do *modo* da imortalidade nem delineia com clareza a sorte final dos ímpios; o autor está consciente da novidade da proposta, e a sua descrição é vaga. Decerto, o livro fala de um *juízo* tanto dos justos como dos ímpios (que ele chama de ἐπισκοπή, "visita", cf. Sb 3,7.9.13; 4,15) e de uma vida eterna com Deus, sem especificar, porém, que tipo de juízo ele tem em mente: escatológico, coletivo ou individual?

Os primeiros nove versículos do capítulo 3 não deixam dúvidas sobre a situação geral dos justos depois da morte: eles estão em paz, ou seja, nas mãos de Deus, que os acolheu, subtraindo-os às provas da vida, que ele quis apenas para provar a fé deles. Eles viverão perto de Deus e participarão, embora de modo misterioso, da glória do seu reino, experimentando a sua misericórdia. A morte dos justos, que, aparentemente, parece uma ruína, é, na realidade, o início de uma vida sem fim, em união com Deus. Em outras palavras, o nosso autor não concebe uma imortalidade que não esteja em direta continuidade com a história concreta de cada justo e com a história de todo o povo dos justos.

Se, pois, de um lado, a imortalidade se mostra como um dom, é, de outro, algo eticamente qualificado: viverão com Deus aqueles que foram fiéis no amor (Sb 3,9), e a vida eterna é também uma recompensa para as almas puras (Sb 2,20-22), para a estéril e para o eunuco que permaneceram fiéis a Deus.

Resta, afinal, o problema da ressurreição dos corpos; o livro da Sabedoria não fala nunca de modo explícito da ressurreição; a discussão a respeito está ainda fechada[27]. A presença de ἀφθαρσία em Sabedoria 2,23 já faz pensar na realidade da ressurreição. Mas a análise dessa temática não pode ignorar um tema tantas vezes negligenciado, o tema do cosmos, introduzido no contexto da sorte final do homem em Sabedoria 5,17-23. Devemos sobretudo a P. Beauchamp a intuição de que o nosso autor, pondo ênfase no cosmos, não pode pensar numa salvação fora do corpo. Em particular, a tese, hoje aceita, da unidade do livro da Sabedoria leva-nos a propender para a hipótese de Beauchamp; a terceira parte do livro (e, sobretudo, o tema da criação renovada e do maná; Sb 19,18-21) permite pensar, com efeito, que também o corpo tem uma parte no futuro do homem, de modo que os elementos do cosmos são protagonistas no futuro de toda a

---

27. Cf. LARCHER, *Etudes*, 300-327; SCARPAT, G., *Sapienza*, 3 vol., Brescia, Paideia, 1988, 1992, 1999, I, 203-204 resolve o problema afirmando que não é interesse do nosso autor falar de ressurreição dos corpos. Veja-se, porém, o estudo fundamental de BEAUCHAMP, P., Le salut corporel des justes et la conclusion du livre de la Sagesse, *Bib*, 45 (1964) 490-526 e, sucessivamente, ID., Sagesse de Salomon. De l'argumentation médicale à la rèssurection, in: TRUBLET, J. (ed.), *La sagesse biblique de l'Ancien au Nouveau Testament*, Paris, Cerf, 1995, 174-186. Cf. outras argumentações favoráveis à ideia de ressurreição no livro da Sabedoria na ótima síntese do *status quaestionis* oferecida por GILBERT, M., Immortalité? Résurrection? Faut-il choisir? Témoignage du judaïsme ancien, in: ABADIE, P.; LEMONON, J.-P. (ed.), *Le judaïsme à l'aube de l'ère chrétienne* (LD 186), Paris, Cerf, 2001, 271-297; cf. ainda PUECH, E., Il libro della Sapienza e i manoscritti del Mar Morto: un primo approccio, in: BELLIA; PASSARO, *Il libro della Sapienza*, espec. 142-153.

criação, um futuro que se fundamenta, na realidade, sobre intervenções históricas de Deus. A salvação passa por um combate cósmico final (Sb 5,17-23) e por uma nova harmonia da criação (Sb 19,18-21), que culmina no dom do maná, "alimento de ambrosia" (Sb 19,21), ou seja, alimento de incorruptibilidade, daquela ἀφθαρσία que faz pensar na ressurreição dos corpos, que, todavia, não é afirmada explicitamente, justamente por causa das dificuldades que essa ideia teria encontrado no contexto helenizado no qual nasce o livro da Sabedoria.

5.5. A figura da sabedoria: a segunda parte do livro (Sb 7–9)

A segunda parte do livro (Sb 7–9) abre-se com o elogio da sabedoria propriamente dito, conduzido segundo os cânones da retórica grega (Sb 7–8). A sabedoria, ao contrário do conhecimento proposto pelos mistérios gregos, é oferecida a todos (cf. Sb 6,22-25; mas também 2,21). Ela é para o homem o valor mais alto (cf. Sb 7,7-12), o único que pode assegurar a imortalidade (Sb 8,17).

O protagonista desses dois capítulos é, à primeira vista, o rei Salomão, sob cuja figura se esconde o nosso autor; a partir de Sabedoria 8,10, assistimos a um verdadeiro discurso interior do rei. O ponto de partida dessas reflexões é bíblico: na base de Sabedoria 7–8 estão os dois célebres textos de 1 Reis 3 e 2 Coríntios 1 e, mais em geral, as tradições bíblicas e judaicas sobre a sabedoria de Salomão, visto aqui no ápice da sua glória. É evidente a vontade do nosso autor de apresentar Salomão como o tipo mesmo do sábio. Ao mesmo tempo, porém, o texto do livro da Sabedoria esclarece que ele seria um homem como todos os outros (Sb 7,1-6); aquele em quem se transformou é apenas consequência do dom da sabedoria que ele pediu a Deus e que Deus lhe concedeu. Assim, cada um pode ser "rei", como Salomão, se apenas desejar e acolher a sabedoria.

A sabedoria é, então, a verdadeira protagonista desses dois capítulos: em linha com a tradição de Israel, ela é imaginada como uma mulher (Pr 8,1–9,6) que Salomão toma como esposa, mais precisamente, porém, como amiga, iniciadora, educadora e conselheira, que o sábio ama acima de qualquer outro bem; assim fazendo, recebe como dom próprio aqueles bens que tinha aparentemente deixado para seguir a própria sabedoria.

O nosso sábio tece o elogio dessa sabedoria descrevendo sua natureza e sua origem. O texto quer, na realidade, mediante a figura da sabedoria, responder a um quesito fundamental: Deus está distante ou próximo? A tradição sapiencial de Israel, ressaltando o aspecto humano da sabedoria, chegara, com

Jó e com o Coélet, a descobrir a impenetrabilidade do mistério divino. Precisamente com a sabedoria, porém, Deus se torna presente: a sabedoria não exclui os valores humanos e está presente no homem, mas, tendo a sua origem em Deus, pode ser alcançada somente como seu dom. Além disso, a sabedoria tem um papel cósmico — renova o mundo sem se identificar, porém, nem com ele nem com Deus. Desse modo, o livro da Sabedoria procura salvar a transcendência e a imanência de Deus desenvolvendo uma teologia da sabedoria que não está muito distante da sabedoria cristã da graça. Não é por acaso que a tradição patrística irá se inspirar nesses capítulos, provavelmente já levados em consideração por alguns autores neotestamentários, em relação à teologia trinitária (cf. adiante).

Em toda essa reflexão, que se inspira na Escritura, o nosso sábio alexandrino confronta-se, enfim, com a cultura grega na qual se encontra imerso, em particular com a filosofia estoica. A esse respeito, a descrição da sabedoria apresenta muitos pontos de contato com a figura de Ísis. Com grande coragem, o nosso sábio descreve a sabedoria com traços isíacos, a ponto de torná-la polemicamente uma alternativa crível à deusa egípcia, mas também com a intenção de estabelecer uma espécie de ponte entre duas culturas muito distantes, a grega e a judaica, sem jamais cair no risco de sincretismo.

O centro de Sabedoria 7-8 é constituído pela descrição da sabedoria contida em Sabedoria 7,22-8,1. Os 21 atributos da sabedoria, inspirados, em parte, pelo estoicismo (Sb 7,21-22), aproximam-na do "espírito" e a apresentam como uma realidade superior ao mundo, divina, mas, ao mesmo tempo, presente e disponível ao homem, como uma força moral que provém de Deus e que penetra em todas as coisas. Trata-se de uma ampliação de temáticas em Provérbios 8; Jó 28; Siracida 24, mas também de uma notável influência do tema estoico do "espírito do mundo".

> [22b]Nela há um espírito inteligente e santo,
> único, múltiplo, sutil,
> móvel, claro, imaculado,
> límpido, inócuo, amante do bem, perspicaz,
> [23]sem impedimentos, benéfico, amigo do homem,
> seguro, estável, sem preocupações,
> que tudo pode e que tudo perscruta,
> que penetra todos os espíritos
> inteligentes, puros, sutilíssimos.
> [24]A sabedoria é móvel, mais que qualquer movimento,
> atravessa e penetra qualquer coisa, por sua pureza.

²⁵É um sopro do poder de Deus,
uma emanação límpida da glória do Onipotente:
por isso, nada de contaminado pode nela se insinuar.
²⁶É um reflexo da luz eterna
e um nítido espelho da atividade de Deus,
uma imagem da sua bondade.

²⁷Como é única, ela pode tudo,
mesmo permanecendo em si mesma, tudo renova
e através das gerações, entrando nas almas santas,
prepara amigos de Deus e profetas.
²⁸Com efeito, Deus não ama senão os que convivem com a sabedoria.
²⁹Ela, na realidade, é mais esplêndida do que o Sol
e superior a toda constelação;
comparada à luz, é superior:
³⁰a essa luz, com efeito, sucede a noite,
mas sobre a sabedoria a maldade não prevalece.
⁸,¹Ela se estende de uma extremidade à outra, com vigor,
e governa o Universo com bondade²⁸.

Notemos, em particular, que a "sabedoria" e o "Espírito" são duas realidades que são cotejadas desde o início do livro (Sb 1,6.7; cf. Sb 7,21-22)²⁹. O Espírito, visto no seu pano de fundo bíblico, é aqui princípio divino de conhecimento, fonte de vida moral, princípio ativo de vida. Sob a influência estoica, o Espírito adquire, igualmente, um papel cósmico e exprime, desse modo, também a atividade de Deus em relação à criação (cf. Sb 1,7 e 8,1). Sabedoria e Espírito tornam-se modelos de uma mesma atividade de Deus a favor do homem e do cosmos; a sabedoria, aliás, posta ao lado do Espírito, adquire também ela *um papel cósmico* e se torna sinal da presença de Deus no mundo e princípio ativo na criação (cf. Sb 8,1) e no homem, como fonte de vida moral (Sb 7,24.27); a sabedoria é ainda força interior que torna o homem capaz de compreender a vontade de Deus expressa na Lei (cf. Sb 9,17).

Nessa linha estão as cinco metáforas da mesma natureza contidas em Sabedoria 7,25-26: a sabedoria não parece ser outra coisa senão um aspecto da mesma natureza e da atividade de Deus, imagem da sua bondade, mediadora, portanto, entre Deus e os homens. O nosso autor retoma, assim, uma ideia já

---

28. Cf. a antífona de 17 de dezembro na liturgia latina: "*O sapientia quae ex ore Altissimi prodisti; attingens a fine usque ad finem fortiter suaviter disponensque omnia*".
29. Cf. MAZZINGHI, L., 'La sapienza è uno spirito che ama l'uomo' (cf. Sap 1,6 e 7,23), *PSV*, 38, 2 (1998), 103-116.

presente, na Escritura, desde o texto de Provérbios 8, e a desenvolve à luz das sugestões provenientes do estoicismo e do platonismo.

> Observemos que alguns dos termos utilizados nesses versículos terão uma história também no Novo Testamento e na teologia cristã: ἀπάγαυσμα e εἰκών serão encontrados, respectivamente, em Hebreus 1,3 e 2 Coríntios 3,18; 4,4; Colossenses 1,15, aplicados à relação entre Cristo e o Pai, bem como ἀπορροία, termo que será utilizado desde a primitiva tradição patrística para indicar a divindade do Espírito Santo. Os Padres utilizaram muito esses versículos, muitas vezes em chave cristológica ou pneumatológica[30].

O sábio é aquele que ama a sabedoria com um amor exclusivo de amizade, quase com um amor esponsal (Sb 8,2.9.16.18). Mas a sabedoria, dom de Deus, pode ser obtida somente com a oração; é assim que a sabedoria divina se torna sabedoria humana (c. 9) e pode agir ativamente na história concreta dos homens. O capítulo 10 é, a esse respeito, particularmente importante, porque, apresentando a história das ações da sabedoria, desde Adão até Moisés, liga sabedoria e história, abrindo assim o tema que caracteriza a terceira parte do livro.

5.6. A oração para obter a sabedoria (Sb 9)

O capítulo 9 encontra-se no centro da estrutura do livro da Sabedoria e é também seu centro teológico: a oração para obter a sabedoria. O nosso autor serviu-se de 1 Reis 3 / 2 Coríntios 1, a oração de Salomão, para obter a sabedoria no governo, mas acrescentou a esses textos uma reflexão sobre o papel da sabedoria em relação a Deus e sobre a relação sabedoria-criação-salvação. O ponto de partida é o mesmo de 1 Reis 3: a fraqueza de Salomão, a necessidade da sabedoria para governar e construir o templo; mas, inspirando-se nesses textos, o nosso autor desenvolve-os numa chave bem diferente.

---

30. Cf. LARCHER, *Sagesse*, II, 501 e 505; SCARPAT, *Sapienza*, II, 71-72.

Estrutura literária

A estrutura literária, muito bem cuidada, já nos oferece um indício claro sobre o conteúdo do texto; seguimos aqui a proposta de M. Gilbert[31]:

a. <u>Primeira estrofe</u> (vv. 1-6): inclusão "sabedoria-homem" (v. 2); "homem-sabedoria" (v. 6).
   a1 – vv. 1-3: Deus <u>criou</u> o Universo...
       ... mediante a sabedoria, formou o homem.
   a2 – v. 4: "<u>dá-me a sabedoria!</u>".
      a3 – vv. 5-6: *fraqueza* do homem.

b. <u>Segunda estrofe</u> (vv. 7-12): inclusão "teu povo", vv. 7.12.
   b1 – vv. 7-9: Deus escolheu Salomão como rei e juiz e lhe deu a sabedoria para *governar*.
   b2 – v. 10: "<u>dá-me a sabedoria</u>" (centro literário).
   b3 – vv. 10b-12: mesmo tema de b1.

c. <u>Terceira estrofe</u> (vv. 13-18): inclusão "homem" / "homens" (vv. 13.18).
   c1 – vv. 13-17a: *fraqueza* do homem (cf. a3).
      c2 – v. 17b: "<u>doar</u>" a sabedoria.
         c3 – v. 18: Deus <u>salva</u> os homens mediante a sabedoria.

A estrutura dá destaque a um esquema duplamente concêntrico; no centro de cada estrofe aparece a centralidade do pedido da sabedoria (a2; b2; c2), enquadrada pelos temas da fraqueza humana (a3; c1) e do bom governo (b1; b3); nos extremos da moldura, a estreita relação entre sabedoria, criação e salvação (a1; c3).

Primeira estrofe (9,1-6)

¹Deus dos pais e Senhor da misericórdia,
que fizeste todas as coisas com a tua palavra
²e com a tua sabedoria formaste o homem
para que dominasse sobre as criaturas nascidas de ti
³e governasse o mundo com santidade e justiça
e com ânimo reto exercesse o juízo,
⁴dá-me aquela que se senta ao lado do teu trono, a sabedoria,
e não me excluas de entre teus filhos.
⁵Porque eu sou teu servo e filho da tua escrava,

---

31. Cf. GILBERT, M., La structure de la prière de Salomon, *Bib*, 51 (1970), 301-332.

Homem fraco e de vida efêmera,
muito inferior para compreender o juízo e as leis:
⁶Ainda que houvesse alguém perfeito entre os filhos dos homens,
se lhe falta a sabedoria que vem de ti, seria considerado um nada.

Abre-se a estrofe com ênfase no papel da sabedoria junto de Deus (vv. 1-3). Observe-se a progressão temática: o v. 1 abre com a invocação ao Deus dos Pais; um apelo à fidelidade de Deus na história concreta do povo. Esse Deus é, com efeito, "Senhor da misericórdia" (o grego ἔλεος traduz o hebraico *ḥesed*), um Deus providente, mas também *criador* mediante a sabedoria, posta em paralelo com a "palavra" divina. No v. 2, a atenção concentra-se no homem, cuja missão é lembrada mediante uma citação implícita de Gênesis 1,28: colaborador de Deus no domínio do mundo. Não se trata, porém, de um domínio absoluto, mas de um governo com "santidade" e "justiça"; uma relação harmoniosa com Deus e com os outros homens.

No v. 4, aparece a oração para obter a sabedoria, definida πάρεδρος de Deus. Ou seja, ela se senta à direita de Deus e é participante da mesma dignidade divina; é indispensável para ser filho de Deus (v. 4b). Nos vv. 5-6, a reflexão sobre a fraqueza de Salomão desenvolve-se à luz de 1 Reis 3,7-11; ninguém pode ser "perfeito" diante de Deus.

> No uso de πάρεδρος aparece um claro contato com o mundo dos mistérios; com esse termo definia-se Ísis, "mentora" do deus egípcio Rā. No v. 6, aparece também uma ponta polêmica antiestoica: a Sabedoria usa o adjetivo τέλειος, "completo", "perfeito", que é o ideal que todo sábio deveria poder atingir, segundo os estoicos — a perfeição da virtude! Para o nosso autor, isso é impossível sem a graça de Deus, ou sem o dom da sabedoria.

Segunda estrofe (9,7-12)

⁷Tu me escolheste como rei do teu povo
e juiz dos teus filhos e das tuas filhas:
⁸mandaste construir um templo na tua santa montanha
e um altar na cidade onde tu resides,
imagem da tenda santa, que preparaste desde a origem.
⁹Contigo está a sabedoria, que conhece as tuas obras,
que estava presente quando criavas o mundo
e sabe o que agrada a teus olhos

e o que é reto segundo os teus mandamentos.
¹⁰Envia-a dos céus santos
e do trono da tua glória manda-a!
Para que, presente, comigo trabalhe
e eu saiba o que é de teu agrado;
¹¹ela, com efeito, conhece e compreende tudo
e me guiará com prudência nas minhas ações
e me protegerá com a sua glória.
¹²Então serão bem aceitas as minhas obras
e julgarei o teu povo com justiça
e serei digno do trono de meu pai.

Nos vv. 7-9, o dom da sabedoria está em função de uma missão; no caso de Salomão, o bom governo. A sabedoria tem também um valor político e, embora estando presente "contigo" (9a), torna-se disponível ao homem. O v. 9 retorna, como já fazia Sirácida 24, ao papel litúrgico da sabedoria, unindo o dom com a obra empreendida por Salomão, a construção do templo. O bom governo é posto em estreita relação com o culto divino. A "tenda santa, que preparaste desde a origem", é, talvez, uma referência a Êxodo 26,30.

O v. 10 constitui o centro literário de todo o capítulo, ainda sobre o pedido de obter a sabedoria. "Manda-a": aqui o grego usa o verbo ἐξαποστέλλω, o mesmo verbo que Lucas 24,49 e 1 João 4,6 usam a propósito da missão do Espírito e 1 João 4,4 a propósito da missão do Filho. A sabedoria desce do céu, mas se põe ao lado do homem: o v. 10 usa o verbo κοπιάω, usado por Paulo quando ele fala das suas fadigas apostólicas.

Nos vv. 10-11, o verbo "guiar" e a referência à "glória" constituem uma alusão à glória do Senhor, que guia Israel no deserto com a coluna de nuvens (cf. Dt 1,33; Ne 9,12; Sl 77,14; cf. Sb 18,3). A sabedoria não é, porém, um guia exterior, como a nuvem, mas interior, uma força moral (cf. Sb 7,27) que anima o homem.

O tema da sabedoria "presente" ao lado de Deus e ao lado dos homens (Sb 9,9.10) tem, enfim, claras ressonâncias isíacas; um dos objetivos é certamente polêmico e apologético: o livro da Sabedoria pretende revigorar os judeus de Alexandria contra a tentação de seguir uma das figuras mais sedutoras que eles tinham diante de si: Ísis, a deusa "presente", que assiste o homem em qualquer dificuldade. O gancho de Sabedoria 9 com o tema da criação e com o tema da história de Israel é expressão de uma precisa tomada de posição e de uma grande clareza sobre a própria identidade dentro de um contexto cultural hostil. Resta o fato de que a retomada de temas isíacos ocorre com toda a naturalidade, nem o autor demonstra ter problemas ao propor linguagem, imagens e motivos que podiam correr o risco de ser desvirtuados por seus destinatários. A sabedoria não é certamente Ísis, contudo também o judeu, que podia ser seduzido por Ísis, pode encontrar na sabedoria bem mais do que Ísis lhe prometia. Ao mesmo tempo, o nosso autor lança uma ponte entre a sua comunidade e uma cultura que podia parecer muito distante, e isso sem jamais renunciar à sua fé. Pelo menos nisso é possível continuar a utilizar, para o livro da Sabedoria, o conceito de "inculturação"[32].

Terceira estrofe (9,13-18)

> [13]Que homem, com efeito, poderá conhecer a vontade de Deus?
> Ou quem poderá imaginar o que deseja o Senhor?
> [14]Os raciocínios dos mortais são contidos,
> e instáveis são as nossas reflexões.
> [15]Um corpo corruptível, com efeito, pesa sobre a alma,
> e essa tenda feita de terra oprime uma mente carregada de preocupações.
> [16]Decerto, dificilmente imaginamos as coisas da terra,
> e encontramos com dificuldade as que temos ao alcance da mão:
> quem pôde encontrar as coisas do céu?
> [17]Quem teria conseguido conhecer a tua vontade
> se tu não lhe tivesses dado a sabedoria,
> e não lhe tivesses mandado o teu Espírito Santo lá do alto?
> [18]Assim foram endireitados os caminhos dos que estão na terra,
> e no que te é agradável foram instruídos os homens,
> e por meio da sabedoria foram salvos.

Nos vv. 13-17a volta-se ao tema da fragilidade humana, segundo um novo esquema concêntrico:

v. 13: pedido retórico inicial;
    v. 14: o pensamento do homem se engana;
        v. 15 (centro): o homem é fraco e frágil;
    v. 16ab: ainda sobre os pensamentos do homem;
vv. 16c-17a: novo pedido retórico.

---

32. Cf., para os detalhes, MAZZINGHI, L., *La Sapienza, presente accanto a Dio e all'uomo: Sap 9,9b.10c e la figura di Iside*, in: CALDUCH-BENAGES; VERMEYLEN (ed.), *Treasures of Wisdom*, 357-367.

A sabedoria permite conhecer "o que Deus deseja" (cf. 13; cf. Is 40,13); o grego usa o termo βουλή, a "vontade" de Deus expressa na Lei. Ninguém pode compreendê-la sem o dom da sabedoria e o dom do Espírito, postos aqui de novo em paralelo (v. 17b); trata-se de uma vontade de Deus que deve ser interiorizada, segundo o que já fora anunciado por Ezequiel 36,26-27; cf. Salmos 51,12-13; Gálatas 3,1. O livro da Sabedoria não identifica sabedoria e Lei; antes, a Lei não pode ser compreendida pelo homem sem o dom da sabedoria e do Espírito.

> Numa primeira leitura, o v. 15 cria muitas perplexidades; cf. também Sabedoria 8,19-20 e a nota BJ a ambos os textos; a bibliografia sobre esses textos é bem farta, e os comentaristas se dividem sobre a interpretação a ser dada[33]. A linguagem que o livro da Sabedoria usa é tipicamente platônica e faz pensar no dualismo corpo-alma, senão até mesmo na doutrina platônica da preexistência das almas. Segundo a doutrina platônico-pitagórica, o corpo é, de fato, "túmulo" da alma (σῶμα-σῆμα), e a alma deve se libertar dessa prisão para não ser obrigada a reencarnar num outro corpo (cf. o célebre mito da auriga no *Fedro*). A união alma-corpo é, portanto, somente extrínseca e totalmente acidental. O que, na realidade, o livro da Sabedoria pretende afirmar?
>
> Enquanto Platão usa os mesmos termos em sentido metafísico, o livro da Sabedoria o faz somente em sentido psicológico; o "corpo", biblicamente chamado de "carne", torna-se peso para a alma, a parte espiritual do homem, com muitas preocupações (observar o termo πολυφροντίς, uma das novas criações do livro da Sabedoria). Aliás, a imagem da tenda é bíblica, não grega (cf. Jó 4,21; Is 33,20; 38,12), bem como a referência à argila (Gn 2,7). Trata-se, por isso, de um *dualismo de tipo psicológico*: a alma está voltada para o alto, o corpo a empurra para baixo. No entanto, ontologicamente falando, corpo e alma formam a mesma realidade humana. A antropologia do nosso livro, embora influenciada pelo mundo grego, é bíblica na sua raiz.
>
> Mais difícil é explicar 8,18-20, no qual, inegavelmente, o livro mostra se ressentir com muito mais profundeza da influência grega. O v. 19 parece atribuir o Eu pessoal ao corpo ("eu tivera por sorte uma alma"), mas o autor parece se dar conta das dificuldades provocadas por esse uso platônico, que permitiria até pensar na reencarnação. Assim, no v. 20, corrige

---

33. Cf. ADINOLFI, M., La dicotomia antropologica platonica e Sap 8,19-20, in: MARCHESELLI, C.C. (ed.), *Parola e Spirito, studi in onore di S. Cipriani*, Brescia, Paideia, 1982, 145-155.

a mira e atribui o Eu pessoal à alma ("ou antes" é uma precisão do que foi dito antes). O que o livro da Sabedoria quer ressaltar é somente a possibilidade de uma existência anterior da alma com relação ao corpo (talvez como *pré-criação da alma*?: cf. Sb 15,11); o uso do vocabulário platônico aumenta as dificuldades, e o texto fica obscuro, embora pareça claro que o livro não pretenda propor a doutrina platônica da alma (a assunção de termos platônicos não indica, com efeito, necessariamente, a assunção das categorias filosóficas platônicas). Convém lembrar que em todo o capítulo 9 o livro da Sabedoria relê o AT, embora procurando, ao mesmo tempo, uma relação profunda com o mundo grego; talvez seja esse um caso de operação não perfeitamente exitosa.

No v. 18, o dom da sabedoria produz no homem três frutos: corrigir uma situação de pecado; conhecer a Lei ("o que é de teu agrado"); salvar o homem de todo perigo. Esse é o primeiro emprego do verbo "salvar" (σῴζω) no livro da Sabedoria, verbo que retornará logo em Sabedoria 10; em 9,18, trata-se de uma salvação já realizada: os verbos, com efeito, estão no aoristo, enquanto no v. 12 estavam no futuro. O futuro de Salomão (cf. a segunda estrofe) é garantido pelo que a sabedoria já fizera no passado (cf. o c. 10). O ponto de partida da oração não é, como parece à primeira vista, a fraqueza humana, mas a obra salvífica de Deus; somente sob essa luz é que o homem descobre a própria fragilidade.

A sabedoria de Sabedoria 9, presença de Deus entre os homens

O poema de Sabedoria 9 leva a cabo a figura da sabedoria personificada introduzida em Provérbios 8. A sabedoria não é mais uma realidade inacessível (cf. Jó 28), mas é revelada por Deus aos homens. A sabedoria não é apenas ordenadora da realidade, mas é também cocriadora; Sabedoria 9,1-2, com efeito, apresenta-a em relação com a palavra criadora de Gênesis 1. A sabedoria é bem mais que a Lei (cf. Sr 24); é a presença mesma de Deus no mundo e no homem. Existe uma relação particular (cf. o v. 17) entre sabedoria e Espírito; o dom do Espírito anunciado por Ezequiel é o que leva o homem a cumprir a vontade de Deus; a Lei mosaica e, assim, interiorizada. Também nesse caso, o livro da Sabedoria se mostra em estreita relação com a tradição bíblica (cf. Ez 36,26-29).

Sabedoria 9 é a última passagem dessa figura típica do Israel pós-exílio. O encontro com o helenismo não leva Israel a se fechar em si mesmo, mas provoca o nascimento de uma corrente de mediação, como já observamos. A sabedoria personificada é o modo privilegiado por meio do qual Israel descreve o terreno comum sobre o qual todos os homens podem se encontrar. A sabedoria de Sabedoria 9 não exclui valores tipicamente helenísticos (estão presentes, com efeito, também temas isíacos e referências à filosofia estoica) e é uma proposta ao mesmo tempo cultural, política, religiosa, válida para todos. É a tentativa de expressar o universalismo bíblico junto à unidade existente entre ordem cósmica, ordem salvífica e ordem moral, ou seja, entre história, criação e salvação.

> Sabedoria 9 é o texto retomado no Novo Testamento, antes de tudo, a propósito da teologia do Espírito; cf. os vínculos entre Sabedoria 9,9.11 e 1 Coríntios 2,10-15; a sabedoria conhece as profundezas de Deus, mas, ao mesmo tempo, é acessível ao homem. É retomado também a propósito da cristologia; vejam-se os contatos entre Sabedoria 9,4 e João 1,1; entre Sabedoria 9,1-2 e João 1,10.
>
> **Para prosseguir no estudo**
>
> GILBERT, M. La structure de la prière de Salomon. *Bib*, 51 (1970) 301-332; VIGNOLO, R. Sapienza, preghiera e modello regale. Teologia, antropologia, spiritualità di Sap 9. In: BELLIA, G.; PASSARO, A. (ed.). *Il libro della Sapienza. Tradizione, redazione, teologia*. Roma: Città Nuova, 2003, 272-300; MAZZINGHI, L. La Sapienza, presente accanto a Dio e all'uomo: Sap 9,9b.10c e la figura di Iside. In: CALDUCH-BENAGES, N.; VERMEYLEN, J. (ed.). *Treasures of Wisdom. Studies in Ben Sira and the Book of Wisdom, FS M. Gilbert* (BEThL 143). Lovaina: Peeters, 1999, 357-367; GILBERT, M. Volonté de Dieu et don de la Sagesse. *NRT*, 93 (1971) 145-164 (trad. it. Volontà di Dio e dono della sapienza, Sap 9,17-18. In: ID. *La Sapienza di Salomone*. 2 vol. Roma: ADP, 1994-1995, I, 121-152).

5.7. Sabedoria 11,15–12,27: primeira digressão; a filantropia de Deus

A terceira parte do livro da Sabedoria é introduzida, como se viu, pelo capítulo 10, no qual o nosso sábio descreve a obra da sabedoria na história, de Adão a Moisés, passando por Caim e Abel, Noé, Abraão, Isaac, Jacó e

José. No capítulo 11 começa a série das setes antíteses centradas nos temas do Êxodo (v. adiante). A série é logo interrompida por duas digressões, a primeira das quais é dedicada ao tema da filantropia divina.

No coração da primeira digressão está uma profunda releitura dos textos bíblicos relativos às punições reservadas por Deus aos cananeus e aos egípcios. Servindo-se, ao mesmo tempo, de uma linguagem conhecida da cultura e da filosofia helenística, o nosso autor procura, de um lado, tornar atuais os textos a seus ouvintes e, de outro, tirar deles uma lição teológica precisa. A pergunta fundamental nasce da maravilha diante de um Deus que não destruiu os maus, como esperaríamos.

Em primeiro lugar, essa digressão quer jogar luz sobre o valor da pedagogia divina, seja em relação aos malvados (Sb 11,16), seja em relação aos israelitas (Sb 12,22a). Deus pune, com efeito, para educar uns e outros, para ensinar a todos o valor da conversão (Sb 11,23b; 12,10a.19c.20c) e da fé nele (12,2.27c). Será esse um dos temas-guia das antíteses do Êxodo que seguirão (cf. Sb 16-19).

O objetivo de tal pedagogia divina é que o homem reconheça as motivações profundas: de modo particular, o amor de Deus por todas as suas criaturas (ver todo o texto de Sabedoria 11,23-12,18; cf. Sabedoria 12,8). Não é por impotência que Deus age assim (Sb 11,17-20; 12,9-14), mas porque ele estabeleceu "tudo com medida, cálculo e peso" (Sb 11,20). Ele é misericordioso precisamente porque é onipotente (cf. Sb 11,19). É, pois, a misericórdia o verdadeiro aspecto da onipotência divina, uma misericórdia devida ao fato de que o "espírito incorruptível" de Deus está em todas as coisas (Sb 12,1; outro tema de proveniência estoica). Deus, com efeito, é ὁ δέσποτα φιλόψυχη, "o Soberano amante da vida". Deus ama (usa-se o verbo ἀγαπάω), de fato, "todas as coisas existentes". Precisamente a reflexão sobre a força e sobre a onipotência de Deus (Sb 11,17-20; 12,16-18) é que leva o nosso sábio a ver nessa mesma força divina a raiz da sua misericórdia, mais que da sua severidade.

O homem extrairá alguma lição dessa moderação divina (Sb 12,19), tornando-se, por sua vez, φιλάνθρωπος, "amigo dos homens". O comportamento de Deus torna-se, assim, modelo para o comportamento do homem, convidado a amar todos os outros homens; é essa uma resposta às acusações de *misantropia* que já circulavam contra os judeus de Alexandria.

Aos ouvintes do livro é, por isso, proposta a face de um Deus que cuida de todos, clemente até em relação aos maus, bem diferente da imagem despótica descrita pelos soberanos da época, pelos romanos, a princípio. Ao mesmo tempo, a superioridade de Israel, povo de Deus, manifesta-se por meio de uma igual misericórdia mostrada a todos os homens, inclusive aos próprios antagonistas mais obstinados. A dureza do tom com que a digressão se encerra (12,23-27) não deve espantar: de um lado, o nosso autor, lendo a narrativa bíblica, não pode deixar de ver nela, como conclusão, a morte dos egípcios e dos cananeus, clareada por muitos textos da Escritura. De outra parte, o texto da digressão oscila entre a vontade de defender a liberdade absoluta de Deus (Sb 12,12) e o desejo de não negar a liberdade do homem, que, com suas próprias mãos (cf. Sb 1,13-16), atrai para si a ruína. Além disso, egípcios e cananeus tornam-se (cf. especialmente Sb 12,3-7) imagem dos judeus que — na época em que o nosso autor escreve — se deixavam seduzir pela idolatria, pela magia, pelos cultos mistéricos, atraindo assim a morte eterna da qual a ruína dos antigos egípcios e cananeus é um primeiro e distante símbolo.

5.8. Sabedoria 13–15: segunda digressão; a idolatria

A digressão anterior, centrada no tema da filantropia e da moderação divina em relação aos pecados dos homens, encerrou-se com uma consideração muito dura sobre o pecado dos cananeus (Sb 12,23-27), que consiste, na descrição que dela fez o nosso autor, na adoração dos ídolos e, de modo especial, no culto dos animais. A esta altura, o nosso sábio introduz uma ampla reflexão sobre o comportamento dos idólatras, visto em antítese com a bondade de Deus em relação a todas as suas criaturas; do mesmo modo, na primeira parte do livro, a descrição do projeto dos maus (Sb 2) fora contraposta ao projeto divino de salvação eterna para os justos (cc. 3 e 4). O espaço dado a essa crítica revela a importância que para o livro da Sabedoria tem a condenação contra a idolatria, dentro de um contexto como o alexandrino, no qual o judeu era chamado a defender a própria fé.

Os capítulos 13–15 ocupam-se com a crítica à idolatria, mediante uma interessante progressão temática: no trecho inicial (Sb 13,1-9), a atenção está centrada numa forma de religiosidade de caráter filosófico. De Sabedoria 13,10 a 15,13, temos uma longa seção dedicada à crítica dos cultos idolátricos propriamente ditos; já apresentamos a cuidadosa estrutura literária que caracteriza essa parte central. A última seção, enfim (Sb 15,14-19), é dedicada à condenação sem apelo da pior forma de idolatria, a zoolatria, ou seja, o culto egípcio aos animais.

O objetivo dessa longa digressão é evidente: o ataque perfeito dirigido aqui contra a idolatria enfatiza o motivo que está na base da punição dos egípcios, assunto das sete antíteses que caracterizam Sabedoria 11–19; esse ataque constitui, ao mesmo tempo, uma tentativa de persuasão dos judeus alexandrinos que eram tentados todos os dias precisamente pelos cultos dos ídolos. O nosso autor levou em consideração outros ataques à idolatria já presentes alhures na Escritura: vejam-se, em especial, o texto do Decálogo em Êxodo 20,3-5 (Dt 5,7-9) e ainda o texto de Deuteronômio 4,16-19, mas, sobretudo, Isaías 44,9-20, Jeremias 7,1–8,3, Daniel 14 e o Salmos 113B (115). Nesses três capítulos, o livro da Sabedoria nos oferece, sem dúvida, a mais ampla e articulada reflexão que a Bíblia contém sobre esse assunto, combinando, como sempre, segundo o estilo típico do livro, temas bíblicos e judaicos com elementos próprios da cultura helenística[34].

5.9. Sabedoria 13,1-9: a religião dos filósofos

¹Logicamente vazios[35], com efeito, são todos os homens em quem se encontrava a ignorância de Deus e que, a partir dos bens que se veem, não foram capazes de conhecer Aquele que é, nem, examinando as obras, reconheceram o Artesão,

²mas o fogo, ou o vento, ou o ar ágil,

ou o círculo dos astros, ou a água impetuosa ou os archotes do céu, princípios do mundo, eles consideraram deuses.

³E se, encantados pela beleza deles, tomaram-nos por deuses,

saibam quanto lhes é superior o Dono;

com efeito, é o próprio Autor da beleza que os criou.

⁴E se ficaram estupefatos pelo poder e pela atividade,

reflitam, partindo desses elementos, quanto é mais poderoso o Formador deles.

⁵A partir da grandeza e da beleza das criaturas, com efeito,

por analogia, contempla-se o Autor da existência deles.

⁶Mas também para eles é suave a censura

porque eles talvez se enganem,

pois procuram Deus e o querem encontrar;

⁷de fato, dedicando-se assiduamente às suas obras, eles perscrutam

e ficam seduzidos pela aparência, pois as coisas vistas são muito belas[36].

---

34. Para prosseguir o estudo aconselhamos a obra de GILBERT, M., *La critique des dieux dans le livre de la Sagesse (Sg 13–15)* (AnBib 53), Roma, PIB, 1973. Nesse texto, em particular, inspira-se a exegese de Sabedoria 13,1-9 que é aqui oferecida.

35. Em grego, φύσει; outros entendem como "por natureza", mas tal tradução cria um problema teológico insolúvel.

36. SCARPAT, *Sapienza*, III, 59-61, lê os vv. 6-7 como a objeção de um interlocutor imaginário ao qual responderia, no v. 8, o autor do livro. Assim no v. 6 o advérbio τάχα é lido como "facilmente".

⁸Mas nem mesmo eles são desculpáveis,
⁹porque, se foram capazes de ter conhecimento a ponto de
poder indagar sobre o princípio do cosmos³⁷,
o Dono de todas as coisas, por que não o encontraram mais rápido?

Junto com Romanos 1,18-20, o trecho foi sempre muito citado pelos Padres; é de grande importância à luz da declaração dogmática do Vaticano I sobre a possibilidade de conhecer a existência de Deus a partir da razão humana:

"Eadem Sancta Mater Ecclesia tenet et docet, Deum, rerum omnium principium et finem, naturali humanae rationis lumine e rebus creatis certo cognosci posse; 'invisibilia enim ipsius, a creatura mundi, per ea quae facta sunt, intellecta, conspiciuntur' [Rm 1,20]; attamen placuisse eius sapientiae et bonitati, alia eaque supernaturali via se ipsum ac aeterna voluntatis suae decreta humano generi revelare [...]" (DS 3004).

A primeira fonte de inspiração do nosso texto é, como sempre ocorre no livro da Sabedoria, a Bíblia; uma análise mais atenta revela o que segue:

– O vocabulário utilizado é, em parte, estranho ao AT; o livro utiliza uma longa série de termos ausentes dos LXX e, diferentes destes, aqueles constituem também verdadeiros neologismos.

– O ponto de partida das argumentações do livro da Sabedoria, a vista, é tipicamente grego. O mundo hebraico, com efeito, dá muito mais importância ao ouvido. Também o recurso à argumentação da beleza (cf. o v. 3) é de cunho grego. A forma poética do texto, porém, é um recurso hebraico.

– Pela primeira vez na Escritura, encontramos uma reflexão sobre a busca racional por Deus; a existência de Deus, no AT, não parece ter necessidade de demonstração; cf. o caso de Jó 38-42; Deus não quer demonstrar a Jó que ele existe, mas, sim, quer fazer com que o homem saiba quem ele é.

O principal ponto de partida da reflexão sobre o livro da Sabedoria deve, portanto, ser procurado fora da Bíblia, ou seja, no mundo grego.

Mas esse advérbio está presente em Sabedoria 14,19 justamente com o sentido de "talvez". O erro dos filósofos não está em procurar Deus, mas em procurá-lo de modo errado.

37. A expressão στοχάσασθαι τὸν αἰῶνα é de difícil interpretação; cf. também SCARPAT, *Sapienza*, III, 60-68 para uma interpretação um pouco diferente da oferecida aqui; Scarpat entende o texto em chave irônica.

Desse ponto de vista, é necessário lembrar que o mundo grego já conhece uma crítica filosófica à idolatria[38].

O v. 1, embora de modo negativo, sob a acusação dirigida à ignorância dos idólatras (θεοῦ ἀγνωσία), contém uma afirmação de capital importância: a partir (ἐκ) dos bens visíveis, é possível conhecer Deus, que é aqui definido com um duplo epíteto: "Aquele que é" (ὁ ὤν), tirado evidentemente pelos LXX do Êxodo 3,14, e o Artesão (ou Artífice) (τεχνίτης).

Na base do v. 1, Sabedoria apresenta uma bem conhecida prova estoico-aristotélica sobre a existência de Deus. O primeiro a afirmar que é possível conhecer Deus, partindo das coisas visíveis, é Aristóteles, num tratado perdido (*sobre a filosofia*) conhecido por meio do uso que dele fizeram os estoicos. Fílon parece se referir a essas ideias estoico-aristotélicas quando escreve que, partindo do mundo, é possível fazermos uma ideia da sua causa, como quando, ao ver a casa, se exige a existência do arquiteto (τεχνίτης); assim, vendo os elementos da natureza, exige-se a existência de um artesão do universo (δημιουργός); cf. *Leg. All.* 3,32,97-99. O mesmo argumento encontra-se em diversos outros textos de inspiração estoica, como este de Cícero: "*Tantum ergo ornatum mundi, tantam varietatem pulchritudinemque Rerum Coelestium, tantam vim et magnitudinem maris atque terrarum, si tuum ac non deorum immortalium domicilium putes, nonne plane desipere videare?*" (*De natura deorum* II, 6,16-17).

Duas observações à margem: como Cícero, também o livro da Sabedoria parece querer distinguir entre existência e essência de Deus. Os filósofos chegaram a compreender a existência de um Artífice, mas não compreenderam que se trata do Deus de Israel; antes, caíram no panteísmo (cf. o v. 2). Todavia, se tivessem aprofundado sua procura racional (cf. o v. 3), teriam entendido que Deus é infinitamente superior aos elementos da natureza (cf. o recurso à analogia de proporcionalidade, no v. 5). Observe-se, aliás, que o livro da Sabedoria evita cuidadosamente o termo *demiurgo*, que, na filosofia platônica, indica um ser intermediário que "faz" o mundo, tomando como modelo as Ideias, que são o que realmente é. O livro da Sabedoria busca eliminar toda dúvida: quem está falando é o próprio Deus, não um demiurgo à maneira platônica.

O Artesão de que fala o v. 1 é identificado com o Deus de Êxodo 3,14: o argumento filosófico usado pelos gregos para chegar a postular a existência

---

38. Veja-se a respeito os textos citados por SCARPAT, *Sapienza*, III, 16-24.

de Deus é correto; o que lhes faltou foi ter descoberto que esse deus, artesão do mundo, é o mesmo que se revelou a Moisés. Esse deus, os pagãos não o conheceram. Nos versículos seguintes, o texto emprega, para definir Deus, dois neologismos, talvez criados justamente pelo nosso autor: γενεσιάρχος (v. 3) e γενεσιούργος (v. 5); ambos os epítetos remetem ao Deus da γένεσις, ou seja, ao Deus criador; assim, o nosso autor quer fazer compreender que o Deus "artífice" a que os filósofos gregos tinham chegado outro não é senão o Deus da criação e da aliança.

No v. 2, nosso autor dá destaque ao erro dos filósofos pagãos, ou seja, terem tomado por deuses os quatro elementos da natureza. A filosofia que é levada aqui em consideração é, antes de tudo, o estoicismo e a sua concepção de Deus. Todo o trecho percebe bem, contudo, a ideia estoica do mundo, um conjunto dinâmico, constituído por vivas referências internas e animado por um Espírito divino.

A crítica que o nosso autor faz à concepção estoica da realidade dirige-se principalmente contra um tipo de religiosidade "culta", em que todo elemento da natureza serve para expressar a presença de uma única realidade divina, impessoal e imanente. As órbitas astrais e os luminares celestes, bem como o fogo, o ar, os astros e a água, podem ser lidos em polêmica com as concepções astrológicas e mágicas dominantes no Egito helenizado.

No v. 5, pela primeira vez na literatura grega, encontra-se o termo ἀναλόγως aplicado ao conhecimento de Deus. O conceito de "analogia" foi usado por Platão em relação ao conhecimento de realidades metaempíricas. O livro da Sabedoria utiliza-o no sentido indicado pelos estoicos: "A analogia é um raciocínio que parte do que aparece e se apodera do que não se vê"[39]. A analogia filosófica é um procedimento racional que parte da experiência do sensível para chegar à compreensão de realidades que superam a experiência; para isso, a analogia se serve da chamada "relação de proporcionalidade", aumentando ou diminuindo as propriedades em relação ao que se vê (ex.: a terra é como um círculo infinitamente grande). Jamais, todavia, antes de Sabedoria 13,5, esse procedimento se encontra aplicado a Deus. Segundo o nosso autor, justamente o uso dos instrumentos lógicos à disposição dos filósofos gregos deveria ter levado a um raciocínio correto sobre a natureza de Deus. Por analogia, das coisas criadas é possível subir até o Criador, mas este último é infinitamente maior do que elas.

---

39. Cf. SVF II, 269 (= RADICE, 454-455).

Utilizando instrumentos gregos, o livro da Sabedoria, com grande genialidade, serve-se da analogia de proporcionalidade para quebrar o círculo da imanência. É verdade que das criaturas se pode subir ao autor, mas justamente a analogia que há entre as duas realidades põe logicamente o Artífice das coisas bem acima delas.

Destaca-se a grande importância que o livro da Sabedoria dá à razão (veja-se também a definição do medo em Sabedoria 17,11-12, definido precisamente como uma "traição" da razão). No v. 4, o nosso autor convida os filósofos pagãos a refletir (νοησάτωσαν), justamente a partir da analogia de proporcionalidade. O termo do percurso descrito no v. 5 é, todavia, a θεωρία, a contemplação, cuja analogia, ou processo racional, é somente o primeiro passo. O livro retoma talvez um texto do *De mundo*, de Aristóteles: "Eis, pois, o que também é preciso dizer a respeito de Deus, que é o mais poderoso quanto à força, o mais nobre quanto à beleza, imortal quanto à vida, mais excelente quanto à virtude: ele, embora permanecendo invisível a qualquer natureza mortal, deixa-se igualmente ver [θεωρεῖται] a partir das suas obras".

Nos vv. 6-7 aparece o juízo do nosso autor sobre a busca dos filósofos: "É suave para eles a censura". Encontramos aqui um juízo moral, que retoma o já expresso no v. 1. A acusação principal dirigida ao mundo pagão é a de ignorar Deus; será exatamente essa ignorância a respeito de Deus a causa direta de toda maldade (cf. toda a perícope de Sb 14,11-31). Mas nesse caso a censura é suave: por quê? Evidentemente porque a busca dos filósofos não estava errada em si mesma (cf. o bem diferente juízo sobre a idolatria, em Sb 13,10, e sobre a zoolatria, Sb 15,14). O caminho seguido pelos filósofos pagãos — os estoicos, em primeiro lugar — é correto: é correto querer procurar Deus partindo das coisas visíveis, e, como prova disso, nosso autor reconhece a validade da lógica grega, acrescentando, como novo argumento, a analogia de proporcionalidade.

Nos vv. 8-9, ficamos sabendo, porém, que os pagãos, todavia, não podem ser escusados (tema análogo em Rm 1,10-11) porque não puderam encontrar Deus (ἰσχύω, inclusão com o v. 1). Mas isso significa que podiam encontrá-lo! O nosso autor fica admirado com o fato de os pagãos não terem conseguido conhecer a Deus; isso significa que também, *de facto*, eles teriam podido conhecê-lo. O que falta aos filósofos pagãos é o dom da sabedoria que se obtém somente por meio da oração, mas que é, *de per si*, acessível a todos e que se exprime na Lei dada a Israel (Sb 18,4).

> Identificando o Deus da aliança ("Aquele que é", v. 1) e o da criação, γενεσιάρχος (v. 3) e γενεσιούργος (v. 5), com o Deus postulado pelos filósofos, o livro da Sabedoria quer deixar claro que a procura humana e racional em torno de Deus tem um sentido, desde que leve à descoberta de que o deus descoberto pela razão não é um deus diferente do da fé.

Retornando ao conjunto de Sabedoria 13-15, a originalidade do livro da Sabedoria consiste em mostrar aos dois extremos da digressão uma verdadeira história da idolatria: como o homem constrói seus ídolos (Sb 13,11-19 e 15,7-13). No centro do desenvolvimento (Sb 14,8-31) encontramos o motivo pelo qual nasceu a idolatria: a divinização de um filho morto prematuramente (Sb 14,15-16), ou a divinização do soberano (Sb 14,17-20, um ataque explícito contra os cultos imperiais). Outro tema que emerge com força nesses capítulos é a convicção, bem arraigada no nosso autor, de que o mundo é bom (e até belo, cf. Sb 13,7; v. ainda 14,3.7). A idolatria consiste, assim, no transtorno do sentido da criação: da própria criação, com efeito, os ídolos constituem a vergonha (Sb 14,11). A criatura que se torna ídolo toma o lugar do Criador (cf. Sb 15,7-13), e o idólatra brinca de construir um deus sob medida (Sb 15,16).

Toda a passagem central da digressão (Sb 14,11-31) quer demonstrar que a idolatria não pode senão levar à imoralidade; teologia e ética fundem-se, assim, na mensagem do livro da Sabedoria (cf. Rm 1,22-32); cf. a lista de 22 vícios; é o alfabeto ao contrário, uma totalidade revirada. O vício central, o décimo segundo, é a corrupção (φθορά), ou seja, a destruição radical de todo valor: a isso leva a idolatria! A humanidade chama de "paz" (v. 22) essa reviravolta de valores; trata-se de uma provável polêmica contra a apenas declarada *pax* de Augusto. Se, portanto, de um lado, há polêmica contra a idolatria — e polêmica muito dura, no caso da zoolatria egípcia (Sb 15,14-19) —, de outro, como demonstra a citada passagem de Sabedoria 13,1-9, a rejeição dos pagãos não é total e sem apelo.

À idolatria se contrapõe muitas vezes a revelação do Deus criador e salvador, sobre o qual o nosso autor refletiu na digressão anterior: é o Deus do Gênesis (cf. as referências a esse livro em Sb 13,3.5; 14,5; 15,8.11.16.18-19), mas, ao mesmo tempo, o Deus do Êxodo e da aliança (cf., em particular, Sb 13,1 e 15,1-3). Trata-se de um Deus Pai e providente (Sb 14,1-10), que os filósofos gregos procuraram, sem conseguir, porém, encontrá-lo; reconhecer esse Deus rico de perdão, que age na história do seu povo e, ao mesmo tempo, na criação, é raiz de imortalidade (Sb 15,1-3).

5.10. As sete antíteses (Sb 11,1-15 e 16–19): a anamnese do êxodo

O fio condutor desta última parte do livro é a releitura dos eventos do Êxodo; por meio de sete quadros antitéticos (remetemos, sobre os detalhes, à apresentação da estrutura literária), o nosso autor contrapõe Israel ao Egito. Israelitas e egípcios não são lembrados, porém, como figuras históricas exemplares, mas, num outro nível de leitura, uns se tornam modelos dos justos filhos de Deus que sofrem injustamente, outros, maus — já apresentados na primeira parte do livro — que os oprimem. Desse modo, os judeus alexandrinos que ousem ler esse texto podem encontrar a si mesmos e a própria história e se identificar com os personagens da narrativa bíblica, que, como muitas vezes se disse, não são nunca chamados pelo nome.

Uma segunda chave de leitura desses capítulos é o constante apelo à primeira parte do livro (Sb 1–6), por meio do que chamamos de *flashback*: a reflexão sobre o passado de Israel torna-se, assim, modelo do futuro que espera justos e ímpios; o que está na origem fundamenta e esclarece o fim.

No desencontro entre justos e ímpios intervém, além disso, um terceiro ator, que nos fornece outra chave de leitura: trata-se do cosmos. A esse objetivo, a releitura dos eventos do Êxodo ocorrerá, não raramente, à luz dos textos de Gênesis 1–11.

O método seguido por nosso autor nessa seção é caracterizado por um duplo movimento: de um lado, ele relê os textos bíblicos, buscando mostrar sua atualidade; trata-se do estilo *midráshico* bem conhecido do judaísmo da época, de que já falamos. De outra parte, o nosso sábio utiliza um gênero literário tipicamente grego: o da *synkrisis*, da "comparação", típica do gênero exortativo. O contato com o mundo grego é, assim, também nesta terceira parte, muito profundo e deve ser constantemente levado em consideração.

> Oferecemos aqui três sintéticos exemplos, relativos ao quarto, ao quinto e ao sexto díptico.
>
> *a*) Em Sabedoria 16,15-29, díptico que contrapõe o maná ao granizo que caiu sobre os egípcios, o nosso autor não se deixa ser levado por um determinado sistema filosófico, como, ao contrário, ocorre nos escritos de Fílon, que constantemente faz do maná uma alegoria do *Logos* divino e das leis que regulam o cosmos. Para o livro da Sabedoria, porém, o maná não é nunca uma alegoria, mas, antes, um símbolo, um *sinal*, como, no díptico anterior (Sb 16,5-14), era a serpente de bronze. O objetivo das antíteses de Sabedoria 10-19 é, com efeito, reler a história passada de Israel como *sinal*,

tanto para o presente como para o futuro do povo. É dentro dessa obra de atualização que o nosso autor consegue se servir da cultura helenística e, ao mesmo tempo, permanecer fiel aos textos bíblicos e às tradições judaicas, das quais, não raramente, ele parece ser uma das testemunhas mais antigas.

Considerado como *sinal*, o maná é uma "substância" muito particular, celeste e terrestre ao mesmo tempo. Prolongando o tema da nutrição introduzido desde Sabedoria 16,1-4, o maná aparece como a resposta de Deus às necessidades do homem, um alimento que permite ao homem saborear a doçura mesma de Deus. É sinal, ao mesmo tempo, do cosmos aliado dos justos (Sb 16,17.24), da palavra de Deus (Sb 16,26) e da necessidade de lhe dar graças (Sb 16,28). O livro da Sabedoria se encerra justamente com a imagem do maná descrito como alimento da imortalidade (Sb 19,21c).

A riqueza do tema do maná apresentado nesses versículos será encontrada em dois importantes textos do Novo Testamento: o discurso sobre o pão da vida (Jo 6) e a reflexão de Paulo sobre os eventos do êxodo, quando Paulo fala justamente de um "alimento espiritual" (1Cor 10,1-6); em ambos os casos, tanto João quanto Paulo poderiam ter tido presente o texto de Sabedoria 16,20-29[40]. É certo, enfim, que o texto de Sabedoria 16,20-29 terá uma discreta sorte na interpretação dos Padres da Igreja e nas tradições litúrgicas, como imagem e profecia da eucaristia[41]. À luz da figura do maná, como nos é apresentada no livro da Sabedoria, também a eucaristia aparece como um *sinal* posto na criação, um alimento celeste e terrestre ao mesmo tempo, que responde a todos os desejos do homem, alimento inseparável da palavra de Deus e ápice de toda possível oração de agradecimento que o homem pode elevar a Deus pelos dons dele recebidos.

b) Em Sabedoria 17,1-18,4, o nosso autor contrapõe as trevas que caíram sobre o Egito à luz da Lei que resplandece sobre Israel (cf. Sb 18,1-4); já apresentamos a estrutura interna desse díptico. O texto de Sabedoria 17,1-18,4 não é de fácil leitura; em apenas 25 versículos aparecem bem 44 *hapax legomena* dos LXX; muitos desses vocábulos não se encontram nem no Novo Testamento. Em alguns casos, parece até que nosso autor cria do nada os termos que usa. O díptico das trevas, além disso, é composto

---

40. Cf. DUMOULIN, P., *Entre la manne et l'eucharistie. Étude de Sg 16,15-17,1a* (AnBib 132), Roma, PIB, 1994.

41. Cf. DUMOULIN, *Entre la manne et l'eucharistie*, 165-198. É conhecido o costume litúrgico católico de entoar ao final da adoração eucarística um texto que corresponde quase por inteiro à versão latina de Sabedoria 16,20: "*Panem de coelo praestitisti eis, omne delectamentum in se habentem*".

por ter o autor se servido de termos raros e, muitas vezes, poéticos; poético é também o estilo, que utiliza artifícios típicos da retórica da época e não é avesso à imitação da poesia alexandrina[42].

O pecado dos egípcios é uma forma de idolatria; é o mesmo pecado dos judeus alexandrinos seduzidos pela magia do tempo deles (Sb 17,7-10) ou pelos cultos mistéricos, aos quais o díptico inteiro faz alusões. As trevas e o medo (definido em Sb 17,12-13 como traição da razão), imagens da situação trágica dos ímpios, resumem todo o sentido do díptico: trevas e medo têm, antes de tudo, um valor *psicológico*, relativo à própria vida do mau (cf. o apelo à "consciência" em Sb 17,11, primeiro do gênero em toda a Escritura); têm também um valor *ético* como símbolo dos pecados cometidos; têm, enfim um valor teológico e escatológico: são a imagem antecipada do que ocorrerá aos que abandonaram Deus: a punição infernal (cf. Sb 17,14.21); mas o díptico inteiro utiliza o vocabulário típico das *katabaseis*, das narrativas helenísticas das descidas aos infernos.

À punição eterna do ímpio contrapõe-se a luz que espera o justo que acolhe a sabedoria e a Lei. Trata-se de uma luz "incorruptível" (Sb 18,4), que abre ao homem a esperança numa vida sem fim. A luz da sabedoria e a luz da Lei tornam-se, junto com o dom do maná (Sb 16,15-29) e ao da palavra de Deus (Sb 18,14-19), etapas para a nova criação descrita no último capítulo do livro; a insistência sobre as trevas e sobre a luz revela mais uma vez o papel salvífico do cosmos.

c) O que mais impressiona, talvez, no sexto díptico (Sb 18,5-25) é a insistência sobre a sorte terrível que atinge os egípcios, a morte dos primogênitos. Tal dureza corre o risco de indispor o leitor cristão, que, todavia, deve sempre se lembrar que no livro da Sabedoria não se tinha ainda superado o contraste entre misericórdia e cólera de Deus. Além disso, a punição que cai sobre os maus esconde um convite à conversão; enfim, todo o texto de Sabedoria 18,5-25 deve ser relido também à luz de uma perspectiva escatológica: o que aconteceu uma vez no Egito é sinal e antecipação do que acontecerá ao mau no juízo futuro. A morte dos egípcios é assim o fruto de uma recusa obstinada diante da qual não há mais remédio.

Do ponto de vista positivo, devem ser lembrados os dois modos pelos quais o Senhor realiza para Israel a sua salvação: a intervenção da sua palavra (vv. 14-16) e — tema jamais lembrado alhures no livro — a força

---

42. Cf. MAZZINGHI, *Notte di paura e di luce*.

da intercessão sacerdotal de Aarão (vv. 20-25). O conjunto é posto sobre o pano de fundo da Páscoa do Êxodo, que adquire assim, para a comunidade judaica de Alexandria, uma forte carga de atualidade e, ao mesmo tempo, torna-se uma profecia da salvação futura. Bem na época em que o nosso autor escreve, com efeito, difundia-se uma verdadeira espiritualidade do Êxodo, cujo eixo era constituído pela celebração pascal: a Páscoa torna-se, nesse período, algo como a chave para interpretar toda a história do mundo e de Israel. Escolher celebrar a Páscoa significa, para Israel, crer na eficácia da palavra de Deus e da oração, na presença de Deus na história, no passado como no presente e até no futuro. Com respeito ao díptico anterior, Sabedoria 18,5-25 apresenta menos contatos com o mundo helenístico e muito mais com a tradição de Israel. Uma das respostas que Israel é chamado a dar num contexto cultural que, muitas vezes, o leva a esquecer e até mesmo a trair a própria fé é, com efeito, própria da sua mais autêntica tradição: é a Páscoa[43].

O princípio interpretativo que anima as sete antíteses da terceira parte é exposto em Sabedoria 11,5.16. O Senhor pune os egípcios com uma punição proporcional ao pecado deles, utilizando a criação, sua aliada (Sb 16,24), para punir uns e salvar outros, ou seja, os israelitas. O que acontece no Êxodo torna-se uma lição para os pecadores, para que se convertam; para os justos, para que perseverem. A terceira parte do livro da Sabedoria ilustra, com episódios extraídos da história de Israel, o que a primeira parte anuncia para o futuro; o futuro do homem já está antecipado na história; *o Deus que cria é também o Deus que salva* (cf. p. 69). O ponto de união entre salvação futura e história da salvação é, como por várias vezes se afirmou, o *cosmos*. A criação é o instrumento do qual Deus se serve para salvar e para punir; a salvação futura passa pela renovação de toda a criação (Sb 19,18-21):

[18]Os elementos, com efeito, tinham acordo entre si,
como certas notas na harpa mudam o nome do ritmo,
mantendo sempre o mesmo som.
É o que parecia com precisão, ao examinar com cuidado
o que se produzira:
[19]seres terrestres, com efeito, transformavam-se em aquáticos,
enquanto os que nadam caminhavam sobre a terra;

---

43. Cf. PRIOTTO, M., *La prima Pasqua in Sap 18,5-25. Rilettura e attualizzazione*, Bolonha, EDB, 1987.

²⁰o fogo redobrava na água a sua força,
enquanto a água esquecia o seu poder de extinguir (as chamas).
²¹As chamas, ao contrário, não conseguiam consumir
as carnes de frágeis animais que nelas vagavam,
nem conseguiam fazer fundir o — semelhante ao gelo,
fácil de derreter — alimento de incorruptibilidade.

Nesses versículos encontramos uma última reflexão sobre a criação renovada, que tem início com a doutrina estoica da harmonia dos elementos. O v. 18 não é de fácil compreensão; parece que o nosso autor queria afirmar que os elementos que compõem o mundo, embora permaneçam sempre os mesmos, trocam agora entre si suas propriedades e a criação apresenta assim uma nova harmonia. Não se trata, porém, de uma propriedade imanente ao próprio cosmos, uma harmonia dos contrários sobre a qual repousa o cosmos, como supunham os filósofos estoicos, mas estamos diante da obra direta do Criador. A comparação musical, embora não seja muito clara, é um golpe de asa poético por parte do nosso sábio; Deus se mostra como um hábil músico e um sábio compositor que sabe mudar as leis da música, criando novas melodias sem destruir a harmonia: "O Êxodo converte-se num poema sinfônico que faz pressentir uma nova criação para uma salvação definitiva"[44].

Os vv. 19-21b ilustram essa afirmação com ulteriores exemplos extraídos do livro do Êxodo, embora continue difícil definir a que exatamente alude o texto quando fala de seres terrestres e seres aquáticos ou de frágeis animais que o fogo não consome; o v. 20, provavelmente, faz referência ao já descrito em Sabedoria 16,17.22-23.

Mais claro e particularmente significativo é, porém, a referência ao maná, contida na última linha do v. 21, bem no fim de toda a seção: o já lembrado "alimento de ambrosia" é uma referência ao néctar dos deuses, ou seja, ao alimento que garante aos deuses do Olimpo grego a incorruptibilidade e, portanto, a vida eterna. A reflexão sobre o maná, então, aberta em Sabedoria 16,20-29, aprofunda-se e nos reserva uma última surpresa: o maná é para o homem também alimento de vida eterna. O livro termina assim, retomando a mensagem já lançada na primeira parte: o homem está destinado à incorruptibilidade, à vida sem fim.

---

44. ALONSO SCHÖKEL, *Eclesiastés y Sabiduría*, 205-206.

O livro da Sabedoria liga, numa perspectiva teológica unitária, a escatologia, ou o destino futuro do homem, vida ou morte; a soteriologia, pelo dom da sabedoria e, enfim, a cosmologia: a criação e a história do homem participam, com efeito, desse projeto de salvação. As vias da salvação futura passam pelo cosmos e pela história; o Êxodo foi uma prova disso.

Enfim, a partir de Sabedoria 10,20, a sabedoria não fala mais de Deus em terceira pessoa, mas sempre em segunda pessoa, exceto quando faz referência aos inimigos de Israel. O autor evita insistir sobre as faltas de Israel, constantemente chamado de o "teu povo". Assim, toda a parte final do livro dirige-se ao "Tu" divino; é frequente a invocação κύριε (Sb 10,20; 12,2; 16,12.26; 19,9; 18,22); uma vez, em Sabedoria 14,3, aparece o título de Pai. A lembrança do Êxodo adquire, por isso, o valor de uma verdadeira anamnese litúrgica da história passada de Israel[45].

> *De todos os modos, ó Senhor, tornaste grande o teu povo e o glorificaste, e*
> *não deixaste de lhe dar assistência em todo o tempo e lugar.*
> (Sb 19,22)

Para prosseguir no estudo

Uma bibliografia geral sobre o livro da Sabedoria, completa desde 1982, encontra-se em GILBERT, M. Bibliographie générale sur la Sagesse. Publicada no primeiro volume do comentário de C. Larcher (v. adiante), p. 11-48.

INTRODUÇÕES

A melhor introdução ao livro da Sabedoria é a organizada pelo mesmo GILBERT, M. Sagesse de Salomon. In: *Dictionnaire de la Bible. Supplémment*. Paris: 1986, XI, coll. 57-114. Uma obra introdutória, entretanto, fundamental, de altíssimo nível, é a de LARCHER, C. *Etudes sur le livre de la Sagesse*. Paris: Gabalda, 1969.

Com um cunho decididamente de divulgação apresenta-se, porém, a introdução realmente muito simples de MAZZINGHI, L. *Il libro della Sapienza* (La Bibbia nelle nostre mani). Cinisello Balsamo: Ed. Paoline, 1997; cf. também BONORA, A. *Proverbi, Sapienza* (LoB 1.14), Brescia: Queriniana, 1990; NICCACCI, A. *Il libro della Sapienza*. Pádua: Il Messaggero, 2007.

---

45. Cf. nota 4.

COMENTÁRIOS ESCOLHIDOS

Os dois melhores comentários sobre o livro da Sabedoria são, sem dúvida alguma, as obras monumentais de LARCHER, C. *Le livre de la Sagesse ou la Sagesse de Salomon*. 3 vol. Paris: Gabalda, 1983-1987, e de SCARPAT, G. *Sapienza*. 3 vol. Brescia: Paideia, 1988, 1992, 1999, ambas de nível muito elevado. De alto nível científico coloca-se também o comentário de WINSTON, D. *The Wisdom of Solomon* (AB 43). Nova York: Doubleday, 1979.

Num nível de alta divulgação coloca-se a tradução italiana do comentário espanhol de VÍLCHEZ LÍNDEZ, J. *Sapienza*. Roma: Borla, 1990, um ótimo ponto de partida para um primeiro estudo sistemático do livro. Destacamos também o bom comentário de SISTI, A. *Il libro della Sapienza*. Assis: Porziuncola, 1992.

Num nível mais simples situa-se CONTI, M. *Sapienza* (Nuovissima versione della Bibbia). Roma: Ed. Paoline, 1974. De caráter espiritual são ZIENER, C. *Il libro della Sapienza* (Meditazioni bibliche). Roma: Città Nuova, 1972, e SCHENKER, A. *Il libro della Sapienza*. Roma: Città Nuova, 1995. Cf. também LAVATORI, R.; SOLE, L. *Empi e giusti: quale sorte?* Lettura di Sapienza 1-6. Bolonha: EDB, 2011; dos mesmos autores: *L'amai più della luce*. Lettura di Sapienza 7-9. Bolonha: EDB, 2013.

ESTUDOS ESCOLHIDOS

De GILBERT, M. foram traduzidos em italiano muitos dos artigos por ele escritos sobre esse livro: *La Sapienza di Salomone*. 2 vol. Roma: ADP, 1994-1995; cf., agora, uma coletânea mais completa, em inglês e em francês, em ID. *La Sagesse de Salomon — The Wisdom of Solomon*. Roma: PIB, 2011. Uma boa coletânea de estudos em italiano, de alto valor científico, encontra-se em BELLIA, G.; PASSARO, A. (ed.). *Il libro della Sapienza. Tradizione, redazione, teologia*. Roma: Città Nuova, 2003.

Sobre a estrutura e o gênero literário do livro é fundamental o trabalho de BIZZETI, P. *Il libro della Sapienza*. Brescia, Paideia, 1984, e, sobre a relação Sabedoria-helenismo, destacamos o estudo de REESE, J.M. *Hellenistic Influence on the Book of Wisdom* (AnBib 43). Roma: PIB, 1970. Cf. também MAZZINGHI, L. Il libro della Sapienza. Elementi culturali. In: FABRIS, R. (ed.). Il confronto tra le diverse culture nella Bibbia da Esdra a Paolo. Atti della XXXIV Settimana biblica nazionale. *RStB* 10, 1-2 (1998), 179-197.

Sobre diversos temas relativos ao livro da Sabedoria, cf. ainda os seguintes estudos de MAZZINGHI, L. 'I loved [Wisdom] and sought her from my youth: I desidered to take her for my Consellor' (Wis 8,2a): Solomon and Wisdom: An Example of Closest Intimacy. In: PASSARO, A. (ed.). *Family and Kinship in the Deuterocanonical and Cognate Literature*. Yearbook 2012-2013. Berlim: De Gruyter, 2013, 229-252; The antithetical pair "to punish" and "to benefit" (κολάζω – εὐεργετέω) in the book of Wisdom. In: CALDUCH-BENAGES, N. (ed.). *Wisdom for Life*. FS M. Gilbert. Berlim-Boston: De Gruyter, 2014, 237-249; The figure of Moses in the Book of Wisdom. In: XERAVITS, G.G.; ZSENGELLÉR, J.; SZABÓ, X. (ed.). *Canonicity, Setting, Wisdom in the Deuterocanonicals*. DCLS 22. Berlim-Boston: De Gruyter, 2014, 183-206; Abramo nella tradizione sapienziale biblica (Sir 44.19-21.22; Sap 10,5). In: PASSARO, A.; PITTA, A. (ed.). Abramo tra storia e fede. XLII Settimana biblica nazionale (Roma, 10-14 settembre 2014). *RStB*, 26, 1-2 (2014) 89-102. Testi autorevoli di epoca ellenistica in analogia con gli scritti biblici. Un esempio illustre: il libro della sapienza. In: PRATO, G.L. (ed.). Israele fra le genti in epoca ellenistica: un popolo primogenito cittadino del mondo. *RStB*, 27, 1 (2015), 157-176.

A sabedoria bíblica: desenvolvimentos e perspectivas[1]

A literatura sapiencial bíblica não fecha seu caminho com o livro do Sirácida; já vimos (p. 72-74) que a tradição apocalíptica retomará alguns aspectos da sabedoria de Israel; mas será, sobretudo, o Novo Testamento que prolongará sua herança. Não podemos introduzir aqui um capítulo tão amplo, ou seja, o da dimensão sapiencial do Novo Testamento e do modo como ele herda a sabedoria bíblica; basta pensar na Carta de Tiago e nos profundos contatos que ela revela com os escritos sapienciais do Antigo Testamento[2].

Um só exemplo de caráter iconográfico pode servir para ilustrar toda a riqueza da imagem da sabedoria: nos esplêndidos mosaicos da catedral de

---

1. Nestas conclusões retomo, modifico e amplio o que foi escrito na minha já citada introdução Sapienza, in: BARBAGLIO, G; BOF, G.; DIANICH, S. (ed.), *Teologia. Dizionari San Paolo*, Cinisello Balsamo, San Paolo, 2002, 1473-1491.
2. No que diz respeito às questões de método sobre a relação entre NT e tradição sapiencial, cf. ALETTI, J.-N., La sagesse dans le Nouveau Testament. Etat de la question, in: TRUBLET, J. (ed.), *La sagesse biblique. Dès l'ancien au Nouveau Testament* (LD 160), Paris, Cerf, 1994, 265-278. Sobre a relação NT-tradição sapiencial veja-se ainda o já lembrado texto de GILBERT, M.; ALETTI, J.-N., *La sapienza e Gesù Cristo*, ed. it., Turim, Gribaudi, 1987; o estudo mais completo é o de VON LIPS, H., *Weisheitliche Traditionem im Neuen Testament* (WMANT 64), Neukirchen-Vluyn, Neukirchener Verlag, 1990. Para a Carta de Tiago, cf. HALSTON, B.R., The Epistle of James: Christian Wisdom?, *Studia evangelica*, 4 (1968) 308-314; MARCONI, G., La 'Sapienza' nell'esegesi di Tg 3,13-18, *RevBib*, 36 (1988), 239-254.

Montreal, o verdadeiro ponto de partida para uma leitura inteligente do projeto iconográfico e teológico, ao mesmo tempo, que está por trás dos próprios mosaicos é precisamente a figura da sabedoria personificada, posta sobre o arco de acesso ao presbitério. Ela é representada como uma mulher ricamente vestida, coroada e acompanhada pelos arcanjos Miguel e Gabriel. A figura da sabedoria abre, antes de tudo, o ciclo dos mosaicos sobre a criação (na linha de Pr 8,22-31; Jó 28; Sb 9,1-2), mas se encontra igualmente no limite dos dois Testamentos e introduz, desse modo, nos ciclos cristológicos do presbitério, algo como uma verdadeira mediadora, como o mosaicista evidentemente a considerou. Ao mesmo tempo, o aspecto real com que é apresentada — especialmente no contexto da origem normanda da igreja de Montreal — faz dela um símbolo do bom governo, segundo outra perspectiva típica da sabedoria de Israel[3].

Nesta conclusão, não queremos retomar temas exegéticos ou históricos ligados à literatura sapiencial. Limitamo-nos a traçar algumas perspectivas de caráter teológico, a nosso ver particularmente significativas — com especial referência à teologia cristã — e, sobretudo, ligadas a uma necessária atualização do nosso estudo científico. Trata-se de pouco mais que um convite a prosseguir, mais uma vez, este (esperemos) apaixonante estudo.

> Indicamos duas obras, já lembradas na introdução, nas quais se oferecem, de dois modos diferentes, essas perspectivas. No já lembrado livro organizado por F. Mies, *Toute la sagesse du monde*, propõe-se aprofundar estas pistas: a sabedoria em relação ao homem e a Deus; a sabedoria como educação para viver na sociedade (justiça e política); a sabedoria, a vida e a morte; a sabedoria, a inteligência e o amor; a sabedoria e a vida além da morte[4].
>
> Outra possibilidade nos dá o livro, também ele já citado, de L.G. Perdue, *Wisdom Literature. A Theological History*, que resume, no final do seu estudo, algumas características da "teologia histórica", típica da literatura sapiencial, por meio de uma série de metáforas sugestivas, embora,

---

3. Sobre a iconografia cristã da sabedoria bíblica veja-se MIELKE, U., *Sapientia*, in: KIRSCHBAUM, E. (ed.), *Lexicon der christlichen Ikonographie*, Roma-Friburgo-Basel-Viena, Herder, 1990, IV, 39-43.

4. MIES, F. (ed.), *Toute la sagesse du monde. Hommage à Maurice Gilbert*, Namur, Lessius, 1999.

em alguns casos, discutíveis[5]: para o tema "criação e providência", Perdue lembra a metáfora da fertilidade, do artista, da palavra e do conflito. Para o tema "criação e antropologia", a metáfora do nascimento e do crescimento, do artista, do rei e do escravo. No que diz respeito à "criação de dona Sabedoria", a metáfora da deusa feminina da fertilidade, da rainha do céu, da voz de Deus, do professor, da amante e da amiga, do artesão.

Perdue joga luz depois sobre dez razões da importância da teologia sapiencial para o Antigo Testamento[6]: antes de tudo, a consciência de que a história da salvação não é o único centro teológico do Antigo Testamento e, assim, nem a Lei, a aliança e a eleição podem ser consideradas temas exclusivos. Em segundo lugar, uma reavaliação do papel da teologia da criação por parte dos textos sapienciais. Em terceiro: Israel não está sozinho no mundo, e é, por isso, chamado a se comparar com outros povos. Em quarto lugar: a revelação não passa apenas pela palavra ou pelos atos divinos, mas também pela experiência. Quinto: o enfoque sapiencial (especialmente no Sirácida e no livro da Sabedoria) ajuda a superar o contraste clássico entre teologia da criação e teologia da aliança; o particularismo não exclui, para os sábios, o universalismo. Sexto: os sábios abordam com decisão o problema da teodiceia. Sétimo: os sábios sabem conciliar uma visão positiva da criação com a plena consciência dos limites do conhecimento humano (cf. em particular o Sirácida). Oitavo: apesar de alguns veios de ceticismo (Coélet), os sábios integram sua experiência dentro de uma tradição recebida; desse modo, a memória perpetua e transmite a outros uma experiência que não é mais apenas individual. Em nono lugar: Sirácida e o livro da Sabedoria sabem combinar criação e salvação. Décimo, e concluindo: em todos os livros sapienciais a perspectiva teológica depende muito do ambiente cultural no qual cada livro se desenvolve.

---

5. PERDUE, L.G., *Wisdom Literature. A Theological History*, Louisville-Londres, Westminster John Knox, 2007, 335-342. No seu livro seguinte, *The Sword and the Stylus. An Introduction to Wisdom in the Age of Empires*, Grand Rapids-Cambridge, Eerdmans, 2008, Perdue delineia, como já dissemos, uma verdadeira e própria história da literatura sapiencial bíblica.

6. PERDUE, *Wisdom Literature*, 343-346.

1. O valor da experiência[7]

Como esclarecemos várias vezes, a sabedoria bíblica é, antes de tudo, experiência crítica da realidade. Como se expressa um texto dos Provérbios,

> [13]Come o mel, porque é bom,
> um doce favo para o teu paladar:
> [14]sabe que a sabedoria é assim para a tua alma;
> se a *encontras, encontrarás* um futuro,
> e a tua esperança não será destruída (Pr 24,13-14).

Trata-se de encontrar a sabedoria e, portanto, de procurá-la, como vimos, várias vezes; cf., por exemplo, Provérbios 2,1-5; 8,17.35; Sirácida 51,16.20.26 (hebr.); Sabedoria 6,12.16; 8,2.18, sempre com o verbo "procurar". Mais uma vez, tem razão von Rad quando afirma que a sabedoria em Israel implica "um conhecimento prático das leis da vida e do mundo baseado na experiência"[8]. Os sábios autores da parte mais antiga do livro dos Provérbios, em particular, caracterizam-se pelo que definimos como um verdadeiro *otimismo epistemológico* (cf. p. 55). Ao mesmo tempo, a confiança dos sábios caminha, *pari passu*, com a consciência dos limites do próprio conhecimento, o primeiro dos quais é o próprio Deus (cf. Jó 23,3), precisamente porque eles sabem que toda experiência humana não pode ser senão limitada e, portanto, ninguém pode realmente encontrá-la sem a receber de Deus (cf. Jó 28,12-13).

Também o Coélet convida a "procurar" a sabedoria (Ecl 1,13), entendida como experiência concreta de viver, embora esteja consciente de que o homem não poderá jamais encontrá-la plenamente (Ecl 3,10-11; 7,14.23-24; 8,16-17). O Coélet reafirma, todavia — seja contra a solução apocalíptica, seja contra a solução atestada pela primeira parte dos Provérbios —, o valor de um conhecimento experiencial e racional da realidade na qual sonhos e visões não têm nenhum lugar e na qual também os valores mais tradicionais são submetidos a uma crítica radical, quando — como ocorre, com frequência — não são sufragados pela experiência.

Quanto ao NT, nos sinóticos, o modo como Jesus ensina é, sem dúvida, de matriz sapiencial. Todavia, a experiência humana, refletida, por exemplo, no caráter sapiencial das parábolas, é posta por Jesus a serviço do anúncio do Reino; isso ocorre por meio da inserção de aforismos e de enunciações

---

7. Cf. Mazzinghi, L., Esperienza e ricerca, il metodo dei saggi d'Israele, *PSV*, 48 (2003), 21-34; cf. também p. 97, nota 18.
8. Von Rad, G., *Teologia dell'Antico Testamento*, Brescia, Paideia, 1972, I, 470.

sapienciais num contexto marcadamente narrativo. Jesus é apresentado como mestre de sabedoria (Mt 13,54 e par.): convém observar aqui que a pergunta das multidões ("de onde lhe vem essa sabedoria"?) é a mesma pergunta que é posta relativamente à origem da sabedoria em Jó 28; como em Provérbios 1–9, a sabedoria não se reconhece pelo conteúdo do seu discurso, mas pela origem, que é posta em Deus (Pr 8,21-30).

O primado da experiência nos textos sapienciais, evidente na centralidade da teologia da criação, tem consequências importantes para a teologia cristã, ainda não exploradas suficientemente[9]; a teologia é referida pela sabedoria aos valores da experiência postos em relação com a fé. A experiência da vida torna-se, portanto, um verdadeiro "lugar teológico" e uma verdadeira forma de revelação divina; à luz da teologia sapiencial, Deus se encontra, antes de tudo, na própria vida entendida na sua concretude: comer e beber, trabalhar, viver em família e na sociedade, alegrar-se e sofrer, nascer e morrer...; fazer experiência de Deus — como notava von Rad (cf. p. 55-56) — é fazer experiência do mundo e vice-versa.

Ao mesmo tempo, o primado da experiência transforma os sábios em verdadeiros sentinelas críticas da realidade; os sábios nos mostram a realidade pelo que realmente ela é, e nos convidam a tomar consciência dela, antes de pretender mudá-la. Os sábios tornam-se para a Igreja, hoje, aquelas pessoas que salvam a própria Igreja do risco de um dogmatismo rigorista, de um tradicionalismo míope e parcial, de uma leitura preconcebida da realidade, feita em nome de esquemas preconcebidos. O sábio nos provoca e, como especialmente fazem Jó e o Coélet, convida-nos a refletir que até a nossa ideia de Deus deve mudar, à luz da experiência (cf. adiante, a propósito do problema do mal). Todavia, como veremos no próximo item, para os sábios a experiência, embora sendo um *unicum*, não se identifica com uma visão subjetivista da vida; trata-se, com efeito, de uma experiência que nasce e se recebe de uma precisa tradição, mas, ao mesmo tempo, se trata de uma experiência posta sempre em confronto com Deus.

---

9. Cf. GALANTINO, N., Esperienza, in: BARBAGLIO; BOF; DIANICH (ed.), *Teologia*, 595-607, que significativamente não faz menção alguma aos textos sapienciais.

2. A epistemologia dos sábios: sabedoria personificada, criação e acessibilidade de Deus

A epistemologia tipicamente experiencial dos sábios não exclui, mas, antes, inclui o conhecimento de Deus; do livro dos Provérbios até Ben Sira, o "temor a Deus" é uma das chaves hermenêuticas para compreender a teologia dos sábios: "O princípio da sabedoria é o temor do Senhor" (Pr 9,10). Os sábios não se impõem a questão da existência de Deus, mas, antes, tentam descobrir um modo de atingi-la. Como chegar, com efeito, a esse Deus cuja presença parece, às vezes, inatingível e até incompreensível?

Os sábios antigos já sabiam muito bem que "não há sabedoria, não há prudência, não há conselho diante do Senhor" (Pr 21,30). Segundo Jó, Deus "passa perto de mim e não o vejo, vai embora e dele não me dou conta" (Jo 9,11). O Coélet, por sua vez, lembra-nos que a procura humana (cf. supra) não é nunca completa e que o sentido das coisas escapa até mesmo ao sábio:

> [23]Tudo isso eu experimentei por meio da sabedoria:
> eu disse: "quero me tornar sábio!",
> mas a sabedoria está distante de mim.
> [24]O sentido das coisas está distante de nós:
> é profundo, muito profundo.
> Quem poderá encontrá-lo? (7,23-24).

E ainda: Ben Sira sabe muito bem que "não é possível investigar as maravilhas do Senhor. Quando alguém termina, então, recomeça; quando para, então, fica perplexo" (Sr 18,5b-6). Os sábios têm, por isso, o sentido do limite e do mistério, e não o perdem nem mesmo quando Jó e o Coélet chegam a contestar o próprio Deus. Mas esse Deus tão distante, o livro da Sabedoria nos lembra que a própria sabedoria no-lo faz conhecer: com efeito, a sabedoria "é radiante, não murcha, facilmente é contemplada pelos que a amam e é encontrada pelos que a procuram" (Sb 6,12).

Os textos sapienciais oferecem-nos assim de modo especial dois caminhos de resposta ao problema de chegar até Deus; a sabedoria personificada, mediadora entre Deus e os homens (cf. mais adiante, a propósito da cristologia) e a teologia da criação, como lugar da presença de Deus, uma resposta que se coloca na linha do primado da experiência. Temos também de acrescentar, à luz do livro da Sabedoria (cf. supra, p. 319-320), a relação que ele estabelece entre sabedoria e Espírito.

A teologia dos sábios do Antigo Testamento está radicalmente ligada à criação, no sentido de que eles observam a criação na sua dimensão universal, cotidiana e mundana. E a observação os conduz a uma ética [...]. Além disso, os sábios nos fazem entender que a teologia, segundo o conjunto da Bíblia, não está fundada unicamente na história da salvação, inclusive da eleição e da aliança, mas que a teologia deles da criação deve ser entendida não como um contraponto antitético, mas como o pressuposto necessário da teologia da salvação[10].

No Novo Testamento, a "multiforme sabedoria de Deus" (Ef 3,10) manifesta-se no paralelo que Paulo estabelece entre sabedoria e Espírito; Paulo põe-se assim na linha do livro da Sabedoria. O Espírito conhece a profundidade de Deus (1Cor 2,10), bem como a sabedoria (Sb 9,9.11); como a sabedoria torna Deus acessível aos homens, assim faz o Espírito. À luz da sua dimensão sapiencial, o Espírito pode ser cada vez mais visto como o mistério da acessibilidade de Deus. O Espirito de Deus, portanto, tem em Paulo, como no livro da Sabedoria, claras características sapienciais. Muitos Padres, a começar por Ireneu, não deixaram de enfatizar a dimensão sapiencial do Espirito Santo. Tudo isso seria levado em consideração por uma cristologia que deve, portanto, ligar-se cada vez mais à pneumatologia; a figura da sabedoria, com efeito, está dirigida para ambos os aspectos do mistério trinitário.

A sabedoria bíblica, relida sobretudo à luz do Novo Testamento, é, ao mesmo tempo, realidade humana e divina; antes, é mediação entre os dois mundos, o de Deus e o do homem. Não há, portanto, oposição entre as duas sabedorias — nem mesmo em Paulo! Há, antes, a consciência da importância e do valor de toda sabedoria humana, o que constitui um desafio evidente para a teologia e para a Igreja hoje. Quando a sabedoria humana é fiel a si mesma, não pode senão levar à sabedoria de Deus.

3. O mistério do mal, a criação e a sabedoria da cruz

Como já acontecia na sabedoria mesopotâmica (e, em parte, também na egípcia), também os sábios de Israel se questionaram a respeito do grande problema do mal e, consequentemente, da teodiceia. A sabedoria mais antiga resolvia o problema do mal com a ideia da retribuição, uma convicção que, na realidade, nunca diminui e se prolonga também em Provérbios 1–9 até Ben Sira (mas também o livro da Sabedoria raciocina por uma óptica retributiva, embora adiada em chave escatológica). Jó e o Coélet põem em crise essa ideia;

---

10. GILBERT, M., L'uomo nella teologia sapienziale della creazione. Confronto con Gen 1-11, in: MANICARDI, E.; MAZZINGHI, L., Gen 1-11 e le sue interpretazioni canoniche: un caso di teologia biblica, *RStB*, 24, 1-2 (2012), 114-115.

o Coélet, em particular, sente de modo agudo o problema do mal, como o sentia o judaísmo do seu tempo, mas rejeita soluções legalistas, de um lado, e apocalípticas, de outro. Também Ben Sira, embora em outra perspectiva, enfrentará a questão, tentando resolvê-la de um novo modo, como, aliás, fará o livro da Sabedoria, voltando-se para a ênfase na bondade da criação e da misericórdia de Deus ("o Deus que cria é também o que salva"). Em todo caso, a teologia sapiencial aborda o problema do mal mediante uma sólida teologia da criação.

Esse aspecto da sabedoria bíblica é retomado por Paulo, no Novo Testamento, numa óptica singular: a da sabedoria da cruz. No epistolário paulino, a presença de um vocabulário sapiencial está concentrada, sobretudo, em 1 Coríntios 1,17-3,20. Existe, segundo Paulo, uma sabedoria humana que, na realidade, é loucura, e uma loucura divina que, na realidade, é sabedoria, precisamente a da cruz. A oposição entre cruz e sabedoria (cf. 1Cor 1,17-18 e 2,1-2) não leva Paulo a falar até de "sabedoria da cruz", mas, antes, de "loucura", ou melhor, de sabedoria de Deus (cf. 1Cor 1,24). Contra que "sabedoria" Paulo está polemizando? Observemos que a oposição sabedoria/loucura já é típica dos textos sapienciais (cf. Pr 9). Os próprios sábios de Israel estavam bem conscientes dos limites da sabedoria, especialmente diante do conhecimento de Deus; não é, portanto, a eles que Paulo se opõe. O contexto em que Paulo escreve é, além disso, polêmico em duas diferentes direções: de um lado, ele combate a suposta autossuficiência do judaísmo e, de outro, o gabo da sabedoria grega. A ambos Paulo propõe a sabedoria de Deus relida sob o sinal da cruz (cf. 1Cor 1,30). O aparente discurso anti-sapiencial de Paulo é feito, por isso, em chave sapiencial: o paradoxo da cruz revela a ambiguidade da sabedoria humana, que pode se tornar verdadeira sabedoria somente aceitando toda forma de autossuficiência. É esse um dos motivos pelos quais Paulo evita falar abertamente de Cristo como *a* sabedoria de Deus (1Cor 1,24).

Um elemento novo aparece a partir de 1 Coríntios 2,7, quando Paulo coteja as categorias de "sabedoria" e de "mistério", introduzindo assim um tema que se tornará dominante nas Cartas aos Colossenses e aos Efésios. A sabedoria é, desse modo, relida também à luz de categorias apocalípticas: não se trata mais agora somente de uma sabedoria humana, da procura do sentido da criação, mas da sabedoria divina (cf. também Tg 1,15; 3,13-18), oculta e revelada aos crentes na cruz de Cristo, que se torna, assim, o princípio hermenêutico da realidade. À luz de Efésios 1,8-9 e 3,10-11 (cf. também Cl 1,26-28), o "mistério" é, com efeito, o desígnio salvífico de Deus.

Que Paulo procure conciliar a perspectiva apocalíptica com a sapiencial é evidente se considerarmos a ética paulina: Paulo fala com a típica atitude do mestre de sabedoria, usando mais o conselho e a persuasão do que a imposição e o comando. Além disso, apesar das claras afirmações paulinas sobre a universalidade do pecado, Paulo é devedor à tradição sapiencial (sobretudo por meio do livro da Sabedoria) ao afirmar decididamente a bondade da criação[11].

As reflexões dos sábios sobre o problema do mal, unidas à *sapientia crucis* que Paulo nos oferece, têm grande importância para a teologia; especialmente à luz de Jó e do Coélet, mas também do próprio Ben Sira e do livro da Sabedoria e, mais ainda, pela óptica paulina, o problema do mal torna-se um real fator de desconstrução da teologia, um aspecto que interroga o teólogo e o obriga a dar respostas não óbvias. Os sábios bíblicos estimulam os teólogos cristãos a abandonar todo cunho apologético e a redescobrir, antes, a *filologia crucis* na sua dimensão trinitária, que emerge das reflexões paulinas[12]. Notemos, de passagem, que também a teologia católica do pecado original pode adquirir importantes perspectivas a partir de uma reflexão de caráter sapiencial[13].

4. A sabedoria e Jesus Cristo

Na nossa introdução a Provérbios 8, a Sirácida 24 e a Sabedoria 9, tivemos oportunidade de observar que esses textos sobre a sabedoria personificada são relidos, no Novo Testamento, em chave pneumatológica ou cristológica (não se esqueçam tampouco os contatos existentes entre Hb 1,3 e Sb 7,24-25). Em ambos os casos, o ponto de partida é a ideia de mediação que a sabedoria personificada pretende exprimir; mediação, antes de tudo, entre Deus e o homem, e, no que se refere a Deus (cf. acima), entre transcendência e imanência divina.

No epistolário paulino, evita-se uma explícita identificação de Cristo com a sabedoria; uma razão parece ser o fato de que no judaísmo existia então uma

---

11. PENNA, R., Logos paolino della croce e sapienza umana (1Cor 1,18-2,16), in: SANNA, I. (ed.), *Il sapere teologico e il suo metodo*, Bolonha, EDB, 1993, 233-255.
12. Cf. GIANNONI, P., Questione evolutiva, problema del male e affermazione teologica della salvezza, in: COLZANI, G. (ed.), *Creazione e male del cosmo. Scandalo per l'uomo e sfida per il credente*, Padova, Messaggero, 1995, 42-77; GUTIERREZ, G., *Parlare di Dio a partire dalla sofferenza dell'innocente. Una riflessione sul libro di Giobbe*, Brescia, Queriniana, 1986; FORTE, B., *La teologia come compagnia, memoria e profezia. Introduzione al senso e al metodo della teologia come storia*, Cinisello Balsamo, Ed. Paoline, 1987, 36-42.
13. Cf. MAZZINGHI, L., Quale fondamento biblico per il 'peccato originale'? Un bilancio ermeneutico: l'Antico Testamento, in: SANNA, I. (ed.), *Questioni sul peccato originale*, Pádua, Messaggero, 1995, 61-140.

ligação consolidada entre sabedoria e Lei[14]. É por esse motivo que, embora utilizando categorias de caráter sapiencial, Paulo assume, como já é sabido, uma perspectiva funcional, eclesiológica e soteriológica, mais que ontológica. Se Cristo é "sabedoria de Deus" (1Cor 1,24), o é "para nós" (1Cor 1,30) e o é em contraposição com a sabedoria exclusivamente humana, que contrasta radicalmente com a sabedoria divina, que é a cruz.

O epistolário paulino une Cristo e a sabedoria no hino de abertura da Carta aos Colossenses (Cl 1,15-20). Cristo é apresentado como mediador único da criação, anterior a ela, autor da reconciliação dos homens com Deus. A participação da sabedoria na criação é um tema que se estende, nos textos da sabedoria personificada, de Provérbios 8 até Sabedoria 9; o Cristo "princípio" e "primogênito" lembra diretamente Provérbios 8,22-23. Por que, então, a Carta aos Colossenses não chega, nem mesmo neste caso, a identificar plenamente Cristo com a sabedoria? O autor da carta quer insistir na diferença essencial existente entre Cristo e a criação e na relação totalmente singular com Deus. Todavia, o registro sapiencial permite ao autor exprimir a diversidade existente entre Cristo e a criação sem transformá-la em separação. A cristologia, proposta em chave sapiencial, põe em destaque o papel mediador de Cristo, que prolonga assim o mesmo papel da sabedoria de Israel relida à luz da tradição judaica, refletida quer nos *Targumim*, quer no judaísmo helenístico (especialmente em Fílon), onde a sabedoria é mediadora entre Deus e o homem por meio da criação.

Nos evangelhos sinóticos, Jesus é apresentado em relação direta com a figura da sabedoria em Mateus 11,19 e Lucas 7,35; 12,38-42; 11,29-32; cf. 21,15. Os evangelistas identificam Jesus com o sábio por excelência, aquele que dá ao homem a verdadeira sabedoria; mas os sinóticos não chegam a identificar explicitamente Jesus com a sabedoria divina. As razões disso foram buscadas na estreita relação existente no judaísmo da época entre Sabedoria e Lei, no fato de que a sabedoria é uma figura feminina, no fato ainda de que a sabedoria tem mais afinidade com o Espírito Santo ou de que Jesus é considerado superior à própria sabedoria. A explicação melhor talvez esteja em lembrar a natureza multiforme da sabedoria bíblica, que não pode ser reduzida a uma única representação, nem, de outra parte, pode sozinha exaurir o mistério de Jesus. Mateus, em particular, demonstra, todavia, querer integrar

---

14. Cf. FEUILLET, A., *Le Christ sagesse de Dieu d'après les épîtres pauliniennes*, Paris, Gabalda, 1966; PENNA, R., *L'apostolo Paolo. Studi di esegesi e di teologia*, Cinisello Balsamo, Ed. Paoline, 1991, 532-543.

na apresentação da figura de Jesus os traços principais da sabedoria que vem de Deus[15].

No quarto evangelho, a influência sapiencial é evidente desde o prólogo. Aqui, João relê o *Logos* à luz da figura da sabedoria criadora de Provérbios 8,1–9,6; Sirácida 24 e Sabedoria 9, mas também de Baruc 3,9–4,4. A encarnação da palavra de Deus em Jesus é descrita por João com o mesmo movimento descendente com o qual é apresentada a sabedoria em Sirácida 24. Embora não sendo identificado com a sabedoria, Jesus encarna a mesma relação de mediação e comunhão entre Deus e o homem que a sabedoria divina do Antigo Testamento exprime. Também a linguagem do conhecimento, tão típica do quarto evangelho, está modelada na tradição sapiencial; no Evangelho de João não aparece nunca o termo "sabedoria", ao passo que se insiste sobre o *Logos*; mas é a linguagem da sabedoria que permite a João apresentar uma cristologia em que o divino e o humano se encontram, exatamente como na sabedoria personificada; desse modo, João pode enfatizar a transcendência do Verbo ou a sua permanência entre os homens.

Alguns Padres já desenvolveram uma cristologia sapiencial que, muitas vezes, se inspira no texto de Provérbios 8,22. A identificação de Cristo com a sabedoria serve a Orígenes para aprofundar a teologia da preexistência do Filho, mas também para mostrar que somente como σοφία Cristo é também ἀρχή, ou seja, princípio da realidade criada, com a qual, justamente como "sabedoria", está em relação (cf. *Comm. In Ioh.* I, 19). A doutrina da preexistência e da consubstancialidade do Cristo, sobretudo pela óptica da polêmica antiariana, será desenvolvida pelos Padres com o recurso das categorias sapienciais.

A reflexão sobre a figura da sabedoria aplicada à cristologia permite compreender que a própria cristologia pode partir dos problemas do homem e do mundo e, ao mesmo tempo, da reflexão sobre a natureza divina do Cristo; a cristologia pode ser verdadeiramente fiel a Deus e fiel ao homem. A aplicação a Cristo de categorias sapienciais pode ajudar a fundar uma cristologia transcendente que respeite a imanência, mas também a distinção entre divino e humano.

---

15. Cf. o estudo de CHRIST, F., *Jesus Sophia: Die Sophia-Christologie bei den Synoptikern*, Zurique, Zwingli, 1970; veja-se também o mais antigo artigo de FEUILLET, A., Jésus et la sagesse divine d'après les evangiles synoptiques, *RB*, 62 (1955), 161-196.

Um desafio à cristologia contemporânea é — lembramos isso, de passagem, embora não se trate de um fato marginal! — a descoberta da dimensão feminina da sabedoria. A tradição cristã transferiu, muitas vezes, para Maria as características da sabedoria personificada; mas, em nenhum caso, o conceito bíblico de sabedoria pode ser aplicado a Maria do mesmo modo como é aplicado a Cristo. Resta, então, a missão, para uma cristologia sapiencial, de restituir à feminilidade da sabedoria o lugar que lhe cabe, desde que não se ponha em perigo a fé cristã sobre a encarnação[16].

É, sem dúvida, verdade que a mulher não tem grande espaço como protagonista principal dos livros sapienciais — ou se o tem, tem-no, com muita frequência, de modo negativo, como a "estrangeira" dos Provérbios, a mulher de Jó, ou a mulher casada, nas reflexões de Ben Sira. Ressaltemos, todavia, que a dimensão feminina própria da sabedoria personificada (mas pensemos também no poema conclusivo de Pr 31,10-31, em que a "mulher forte" é símbolo do sábio) abre outras perspectivas, até agora realmente pouco exploradas, sobre o que a teologia cristã poderia ser chamada a dizer em relação ao papel da mulher tanto no mundo como na Igreja.

5. Um projeto educativo: a ética sapiencial

Na introdução (item 6.6) já nos ocupamos da educação que constitui o principal objetivo dos sábios de Israel, uma educação que justifica a forte atenção que eles dão à ética. No projeto formativo deles (pensemos em Pr 1,1-7) os sábios procuram, ao mesmo tempo, ser fiéis a Deus e fiéis ao homem. Fiéis ao homem, antes de tudo, a partir do momento em que o projeto educativo deles se fundamenta na experiência e nos valores comuns a todo ser humano, como vimos, por várias vezes. Fiéis à pessoa e não apenas limitados ao aspecto intelectual, o objetivo deles é formar um ser humano completo, que tenha "uma cabeça bem-feita", para usar as palavras de um belo livro de Edgar Morin[17]. Fiéis, porém, a Deus porque o homem que eles têm em mente é, ao mesmo tempo, o crente. Por esse ponto de vista, os sábios podem ainda dizer muito a uma Igreja que está procurando penosamente não perder os traços

---

16. Cf. FÉDOU, M., Enjeux contemporains d'une christologie sapientielle, in: TRUBLET (ed.), *La sagesse biblique*, 467-493.

17. MORIN, E., *La testa ben fatta. Riforma dell'insegnamento e riforma del pensiero*, trad. it., Milão, Raffaello Cortina, 2000.

da catequese nascida no Vaticano II; pensemos, para nos limitar à Itália, no documento da CEI, de 1970, *Il rinnovamento della catechesi*.

> Como fundamento de todo método catequético está a lei da fidelidade à palavra de Deus e da fidelidade às exigências concretas dos fiéis [...]. Fidelidade a Deus e fidelidade ao homem: não se trata de duas preocupações diferentes, mas de uma única atitude espiritual que leva a Igreja a escolher os caminhos mais adequados, para exercer a sua mediação entre Deus e os homens[18].

Os sábios de Israel são, portanto, educadores, e nesse sentido têm ainda alguma coisa a dizer ao homem de hoje: eles são, antes de tudo, testemunhas que vivem pessoalmente o que eles mesmos experimentaram ("Também eu fui um filho para meu pai" [Pr 4,3]). Apresentando-se em Provérbios e em Sirácida sob a metáfora de pais, eles escondem-se sob um papel abalizado — assim ocorre também em Coélet e no livro da Sabedoria, mediante a ficção salomônica —, um papel que, todavia, é forte e fraco, ao mesmo tempo, porque, no momento em que faz apelo à autoridade do mestre (o genitor ou até mesmo o rei), pressupõe a liberdade do discípulo e indica, mais, a qualidade das relações humanas estabelecidas com ele. O discípulo ouve porque confia e, por sua vez, o mestre aposta na liberdade do discípulo, que ele pretende educar para torná-la ainda mais verdadeira.

> Há, pois, na atitude dos sábios inclusão da "razão do aluno como aliada para persuadi-lo de que faz bem em não se destruir sozinho, em pôr a sua confiança no poder do bem e em se proteger da desordem [...]. É um liberalismo que se dirige ao espírito de quem recebe o ensinamento e não pode e não quer lhe tirar a autonomia da decisão. Também no convite mais insistente, há sempre um espaço que o mestre evitava sempre ocupar e que deixava livre à opinião pessoal do aluno"[19].

Conscientes de não oferecer preceitos, mas, antes, conselhos e exortações, os sábios procuram deixar claras as motivações; ou seja, procuram a persuasão, mais que a constrição; como se viu no livro dos Provérbios, o objetivo do seu ensinamento resume-se numa palavra: a "vida" e, no Coélet, a "alegria" (que, todavia, nunca está ausente dos textos sapienciais).

---

18. CEI, *Il rinnovamento della catechesi*, Roma, 1970, 101, §160. Veja-se também Comitato per il progetto culturale della Conferenza episcopale italiana, *La sfida educativa*, Bari, Laterza, 2009, e, para essas reflexões, o meu já citado artigo (cf. p. 71) Mazzinghi, L., La sfida educativa nella tradizione sapienziale d'Israele, in: Di Palma, G. (ed.), *Una saggia educazione*, Nápoles, Pontificia facoltà teologica dell'Italia meridionale, 2011, 11-38.
19. Von Rad, G., *La sapienza in Israele*, Turim, Marietti, 1975 [or. al. 1970], 273-274.

Educar o jovem a procurar a felicidade, a perceber o valor positivo da vida entendida como dom de Deus: é esse outro aspecto significativo do método dos sábios; uma educação sadia não pode ficar sem passar por essa descoberta de como é possível viver uma vida bela, boa e feliz, vivida em companhia dos homens[20].

O sábio está bem a par de que o discípulo o ouvirá não porque esteja convencido da verdade das suas argumentações ou da autoridade do seu ensinamento, mas porque fica persuadido por uma linguagem envolvente que propõe uma visão positiva da vida, bem mais atraente do que a oferecida pelas palavras (por exemplo, da estrangeira em Pr 1–9 ou, em geral, as dos maus ou dos estultos) que pretendiam ganhar o jovem para os próprios projetos. A sedução, portanto, é um verdadeiro instrumento educativo. Quem poderá se apaixonar pela sabedoria senão quem a considera uma realidade a ser amada?

A sabedoria bíblica pode ser considerada uma verdadeira "mística do cotidiano", cujo ponto de partida é a experiência de viver[21]. A ética sapiencial não se baseia numa revelação direta da vontade divina, mas, antes, na submissão do homem à realidade — que é também considerada "criação". A figura da sabedoria personificada, mediadora entre Deus e os homens, referida no Novo Testamento à pessoa do Cristo ou ao Espírito, garante a verdade e a solidez desse enfoque ético[22]. A aliança entre Deus e o homem não passa apenas pelos grandes feitos e pelas palavras divinas da *historia Salutis*, mas também pelo cotidiano e, sobretudo, pela criação. Os sábios de Israel ajudam-nos a compreender que toda pergunta feita sobre o homem é, na realidade, uma pergunta sobre Deus e vice-versa.

---

20. Cf. o fascículo de *Parola Spirito e Vita* inteiramente dedicado ao tema "A vida do crente: bela, boa, alegre" em *PSV*, 45 (2002).

21. "A realidade simples de cada dia, levada com seriedade, esconde em si o milagre eterno e o mistério silencioso que chamamos de Deus e a sua graça oculta, justamente quando essa realidade continua ela mesma" (RAHNER, K., *Cose di ogni giorno*, Brescia, Queriniana, 1966, 10 [or. al. 1964]). Entre essas "coisas de cada dia" que pressupõem uma atitude mística por parte do crente Rahner relaciona, nessa sua brevíssima meditação, o trabalhar, o caminhar, o sentar-se, o ver, o rir, o comer, o dormir. Veja-se também a citação de Paulo VI na p.. Sobre "mística do cotidiano", veja-se ainda CIARDELLA, P. (ed.), *La mistica del quotidiano, percorsi e figure*, Milão, Ed. Paoline, 2005.

22. Para os aspectos éticos da teologia sapiencial, cf. FESTORAZZI, F., Il valore dell'esperienza e la morale sapienziale, in: *Fondamenti biblici della teologia morale. Atti della XXII Settimana biblica*, Brescia, Paideia, 1973, 117-146.

6. A reavaliação do humano: em diálogo com outras culturas

O acento posto pelos sábios sobre o valor da experiência faz com que eles não considerem estranho à sua mensagem tudo o que é autenticamente humano. O livro dos Provérbios tira muitas ideias da sabedoria egípcia (pensemos, por exemplo, em Provérbios 22,17-23,14, nos contatos com Ma'at) e estrangeira, em geral (Agur, em Pr 30,1, e Lemuel, em Pr 31,1). O livro de Jó oferece-nos um protagonista não israelita, precisamente o próprio Jó. O livro do Coélet mostra os primeiros sinais de um difícil diálogo com o mundo grego, que continua em Ben Sira para atingir no livro da Sabedoria o seu ponto mais alto. É característica dos sábios saber acolher o que as outras culturas e até as outras fés religiosas (pensemos nas figuras de Ma'at e de Ísis em relação à sabedoria personificada) são capazes de oferecer a Israel sem nunca faltar à própria fé hebraica; os dois últimos textos citados, Ben Sira e o livro da Sabedoria, são ótimos exemplos disso, embora de dois modos diferentes.

No cristianismo antigo, um primeiro problema que os Padres encontrarão em suas afirmações é justamente o da relação entre cultura grega e fé cristã, que, em relação ao tema da sabedoria, exprime-se na relação entre sabedoria grega (filosofia) e sabedoria cristã. É exatamente esse o objetivo que tem em mente Clemente Alexandrino. Partindo da definição da sabedoria comumente aceita também no campo filosófico ("ciência das coisas divinas e humanas", *Strom.* II, 2), ele procura demonstrar que ela é a verdadeira sabedoria que o Senhor ensinou; a filosofia dos gregos, portanto, adquire um valor de preparação à sabedoria do evangelho. A ideia é desenvolvida e aprofundada por Orígenes, que, antes, se serve de Sabedoria 7,25-26 para enfatizar que entre sabedoria humana e sabedoria divina não há oposição de princípio (*Contra Celsum* III, 72). Contudo, para Orígenes, a sabedoria divina é o próprio Cristo: a teologia patrística leva a cabo o que o Novo Testamento tinha evitado: a identificação Cristo/sabedoria. É por esse motivo que a sabedoria dos filósofos não pôde ser senão parcial. Todavia, os Padres percebem na sabedoria bíblica a possibilidade de uma abertura a mundos diferentes.

A capacidade da sabedoria bíblica de entrar em diálogo com outras culturas e até com outras fés tem consequências importantes para a teologia cristã. Tentemos indicar algumas delas. A dupla dimensão da sabedoria bíblica — a atenção ao homem e a atitude de busca — levou alguns[23] a supor a possibilidade

---

23. Cf. BORI, P.C., *Per un consenso etico tra culture. Tesi sulla lettura secolare delle scritture ebraico cristiane* (Textos e Estudos do CISEC), Gênova, 1991, I.

de uma hermenêutica "secular" da Escritura, em cuja mensagem ético-sapiencial todos os homens possam se encontrar. Isso não deixa de produzir dificuldades, ainda que a teologia possa procurar na figura da sabedoria um modelo inclusivo que permita integrar também os não cristãos no plano salvífico de Deus, embora salvaguardando a universalidade da salvação em Cristo e o papel mediador da Igreja. Nessa perspectiva, seria possível discutir e avaliar criticamente as relações da cultura laica que se encontra com temas sapienciais; é emblemático o caso de Jó, especialmente na visão de E. Bloch; mas vejam-se também as diversas leituras propostas sobre o Coélet por autores não crentes.

A multiplicidade da figura da sabedoria, além disso, evoca a necessidade de uma teologia que saiba enfrentar de modo positivo o desafio do diálogo ecumênico, inter-religioso e intercultural[24]. A sabedoria bíblica não cancela as oposições, mas é capaz de integrá-las e fazê-las próprias.

A esse respeito, permitimo-nos uma última consideração: a extraordinária novidade que o Concílio Vaticano II constituiu para a Igreja Católica — e não somente para ele — consiste, antes de tudo, em costurar a ruptura que se estabelecera entre Igreja e mundo, entre Igreja e história; basta pensar no enfoque típico da *Gaudium et spes*. A teologia sapiencial, que sabe integrar numa visão unitária e coerente a teologia da criação com a da salvação, que sabe conjugar o primado da experiência e, ao mesmo tempo, o de Deus, oferece ainda hoje à Igreja uma ajuda para prosseguir nesse caminho, cada vez mais difícil, hoje, de ser percorrido numa Igreja — a Católica — muito tentada a recuar para longe do mundo e da história. O mundo, com efeito, não é apenas relativismo, mal e pecado; também fora da fé cristã é possível um verdadeiro caminho de humanidade. Também isso, no fundo, é uma mensagem que os sábios de Israel nos deixaram:

> A experiência dos séculos passados, o progresso da ciência, os tesouros ocultos nas várias formas de cultura humana, por meio dos quais se revela de modo mais completo a natureza mesma do homem e se abrem novas vias para a Verdade, tudo isso é vantagem, também, para a Igreja[25].

---

24. Sobre o tema da inculturação relativo à mensagem bíblica, cf. o texto profético da *Evangelii nuntiandi* de Paulo VI (1967 [EV 5/1588ss]) e ainda o documento da PONTIFICIA COMMISSIONE BIBLICA, *L'interpretazione della Bibbia nella vita della Chiesa*, Cidade do Vaticano, Libreria editrice vaticana, 1993, 108-110; cf. *Verbum Domini*, 109-116.

25. *Gaudium et spes*, 44; EV 1/1460ss (a ajuda que a Igreja recebe do mundo contemporâneo); cf. também GS 36 [EV 1/1430ss], a legítima autonomia das realidades terrenas.

E assim a atitude dialógica dos sábios de Israel torna-se um ensinamento para a Igreja; nas inesquecíveis palavras de Paulo VI, ela "deve entrar em diálogo com o mundo no qual vivemos. A Igreja faz-se palavra; a Igreja faz-se mensagem; a Igreja faz-se colóquio" (*Ecclesiam suam* 38: EV 2/178). Um diálogo que, lembra-nos ainda Paulo VI, "indica um propósito de retidão, de estima, de simpatia, de bondade por parte de quem o instaura [...]. Se não visa a obter imediatamente a conversão do interlocutor, porque respeita a sua dignidade e a sua liberdade, visa, todavia, à vantagem dele e gostaria de dispô-lo a mais plena comunhão de sentimentos e de convicções" (ES 46); e esse tipo de diálogo, escreve também Paulo VI, caracterizado ainda por clareza, mansidão, confiança, paciência (cf. ES 47), "far-nos-á sábios, far-nos-á mestres" (ES 48), precisamente como os sábios de Israel.

Multidão dos sábios, salvação do mundo.
(Sb 6,2)

Edições Loyola

editoração impressão acabamento
Rua 1822 n° 341 – Ipiranga
04216-000 São Paulo, SP
T 55 11 3385 8500/8501, 2063 4275
www.loyola.com.br